Robert Klaßen

Adobe Photoshop CS4

Der professionelle Einstieg

Galileo Press

Liebe Leserin, lieber Leser,

ich verspreche Ihnen, dass Sie dieses Buch nicht langweilen wird. Sie möchten wissen, wie ich Ihnen das garantieren kann? Die Antwort ist einfach: Dieses Buch ist etwas Besonderes, denn es begnügt sich nicht einfach nur mit der simplen Auflistung der unzähligen Funktionen und Werkzeuge von Photoshop CS4, sondern bietet Ihnen die Möglichkeit, gleich selbst aktiv zu werden und direkt loszulegen.

In über 70 Workshops lernen Sie die Möglichkeiten der digitalen Bildbearbeitung mit Photoshop kennen: Sie wollen wissen, wie man ein Landschaftsfoto in Schwarzweiß umwandelt? Dann schlagen Sie doch einfach im gleichnamigen Workshop nach. Oder wollen Sie Störungen aus Ihren Fotos entfernen? Auch hier finden Sie eine Anleitung. Alle Beispielbilder aus den Workshops finden Sie natürlich auf der DVD des Buchs. Und wenn Ihnen doch einmal Fachwissen fehlen sollte, so können Sie im Fachkundekapitel oder im ausführlichen Glossar nachschlagen. Besonders praktisch sind dabei auch die Checklisten am Ende der Workshops. Sie ermöglichen es Ihnen, das Vorgehen auch auf andere Fotos zu übertragen!

Die DVD des Buchs bietet Ihnen übrigens noch mehr: Sie enthält ergänzende Video-Lektionen, die auf das Buch abgestimmt sind. So können Sie sich schwierige Themen noch einmal von Ihrem persönlichen Trainer erklären lassen.

Nun bleibt mir noch, Ihnen viel Spaß mit Photoshop und diesem Buch zu wünschen.

Katharina Geißler
Lektorat Galileo Design
katharina.geissler@galileo-press.de

www.galileodesign.de
Galileo Press · Rheinwerkallee 4 · 53227 Bonn

Auf einen Blick

Der Name Galileo Press geht auf den italienischen Mathematiker und Philosophen Galileo Galilei (1564–1642) zurück. Er gilt als Gründungsfigur der neuzeitlichen Wissenschaft und wurde berühmt als Verfechter des modernen, heliozentrischen Weltbilds. Legendär ist sein Ausspruch *Eppur se muove* (Und sie bewegt sich doch). Das Emblem von Galileo Press ist der Jupiter, umkreist von den vier Galileischen Monden. Galilei entdeckte die nach ihm benannten Monde 1610.

Lektorat Katharina Geißler
Herstellung Katrin Müller
Korrektorat Friederike Daenecke, Zülpich
Einbandgestaltung atelier n&h | visuelle kommunikation
Satz SatzPro, Krefeld
Fotos © 2009 Robert Klaßen und Lizenzgeber. Alle Rechte vorbehalten.
Alle in diesem Buch und auf dem beiliegenden Datenträger zur Verfügung gestellten Bilddateien sind ausschließlich zu Übungszwecken in Verbindung mit diesem Buch bestimmt. Jegliche sonstige Verwendung bedarf der vorherigen, ausschließlich schriftlichen Genehmigung des Urhebers.
Druck Himmer AG, Augsburg

Dieses Buch wurde gesetzt aus der Linotype Syntax Serif (9,25/13 pt) in Adobe InDesign CS3. Gedruckt wurde es auf Bilderdruckpapier (115 g/m²).

Gerne stehen wir Ihnen mit Rat und Tat zur Seite:
katharina.geissler@galileo-press.de bei Fragen und Anmerkungen zum Inhalt des Buches
service@galileo-press.de für versandkostenfreie Bestellungen und Reklamationen
julia.bruch@galileo-press.de für Rezensions- und Schulungsexemplare

Bibliografische Information der Deutschen Bibliothek
Die Deutsche Bibliothek verzeichnet diese Publikation in der Deutschen Nationalbibliografie; detaillierte bibliografische Daten sind im Internet über http://dnb.ddb.de abrufbar.

ISBN 978-3-8362-1235-9

© Galileo Press, Bonn 2009
1. Auflage 2009

Inhalt

Workshops

Farbkorrekturen

Grundlagen des Arbeitens mit Camera Raw

Nachbearbeitung und Retusche

Transformieren

Video-Lektionen auf der Buch-DVD

Auf der Buch-DVD finden Sie folgende Video-Lektionen, die auf die Inhalte des Buchs abgestimmt sind. Im Buch wird an den entsprechenden Stellen auf die passende Video-Lektion hingewiesen.

Kapitel 1: Photoshop-Technik

1.1   Ebenen und Masken   (05:53 Min.)

1.2   Illustrieren mit Ebenenstilen und Masken   (09:47 Min.)

1.3   Freistellen mit dem Lasso   (06:12 Min.)

Kapitel 2: Retusche und Reparatur

2.1   Reparatur mit den Retuschewerkzeugen   (11:26 Min.)

2.2   Perspektive korrigieren: Fluchtpunktwerkzeug   (02:33 Min.)

2.3   Panoramen mit Photomerge   (03:45 Min.)

Kapitel 3: Farb- und Belichtungskorrekturen

3.1   Retusche: Das Histogramm   (03:12 Min.)

3.2   Tonwerte und Kontraste korrigieren   (05:37 Min.)

3.3   Farbton/Sättigung und Schwarzweiß   (07:26 Min.)

3.4   Farbbalance, Selektive Farbkorrektur   (06:19 Min.)

Checklisten

Vorwort

Sie wollen bestimmt gleich loslegen und haben überhaupt keine Lust auf ellenlange Erklärungen. Auf ein Vorwort können Sie sicher ebenso verzichten wie auf Eröffnungsdidaktik, oder? Gut, dann wollen wir auch gleich einsteigen – nein, nicht ab Kapitel 1, sondern direkt hier im Vorwort!

Starten Sie bitte Photoshop CS4. Während sich die Anwendung bereitmacht, zwei kurze Hinweise: Das Buch ist sowohl für Windows- als auch für Mac-User geeignet. Daher sind Tastaturkürzel auch für beide Plattformen angegeben. Vor dem Schrägstrich steht jeweils die Windows-Taste, dahinter die Mac-Taste. Beispiel gefällig? Drücken Sie (Strg)/(⌘) + (X). Das bedeutet für Windows (Strg) + (X) und für Mac (⌘) + (X). Total einfach, oder?

Außerdem möchte ich noch kurz dieses Zeichen ansprechen: ■ – Immer wenn Sie so etwas sehen, sollten Sie nämlich nach einem Kasten neben dem Fließtext Ausschau halten. (So wie jetzt, zum Beispiel.)

Ich bin ein Kasten
Das Symbol im Fließtext bedeutet: Ich habe wichtige Hinweise für Sie, die im direkten Bezug zum Thema stehen. Sie sollten mich also nach Möglichkeit nicht »übersehen«.

Ist Photoshop zwischenzeitlich geöffnet? Gut. Dann legen Sie doch die DVD zum Buch ein, und kopieren Sie sämtliche Fotos des BILDER-Ordners auf Ihren Desktop. Dabei handelt es sich übrigens um wirklich interessante Aufnahmen.

Und da ich die längst nicht alle selbst gemacht habe, möchte ich die Gelegenheit nutzen, um mich ganz herzlich bei Renate Klaßen, Steffi Ehrentraut, Leszek Schluter sowie den Usern von *Pixelio.de* und *Fotolia.de* zu bedanken. Sie werden sehen: Es macht richtig Spaß, mit diesem tollen Bildmaterial zu arbeiten.

Und während die Fotos übertragen werden, möchte ich Ihnen gern eine Frage stellen: Mögen Sie Tastaturkürzel? Ja? Dann überspringen Sie doch bitte den folgenden Absatz.

Nein? Was gefällt Ihnen nicht an Tastenkombinationen? Dass man sie sich nicht merken kann oder dass deren Ausführung mitunter die Geschicklichkeit einer asiatischen Fingertänzerin verlangt? Aber sie sind wirklich nützlich und erleichtern Ihnen die tägliche Arbeit mit Photoshop auf beeindruckende Weise. Das ist wie mit einem drahtlosen Telefon. Man hat Jahrzehnte lang prima »mit« Schnur telefoniert; doch wenn man das Kabel erst einmal abgeschafft hat, will man es nie mehr zurück haben (es sei denn, der Akku des Schnurlosen streikt gerade mal wieder). So ist das auch mit Tastenkombinationen. Aber das ist nur die halbe Wahrheit: Denn Kürzel zu beherrschen, macht Spaß. Die eine Hand souverän auf der Tastatur, mit der anderen lässig die Maus geführt – das hat was! Dieses Buch unterstützt Sie dabei nach Kräften.

◄ **Abbildung 1**
Der BILDER-Ordner ist vollgepackt mit Beispielfotos.

Während sich die Übertragung der Fotos langsam dem Ende zuneigt, will ich schnell noch auf die technischen Erklärungen aufmerksam machen, die in Kapitel 16 gesammelt sind. Wenn im Buch beispielsweise vom RGB-Farbraum oder von anderem technischen Schnickschnack die Rede ist, finden Sie an relevanter Stelle ein entsprechendes Symbol und können die Hintergründe dazu dem Fachkunde-Kapitel entnehmen – wenn Sie es denn möchten.

Dieses Symbol deutet auf technische Erklärungen hin, die im letzten Kapitel zu finden sind.

Dieses Zeichen weist auf Neuerungen in Photoshop CS4 hin.

Und dann wären da noch die Neuerungen. Adobe hat natürlich den Nachfolger von Photoshop CS3 wieder mit einer Menge neuer Features ausgestattet. Damit Sie gleich sehen können, wo jene Dinge stehen, die in Version CS4 ein Novum darstellen, gibt es auch dazu ein Icon in diesem Buch.

Aber ich verplaudere mich ... Bestimmt ist der Kopiervorgang auch längst beendet. Schauen Sie doch einmal nach.

Gut, dann sollen Sie den nächsten Schritt machen. Klicken Sie in Photoshop auf den Button BRIDGE STARTEN. Er befindet sich ganz oben in der Kopfleiste der Anwendung.

Abbildung 2 ▶
Öffnen Sie Bridge mit einem Klick auf das entsprechende Icon.

Abbildung 3 ▼
Doppelklicken Sie auf den Ordner BILDER, um seinen Inhalt im aktuellen Fenster zu öffnen.

Warten Sie, bis sich Adobe Bridge geöffnet hat, und markieren Sie anschließend links den Eintrag DESKTOP ❶ bzw. SCHREIBTISCH. Im mittleren Bereich des Fensters sollte jetzt auch der BILDER-Ordner ❷ angezeigt werden, den Sie soeben kopiert haben. Doppelklicken Sie auf diesen, damit sein Inhalt angezeigt werden kann.

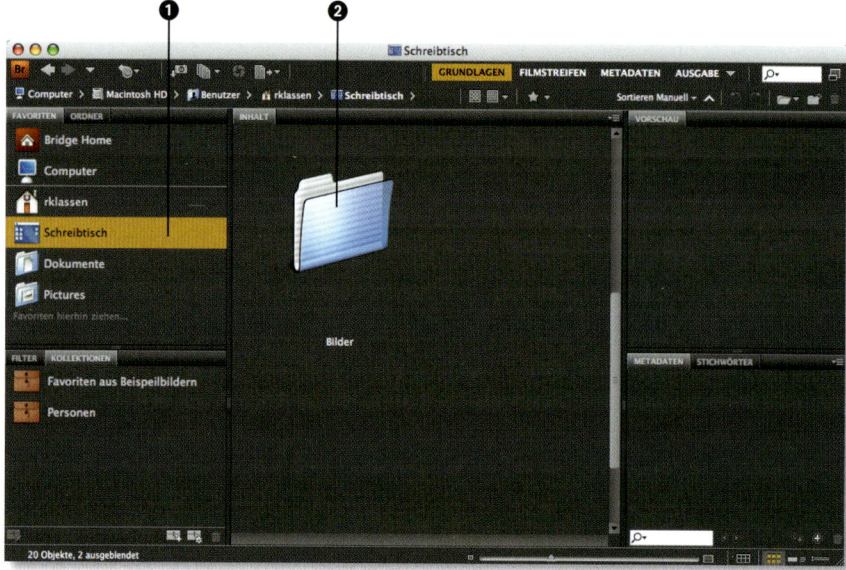

Damit wären sämtliche Vorbereitungen getroffen, und Sie können im ersten Kapitel gleich mit dem Arbeiten beginnen. Gut, dass Sie das Vorwort nicht überblättert haben, was?

Und noch etwas ... Im Anschluss an die meisten Übungen finden Sie noch einmal stichwortartige Zusammenfassungen der einzelnen Workshop-Schritte, *Checklisten* genannt. Und das aus gutem Grund. Wenn man sich nämlich eine Zeit lang nicht mehr mit einer bestimmten Arbeit beschäftigt hat, kommt irgendwann der Punkt, an dem man sich fragt: »Wie war das noch mal?« Anstatt nun den ganzen Text noch einmal lesen zu müssen, schlagen Sie einfach die Checkliste auf. Und während andere noch lesen (z. B. jene, die nicht ein so durchdachtes Buch haben), fertigen Sie bereits die nächste eindrucksvolle Bildkomposition an. Das ist doch ein Argument, oder? Außerdem sind die Beschreibungen natürlich nicht so gestaltet, dass sie nur auf den Beispiel-Workshop passen. Wenn Sie später nämlich mit Ihren eigenen Bildern arbeiten, sollen diese Checklisten einen universellen Schnellüberblick über die unterschiedlichsten Techniken geben.

Und nun wünsche ich Ihnen viel Erfolg mit diesem Buch und jede Menge Spaß bei der Anwendung von Photoshop CS4.

Robert Klaßen
info@dtpx.de, www.dtpx.de

Risiken und Nebenwirkungen ...

Achtung: Das Lesen dieses Buches kann zu unkontrollierbaren Bewusstseinserweiterungen auf dem Gebiet der digitalen Bildbearbeitung führen. Dadurch bedingtes Auftreten von Retuschierwünschen an Fotos ist keine Seltenheit. Vereinzelt neigen Leser später zu Überempfindlichkeitsreaktionen beim Sichten von Unschärfen oder Farbstichen. Dem dringenden Wunsch, massenhaft Dateien mit nur wenigen Mausklicks zu verarbeiten, sollte nachgegeben werden. Bei Auftreten dieser Nebenwirkungen stellen Sie bitte unverzüglich den Kontakt zu Photoshop CS4 her.

Kapitel 1

Die Arbeitsumgebung

Blitzeinstieg und Programmübersicht

Sie werden lernen:

▸ Wie wird eine Spiegelung realisiert?

▸ Wie funktionieren Arbeitsfläche, Werkzeuge und Paletten?

▸ Was hat es mit dem Protokoll auf sich?

▸ Wie erstelle ich einen Schnappschuss?

1   Die Arbeitsumgebung

Wenn Sie ohne große Umwege in Photoshop CS4 einsteigen, werden Sie sehen, wie effizient die Tools Ihrer Bildbearbeitungssoftware sind. Dabei sollen Ihnen die technischen Hintergründe keinesfalls verborgen bleiben. Denn je besser Sie mit Paletten, Toolbox (Werkzeugleiste) und Menü umgehen können, desto effektiver werden Sie natürlich auch beim Handling Ihrer Bilder – Fun-Faktor inklusive. Zunächst sind »Sie« jedoch dran ...

1.1   Vollgas-Einstieg

Nur rein sicherheitshalber: Haben Sie das *Vorwort* gelesen? Falls nicht, holen Sie das jetzt unbedingt nach. Die aufmerksamen Von-Anfang-an-Leser haben nämlich bereits einige Vorbereitungen getroffen, die für den folgenden Workshop unerlässlich sind.

1.1.1   Bilder in Photoshop öffnen

> **Mehrere Dateien öffnen**
>
> Wenn Sie in einem Arbeitsgang mehrere Bilder gleichzeitig bereitstellen wollen, markieren Sie das erste Bild und anschließend das letzte, während Sie ⬆ gedrückt halten. Die dazwischen befindlichen Bilder werden dann ebenfalls markiert. Möchten Sie mehrere Bilder öffnen, die nicht nebeneinander stehen, klicken Sie die betreffenden Dateien an, während Sie Strg/⌘ gedrückt halten.

Ich kann Sie nicht überreden, noch einmal ein paar Seiten zurückzublättern? Dann sollten Sie aber auf jeden Fall die Bilddatei »Moewe.tif« aus dem Ordner BILDER in Photoshop bereitstellen, denn damit werden Sie jetzt arbeiten. Betätigen Sie zum Öffnen des Bildes Strg/⌘ + O (nicht die Zahl Null, sondern O wie Open), oder wählen Sie aus dem Menü DATEI • ÖFFNEN. Klicken Sie sich dann durch, bis Sie im Ordner BILDER gelandet sind, und markieren Sie die betreffende Datei. Ein anschließender Klick auf ÖFFNEN sorgt für einen unverbauten Blick auf die Beispieldatei direkt aus Photoshop CS4 heraus. ■

Schritt für Schritt: Eine Spiegelung erzeugen

Bilder/Moewe.tif

In diesem Workshop wollen wir gleich eine Spiegelung realisieren, also eine kleine Komposition erschaffen. Sie werden zusätzlich noch erfahren, wie Sie eine Ebene duplizieren. Was es genau mit Ebenen auf sich hat, werden wir später ausführlicher ergründen. Damit aber nicht genug: Sie werden das Duplikat spiegeln, verschieben und weichzeichnen.

Kompliziert? Nein, gar nicht. Sie werden sehen. Machen Sie sich bitte zum gegenwärtigen Zeitpunkt noch keine Gedanken um die Techniken dieser Übung. Hier geht es nämlich zunächst einmal darum, dass Sie einen ersten Eindruck von der Arbeitsweise mit Photoshop bekommen. Deshalb möchte ich zu diesem Zeitpunkt auch noch auf Ausführungen zum »Warum« verzichten. Das gilt aber nur für diesen einen Workshop – versprochen.

© crazypacket / PIXELIO

◄ **Abbildung 1.1**
Diese Datei wird Sie während der ersten Schritte in Photoshop begleiten.

1 **Bildebenen duplizieren**

Schritt eins besteht darin, die Bildebene zu duplizieren. Wir benötigen die Möwe nämlich zweimal. Am schnellsten erreichen Sie eine Verdopplung, indem Sie [Strg]/[⌘]+[J] drücken. Wer sich lieber durch das Menü hangelt, der wählt EBENE • EBENE DUPLIZIEREN • OK. Am Bild selbst werden Sie dadurch aber keinerlei Veränderungen feststellen. Der Grund: Die Kopie liegt jetzt deckungsgleich über dem Original.

2 **Bildebene spiegeln**

Jetzt wird es spannend: Stellen Sie die Bildebene auf den Kopf, indem Sie BEARBEITEN • TRANSFORMIEREN • VERTIKAL SPIEGELN auswählen.

3 **Das richtige Werkzeug einstellen**

Aktivieren Sie jetzt das VERSCHIEBEN-WERKZEUG. Sie finden es an oberster Position innerhalb der Werkzeugleiste. Wählen Sie es aus, indem Sie es einmal anklicken.

▲ **Abbildung 1.2**
Zunächst einmal benötigen Sie ein Werkzeug, mit dessen Hilfe Sie Bildbereiche verschieben können.

4 **Bildebene verschieben**

Jetzt wollen wir die gespiegelte Bildebene nach unten verschieben. Wenn Sie exakt arbeiten wollen, benutzen Sie für diesen Schritt ausschließlich die Tastatur. Halten Sie ⬜ gedrückt, und betätigen Sie so oft ⬜, bis die gespiegelte Bildebene den nicht gespiegelten Vogel komplett freigegeben hat. Wenn Ihnen das nicht schnell genug geht, klicken Sie ganz oben auf das gespiegelte Bild und ziehen es mit gedrückter Maustaste nach unten. Damit Sie verhindern, dass sich die Ebene dabei auch nach links oder rechts bewegen kann, sollten Sie während des Ziehens noch ⬜ gedrückt halten.

5 **Alles einblenden**

Jetzt ist natürlich fast die gesamte gespiegelte Ebene verschwunden – oder doch nicht? Gehen Sie doch einmal in das Menü, und betätigen Sie BILD • ALLES EINBLENDEN. Ah, da ist sie ja.

Abbildung 1.3 ▶
Plötzlich ist das Foto viel größer als zu Beginn.

6 **Weichzeichnung anwenden**

Die Hauptarbeit ist damit erledigt. Damit das Ganze aber noch ein wenig realistischer aussieht, sollten Sie noch eine Weichzeichnung verwenden. Klicken Sie dazu auf den Menüeintrag FILTER, und entscheiden Sie sich in der Liste für WEICHZEICHNUNGSFILTER • GAUSSSCHER WEICHZEICHNER. Bewegen Sie den einzigen zur Verfügung stehenden Schieberegler, RADIUS, so weit nach rechts, bis darüber ein Wert von 2,5 Pixel angezeigt wird. Danach bestätigen Sie die Einstellung mit einem Klick auf OK.

◄ **Abbildung 1.4**
Kleiner Dialog mit großer
Wirkung – der Gaußsche
Weichzeichner.

7 **Foto freistellen**

Da der Bildausschnitt jetzt mehr als unglücklich gewählt ist (die
Möwe muss sich nämlich keinesfalls komplett spiegeln), aktivieren Sie das Freistellungswerkzeug. Dazu reicht ein Druck auf C
auf Ihrer Tastatur. Setzen Sie das Werkzeug ganz oben links am
Bild an, und ziehen Sie mit gedrückter Maustaste langsam nach
rechts sowie etwas nach unten. Führen Sie die Maus bis ganz
an den rechten Rand, wobei Sie allerdings vertikal am Ende des
zweiten Drittels stoppen sollten. Lassen Sie die Maustaste los,
und vergleichen Sie Ihr Ergebnis mit der folgenden Abbildung.

◄ **Abbildung 1.5**
Ziehen Sie den Rahmen so auf,
wie hier gezeigt.

8 **Freistellung bestätigen**

Nun bestätigen Sie das Ganze noch, indem Sie ↵ drücken.
Solange Sie das nicht machen, ist der Rahmen nämlich noch aktiv,
und Sie können die Aktion nicht abschließen.

9 Bilddateien speichern

Zuletzt sollten Sie das Werk noch für die Nachwelt sichern. Wenn Sie jetzt aber lediglich DATEI • SPEICHERN betätigen würden, hätte das zur Folge, dass Ihr Originalbild »Moewe.tif« überschrieben würde. Speichern Sie Ihr neues Werk besser unter einem neuen Namen. Entscheiden Sie sich daher jetzt für DATEI • SPEICHERN UNTER. (Wer bereits jetzt Tastaturkürzel-Fan ist, wählt ⌜Strg⌝/⌜⌘⌝ + ⌜⇧⌝ + ⌜S⌝.)

Vergeben Sie im Folgedialog einen aussagekräftigen Namen, und suchen Sie sich einen Speicherort aus. Damit Ihre Bilder in ein verlustfreies Speicherformat konvertiert werden können, sollten Sie sich unter FORMAT entweder für das Photoshop-eigene PSD oder für TIF entscheiden, ehe Sie auf SPEICHERN klicken.

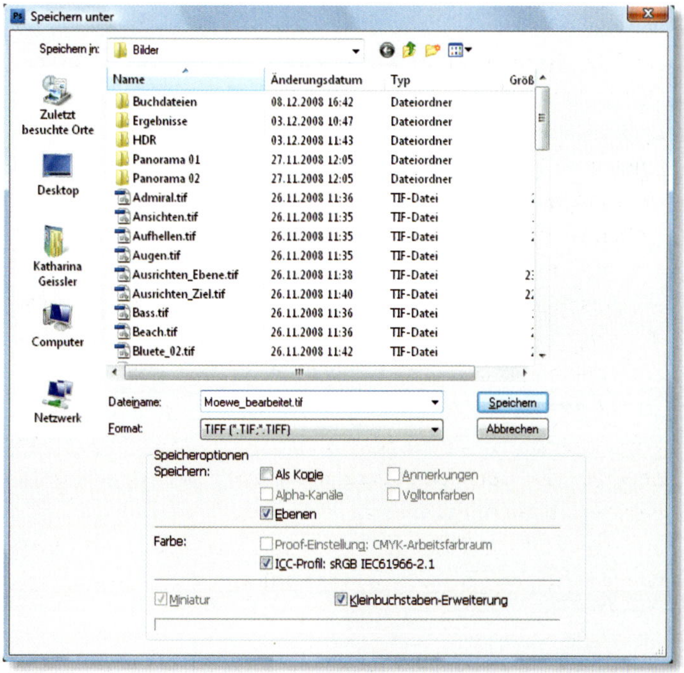

Abbildung 1.6 ▶
Bild speichern unter

Die nachfolgende Dialogbox, die Sie darauf hinweist, dass ebenen-basierte Bilder mehr Speicherplatz benötigen, bestätigen Sie bitte mit OK. Damit ist die Datei endgültig gesichert.

Wenn Sie das Ganze nicht sichern wollen, ist es auch nicht weiter schlimm. Die fertige Datei finden Sie nämlich im Ordner ERGEBNISSE unter dem Namen »Moewe_fertig.tif«.

◄ **Abbildung 1.7**
Der Vorher-nachher-Vergleich des ersten Workshops. So schnell entsteht eine Spiegelung im Wasser.

Das war doch gar nicht schwierig, oder? Da Sie zur Erstellung einer solchen Spiegelung prinzipiell auch mit allen anderen Bildern Ihrer Wahl so vorgehen können, wollen wir die Schritte noch einmal zusammenfassen.

Checkliste: Erstellen einer Spiegelung
1. Öffnen Sie das Bild.
2. Duplizieren Sie die Ebene über Strg/⌘ + J .
3. Spiegeln Sie das Duplikat mithilfe des Menüs Bearbeiten • Transformieren • Vertikal spiegeln.
4. Ziehen Sie das Duplikat mit gedrückter Maustaste oder mit den Pfeiltasten Ihrer Tastatur an die gewünschte Stelle. Wenn Sie die Verschiebung ausschließlich in horizontaler oder vertikaler Richtung realisieren wollen, halten Sie zusätzlich ⇧ gedrückt.
5. Entscheiden Sie sich jetzt für Bild • Alles einblenden.
6. Zum Weichzeichnen können Sie Filter • Weichzeichnungsfilter • Gaussscher Weichzeichner verwenden. Im Folgedialog bewegen Sie den Schieberegler an die gewünschte Position und bestätigen mit OK.
7. Speichern Sie die Datei ab, indem Sie Datei • Speichern unter wählen bzw. Strg/⌘ + ⇧ + S drücken.

Neue Namen vergeben

Der Vollständigkeit halber: Wenn Sie den Befehl Speichern für Ihre Bilder verwenden, wird die Originaldatei überschrieben. Das hat jedoch den Verlust des ursprünglichen Bildes zur Folge. Benutzen Sie daher für alle Workshop-Ergebnisse stets den Befehl Datei • Speichern unter, und geben Sie einen neuen Namen (oder zumindest einen neuen *Speicherort*) an. Dadurch wird eine zweite Datei erzeugt, und das Original bleibt unangetastet.

1.2 Die Arbeitsoberfläche

Nach diesem kleinen Ausflug in die Welt der Montagen dürfen Sie sich nun genüsslich zurücklehnen und die Arbeitsoberfläche von Photoshop CS4 kennenlernen. Es ist nämlich wichtig, dass Sie sich mit dem Handling der »kleinen Helferlein am Rand« vertraut machen. Sie werden dadurch imstande sein, Ihr Bildbearbeitungsprogramm optimal zu bedienen.

© Renate Klaßen

▲ **Abbildung 1.8**
Die Arbeitsoberfläche von Adobe Photoshop CS4 auf dem Mac ...

© Renate Klaßen

▲ **Abbildung 1.9**
... und unter Windows

1.2.1 Dokumente als Registerkarten

Wenn Sie mehr als ein Foto öffnen, werden Sie feststellen, dass Photoshop CS4 Registerkarten für Ihre Fotos anlegt. Das bedeutet, dass immer nur ein Foto sichtbar ist. Die anderen liegen dahinter und müssen über einen Klick auf das jeweilige Register oben links aktiviert werden.

Prinzipiell trägt das Ganze ja dazu bei, dass die Übersicht auf der Arbeitsoberfläche erhalten bleibt und Sie bei vielen geöffneten Fotos nicht lange hin und herschieben müssen, um an das gewünschte Bild zu kommen. Allerdings ist es mitunter sinnvoll, auf die Register zu verzichten und jedes Foto in einem eigenen Rahmen bzw. Fenster zu präsentieren (beispielsweise, wenn Sie Elemente eines Fotos auf ein anderes ziehen wollen). Zudem ist die Register-Ansicht sehr gewöhnungsbedürftig; zumindest dann, wenn Sie schon mit Vorgängerversionen von Photoshop CS4 gearbeitet haben.

▲ **Abbildung 1.10**
Klicken Sie auf das Register ❶, dessen Foto Sie im Vordergrund sehen wollen.

Falls Sie sämtliche Fotos beim Öffnen in separate Rahmen stellen wollen, gehen Sie auf BEARBEITEN/PHOTOSHOP • VOREINSTELLUNGEN • BENUTZEROBERFLÄCHE. Dort finden Sie die Checkbox DOKUMENTE ALS REGISTERKARTEN ÖFFNEN. Für die Darstellung in separaten Rahmen sollten Sie das Häkchen wegnehmen.

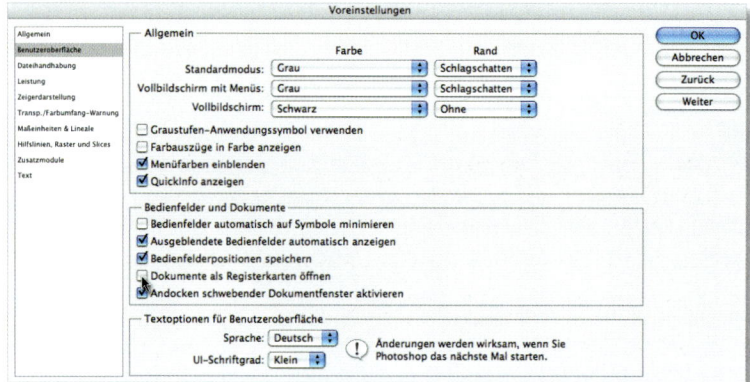

Abbildung 1.11 ▶
Schalten Sie die Register-Option ganz einfach aus.

Bestätigen Sie anschließend mit einem Klick auf OK. Allerdings wirkt sich die Änderung erst auf Dateien aus, die neu geöffnet werden. Wenn Sie vorhandene Register auflösen wollen, müssen Sie den Reiter des Fotos per Drag & Drop herausziehen und ein Stück unterhalb wieder fallen lassen.

Abbildung 1.12 ▼
Lösen Sie vorhandene Register per Drag & Drop auf.

1.2.2 Die Werkzeugleiste

Am linken Rand der Oberfläche befindet sich die Werkzeugleiste (auch *Werkzeugpalette* oder *Toolbox* genannt). Diese haben Sie ja im vergangenen Workshop bereits kennengelernt. Bevor Sie irgendwelche Arbeiten an Ihrem Bild durchführen, werden Sie hier grundsätzlich zunächst das richtige Werkzeug aussuchen müssen.

Aktivieren Sie das jeweils gewünschte Werkzeug mit einem einfachen Mausklick. Machen Sie sich zum gegenwärtigen Zeitpunkt bitte noch keine Gedanken über die einzelnen Funktionen – denen werden wir uns später innerhalb der Workshops ausführlich widmen.

Falls Sie die Werkzeugleiste zweispaltig darstellen wollen, klicken Sie auf den Doppelpfeil ❶, der oben links im Kopf der Werkzeugleiste angebracht ist. Ein erneuter Klick bringt Sie übrigens zurück zur einspaltigen Ansicht.

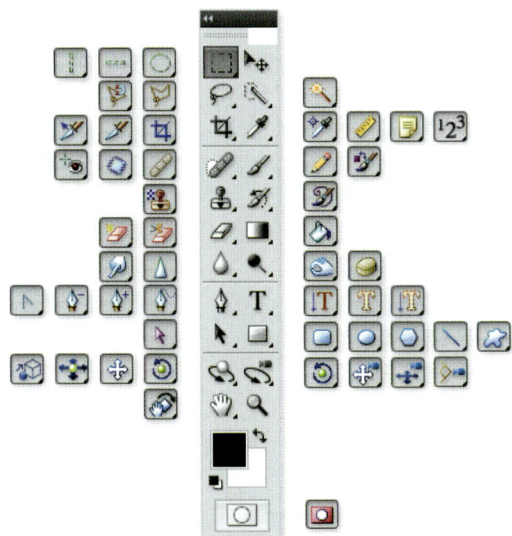

▲ **Abbildung 1.13**
Ehe Sie Veränderungen an Ihren Bildern vornehmen, müssen Sie das korrekte Werkzeug auswählen.

◀ **Abbildung 1.14**
Die zweispaltige Ansicht der Werkzeugleiste

Hinter einigen Werkzeugen verbergen sich noch weitere, ähnliche Werkzeuge, die aktuell aber nicht sichtbar sind. Wenn verborgene Tools existieren, wird das durch ein kleines schwarzes Dreieck ❷ unten rechts auf der Schaltfläche verdeutlicht. Um nun an die »untergeordneten« Tools heranzukommen, klicken Sie die Schaltfläche an und halten die Maustaste einen Moment lang gedrückt. Ein Flyout-Menü fördert die versteckten Werkzeuge zutage.

Abbildung 1.15 ►
Hinter dem Bereichsreparatur-Pinsel befinden sich weitere Tools, die bei gehaltener Maustaste sichtbar werden.

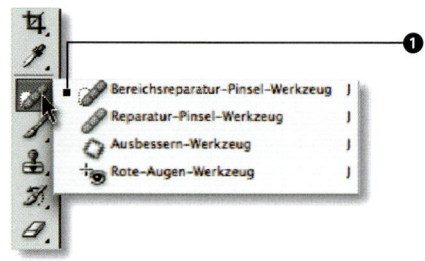

Ausgewähltes Werkzeug

Das ausgewählte Tool ist stets mit einem vorangestellten schwarzen Quadrat ❶ markiert. Wechseln Sie das Werkzeug, wird auch das Quadrat an die Stelle des aktiven Werkzeugs verschoben.

Sobald das Flyout-Menü geöffnet ist, können Sie die Maustaste loslassen und das gewünschte Tool mit erneutem Klick auswählen. Die Liste klappt daraufhin wieder ein. Sie müssen dabei aber bedenken, dass nun nicht mehr das ursprüngliche, sondern das neu selektierte Tool in der Werkzeugleiste sichtbar ist. Um wieder zum ursprünglichen Werkzeug zu wechseln, müssen Sie nun wieder das Flyout-Menü aufrufen ∎.

Werkzeug	Symbol	Tastenkürzel	Werkzeug	Symbol	Tastenkürzel
Abgerundetes-Rechteck-Werkzeug		U	Eigene-Form-Werkzeug		U
Abwedler-Werkzeug		O	Ellipse-Werkzeug		U
Anmerkungen-Werkzeug		I	Extras anzeigen		–
Ansichtsdrehung-Werkzeug		R	Farbaufnahme-Werkzeug		I
Ausbessern-Werkzeug		J	Farbe-ersetzen-Werkzeug		B
Auswahlellipse		M	Freiform-Zeichenstift		P
Auswahlrechteck		M	Freistellungswerkzeug		C
Bereichsreparatur-Pinsel		J	Füllwerkzeug		G
Bildmodus ändern		F	Hand		H
Buntstift		B	Hintergrund-Radiergummi		E
Direktauswahl		A	Im Standard-/Maskierungsmodus bearbeiten		Q
Dokumente anordnen		–	Kopierstempel		S

Werkzeug	Symbol	Tastenkürzel	Werkzeug	Symbol	Tastenkürzel
Kunstprotokoll-Pinsel		Y	Slice		C
Lasso		L	Slice-Auswahlwerkzeug		C
Lineal		I	Standardfarben für Vordergrund und Hintergrund		D
Linienzeichner		U	Text-Werkzeug (horizontal/vertikal)		T
Magischer Radiergummi		E	Verlaufswerkzeug		G
Magnetisches Lasso		L	Verschieben-Werkzeug		V
Musterstempel		S	Vorder- und Hintergrundfarbe vertauschen		X
Nachbelichter		O	Weichzeichner		–
Pfadauswahl		A	Wischfinger		–
Pinsel		B	Zählungswerkzeug (nur Extended)		I
Pipette		I	Zauberstab		W
Polygon-Lasso		L	Zeichenstift		P
Polygon-Werkzeug		U	Zoom		Z
Protokollpinsel		Y	3D-Objekt-drehen-Werkzeug (nur Extended)		K
Radiergummi		E	3D-Kamera-kreisen-Werkzeug (nur Extended)		K
Rechteck-Werkzeug		U			
Reparatur-Pinsel		J			
Rote-Augen-Werkzeug		J			
Scharfzeichner		–			
Schnellauswahl		W			
Schwamm		O			

▲ **Tabelle 1.1**
Werkzeuge und ihre Tastenkürzel

Werkzeug-Tastenkürzel in der Klappe des Buchs

Übrigens finden Sie die gängigen Shortcuts übersichtlich in der hinteren Klappe des Buches aufgelistet.

Shortcuts zur Aktivierung von Werkzeugen

Es ist anzuraten, zum Wechsel eines Werkzeugs stets die Tastatur zu benutzen. Immerhin wird dazu jeweils nur eine einzige Taste benötigt. Die zugeordneten Shortcuts werden in der Quick-Info (hinter dem Werkzeugnamen) angezeigt. Diese Methode stellt einen nicht zu unterschätzenden Komfort dar, der es erlaubt, Werkzeuge zu wechseln, ohne dass Sie die Maus während der Bildbearbeitung von Ihrem Bild nehmen müssen.

Dem Einsteiger verraten die Symbole der einzelnen Tools mitunter noch nicht allzu viel. Lassen Sie sich über eine *Quick-Info* den Namen anzeigen, indem Sie den Mauszeiger einen kurzen Moment auf der gewünschten Schaltfläche verweilen lassen ∎.

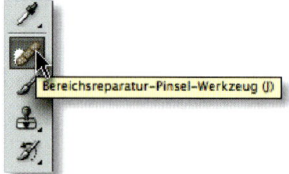

▲ **Abbildung 1.16**
Eine Quick-Info verrät mehr über das Tool, auf dem der Mauszeiger steht.

1.2.3 Die Optionsleiste

Ganz wichtig im Zusammenhang mit den Werkzeugen ist die Optionsleiste ➊ unterhalb der Menüleiste. (Die Optionsleiste wird auch *Werkzeugmenüleiste*, *Symbolleiste* oder *Steuerelementleiste* genannt.) Wählen Sie doch einmal verschiedene Werkzeuge an, und beobachten Sie dabei, wie sich die Optionsleiste individuell verändert. Sie sehen, dass jedes Tool hier gewissermaßen seine eigene Leiste mitbringt. Mit den Steuerelementen dieses Bereichs stellen Sie Ihr Werkzeug auf die individuellen Anforderungen ein.

Abbildung 1.17 ▼
Die Optionsleiste des Verschieben-Werkzeugs auf einem Mac ...

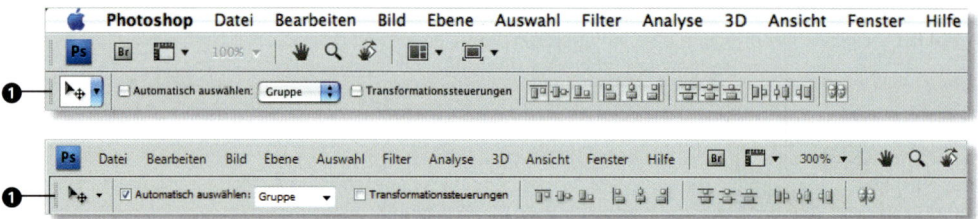

Abbildung 1.18 ▲
... und unter Windows-Vista

1.2.4 Die Paletten

An der rechten Seite befinden sich die unterschiedlichsten Paletten bzw. Bedienfelder. Auch hier gilt, dass sie mit einem Klick auf die dunkelgraue Kopfleiste ein- und wieder ausgeklappt werden können. Zudem können Sie weiteren Platz sparen, indem Sie auch noch die Bezeichnungen ausblenden – übrig bleiben dann nur noch kleine Symbole. Dazu ziehen Sie dazu den linken Rand ➋ mit gedrückter Maustaste nach rechts und lassen die Maustaste los, wenn die Darstellung automatisch auf die kleinere Größe umspringt.

❷

◄ **Abbildung 1.19**
Sämtliche Paletten können auf Symbole beschränkt werden.

1.2.5 Paletten automatisch verbergen

Um nun eines der Bedienfelder zugänglich zu machen, klicken Sie einfach auf das betreffende Symbol. Zwar schließt sich dieses Feld wieder, sobald Sie eine andere Palette markieren, allerdings bleibt immer eine Palette geöffnet und beeinträchtigt somit den Blick auf das Bild. Und das bedeutet: Die gewonnene Platzersparnis ist leider nur von kurzer Dauer. Sie können die Palette manuell schließen, indem Sie auf den kleinen Doppelpfeil oben rechts ❺ klicken oder den aktiven Reiter (in diesem Fall ist das die Palette STILE ❸) markieren.

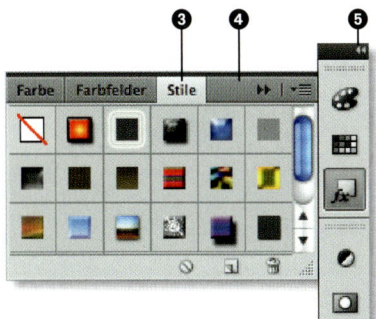

◄ **Abbildung 1.20**
Geöffnete Paletten können per Mausklick geschlossen werden.

Aber mal ehrlich: Ist es nicht recht unkomfortabel, die Palette jedes Mal von Hand schließen zu müssen? Photoshop müsste das selbsttätig machen. Sie ahnen es: Das geht auch – Sie müssen es der Anwendung nur sagen! Klicken Sie doch einmal mit rechts auf die dunkelgraue Kopfleiste ❹ der Palettengruppe, und entscheiden Sie sich im Kontextmenü für den Eintrag BEDIENFELDER AUTOMATISCH AUF SYMBOLE MINIMIEREN.

Nun werden Sie bemängeln, dass die letzte Palette immer noch geöffnet bleibt. Stimmt, aber das ist nur so lange der Fall, bis Sie das aktive Werkzeug anwenden, also auf Ihr Bild klicken, oder ein anderes Werkzeug auswählen.

Noch besser wird es, wenn Sie einmal kurz ⇥ auf Ihrer Tastatur betätigen. Nun ist alles ausgeblendet – auch die Paletten-Miniaturen und die Werkzeugleiste. Wenn Sie diese bedienen wollen, fahren Sie schlicht an den rechten oder linken Rand der Anwendung und klicken auf die vertikale, graue Leiste, die sich bei Annäherung an den Rand zeigt. Um die Paletten und Werkzeuge wieder dauerhaft einzublenden, drücken Sie abermals ⇥ . ■

> **Werkzeugleiste erhalten**
>
> Oftmals ist es erwünscht, dass die Werkzeugleiste permanent erhalten bleibt, während nur die Paletten ausgeblendet werden sollen. Diese Darstellungsform aktivieren bzw. deaktivieren Sie über ⇧ + ⇥ .

1.2.6 Paletten neu anordnen

Unterhalb der Kopfleiste einer Palette befinden sich sogenannte *Reiter*. Klicken Sie einen der Reiter an, um die dazugehörige Registerkarte in den Vordergrund zu stellen. Im obigen Beispiel in Abbildung 1.20 ist die Registerkarte STILE im Vordergrund, während die Karten FARBE und FARBFELDER verborgen dahinter liegen. Sie sehen also: Eine Palette besteht im Allgemeinen aus mehreren Registern bzw. Reitern.

Nun wäre aber Photoshop nicht Photoshop, wenn nicht auch diese Bereiche individuell anzupassen wären. Klicken Sie eine Registerkarte an, und ziehen Sie diese mittels Drag & Drop aus der Palette heraus. Im folgenden Beispiel soll der Reiter FARBE herausgelöst werden. Solange Sie die Maustaste nicht losgelassen haben, wird der bewegte Reiter noch teilweise transparent dargestellt.

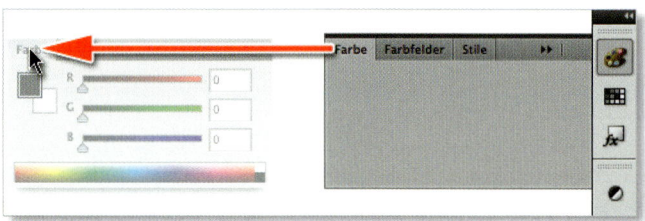

Abbildung 1.21 ▶
Lösen Sie den Reiter FARBE doch einmal aus der Palette heraus.

Wenn Sie eine geeignete Position auf Ihrer Arbeitsoberfläche gefunden haben, lassen Sie die Maustaste los. Sie sehen, dass sich aus diesem Register eine eigene Palette gebildet hat, die sich nun individuell verschieben lässt, indem Sie auf ihre Kopfleiste klicken und dann ziehen.

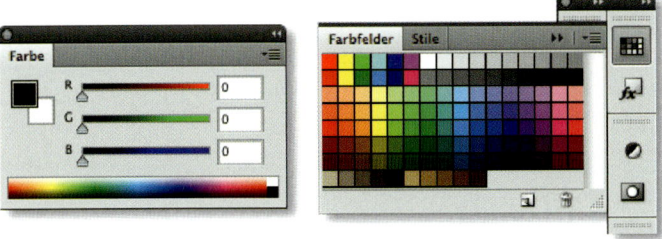

◀ **Abbildung 1.22**
Aus dem Reiter FARBE ist eine eigenständige Palette geworden.

Ebenso könnten dieser neuen Palette nun weitere Registerkarten hinzugefügt werden. Lassen Sie diese einfach über der neu entstandenen Palette fallen. Sobald sich die gezogene Registerkarte einfügen lässt, wird im Innenraum der Palette eine farbige Umrandung angezeigt. Das ist Ihr Zeichen: Jetzt können Sie die Palette fallen lassen.

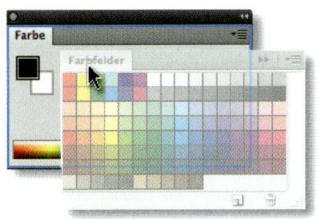

▲ **Abbildung 1.23**
Sobald der Rahmen sichtbar ist, lassen Sie die Maustaste los.

1.2.7 Reiter in der Palette sortieren

Photoshop CS4 gestattet es übrigens auch, die Registerkarten per Drag & Drop umzusortieren. Wenn Sie beispielsweise den zuletzt hinzugefügten Reiter FARBFELDER lieber ganz links hätten, ziehen Sie ihn einfach herüber und lassen ihn dann neben dem Reiter FARBE fallen.

1.2.8 Palettenpositionen wiederherstellen

»Genug!«, sagen Sie? Sie wünschen sich, nachdem Sie alles kreuz und quer durcheinandergestellt haben, den ursprünglichen Zustand der Paletten zurück? Dann müssen Sie nichts weiter tun, als die Schaltfläche ganz oben rechts (dort steht entweder GRUNDELEMENTE oder GRUNDARBEITSBEREICH) anzuklicken und aus der Liste den Eintrag GRUNDELEMENTE zu wählen ∎.

▲ **Abbildung 1.24**
Hier geht es zurück zum alten Interface.

1.2.9 Eigene Arbeitsbereiche einrichten

Möglicherweise möchten Sie für unterschiedliche Arbeiten, die Sie mit Photoshop verrichten, auch unterschiedliche Arbeitsbereiche einrichten. Damit Sie aber nun die Paletten nicht jedes Mal

---

Palettenpositionen zurücksetzen

Eine Alternative dazu wäre FENSTER • ARBEITSBEREICH • GRUNDELEMENTE (STANDARD) – und alles befindet sich wieder in der Ausgangsstellung.

neu verschieben müssen, bietet die Anwendung die Möglichkeit, Arbeitsbereiche zu definieren und diese bei Bedarf einzustellen.

Der erste Schritt besteht darin, den gewünschten Arbeitsbereich auf die zuvor beschriebene Weise einzurichten und die Paletten nach Wunsch zu ordnen. Im nächsten Schritt gehen Sie wieder auf die Schaltfläche oben rechts und entscheiden sich für den Listeneintrag ARBEITSBEREICH SPEICHERN (Sie finden diesen Eintrag übrigens auch im Menü, und zwar unter FENSTER • ARBEITSBEREICH). Vergeben Sie hier einen nachvollziehbaren Namen, und entscheiden Sie, ob auch bereits vergebene Tastaturbefehle (dazu später mehr) oder Änderungen in Menüs mit aufgenommen werden sollen, ehe Sie auf SPEICHERN klicken.

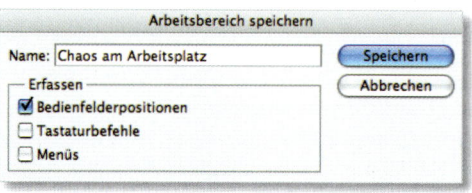

Abbildung 1.25 ▶
Sichern Sie Ihren Arbeitsbereich.

Wenn Sie anschließend noch einmal auf den Button ARBEITSBEREICH in der Optionsleiste klicken, werden Sie ganz oben in der Liste den zuvor vergebenen Namen wiederfinden. Wenn Sie also diese Interface-Ansicht benötigen, klicken Sie darauf, und die Paletten werden wie gewünscht angeordnet.

Benötigen Sie einen Arbeitsbereich nicht mehr in der Liste, wählen Sie aus der Liste ARBEITSBEREICH den Eintrag ARBEITSBEREICH LÖSCHEN, stellen im Folgedialog den entsprechenden Namen ein und klicken auf LÖSCHEN. Nun müssen Sie nur noch die anschließende Kontrollabfrage mit JA bestätigen.

▲ Abbildung 1.26
Bringen Sie die Palette auf die gewünschte Größe.

1.2.10 Paletten skalieren

Nun wollen wir noch einen Blick auf die Skalierbarkeit von Paletten werfen. Es ist nämlich möglich, jede Palette an der unteren rechten Ecke (wie könnte es anders sein: natürlich mittels Drag & Drop) sowohl horizontal als auch vertikal zu skalieren ❷.

1.2.11 Palettenmenü

Jetzt muss noch das Palettenmenü erwähnt werden. An der oberen rechten Ecke befindet sich eine kleine Schaltfläche mit einem Listen-Symbol ❶. Klicken Sie darauf, um ein Flyout-Menü anzeigen zu lassen, das je nach aktivierter Registerkarte individuelle Menüeinträge bereithält. Wenn Sie hier mit der Maus den gewünschten Eintrag selektieren, wird die Aktion ausgeführt und das Menü wieder eingeklappt ■.

1.2.12 Das Menü »Fenster«

Schauen Sie doch einmal auf Ihre Menüleiste. Dort ist auch ein Eintrag mit dem Namen FENSTER aufgelistet. Öffnen Sie es, um Zugang zu sämtlichen Registerkarten zu erhalten, die auf der Oberfläche von Photoshop ein- bzw. ausgeschaltet werden können. Dort steht nun ein Häkchen vor sämtlichen Einträgen, deren Register sich zum gegenwärtigen Zeitpunkt im Vordergrund der Anwendung befinden. Wenn Sie einen Registereintrag markieren, der bereits angehakt ist, hat dies zur Folge, dass die gesamte Palettengruppe (inklusive der beiden verdeckten Register) auf der Oberfläche von Photoshop ausgeblendet wird. Umgekehrt können Sie hierüber jederzeit Paletten sichtbar machen, die sich gerade nicht auf Ihrer Arbeitsoberfläche befinden.

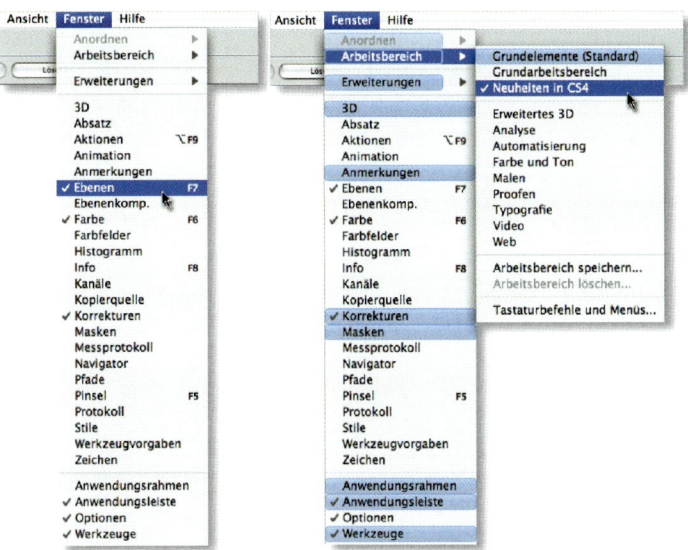

Gesperrte Menüeinträge

Je nach Gegebenheit sind nicht alle Menüeinträge anwählbar. In Abbildung 1.28 trifft das z. B. auf ARBEITSBEREICH LÖSCHEN zu. Nicht anwählbare Optionen werden schwach grau angezeigt.

Abgedeckte Register

Bedenken Sie, dass die abgedeckten Register (wie zum Beispiel KANÄLE und PFADE hinter dem Ebenen-Register) nicht mit einem Häkchen versehen sind. Wenn Sie also im Fenstermenü auf den Reiter PFADE klicken, hat das zur Folge, dass die gleichnamige Registerkarte innerhalb der Palettengruppe in den Vordergrund gestellt wird. Gleichzeitig bedeutet das aber auch, dass das Häkchen vor EBENEN (innerhalb des Fenstermenüs) entfernt wird.

◄◄ **Abbildung 1.27**
Hier werden die Register aufgeführt, die in Photoshop bereitgestellt werden können ■.

◄ **Abbildung 1.28**
Alle neuen Features werden blau hinterlegt.

1.2.13 Neuheiten von Photoshop CS4

Wenn Sie sich übrigens gezielt mit den Neuerungen innerhalb der Menüs vertraut machen wollen, gehen Sie auf ARBEITSBEREICH und entscheiden sich für NEUHEITEN IN CS4. Dann werden alle Menübefehle, hinter denen sich Neuerungen oder Erweiterungen befinden, farbig hinterlegt.

Um wieder zur Normalansicht zurückzukehren, also die Hervorhebungen zu deaktivieren, rufen Sie den erwähnten Eintrag abermals auf. Den Wechsel können Sie im Übrigen auch in der Liste oben rechts einstellen: dort, wo für gewöhnlich GRUNDELEMENTE steht.

1.2.14 Tastaturbefehle und Menüs einstellen

Abbildung 1.29 ▼
Über die vorangestellten Dreieck-Symbole haben Sie Zugang zu den jeweiligen Menübefehlen.

Sie wissen ja längst, dass Tastaturbefehle eine tolle Sache sind. Adobe ist sehr entgegenkommend und stellt Ihnen über FENSTER • ARBEITSBEREICH • TASTATURBEFEHLE UND MENÜS Möglichkeiten zur Verwaltung und Erstellung solcher Tastenkombinationen zur Verfügung.

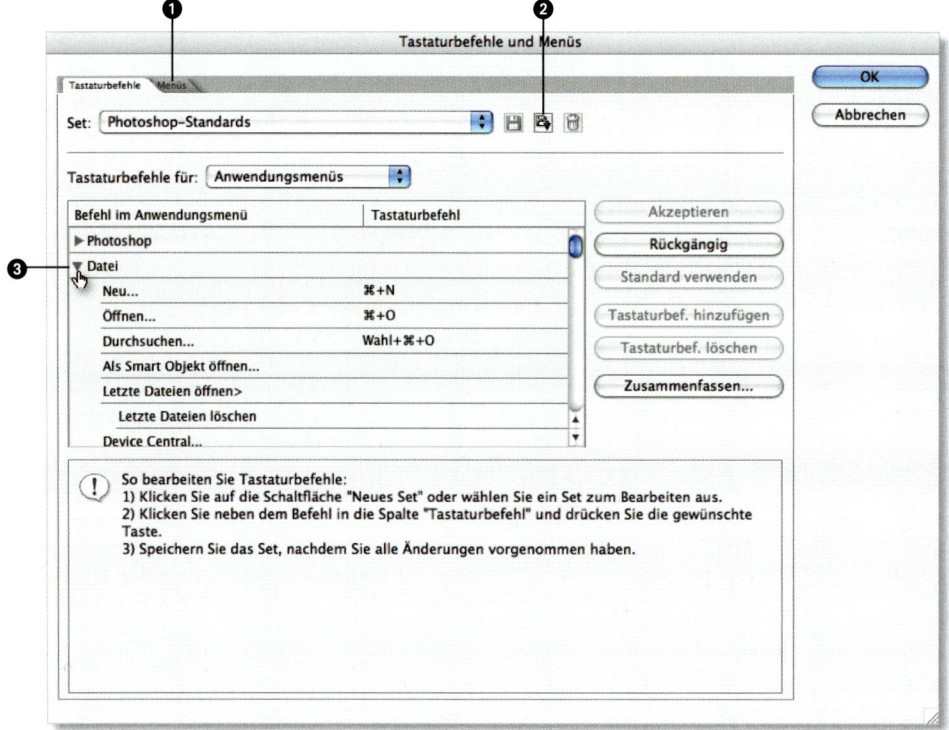

Markieren Sie in der Bildmitte doch einmal eines der kleinen Dreieck-Symbole vor der betreffenden Menübezeichnung ❸. Sobald Sie in der untergeordneten Liste eine der Reihen anklicken, können Sie für diesen Bereich einen Tastaturbefehl eingeben. Drücken Sie dazu die gewünschte Kombination. Sollten Sie eine Eingabe machen, die nicht gültig ist, weist die Anwendung darauf hin. Sollten Sie hingegen eine Tastenkombination angeben, die bereits in Verwendung ist, wird ebenfalls eine Meldung ausgegeben. Nun obliegt es Ihnen, die Kombination mit TASTATURBEFEHL HINZUFÜGEN zu übernehmen. Mit BESTÄTIGEN UND ZU KONFLIKT GEHEN gelangen Sie zu dem Befehl, der bislang über diese Kombination eingestellt werden konnte.

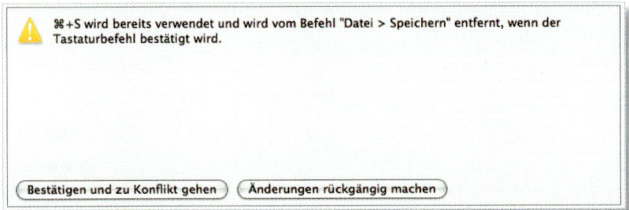

◄ **Abbildung 1.30**
Ungültige oder bereits reservierte Kürzel für Tastaturbefehle werden sofort moniert.

Ich möchte Ihnen das aber nicht empfehlen, da die Tastenkombinationen seitens des Herstellers im Allgemeinen logisch und nachvollziehbar sind. Entscheiden Sie sich lieber für ÄNDERUNGEN RÜCKGÄNGIG MACHEN, und denken Sie sich eine andere Kombination aus.

Über den SPEICHERN-Button können die aktuellen Set-Änderungen nun abgespeichert werden. Darüber hinaus ist es aber auch denkbar, dass sich jeder Benutzer der Anwendung sein eigenes Set anlegt. Klicken Sie dazu auf NEUES SET AUS AKTUELLEM TASTATURBEFEHLSSATZ ERSTELLEN ❷. Das neue Set wird dann künftig im Pulldown-Menü SET aufgelistet. Im Folgedialog geben Sie einen aussagekräftigen Namen an ■.

Über die Registerkarte MENÜS ❶ lassen sich auch die Menübefehle individuell verwalten (siehe Abbildung 1.31 auf der nächsten Seite). Über das Augen-Symbol in der Spalte SICHTBARKEIT lassen sich Befehle, die nicht benötigt werden, einfach ausschalten. Klicken Sie dazu auf das Auge.

Wenn Sie auf die Bezeichnung OHNE klicken, haben Sie die Möglichkeit, Ihre wichtigsten Menübefehle noch farblich herauszustellen. Dies soll eine Erleichterung beim Auffinden des Befehls darstellen ■.

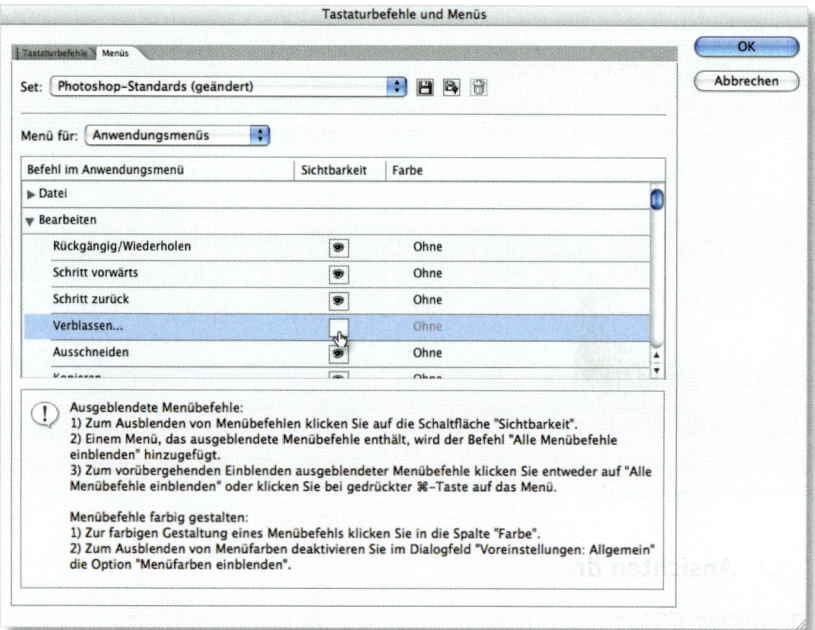

Abbildung 1.31 ▶
Das Ausschalten der
Menübefehle ist hier
kein Problem.

1.3 Navigation, Zoom und Ansichten

Auch bei diesem wichtigen Thema kommen wir um etwas Theorie leider nicht herum. Allerdings sollten Sie diesen Abschnitt keinesfalls überspringen, da er Ihnen zeigt, wie Sie den Inhalt Ihrer Dokumente vergrößern und verkleinern können.

1.3.1 Die Navigator-Palette

Eingabe des Vergrößerungsfaktors

Doppelklicken Sie das Eingabefeld unten links, lässt sich der Faktor der Größendarstellung über die Tastatur eingeben. Hierbei sind maximale Vergrößerungen von 3200 % möglich. Legen Sie einen Wert größer als 3200 % fest, gibt Photoshop eine Fehlermeldung aus und vergrößert anschließend auf das Maximum.

Wenn Sie komfortabel durch Ihre Bilder navigieren möchten, bietet sich zunächst einmal das Register NAVIGATOR an, das sich ebenfalls über das Fenster-Menü aktivieren lässt. In der Mitte gibt es eine kleine Vorschaufläche. Ein roter Rahmen zeigt an, welchen Bereich Sie derzeit von Ihrem Bild sehen können. Darunter befindet sich ein kleiner Schieber, mit dem Sie zoomen, also einen bestimmten Ausschnitt des Bildes näher betrachten können.
Stellen Sie den Schieber mittels Drag & Drop nach links (zum Verkleinern) oder nach rechts (zum Vergrößern). Durch Markieren der Symbole links und rechts daneben werden Skalierungen in festen Schritten durchgeführt ■.

Falls das aktive Bild aufgrund der Skalierung nicht komplett angezeigt werden kann, zeigt der rote Rahmen, welcher Ausschnitt derzeit sichtbar ist. Stellen Sie den Mauszeiger in diesen Rahmen, um ihn zu verschieben. Dazu halten Sie einfach die Maustaste gedrückt und bewegen das Zeigegerät in die gewünschte Richtung ■.

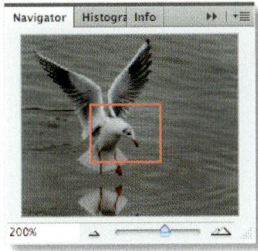

◄ **Abbildung 1.32**
Bewegen Sie sich mithilfe des Navigators durch Ihre Dokumente.

1.3.2 Ansichten drehen

Photoshop CS4 wartet mit einer sehr interessanten Neuerung auf. Sie können nämlich das Bild auf komfortable Art in der Ansicht drehen. Das macht vor allem dann Sinn, wenn Sie später mit Retuschen oder Maskierungen beschäftigt sind. Dazu müssen Sie die Funktion aber zunächst aktivieren.

▲ **Abbildung 1.34**
Die korrekte Bezeichnung für dieses gute Stück lautet »Ansichtdrehung-Werkzeug«.

Wenn Sie jetzt auf das Bild klicken und die Maus mit gedrückt gehaltener linker Taste verschieben, lässt sich das Foto nach Herzenslust drehen – wohlgemerkt: nur die Ansicht. Das eigentliche Foto wird in Wahrheit nicht gedreht. Und wenn Sie ⌂ gedrückt halten, können Sie das Bild sogar in festen 15°-Schritten drehen. Die rote Kompassnadel auf dem Bild zeigt Ihnen stets, wo Norden, also wo oben ist.

Nun können Sie das Foto von allen Seiten betrachten, Ihre Änderungen daran vornehmen und danach auf ANSICHT ZURÜCKSETZEN klicken – und schon befinden Sie sich wieder in der Normalansicht.

Navigation auf der Bilddatei

Um Verschiebungen auf einem eingezoomten Bild realisieren zu können, müssen Sie aber nicht extra auf die Navigator-Palette ausweichen. Die Maus kann auf dem Bild bleiben. Halten Sie einfach die Leertaste gedrückt. Nachdem der Mauszeiger zur Hand geworden ist, halten Sie auch die Maustaste gedrückt und verschieben den Ausschnitt mit dem Zeigegerät in die gewünschte Richtung.

▲ **Abbildung 1.33**
Durch Verschieben des Rahmens ist die komfortable Navigation innerhalb eines stark vergrößerten Dokuments möglich.

Abbildung 1.35 ▶
Der Kompass zeigt,
wo Norden ist.

Abbildung 1.36 ▶
Nach einem Klick präsentiert
sich das Foto wieder in der
Normalansicht.

Verantwortlich für diese sinnvolle Ansichtsoption ist OpenGL
(Open Graphics Library), eine Schnittstelle, die von modernen
Grafikkarten in der Regel unterstützt wird. Das bedeutet aber
auch: Sie können diese Funktion nur nutzen, wenn Ihre Grafikkarte kompatibel ist. Ob das der Fall ist, prüfen Sie, indem Sie
Bearbeiten/Photoshop • Voreinstellungen • Leistung aufrufen
und nachsehen, ob die Steuerelemente im Bereich GPU-Einstel-
lungen anwählbar sind (sie dürfen nicht ausgegraut dargestellt
werden). Zudem sollten Sie dafür sorgen, dass OpenGL aktivieren angehakt ist. Sollte das bei Ihnen nicht der Fall sein, kann die
Treiber-Aktualisierung der Grafikkarte das Problem möglicherweise beheben.

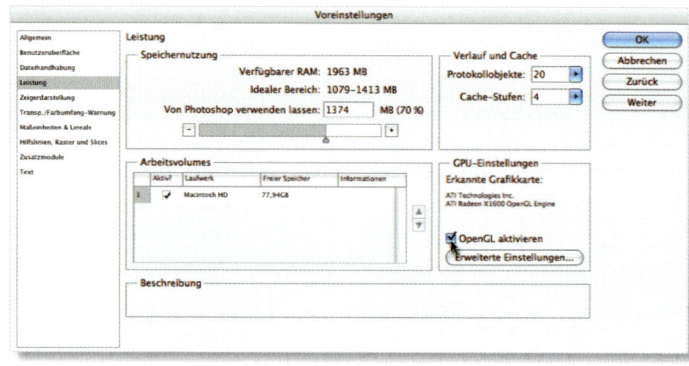

Abbildung 1.37 ▶
OpenGL lässt sich in den
Voreinstellungen ein- und
ausschalten.

1.3.3   Navigation mit der Lupe

Jetzt ist es an der Zeit, sich mit der Lupe vertraut zu machen. Um es korrekt zu formulieren: mit dem **Zoomwerkzeug**. Es befindet sich einmal in der Werkzeugleiste ganz unten und ein weiteres Mal in der Optionsleiste (gleich neben dem Ansichtdrehung-Werkzeug). Es wird durch Anklicken oder mittels Z auf Ihrer Tastatur aktiviert. Klicken Sie damit auf Ihr Bild, um Vergrößerungen zu erreichen. Halten Sie Alt / ⌥ gedrückt, und führen Sie anschließend einen Mausklick aus, um herauszuzoomen (sprich: zu verkleinern).

Möchten Sie einen bestimmten Ausschnitt vergrößern? Dann stellen Sie die Lupe auf das Bild und ziehen mit gedrückter Maustaste einen Rahmen auf. Wenn Sie die Maustaste loslassen, wird der Bereich innerhalb des Rahmens vergrößert dargestellt.

Abschließend sei in diesem Zusammenhang noch das Tastaturkürzel Strg / ⌘ + O (Null) erwähnt, das das Bild stets komplett auf der zur Verfügung stehenden Arbeitsfläche darstellt.

◄ **Abbildung 1.38**
Grenzen Sie mit dem Rahmen einen Bereich ein, der vergrößert werden soll.

1.3.4   Pixelraster

Eine interessante Erweiterung ist in diesem Zusammenhang ebenfalls noch zu erwähnen. Im Gegensatz zu Vorgängerversionen von Photoshop CS4 ist jetzt dank der GPU-Unterstützung jeder Vergrößerungsfaktor gestochen scharf. Zudem lässt sich bei starker Vergrößerung ein Pixelraster erkennen. Erhöhen Sie die Darstellung auf mehr als 500 %, damit Sie das Raster sehen können.

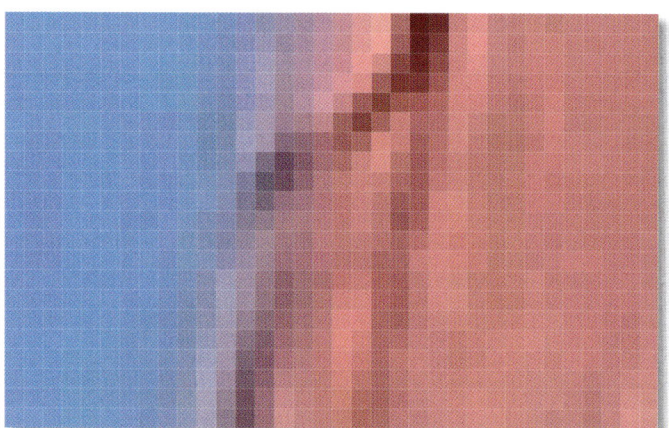

Abbildung 1.39 ▶
Photoshop bringt Ihre Pixel
ganz groß raus!

1.3.5 Vorübergehend auszoomen

Wenn Sie sich erst einmal mit den Grundlagen der Anwendung vertraut gemacht haben, werden Sie des Öfteren nach folgendem Muster vorgehen: Zur Nachbearbeitung bestimmter Bildteile zoomen Sie stark ein. Während der Nachbearbeitung wird es aber mitunter interessant sein, einmal kurz das gesamte Foto anzusehen – und den kleinen Ausschnitt vorübergehend zu verlassen. Wenn Sie jetzt aber ⎡Strg⎤/⎡⌘⎤ + ⎡O⎤ drücken, ist dieser Ausschnitt weg, und Sie müssten ihn anschließend wieder neu einstellen. »Viel zu aufwendig!«, haben sich da die Photoshop-Programmierer gedacht und ⎡H⎤ auf Ihrer Tastatur mit einer Zusatzfunktion ausgestattet. Wenn Sie diese Taste gedrückt halten, mutiert das derzeit eingestellte Werkzeug zur Hand. Wenn Sie jetzt noch einen Mausklick ausführen (und die Maustaste ebenfalls gedrückt halten), können Sie das gesamte Bild sehen. Lassen Sie Maus und ⎡H⎤ wieder los, wird das zuletzt eingestellte Tool wieder aktiviert, und Sie befinden sich wieder genau im zuvor gewählten Bildausschnitt. Cool, oder?

Tabelle 1.2 ▶
Tastenkürzel für Ansichten

Ansicht	Werkzeug/Menüeintrag
Fenstergröße anzeigen	Doppelklick auf das Hand-Werkzeug oder ANSICHT • GANZES BILD
Darstellung 100 %	Doppelklick auf die Lupe oder ANSICHT • TATSÄCHLICHE PIXEL
Standardansicht/Vollbildmodus mit und ohne Menüleiste	⎡F⎤ drücken

1.3.6 Unterschiedliche Ansichtsmodi wählen

Wie sich ein Bild auf Ihrer Arbeitsoberfläche darstellt und wie viel Platz dafür zur Verfügung gestellt werden soll, können Sie ebenfalls individuell entscheiden. Klicken Sie doch einmal auf die Schaltfläche BILDSCHIRMMODUS über der Optionsleiste, und lassen Sie die Maustaste noch einen Moment lang gedrückt. Nach einer Sekunde wird das zugehörige Pulldown-Menü angezeigt.

▼ **Abbildung 1.40**
Die unterschiedlichen Anzeige-modi verbergen sich hinter der Schaltfläche BILDSCHIRMMODUS.

Besonders hervorzuheben ist hier der Eintrag VOLLBILDMODUS, der das aktuelle Foto bildschirmfüllend anzeigt. Den Vollbildmodus verlassen Sie, indem Sie Esc drücken. Sie können zwischen den verschiedenen Ansichten auch wechseln, indem Sie mehrfach F drücken – bis Sie Ihre favorisierte Ansicht vorfinden. Das erspart Ihnen dann sogar noch den Weg über die Optionsleiste. Ach ja: Bei mehreren geöffneten Fotos können Sie auch bestimmen, wie diese angeordnet werden sollen. Das machen Sie über den Button links daneben, DOKUMENTE ANORDNEN.

◄ **Abbildung 1.41**
Bei der Anordnung der Bilder müssen Sie sich nichts vormachen lassen!

1.3.7 Lineale aktivieren

Mitunter ist es durchaus sinnvoll, an den Bildrändern oben und links Lineale einblenden zu lassen. Am schnellsten erreichen Sie dies über Strg/⌘+R. Über das Menü geht es allerdings auch, indem Sie ANSICHT • LINEALE einstellen. Wiederholen Sie den Befehl bzw. drücken Sie die zuvor genannte Tastenkombination erneut, um die Lineale wieder auszublenden.

Standardmäßig wird die Maßeinheit Zentimeter (cm) angeboten. Wenn Sie stattdessen aber lieber eine andere Einheit (z. B. Millimeter, Punkt oder Pixel) wünschen, können Sie das über das oberste Steuerelement des Fensters BEARBEITEN/PHOTOSHOP • VOREINSTELLUNGEN • MASSEINHEITEN UND LINEALE umstellen.

© Renate Klaßen

Abbildung 1.42 ►
Horizontal und vertikal werden Lineale eingeblendet.

1.4 Das Protokoll

Abschließend wollen wir uns noch der äußerst wichtigen Protokollfunktion widmen, die Ihnen die Arbeit mit Photoshop beträchtlich erleichtern wird.

1.4.1 Protokollliste

Dass Photoshop die übertragenen Aufgaben mit erstaunlicher Zuverlässigkeit verrichtet, ist hinlänglich bekannt. Das Interessante an dieser Tatsache ist aber, dass jeder einzelne Schritt akribisch protokolliert wird. Die Anwendung registriert (fast) jede Ihrer Aktionen und listet sie in der Protokoll-Palette auf. Davon ausgenommen sind lediglich programmspezifische Funktionen

---

»Ein-Schritt«-Aktionen

Beim Protokoll-Listing werden bestimmte Ausführungen zu einem Schritt zusammengefasst. Wenn Sie beispielsweise ein Objekt mehrmals hintereinander verschieben, wird die gesamte Verschiebung lediglich als »ein« Programmschritt ausgewiesen.

wie das Ändern der Farbe, der Grundeinstellungen, Werkzeug-wechsel, das Öffnen und Schließen von Paletten und Ähnliches. Funktionen, die Auswirkungen auf Ihre Bilddatei haben, werden korrekt gesammelt ■. Das Protokoll lässt sich über FENSTER • PRO-TOKOLL auf die Oberfläche bringen.

Standardmäßig listet die Anwendung die letzten 20 Schritte untereinander auf. Das bedeutet: Wenn Sie den 21. Schritt zur Anwendung bringen, wird der erste aus der Protokoll-Palette entfernt. Diese Vorgehensweise erlaubt es Ihnen nun, innerhalb dieser 20 Schritte zurückzuspringen. Markieren Sie dazu mittels Mausklick einen Eintrag weiter oben.

Solange sich das Protokoll so darstellt, dass die unterhalb ange-ordneten Schritte noch schwach grau erhalten sind, lässt sich auf diese Punkte noch zugreifen. In dem Moment aber, in dem Sie eine neue Aktion ausführen, werden alle darunter befindlichen Schritte unwiederbringlich gelöscht. Diese Aktion lässt sich dann nicht wieder rückgängig machen.

▲ **Abbildung 1.43**
Photoshop schreibt mit – die Protokoll-Palette.

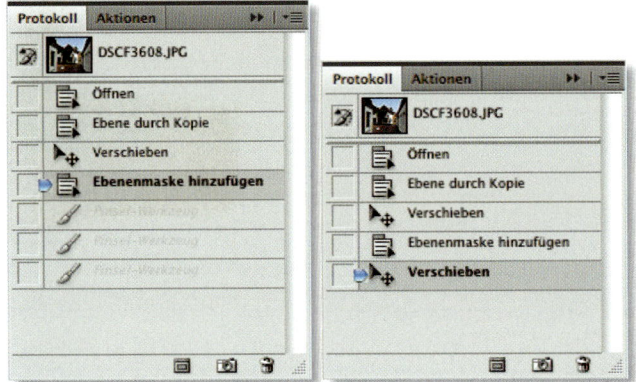

◄◄ **Abbildung 1.44**
Hier wurde der Zustand des Bildes bis auf den Einsatz der Ebenenmaske zurückgestuft.

◄ **Abbildung 1.45**
Nach dem Markieren der Zeile »Ebenenmaske hinzufügen« ist eine neue Aktion ausgeführt worden. Alle Schritte, die sich in der Liste darunter befanden, wurden somit gelöscht.

1.4.2 Schnappschuss erstellen

Anders sieht es aus, wenn Sie von Zeit zu Zeit einen Schnapp-schuss erstellen. Diese Funktion kann man sich wie einen »Zwi-schenspeicher« vorstellen, der im oberen Bereich des Fensters den aktuellen Zustand des Bildes absichert.

Fertigen Sie – falls Sie sich nicht hundertprozentig sicher sind, ob Sie auf die letzten Schritte verzichten können – zuvor einen Schnappschuss an. Führen Sie weitere Arbeiten an Ihrem Dokument aus. Wenn Sie nach einiger Zeit feststellen, dass die Schnappschuss-Version doch die bessere gewesen ist, markieren

Sie einfach den Eintrag *Schnappschuss 1*, und Sie erhalten die Version des Bildes zurück, die »vor« dem Löschen der Schritte aktuell gewesen ist. Würden Sie das nicht auch als »äußerst praktisch« bezeichnen?

Abbildung 1.46 ▶
Fertigen Sie einen Schnappschuss an, zu dem Sie immer wieder zurückkehren können.

Löschen mit Kontrollabfrage

Prinzipiell ist es möglich, den zu löschenden Eintrag zu markieren und anschließend das Papierkorb-Symbol anzuklicken. Dabei fragt Photoshop aber sicherheitshalber noch einmal nach, ob der Eintrag wirklich gelöscht werden soll. Mit der Methode Drag & Drop wird die Abfrage umgangen. Diese Vorgehensweise gilt im Übrigen auch für alle anderen Paletten.

1.4.3 Protokollobjekte löschen

Ziehen Sie nicht mehr benötigte Elemente (wie z. B. Schnappschüsse) mittels Drag & Drop auf das Papierkorbsymbol rechts neben der Schnappschuss-Taste, um sich von ihnen zu trennen ■.

1.4.4 Datei duplizieren

Eine weitere Möglichkeit, die den Erhalt des ursprünglichen Protokolls garantiert, besteht darin, eine Kopie des Bildes über das linke der drei unteren Icons zu erstellen. Dort können Sie dann frohen Mutes weiterarbeiten, ohne das Protokoll des Originals zu verlieren.

Kapitel 2

Importieren und verwalten

Bilder anlegen, sortieren und suchen mit
Adobe Bridge

Sie werden lernen:

▸ Wie werden einzelne und mehrere Dateien geöffnet?

▸ Wie kann ich über Adobe Bridge Dateien finden?

▸ Wie kann ich Fotos kennzeichnen?

▸ Wie finde ich Fotos aus einer Vielzahl von Bildern heraus?

2   Importieren und verwalten

Dass sich Bilddateien über Datei • Öffnen bereitstellen lassen, muss wirklich nicht feierlich verkündet werden. Falls Sie sich aber fragen, warum ein ganzes Kapitel zu Themen wie der Bridge und dem Handling von Bildern geschrieben werden muss, kann die Antwort nur lauten: »Weil Sie es unbedingt wissen müssen!«

Es bleibt abzuwarten, ob Sie nach diesem Kapitel genauso darüber denken. Alles andere als ein »Wirklich gut zu wissen!« wäre recht verwunderlich ...

2.1   Der Öffnen-Dialog

Abbildung 2.1 ▼
Sollten Sie versehentlich eine Datei ausgewählt haben, die nicht geöffnet werden soll, markieren Sie diese erneut, während Sie Strg/⌘ festhalten.

Mit dem bereits erwähnten Pfad (Datei • Öffnen) lassen sich natürlich in einem Arbeitsgang mehrere Bilder bereitstellen. Um mehrere Dateien zu selektieren, die alle beisammen liegen, markieren Sie die oberste Datei und danach mit gedrückter ⇧-Taste die unterste. Liegen die Dateien nicht beisammen, markieren Sie die erste und anschließend mit gedrückter Taste Strg/⌘ die anderen ■.

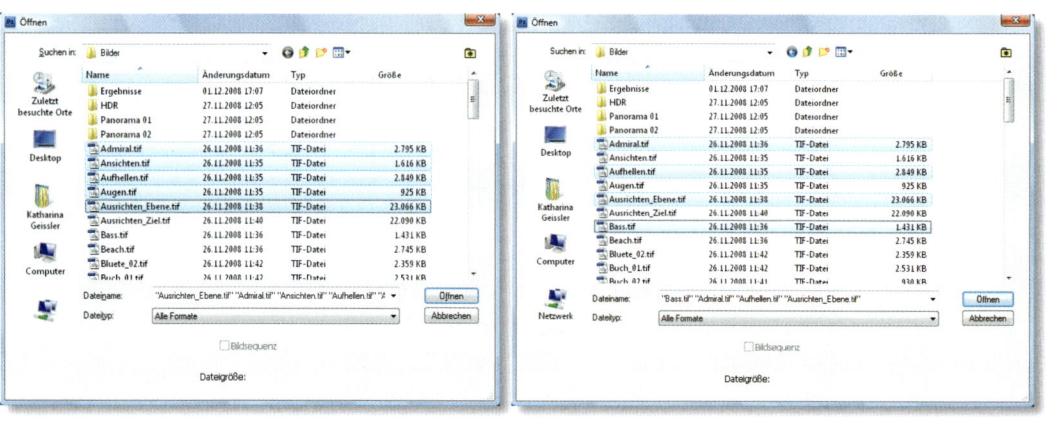

Treffen Sie eine Vorauswahl, damit nur Bilder eines bestimmten Typs angezeigt werden. Beispielsweise lassen Sie sich darüber alle Bilder eines Ordners anzeigen, die das Dateiformat TIFF haben. Verwenden Sie dazu die Combo-Box FORMAT (Macintosh) bzw. DATEITYP (Windows).

Über DATEI • LETZTE DATEIEN ÖFFNEN wird die Liste der zehn zuletzt verwendeten Bilddateien gespeichert ■. Wählen Sie das gewünschte Bild, um es abermals zu öffnen. Die Liste bleibt auch dann bestehen, wenn Photoshop zwischenzeitlich geschlossen worden ist. Selbst nach einem Neustart des Rechners »weiß« die Anwendung noch immer, welche Bilder zuletzt in Gebrauch gewesen sind. Aber Vorsicht: Verschieben Sie eine dieser Dateien manuell, wird das in Photoshop natürlich nicht berücksichtigt. Das Öffnen der Datei über die Liste schlägt dann fehl. Wenn Sie die Liste nicht mehr benötigen, können Sie diese leeren, indem Sie DATEI • LETZTE DATEIEN ÖFFNEN • LETZTE DATEIEN LÖSCHEN selektieren.

2.2 Dateien anzeigen mit Adobe Bridge

Häufig (vor allem, wenn sich bereits Berge von Bildern auf Ihrem Rechner einquartiert haben) werden Sie Bridge zu schätzen wissen. Adobe Bridge ist eine eigenständige Applikation zum Verwalten von Dateien. Das Programm erweist sich neben anderen Funktionen vor allem als zuverlässiger Archivar, da es die Suche nach Bildern durch Miniaturansichten (und nicht nur dadurch) erheblich vereinfacht. Den Button in der Optionsleiste von Photoshop, mit dem Sie Adobe Bridge aufrufen können, haben Sie ja bereits kennengelernt (oder haben Sie etwa das Vorwort überblättert?).

2.2.1 Die Ansichtsoptionen

Nach einer Selektion der Registerkarte FAVORITEN ❶ oben links können Sie sich auf der mittleren Arbeitsfläche »durchklicken«, bis Sie den relevanten Ordner gefunden haben. Wenn Ihnen zur Vorauswahl die Explorer-Ansicht mehr liegt, entscheiden Sie sich für ORDNER ❷.

»Öffnen« und »Neu« unter Windows

Praktisch: Sie erreichen den ÖFFNEN-Dialog bequem, indem Sie auf eine freie Stelle des Arbeitsbereichs doppelklicken.

Umfang der Dateiliste verändern

Standardmäßig »merkt« sich Photoshop die letzten zehn verwendeten Dateien. Wollen Sie diesen Wert verändern, erreichen Sie das, indem Sie das Eingabefeld LISTE DER LETZTEN DATEIEN UMFASST [X] DATEIEN entsprechend ändern. Dieses Steuerelement finden Sie unter BEARBEITEN/PHOTOSHOP • VOREINSTELLUNGEN • DATEIHANDHABUNG (in älteren Versionen: DATEIEN VERARBEITEN). Die Alternative zum Gang über das Menü: einmal `Strg`/`⌘`+`K` drücken und anschließend den Eintrag auf der linken Seite markieren.

◀ **Abbildung 2.2**
Nur einen Mausklick entfernt – Adobe Bridge

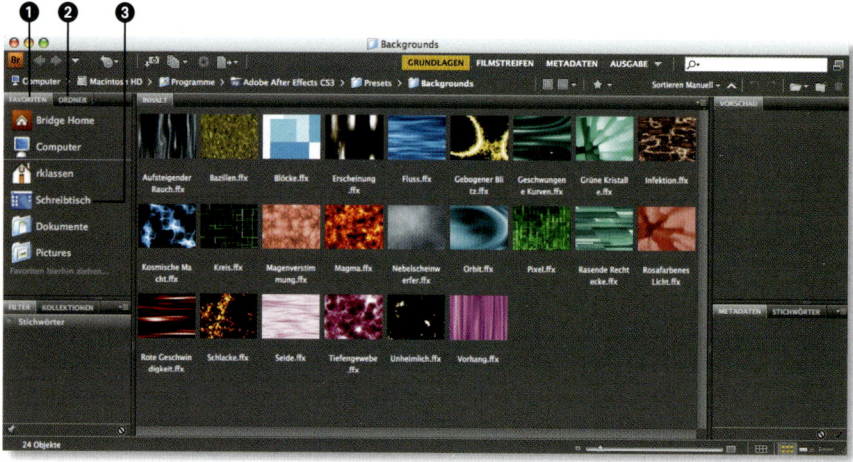

Abbildung 2.3 ▲
Bridge präsentiert sich zunächst
recht unscheinbar.

Wir möchten nun die Dateien zur Buch-DVD auflisten. Dazu reicht
ein Klick auf SCHREIBTISCH ❸ (Mac) bzw. DESKTOP (Windows) und
ein anschließender Doppelklick auf den rechts daneben angezeig-
ten Ordner mit den Beispielfotos. (Voraussetzung ist natürlich,
Sie haben diesen Ordner tatsächlich auf den Desktop gelegt. Ist
das nicht der Fall, navigieren Sie zu der Position, an der Sie den
Ordner abgelegt haben.) Kurze Zeit später sollten im zentralen
Fenster der Anwendung die zahlreichen Miniaturen zu sehen sein.
Die Größe der Miniaturen können Sie über den Schieberegler im
Fuß der Anwendung verändern.

Abbildung 2.4 ▼
Navigieren Sie zum Bildordner
mit den zahlreichen Beispielfotos.

Wenn Sie ein Foto suchen und das geeignete gefunden haben, können Sie es doppelklicken, worauf es in Photoshop zur Verfügung gestellt wird. Aber auch ein einfacher Mausklick offenbart bereits hier eine Menge über das Bild. Werfen Sie dazu einen Blick in die rechte Spalte der Anwendung.

2.2.2 Darstellung ändern

In der Kopfleiste der Anwendung finden Sie vier Einträge (GRUNDLAGEN, FILMSTREIFEN, METADATEN, AUSGABE), über deren Anwahl Sie das Erscheinungsbild der Fotos nach Wunsch ändern können. Das ist vor allem dann interessant, wenn Sie Bilder beispielsweise anhand eines Erstellungsdatums ausfindig machen wollen. Klicken Sie doch einmal auf METADATEN. Danach reicht ein Klick auf GRUNDLAGEN, um wieder zur vorherigen Ansicht zu wechseln.

▲ **Abbildung 2.5**
Hier bleibt nichts mehr verborgen. Sie haben Zugriff auf sämtliche Bilddaten.

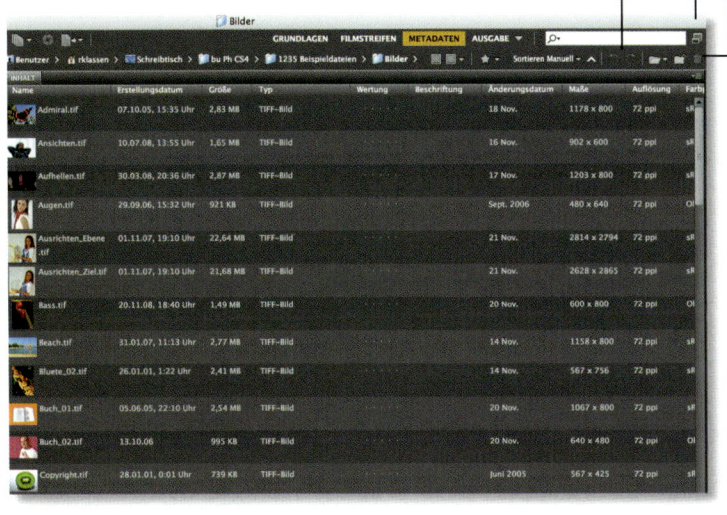

◄ **Abbildung 2.6**
Per Klick auf METADATEN werden die Fotos in einer Liste präsentiert.

2.2.3 Fotos drehen

Ihre Bilder lassen sich auch gleich hier in Bridge drehen. Wählen Sie dazu eine der Schaltflächen ❹. Die linke bewirkt eine Drehung um 90° gegen den Uhrzeigersinn, der rechte Button dreht das Bild um 90° nach rechts. Nachdem Sie ein Bild markiert haben, können Sie dieses aus dem Ordner löschen, indem Sie auf den kleinen Papierkorb ❻ klicken.

Ein weiteres Bridge-Fenster öffnen

Vielleicht haben Sie gerade einige Fotos ausgesucht und möchten in einen anderen Ordner gehen, ohne die aktuelle Bridge-Ansicht zu verlieren. Kein Problem: Drücken Sie [Strg]/[⌘]+[N]. Dann erzeugt die Anwendung ein neues Fenster, während das alte erhalten bleibt.

2.2.4 Kompakt- und Ultrakompaktmodus

Häufig werden Sie Bridge geöffnet lassen. Das bietet sich vor allem dann an, wenn Sie nach und nach Dateien in Photoshop laden wollen ■. Damit Bridge aber nicht in der ansonsten so üppigen Größe dargestellt wird, klicken Sie ganz oben rechts auf IN KOM-PAKTMODUS WECHSELN ❺.

Abbildung 2.7 ▶
Bridge kompakt

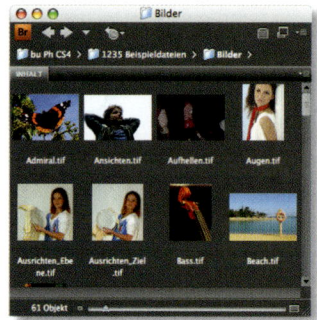

Ist Ihnen auch der Kompaktmodus noch zu groß? Dann klicken Sie auf die Schaltfläche ❶ links daneben, und Sie erhalten den ULTRAKOMPAKTMODUS.

Abbildung 2.8 ▶
Bridge ultrakompakt

Doch das wirklich Interessante ist, dass sowohl im Kompakt- als auch im Ultrakompaktmodus Adobe Bridge stets im Vordergrund bleibt – egal, in welcher Anwendung Sie sich gerade befinden. So können Sie, wann immer Sie wollen, schnell auf Bridge zugreifen.

Präsentationsoptionen festlegen

Natürlich läuft so eine Präsentation nicht einfach nur so ab – Sie kennen doch Adobe-Software. Es wäre einfach untypisch, wenn Sie hierzu nicht auch individuelle Einstellungen festlegen könnten. Das Ganze finden Sie unter ANSICHT • PRÄSEN-TATIONSOPTIONEN.

2.2.5 Fotos als Präsentation ansehen

Die Bilder des Ordners, in dem Sie sich gerade befinden, lassen sich auch prima als Präsentation im Vollbildmodus ansehen. Wählen Sie dazu ANSICHT • PRÄSENTATION, oder gehen Sie über [Strg]/ [⌘]+[L]. Hier geht es dann weiter mit den allseits beliebten und geschätzten Tastaturbefehlen. Drücken Sie die Leertaste, um die Präsentation anzuhalten. Jetzt können Sie mit den Pfeiltasten manuell weiterspringen. Für das nächste Bild wählen Sie [↓] oder [→]. Mit [↑] bzw. [←] gelangen Sie jeweils ein Bild zurück. Ein erneuter Druck auf die Leertaste startet diese wieder. Und verlassen können Sie die Präsentation mit [Esc]. ■

2.2.6 Fotos im Überprüfungsmodus ansehen

Neu in Bridge CS4 ist der Überprüfungsmodus. Hier können Sie mit noch mehr Interaktivität Ihre Fotos begutachten. Dabei ist vor allem wichtig, ob Sie vorab Fotos markiert haben. Das bietet sich dann an, wenn Sie nur einzelne Fotos innerhalb des aktiven Ordners begutachten wollen. Verzichten Sie darauf, werden alle Fotos präsentiert. Nach dieser Auswahl drücken Sie Strg/⌘ + B oder entscheiden sich für Ansicht • Überprüfungsmodus.

© Robert Klaßen

◄ **Abbildung 2.9**
Die Fotos werden in einer interaktiven Ansicht präsentiert.

Klicken Sie beispielsweise auf eine der Miniaturen im Hintergrund, wird dieses Foto nach vorne gestellt. Nun gibt es unten links und unten rechts Tasten, mit denen Sie das Ganze bedienen können. Da ich Ihnen aber versprochen hatte, dass wir verstärkt Tastaturkürzel einsetzen wollen, drücken Sie doch einmal H. Daraufhin erscheint eine Overlay-Palette, die Ihnen verrät, wie Sie den Überprüfungsmodus auch komfortabel per Tastatur bedienen können. Ein erneuter Druck auf H fährt die Palette wieder ein. Den Modus selbst verlassen Sie, indem Sie Esc betätigen.

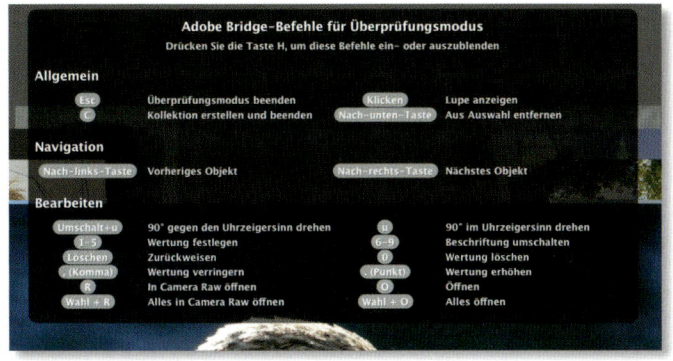

◄ **Abbildung 2.10**
Die Tastatur-Optionen werden in einer Overlay-Palette angezeigt.

59

Wollen Sie einmal ein besonderes Detail ansehen? Dann klicken Sie auf das vorderste Foto. Daraufhin wird die Stelle vergrößert angezeigt. Ein erneuter Klick auf den vergrößerten Bereich beendet diese Ansicht wieder. Cool, oder?

Abbildung 2.11 ▶
Auch Details können hier prima betrachtet werden.

2.2.7 Eine Kollektion erstellen

Der Sinn und Zweck der Arbeit im Überprüfungsmodus ist nicht zuletzt auch das Zusammenstellen von Sammlungen, sogenannten Kollektionen. So können Sie jetzt beispielsweise mit → Bild für Bild ansehen. Wenn Sie ein Foto nicht in der Auswahl haben wollen, drücken Sie ↓ und fahren fort. Das Foto wird dann übrigens nicht aus der Bridge entfernt, sondern nur aus der aktuellen Auswahl. Am Ende drücken Sie C , geben der Kollektion einen Namen und klicken auf SPEICHERN.

Abbildung 2.12 ▶
Dieser Dialog erscheint automatisch, sobald Sie C drücken.

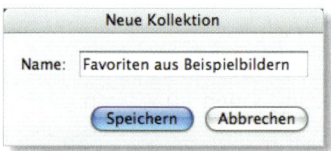

Werfen Sie auch einmal einen Blick auf die Zeile unterhalb der Kopfleiste. Hier finden Sie den Speicherort der soeben angelegten Kollektion ❶.

◄ **Abbildung 2.13**
Erstellen Sie Ihre Kollektionen
nach diesem Muster.

2.2.8 Favoriten

Falls Sie einen der Ordner zu Ihren Favoriten erklären wollen,
können Sie das tun. Ziehen Sie ihn einfach auf den Text FAVORI-
TEN HIERHIN ZIEHEN... und lassen ihn dort fallen. Fortan ist dieser
Ordner fester Bestandteil der Registerkarte FAVORITEN ■.

Aus Favoriten entfernen
Um den Ordner wieder aus der Favoritenliste zu verbannen, markieren Sie ihn mit Rechtsklick und wählen AUS FAVORITEN ENTFERNEN.

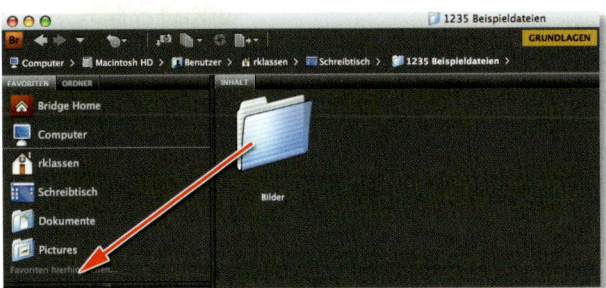

◄ **Abbildung 2.14**
Damit ist der BILDER-Ordner
Bestandteil der Favoriten.

2.3 Dateien sortieren und filtern

2.3.1 Dateien sortieren

Jetzt können Sie die einzelnen Fotos natürlich auch sortieren,
das heißt, die Reihenfolge innerhalb des Ordners verändern oder
die Fotos sogar in andere Ordner verschieben. Das alles passiert
schlicht per Drag & Drop.

Des Weiteren stellt die Anwendung Ihnen aber auch diverse
Sortieroptionen zur Verfügung. Dazu gehen Sie über ANSICHT •
SORTIEREN und wählen die relevante Einstellung aus der Liste aus.

Noch einfacher wird die Liste zugänglich, wenn rechts oben im
Fenster auf die Listen-Schaltfläche klicken ❷ und die Maustaste
gedrückt halten. Fahren Sie jetzt innerhalb des Overlay-Menüs
auf den relevanten Eintrag, und lassen Sie die Maustaste über
dem gewünschten Eintrag los. Kehren Sie die Ansichtsreihenfolge
um, indem Sie ❸ betätigen.

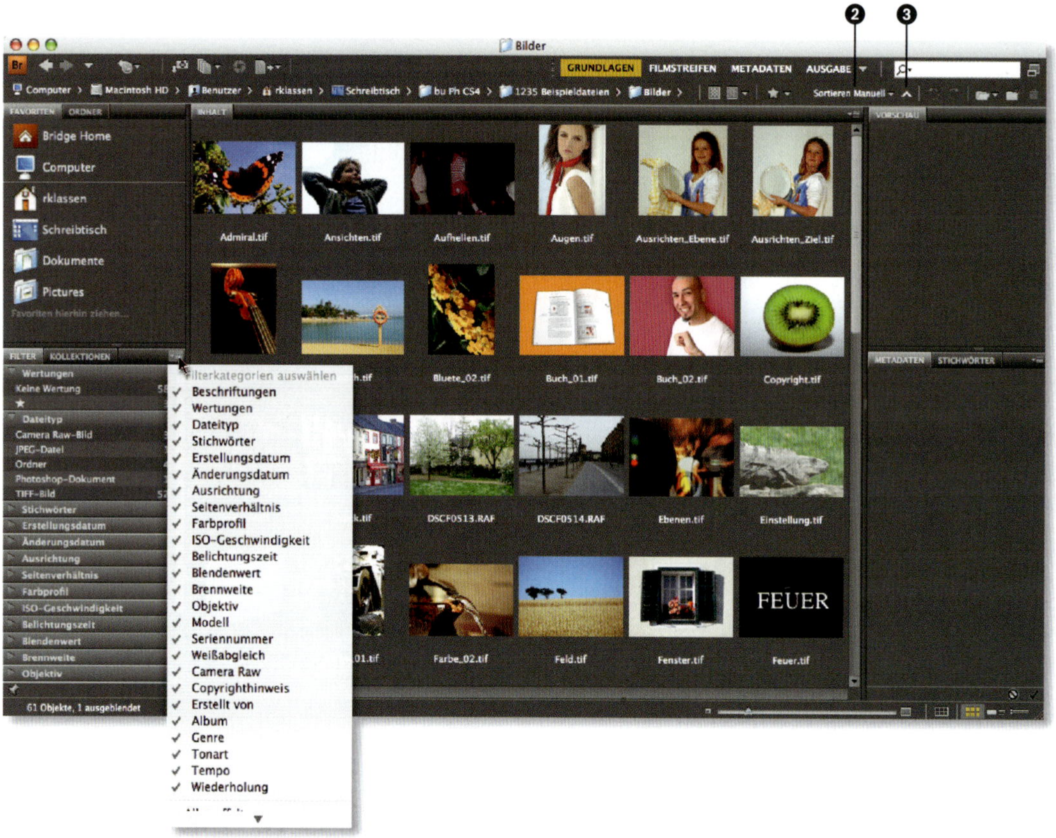

Abbildung 2.15 ▲
Die Sortierfunktionen des
Filter-Bedienfelds

2.3.2 Dateien filtern

Markieren Sie doch, wenn der Inhalt des Ordners BILDER angezeigt wird, einmal den Eintrag JPEG-DATEI ❹. Sofort werden im
Fenster INHALT nur noch die Fotos angezeigt, für die der Filter
zutrifft.

Seine wirklichen Stärken offenbart das Filterfenster aber erst,
wenn es darum geht, verschiedene Filterfunktionen gemeinsam zu nutzen. Dazu müssen Sie nämlich nacheinander nur auf
die Einträge klicken, die Sie in die Filterung aufnehmen wollen.
Suchen Sie doch einmal nach TIFF-Bildern ❺, deren Seitenverhältnis dem Kleinbild-Format 2:3 ❻ entspricht. (Danach sollten
Sie die Sucheinträge allerdings wieder verwerfen.)

Um die Filterung aufzuheben, drücken Sie auf das kleine Halt-
Symbol unten rechts ❽.

Filter sperren

Damit die derzeit aktuellen
Filteroptionen nicht dadurch
entfernt werden, dass Sie zu
einem anderen Ordner
wechseln, aktivieren Sie FIL-
TER BEIM DURCHSUCHEN BEI-
BEHALTEN ❼.

◄ **Abbildung 2.16**
Diese zwei Suchkriterien
begrenzen die Auswahl der
Beispielbilder beträchtlich.

2.4 Dateien suchen

Nun ist die oben erwähnte Suchmethode lediglich dazu geeignet, Fotos aus dem aktuell gewählten Verzeichnis ausfindig zu machen. Wenn Sie aber einmal in Ihrem gesamten, unerschöpflichen Fundus nach bestimmten Dateien fahnden müssen (beispielsweise auf der Festplatte), hilft Adobe Bridge mit einer cleveren Suchfunktion weiter. Dazu werden Suchkriterien definiert, um Treffer möglichst einzugrenzen.

Schritt für Schritt: Bilder suchen

Ich möchte die Datei »Buch_02.tif« finden. Klar: Bis eben wusste ich noch, dass die Datei im BILDER-Ordner der DVD zu diesem Buch gelegen hat. Plötzlich jedoch, ein lauter Knall – und das Kurzzeitgedächtnis meldet vorübergehend »Betriebsstörung«. Was tun? Ich habe sowohl den Speicherort als auch den Dateinamen vergessen. Shit happens ...

 Bilder/(Alle
Bilder dieses Ordners)

1 Die Suchmaske starten
Glücklicherweise kann ich mich noch an das Tastaturkürzel Strg / ⌘ + F (Finden) erinnern, weil das ja in jeder Anwendung zum Starten der Suchmaske verwendet wird. (BEARBEITEN • SUCHEN hätte im Übrigen auch funktioniert.)

Abbildung 2.17 ▶
Der Suchen-Dialog hilft auch in
schwierigen Situationen weiter.

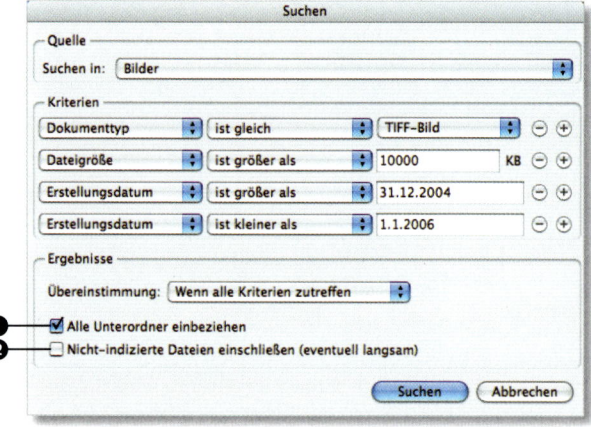

Abbildung 2.17 ▶
Der Suchen-Dialog hilft auch in
schwierigen Situationen weiter.

2 Speicherort wählen

Da ich den Speicherort vergessen habe, stelle ich ganz oben unter
Suchen in die Festplatte ein, von der ich vermute, dass sie sich
noch in meinem Rechner befindet.

3 Quelle festlegen

Vorsichtshalber wähle ich auch Alle Unterordner einbeziehen
❶ aus, damit wirklich jeder Ordner auf der Platte durchsucht wird.
Nicht-indizierte Dateien einschliessen (eventuell langsam)
❷ lasse ich deaktiviert, denn irgendwie habe ich das Gefühl, ich
hätte das gesuchte Foto schon einmal in Bridge aufgenommen.

4 Erstes Suchkriterium festlegen

Im Frame Kriterien kann ich nun alles das festlegen, was mich
irgendwie weiterbringt – zum Beispiel den Dateinamen. Da ich
Bilder oft im Format TIFF speichere, lege ich das in der ersten
Zeile nun fest, weshalb ich Dokumenttyp – ist gleich – TIFF-Bild
einstelle.

5 Weitere Kriterien festlegen

Nun hilft jeder Punkt weiter, der irgendwie Rückschlüsse auf die
Datei zulässt, denn mit dem TIFF-Kriterium allein würde ich ja
nicht wirklich weit kommen. Um nun ein weiteres Kriterium hinzuzufügen, widme ich mich der zweiten Zeile (eventuell durch
einen Klick auf das kleine Plus-Symbol, das sich neben meinem
ersten Kriterium befindet). Ich weiß noch ganz genau, dass es sich
um eine recht kleine Datei gehandelt hat – kleiner als 1 MB. Also
lege ich den zweiten Suchsatz entsprechend an.

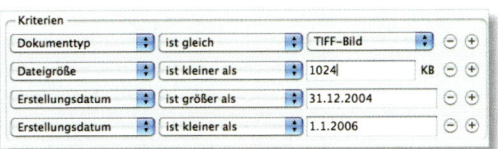

◄ **Abbildung 2.18**
Zweite Zeile: DATEIGRÖSSE – IST
KLEINER ALS – 1024 KB.

Ich weiß noch, dass das Foto irgendwann im Jahr 2006 erstellt worden ist. Aber wenn ich wenigstens den Monat noch wüsste! Normalerweise frage ich in solchen Fällen ja meine Frau. Die weiß so etwas – immer. Sie vergisst das auch nicht. Aber wehe, ich vergesse mal ein Datum ... Okay, das führt wohl zu weit. Außerdem ist meine Frau gerade nicht da, weshalb ich mich mit 2006 zufrieden geben muss. Mein dritter Satz heißt also: ERSTELLUNGSDATUM – IST GRÖSSER ALS – 31.12.2005. Danach eröffne ich noch einen vierten Satz, der da lautet: ERSTELLUNGSDATUM – IST KLEINER ALS – 01.01.2007. Wenn diese vier Kriterien noch nicht reichen, können Sie weitere hinzufügen. Sie müssen dann aber zunächst das Plus-Symbol in der vierten Zeile anklicken.

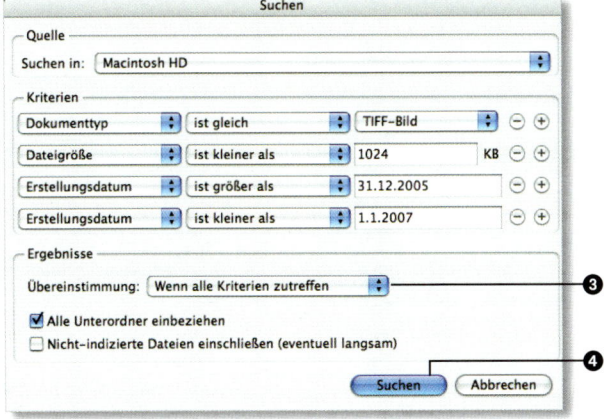

◄ **Abbildung 2.19**
Diese vier Kriterien sollten reichen, um die Datei zu finden.

6   Übereinstimmung festlegen

Am Schluss ist aber noch das Steuerelement ÜBEREINSTIMMUNG ❸ wichtig. Prüfen Sie, dass hier WENN ALLE KRITERIEN ZUTREFFEN aufgelistet ist. Anderenfalls müsste nämlich nur eine der vier Optionen erfüllt sein, und das würde eventuell eine Flut von Resultaten bringen. Zum Schluss klicken Sie auf SUCHEN ❹.

Na, bitte! Die Ansicht ist in Nullkommanichts auf zwei Bilder reduziert worden. Das gesuchte Foto ist dabei, und ich bin wirklich froh darüber – was ich aber gleich wieder vergesse, weil ja noch immer die »Betriebsstörung« gemeldet wird.

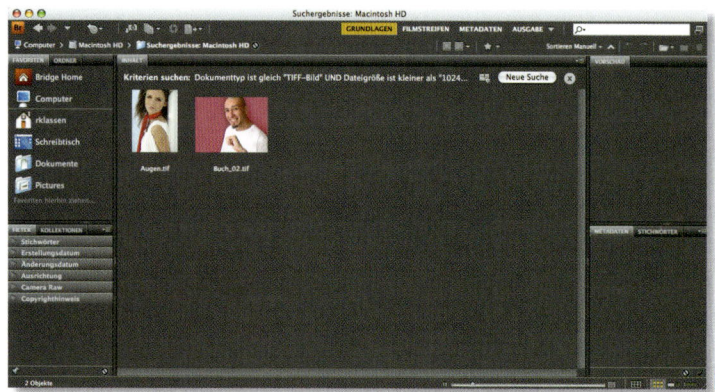

Abbildung 2.20 ▶
Hier sind die beiden gefunde-
nen Fotos.

2.5   Fotos kennzeichnen und bewerten

Selbstverständlich haben nicht alle Bilder den gleichen Stellen-
wert. Ein Bewertungsschema hilft hier weiter und vereinfacht
eine spätere Anzeige oder Suche enorm. Außerdem lassen sich die
Dateien mit Schlüsselwörtern versehen, um diese später isoliert
von den anderen anzeigen zu können.

Schritt für Schritt: Personenaufnahmen mit Stichwörtern kennzeichnen

⚫ Bilder/(Alle
Bilder dieses Ordners)

In diesem Mini-Workshop sollen Sie all jene Fotos des Beispiel-
ordners BILDER individuell markieren, auf denen Personen abge-
bildet sind.

▲ **Abbildung 2.21**
Die markierten Fotos tauchen
im Bedienfeld VORSCHAU auf.

1 **Bilder markieren**
Klicken Sie mit gedrückter Taste ⌜Strg⌟/⌘ alle Fotos an, auf
denen Sie Personen ausfindig machen können. Die Miniaturen
werden blau umrandet dargestellt und in der Vorschau oben
rechts gesammelt.

2 **Stichwort vergeben**
Setzen Sie jetzt die unten rechts in Bridge befindliche Registerkarte STICHWÖRTER ❶ nach vorne, und klicken Sie auf die Bedien-
feldmenü-Schaltfläche ❷. Im erscheinenden Flyout-Menü entscheiden Sie sich für den Eintrag NEUES STICHWORT. Alternativ
drücken Sie ❹. Geben Sie PERSONEN ein, und bestätigen Sie mit

⏎ . Danach aktivieren Sie das vorangestellte Häkchen ❸. Alle aktuell markierten Bilder werden jetzt mit diesem Suchwort ausgestattet.

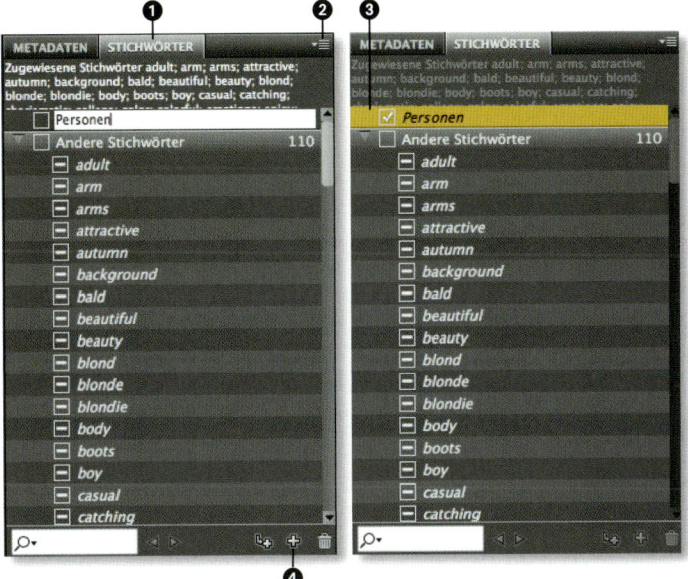

◀ **Abbildung 2.22**
Hier wird das Personen-Stichwort eingebettet.

◀ **Abbildung 2.23**
Alle Personen-Fotos der Beispieldateien

2.5.1   Fotos bewerten

Sie können einzelne oder mehrere Bilder gemeinsam markieren und anschließend Sterne vergeben. Die guten Bilder erhalten natürlich fünf Sterne, die schlechten nur einen oder gar keinen.

Das machen Sie, indem Sie nach Anwahl des jeweiligen Fotos [Strg]/[⌘]+[1] – [5] (für die Anzahl der Sterne) drücken. Mit [Strg]/[⌘]+[,] kann ein Stern abgezogen, mit [Strg]/[⌘]+[.] einer hinzugefügt werden. [Strg]/[⌘]+[0] würde vorhandene Sterne wieder komplett entfernen.

Alternativ können all diese Funktionen auch im Menü BESCHRIFTUNG eingestellt werden. Übrigens können Sie auch die unterhalb der Miniatur befindlichen Punkte (= keine Sterne) direkt markieren, um die entsprechende Anzahl Sterne zu vergeben. Klicken Sie vergebene Sterne an, werden diese wieder entfernt.

Abbildung 2.24 ▼
Die Bilder wurden mit Sternen versehen.

2.5.2 Fotos markieren

Nicht zuletzt lassen sich Bilder auch noch farbig auszeichnen. Das macht vor allem dann Sinn, wenn Sie eine Fülle von Bildern durchsehen müssen und das eine oder andere später weiterverarbeiten wollen.

Sie können ein Foto beispielsweise rot markieren, indem Sie [Strg]/[⌘]+[6] drücken. Die gleiche Markierung erreichen Sie, indem Sie BESCHRIFTUNG • AUSWÄHLEN einstellen.

2.6   Fotos stapeln

Dass Platz auf Computermonitoren generell knapp ist, wissen Sie längst. Nicht nur deshalb kann es auch interessant sein, mehrere Fotos zu einem Stapel zusammenzulegen – wie damals beim realen Sortieren von Papierabzügen. Und genau wie bei den Papierabzügen sehen Sie zunächst nur das oberste Foto eines Stapels. Sie können den Stapel aber auch in die Hand nehmen und die Fotos nebeneinanderlegen – und wieder zusammenschieben. Und genau wie im richtigen Leben geht das auch in Bridge. Nur natürlich viel schneller.

▲ **Abbildung 2.25**
Die rote Markierung sagt beispielsweise aus, dass das Foto noch nachbearbeitet werden muss.

2.6.1 Stapel erzeugen

Markieren Sie alle Fotos, die Sie zu stapeln gedenken. Klicken Sie mit der rechten Maustaste auf eines der markierten Bilder, und entscheiden Sie sich im Kontextmenü für STAPEL • ALS STAPEL GRUPPIEREN. Was übrig bleibt, ist ein etwas veränderter Miniaturrahmen mit einem Hinweis auf die Anzahl der im Stapel befindlichen Fotos an der oberen linken Ecke der Miniatur. Dabei wird das Foto, das Sie zuerst markiert haben, den Stapel als oberstes Bild repräsentieren. ■

2.6.2 Stapel öffnen, schließen und auflösen

Klicken Sie jetzt mit ⌐Alt⌐/⌐⌐ auf einen solchen Stapel, können Sie den gesamten Inhalt im Fenster VORSCHAU sehen. Des Weiteren lässt sich ein markierter Stapel aber auch öffnen, indem Sie auf die Ziffer oben links klicken (sie besagt im Übrigen, aus wie vielen Fotos der Stapel besteht). Ein erneuter Mausklick auf die Ziffer schließt den Stapel wieder.

Möchten Sie einen Stapel auflösen? Dann markieren Sie ihn und gehen über STAPEL • AUS STAPELGRUPPIERUNG LÖSEN. Danach stehen alle enthaltenen Dateien wieder als einzelne Bilder zur Verfügung.

2.6.3 Automatisierung aus Bridge

Über WERKZEUGE • PHOTOSHOP und die gewünschte Anschlussaktion können Sie direkt aus Bridge heraus Automatisierungsfunktionen anwenden. Dazu sind zuvor die entsprechenden Bilder zu markieren. Die Funktion ist äußerst zeitsparend. Mehr zu Automatisierungsfunktionen erfahren Sie in Kapitel 14, »Automatisierung«.

Oberstes Stapelfoto ändern

Sie möchten ein anderes Foto zuoberst haben, das den geschlossenen Stapel repräsentiert? Dann öffnen Sie den Stapel, wählen das gewünschte Bild an, öffnen das Kontextmenü (per Rechtsklick) und wählen STAPEL • ANS OBERE STAPELENDE.

▲ **Abbildung 2.26**
Vier Fotos sind zu einem Stapel zusammengewachsen.

Kapitel 3

Drehen, skalieren, Größe ändern

Wie Sie Ihre Bilder optimal zurechtrücken

Sie werden lernen:

▸ Wie werden Bilder freigestellt?

▸ Wie kann ich mehrere Bilder auf gleiche Größe freistellen?

▸ Wie kann die Arbeitsfläche verändert werden?

▸ Wie lässt sich ein Bild durch Freistellen begradigen?

▸ Wie werden Bilder per Messung begradigt?

▸ Wie kann ich Bilder auf Übermaß freistellen?

▸ Wie drehe ich Bilder und ändere die Größe?

3   Drehen, skalieren, Größe ändern

Passt, wackelt und hat Luft ... Leider lässt sich diese Aussage auch auf so manches Foto anwenden. Ist die Bildgröße, mit der Sie arbeiten möchten, zu klein geraten? Oder benötigen Sie für Ihre nächste Collage einfach nur eine größere Bildfläche? Präsentiert sich der letzte Scan wie ein Schnappschuss mit Seitenwind-Faktor zehn? Dann muss gezerrt, gedreht und erweitert werden. Was auch immer dazu beitragen soll, das Ergebnis zu verbessern – für Photoshop ist es kein Problem und für Sie nicht mehr als ein weiterer Arbeitsgang ...

3.1   Bilder freistellen

Wie groß war doch einst das gemeinsame Glück! Seit der bitteren Trennung jedoch wird die verflossene, ehemals bessere Hälfte mit Konsequenz und Schere des Bildes verwiesen. Sicher mögen Sie es kaum glauben, aber selbst in solch schwierigen Lebenssituationen hilft Photoshop weiter: *Freistellen* heißt die Methode, die aus ganzen Bildern halbe Bilder und aus glücklosen Paaren fröhliche Singles macht. Das Freistellen ist aber auch unabhängig von Beziehungsdramen eine nützliche Technik, wie der folgende Workshop zeigt.

Abbildung 3.1 ▶
Und tschüss! Ein Fall für Photoshop.

Bilder/Freistellen.tif

Schritt für Schritt: Ein Porträt erzeugen

Natürlich macht nicht nur die Person selbst, sondern auch der Hintergrund das Bild interessant. Allerdings ist zu bemängeln, dass sich das Panorama in unserer Beispieldatei in Schieflage befindet. Das soll ausgeglichen werden. Ein gerader Horizont ist doch viel schöner. Zudem soll das gesamte Augenmerk auf der Person liegen. Wir erstellen ein Porträt.

1 **Datei bereitstellen**
Öffnen Sie »Freistellen.tif«, und lassen Sie sich die maximal darstellbare Größe bei Gesamtansicht des Fotos zeigen. Sie erreichen das bekanntermaßen mit ⌨Strg / ⌘ + ⌨0 .

© Aka / PIXELIO

◄ **Abbildung 3.2**
Um ein Porträt zu erzeugen, muss die Person freigestellt werden.

2 **Bild duplizieren**
Wenn Sie das Original erhalten wollen, fertigen Sie zunächst eine Kopie des Fotos an. Das geht ganz einfach, indem Sie BILD • DUPLIZIEREN auswählen. Die Anwendung meldet sich daraufhin mit einem Abfragedialog. Hier haben Sie die Möglichkeit, einen anderen Namen einzugeben. Für unsere Arbeit ist das jedoch nicht erheblich, so dass Sie den Dialog mit OK verlassen können ■. Das Original-Foto (»Freistellen.tif«) können Sie jetzt wieder schließen.

> **Automatische Namensvergabe**
>
> Wenn Sie von der Option der manuellen Namensvergabe keinen Gebrauch machen, nummeriert Photoshop die Dateien automatisch durch. Die erste Datei heißt dann »Freistellen Kopie.tif«, die zweite »Freistellen Kopie 2.tif« usw.

◄ **Abbildung 3.3**
Erstellen Sie eine Kopie des Bildes.

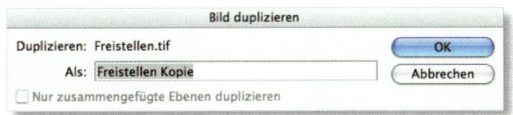

3 Freistellungsrahmen aufziehen

Aktivieren Sie das Freistellungswerkzeug, indem Sie es in der Werkzeugleiste markieren oder (was wesentlich komfortabler ist) $\boxed{\text{C}}$ auf Ihrer Tastatur drücken. Setzen Sie das Werkzeug oben links neben der Person auf das Bild, und ziehen Sie mit gedrückter Maustaste einen rechteckigen Rahmen auf. Orientieren Sie sich an der folgenden Abbildung, wobei Sie nicht exakt den gleichen Ausschnitt herstellen müssen – sondern nur ungefähr. Die genaue Anpassung des Rahmens nehmen wir später noch vor.

Abbildung 3.4 ▶
Keine Sorge – das Gesicht wird nicht zerschnitten!

4 Auswahlrahmen drehen

Der Rahmen, den Sie jetzt sehen, nennt sich Freistellungsrahmen. Er grenzt alles das ein, was schlussendlich vom Bild noch übrig bleiben soll. Nun müssen wir den Rahmen allerdings noch etwas verändern. Außerdem haben wir die rechte Rahmenbegrenzung nur deshalb mitten über das Gesicht gezogen, damit sich die Schräglage des Fotos ausgleichen lässt. Und das machen Sie so: Positionieren Sie den Mauszeiger außerhalb des Rahmens. Wenn Sie weit genug entfernt sind, mutiert das Symbol zu einem 90°-Doppelpfeil. Klicken Sie, und halten Sie die Maustaste gedrückt. Jetzt drehen Sie den Rahmen, indem Sie das Zeigegerät leicht nach oben, zur Seite oder nach unten bewegen. Wenn Sie die gewünschte Position gefunden haben, lassen Sie los. Dabei sollten Sie versuchen, die rechte Rahmenbegrenzung vertikal durch das Gesicht des freundlichen Herrn laufen zu lassen.

Deckkraft einstellen

Sobald der Freistellungsrahmen aufgezogen worden ist, ändert sich abermals der Inhalt der Optionsleiste. Etwa in der Mitte befindet sich ein Steuerelement mit dem Namen DECKKRAFT. Hier können Sie die Intensität der Abdeckung außerhalb des Rahmens festlegen. 100 % bedeutet dabei »undurchsichtig«; bei 0 % findet keine Abdeckung statt. In unserem Beispiel wurde übrigens eine Abdeckung von 85 % verwendet.

◄ **Abbildung 3.5**
Der Rahmen ist gedreht worden, damit der Horizont im späteren Bildausschnitt wieder stimmt.

Den gesamten Freistellungsrahmen verschieben

Sie möchten die gesamte freigestellte Fläche noch verschieben, ohne die Begrenzungen zu verändern? Dann stellen Sie die Maustaste *in* den Rahmen und verschieben die gesamte Begrenzung mittels Drag & Drop. Dabei müssen Sie jedoch aufpassen, dass Sie die Maus nicht genau in die Bildmitte stellen. Damit würden Sie nämlich lediglich den Bildmittelpunkt verändern.

5 Rahmen verziehen

Jetzt folgt die eigentliche Wahl des Bildausschnitts. Stellen Sie dazu die Maus auf eine der vier Ecken (die kleinen Quadrate sind Anfasser), und klicken Sie mit der Maus darauf. Halten Sie die Taste gedrückt, und ziehen Sie die Ecken nach Wunsch in Form.

Rahmen ausrichten

Solange Sie den Freistellungsrahmen noch nicht bestätigt haben, lassen sich die vier Seiten noch per Drag & Drop verziehen. So können Sie den Rahmen genau anpassen.

◄ **Abbildung 3.6**
Jetzt wird der Rahmen in Form gebracht.

6 Freistellung bestätigen

Sie können natürlich auch die Anfasser benutzen, die sich jeweils in den Mitten der Seitenbegrenzungen befinden. Damit würden Sie dann nur eine Seite verziehen. Achten Sie aber stets darauf, dass sich beim Verziehen der gerade Pfeil und nicht der 90°-Dop-

---

Quadratische Freistellung

Halten Sie während des Ziehens ⬙ gedrückt, um einen exakt quadratischen Freistellungsrahmen zu erzeugen.

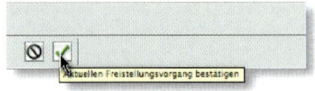

▲ **Abbildung 3.7**
Die Freistellung können Sie auch per Klick auf das Häkchen bestätigen.

pelpfeil zeigt. Denn damit würden Sie das Bild ja wieder drehen. Wenn Sie mit dem Bildausschnitt zufrieden sind, drücken Sie ⏎ oder klicken auf das Häkchen in der Optionsleiste.

7   Optional: Freistellung verwerfen

Falls Sie mit dem ausgewählten Bereich nicht zufrieden sind, können Sie den Rahmen mit Esc oder einem Klick auf das Haltsymbol in der Optionsleiste verwerfen (neben dem Häkchen).

▲ **Abbildung 3.8**
Geht doch – gerader Horizont und cooler Blick!

Die fertige Datei finden Sie übrigens im Ordner ERGEBNISSE. Sie heißt »Freistellen_fertig.tif«. ∎

Checkliste: Freistellen

Auch hier möchte ich Ihnen eine Zusammenfassung der Schritte anbieten, die zu einer solchen Freistellung gehören:

1. Duplizieren Sie das Bild.
2. Aktivieren Sie über die Taste C das Freistellungswerkzeug.
3. Ziehen Sie einen Rahmen auf.
4. Drehen Sie (falls gewünscht) den Rahmen, indem Sie die Maus außerhalb der Umrandung verschieben.
5. Verschieben Sie (falls gewünscht) den kompletten Rahmen, indem Sie den Mauszeiger in den freigestellten Bereich bringen und den Rahmen mittels Drag & Drop verschieben.
6. Bestätigen Sie mit ⏎ oder dem Häkchen in der Symbolleiste.

3.1.1 Auf feste Größe freistellen

Sie dürfen an dieser Stelle natürlich bemängeln, dass das Ergebnis sowohl in den Abmessungen, als auch im Seitenverhältnis willkürlich ist. Stellen Sie sich einmal vor, Sie müssten auf diese Art und Weise eine ganze Fußballmannschaft porträtieren. Dann wäre am Ende jedes Foto unterschiedlich groß – und hätte zudem sein eigenes Seitenverhältnis.

Mit C aktivieren Sie ja nicht nur das Freistellungswerkzeug, sondern ändern auch die Steuerelemente innerhalb der Optionsleiste. Damit lässt sich das Tool nun an die individuellen Bedürfnisse anpassen.

▲ **Abbildung 3.9**
Die Optionsleiste des Freistellungswerkzeugs

Tragen Sie in das erste Eingabefeld die gewünschte Breite ein. Standardmäßig verwendet Photoshop dabei die Maßeinheit Zentimeter ■.

Springen Sie mit 🔁 in das zweite Eingabefeld, und legen Sie dort die Höhe fest. Im Anschluss daran können Sie den Rahmen wie zuvor beschrieben auf dem Bild aufziehen. Dabei werden Sie jedoch feststellen, dass sich dieser nicht mehr frei skalieren lässt.

Mit der Auflösung legen Sie fest, wie viele *Pixel pro Inch* Ihr Bild nach der Freistellung aufweisen soll. Wenn Sie eine andere Maßeinheit als Zentimeter zum Standard erklären möchten, müssen Sie dies in den Voreinstellungen entsprechend ändern. Nähere Hinweise hierzu finden Sie in Kapitel 16, »Fachkunde«.

Schritt für Schritt: Freistellung mit Mustermaß

Möglicherweise ist das tatsächliche Maß gar nicht so interessant für Sie, oder? Immerhin wollen Sie doch lediglich erreichen, dass alle Bilder die gleichen Abmessungen bekommen. Ob das nun 5 cm oder 700 px sind, ist doch dann unerheblich, finden Sie nicht auch?

Bilder/Mustermass.tif

> **Maßeinheiten ändern**
>
> Welchen Zahlenwert Sie auch immer eintragen – Photoshop verwendet hier Zentimeter. Wollen Sie stattdessen lieber *Pixel*, *Punkt* oder *Millimeter* verwenden, müssen Sie die Maßeinheiten mit angeben. Wollen Sie eine Breite von 500 Pixeln festlegen, geben Sie »500 px« ein. Die Größe *Punkt* kürzen Sie mit *pt* ab. Kombinationen sind durchaus möglich (z. B. Breite »500 px« und Höhe »35 mm«).

1   Duplikate anlegen

Wir wollen die Übung von vorhin noch einmal wiederholen – nur jetzt mit etwas mehr Komfort. Schließen Sie alle Bilder, und öffnen Sie stattdessen »Mustermass.tif«.

2   Datei duplizieren

Leider lässt sich das Mädchen in der Mitte nicht freistellen, da sein Kopf zum Teil verdeckt ist. Aber die beiden anderen können prima umrandet werden. Duplizieren Sie die Datei (BILD • DUPLIZIEREN), da Sie ja im Ergebnis zwei Fotos haben wollen.

© Stephanie Hofschlaeger / PIXELIO

Abbildung 3.10 ▶
Zwei der drei Gesichter sollen jetzt freigestellt werden.

3   Erste Freistellung durchführen

Lassen Sie uns mit dem Duplikat beginnen. Stellen Sie das Freistellungswerkzeug ein, und erzeugen Sie einen Rahmen, der eines der beiden Gesichter umschließt. Danach bestätigen Sie mit ↵ .

Aktives Bild

Bitte achten Sie bei der Übernahme der Abmessungen unbedingt darauf, dass das soeben freigestellte Bild ausgewählt ist. Wenn Sie ein anderes Bild markieren, werden natürlich die Werte dieses Bildes übernommen.

Abbildung 3.11 ▶
So könnte der Rahmen vor Bestätigung der Freistellung aussehen.

4 **Abmessungen übernehmen**

Klicken Sie jetzt in der Steuerelementleiste auf den Button VOR-DERES BILD. Dadurch werden die Abmessungen an die Steuerele-mente des Freistellungswerkzeugs übergeben. Ihre Eingabefelder sollten daraufhin selbsttätig gefüllt werden, wobei die Werte natürlich je nach angewendeter Freistellungsgröße schwanken. ■

▲ **Abbildung 3.12**
Die bei Ihnen aufgeführten Abmessungen sind garantiert unterschiedlich.

5 **Mit vorhandenen Werten freistellen**

Aktivieren Sie nun das Original-Foto, und ziehen Sie dort einen weiteren Rahmen über dem Gesicht des Jungen auf. Sie merken schon, dass dieser nun im Seitenverhältnis beschränkt ist. Richten Sie ihn aus, drehen Sie ihn, falls gewünscht, und bestätigen Sie am Schluss mit ⏎ .

6 **Ergebnisse vergleichen**

Stellen Sie doch einmal beide Ergebnisse nebeneinander, und ver-gleichen Sie die Größen. Zur Kontrolle ist auch der jeweilige Zoom-faktor ❶ interessant, der unten links an jedem Bild aufgeführt ist. Dort sollten jetzt beide Dateien bei gleich großer Darstellung auch die gleichen Zoomwerte aufweisen (im Beispiel 100 %).

> **Einen Wert vorgeben**
>
> Wenn Sie der Anwendung ein bestimmtes Maß vorge-ben wollen, tragen Sie dieses ein, bevor Sie auf VORDERES BILD klicken. Die anderen Abmessungen werden dann entsprechend angepasst. Doch Vorsicht: Dadurch kommt es auch zur Auflö-sungsänderung des Fotos. Deshalb ist zu empfehlen, die AUFLÖSUNG (72 ppi) ebenfalls vorzugeben.

◀ **Abbildung 3.13**
So passt es – beide Porträts sind exakt gleich groß.

7 **Werte löschen**

Sie haben gesehen, dass die Werte in der Leiste manifestiert sind. Mit diesen Parametern könnten Sie nun unentwegt weitere Bilder mit den gleichen Abmessungen freistellen – allerdings nie wieder andere Maße verwenden. Äußerst ungünstig! Glücklicherweise existiert aber eine LÖSCHEN-Schaltfläche. Ein Klick darauf bereinigt sämtliche Steuerelemente. ■

Abbildung 3.14 ▶
Die Maße müssen weg!

Checkliste: Freistellen nach Maß

Noch einmal auf die Schnelle – das ist zu tun, wenn Sie mehrere Bilder auf Mustermaß freistellen möchten:

1. Fertigen Sie über BILD • BILD DUPLIZIEREN so viele Kopien an, wie Sie benötigen.
2. Aktivieren Sie das Freistellungswerkzeug; und stellen Sie die erste Kopie frei.
3. Klicken Sie in der Steuerelementleiste auf VORDERES BILD.
4. Stellen Sie jetzt alle anderen Bilder mit diesem Maß frei.
5. Klicken Sie am Ende in der Steuerelementleiste auf LÖSCHEN.

3.2 Die Arbeitsfläche verändern

3.2.1 Arbeitsfläche vergrößern

Mitunter müssen Sie die Arbeitsfläche eines Bildes verändern. Dabei wird das Bild selbst in der Größe nicht verändert, wohl aber die Fläche, auf der es sich befindet. Die Auflösung ist von derartigen Veränderungen ausgenommen; Sie sorgen mit einer solchen Aktion lediglich für mehr Raum.

 Schritt für Schritt: Arbeitsfläche für eine Collage vergrößern

 Bilder/Bluete_02.tif

Wir werden nun eine weitere Bildmontage anfertigen. Dabei soll es vor allem auf die Veränderung der Arbeitsfläche ankommen. Sie werden aber noch zwei weitere interessante Funktionen kennenlernen, nämlich das exakt parallele Verschieben von Bildteilen sowie das Verbinden zweier Fotos per Drag & Drop. Sie werden garantiert Spaß daran haben.

Unser Ziel soll es sein, die Arbeitsfläche in der Breite zu verdoppeln, ohne jedoch die Höhe zu verändern. ■

1 Bild duplizieren

Fertigen Sie jetzt eine Kopie der Datei über BILD • BILD DUPLIZIE-REN an. Für diesen Workshop benötigen Sie nämlich zweimal das gleiche Motiv.

© Leszek Schluter

Mehr Komfort mit Ebenen-Handling

Ich möchte Ihnen nicht vorenthalten, dass es über die Ebenen eine andere, komfortablere Möglichkeit gibt, Bilder derart zu verarbeiten. Diese soll allerdings zu diesem Zeitpunkt noch außer Acht gelassen werden, damit der Umgang mit unterschiedlichen Dateien deutlicher wird.

◄ **Abbildung 3.15**
Dieses Foto soll dupliziert werden.

2 Breite des Bildes ermitteln

Wählen Sie über die Menüleiste BILD • ARBEITSFLÄCHE an. Zuallererst können hier die Maße des Bildes abgelesen werden. Doch das ist nicht alles, denn das Dialogfenster enthält zwei Frames. Der obere Frame ist mit AKTUELLE GRÖSSE, der untere mit NEUE GRÖSSE betitelt – ein Indiz dafür, dass die Arbeitsfläche hier auch verändert werden kann.

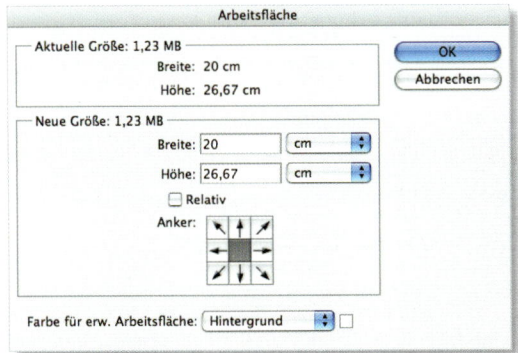

Relative Größenänderung

Sobald Sie das Steuerelement RELATIV aktivieren, werden Breite und Höhe nicht mehr mit dem Originalmaß, sondern mit 0 cm angegeben. Sie können jetzt anstelle der neuen Abmessung gleich den Zuwachs eingeben, um den sich das Bild vergrößern soll.

◄ **Abbildung 3.16**
Der Dialog ARBEITSFLÄCHE verrät eine Menge über die Bildabmessungen.

3 Neue Breite festlegen

Dem Eingabefeld BREITE des unteren Frames ist zu entnehmen, dass das Bild exakt 20 cm breit ist. Dieses Maß gilt es zu erhöhen. Klicken Sie nun doppelt in das Eingabefeld, und legen Sie »40« fest. Klicken Sie noch nicht OK!

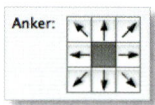

▲ **Abbildung 3.17**
»Verankern« Sie die Position
des Bildinhaltes.

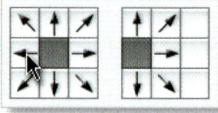

▲ **Abbildung 3.18**
Die Arbeitsfläche soll nur nach
rechts erweitert werden.

4   **Anker festlegen**

Das grafische Steuerelement Anker (in Vorgängerversionen von
Photoshop CS4 noch Position genannt) spielt noch eine wesentliche Rolle. Es zeigt eine dunkelgraue Fläche, umgeben von acht
Pfeilschaltflächen. Jetzt kommt etwas ganz Wichtiges: Diese dunkelgraue Fläche spiegelt die Position Ihres ursprünglichen Bildes
auf der neuen (erweiterten) Arbeitsfläche wider. Standardmäßig
ist diese Position immer mittig angeordnet. Das heißt: Vergrößerungen der Arbeitsfläche würden sich zu allen Seiten gleichmäßig
auswirken.

Sie haben zuvor bereits 40 cm als neue Breite festgelegt. Jetzt
bestimmen Sie noch, in welche Richtung sich die Änderung auswirken soll. Ließen Sie das Steuerelement unverändert, würden
links und rechts neben dem Bild jeweils 10 cm eingefügt. Wir
wollen jedoch nur »rechts« vom Bild Erweiterungen zulassen.
Welchen Pfeil müssten Sie markieren? Genau, den linken in der
mittleren Zeile. Nach dem Klick auf diesen Button wird nämlich
eine Ausdehnung nur noch nach rechts möglich. Im Anschluss klicken Sie OK.

Der Anker symbolisiert zwar, dass auch eine Ausdehnung nach
oben und unten erfolgen kann, das wird jedoch erst dann relevant, wenn Sie das Maß für die Höhe verändern.

5   **Darstellungsgröße ändern**

Möglicherweise können Sie jetzt nicht mehr das gesamte Bild
inklusive der hinzugewonnenen Arbeitsfläche sehen. Drücken Sie
Strg/⌘ + 0, um die neue Fläche komplett darstellen zu lassen.

Abbildung 3.19 ▶
Auf dem leeren Feld entsteht
gleich eine Spiegelung des
Originals.

6 Bilder verbinden

Natürlich soll die unschöne grau-weiß karierte Fläche ■ nicht erhalten bleiben. Also füllen wir sie mit einem gespiegelten Duplikat unseres Ausgangsbildes. Dazu verwenden wir jetzt die Originaldatei.

Aktivieren Sie das Verschieben-Werkzeug über V, und klicken Sie auf das Originalbild. Klicken Sie erneut auf das Bild, wobei Sie aber jetzt die Maustaste gedrückt halten. Drücken Sie zusätzlich noch ⇧, und halten Sie auch diese Taste gedrückt. Jetzt ziehen Sie das gesamte Bild auf die Kopie mit der erweiterten Arbeitsfläche ■. Dort angekommen, lassen Sie zunächst die Maustaste, danach ⇧ wieder los. Die Umschalttaste bewirkt, dass das Bild sowohl horizontal als auch vertikal mittig auf dem Zielbild abgelegt wird. Hätten Sie die Datei ohne diese Taste herübergezogen, wäre es nicht mittig platziert worden.

> **Schachbrettmuster**
>
> Das grau-weiße Karomuster ist nichts weiter als die grafische Darstellung einer Transparenz – Inhaltslosigkeit also. Das bedeutet: Wo in Photoshop solche Karos auftauchen, ist in Wirklichkeit nichts. Das Muster wird demzufolge auch nicht mit ausgedruckt.

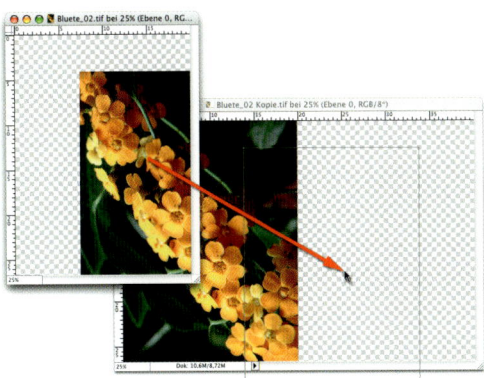

◄ **Abbildung 3.20**
Ziehen Sie das Original auf das Duplikat.

7 Bild horizontal verschieben

Aber die Umschalttaste kann noch mehr. Halten Sie sie gedrückt, während Sie das neu hinzugewonnene Bildelement nach rechts auf die karierte Fläche ziehen. Durch Halten von ⇧ wird nämlich die Bewegungsmöglichkeit auf horizontal, vertikal oder 45° diagonal (je nach Zugrichtung) beschränkt. So unterlaufen Sie das unbeabsichtigte Verschieben in eine andere Richtung als die Horizontale.

8 Bildebene spiegeln

Um einen harmonischeren Gesamteindruck zu erzielen, soll die rechte Bildhälfte jetzt nur gespiegelt werden. Das erreichen Sie, indem Sie BEARBEITEN • TRANSFORMIEREN • HORIZONTAL SPIEGELN einstellen.

Abbildung 3.21 ▶
Das erste Teilergebnis ist erreicht.

9 Feinabstimmung mit den Pfeiltasten

Sollte zwischen den Bildhälften nun eine kleine weiße Linie sichtbar sein, deutet das darauf hin, dass die Hälften nicht exakt aneinanderliegen. Verwenden Sie in diesem Fall die Pfeiltasten Ihrer Tastatur ⬅ , um die Lücke zu schließen. ■

Schritt für Schritt: Collage vertikal erweitern

Wie wäre es (zur Vertiefung der Arbeitsvorgänge), wenn Sie das folgende Bildmuster darstellen würden? Die Hälfte davon haben Sie ja bereits im vorangegangenen Workshop erledigt.

Abbildung 3.22 ▶
Dieses Kaleidoskop soll nun erzeugt werden.

1   **Arbeitsfläche vertikal erweitern**

Zunächst ist natürlich wieder eine Erweiterung der Arbeitsfläche angesagt – nur diesmal in vertikaler Richtung. Wählen Sie Bild • Arbeitsfläche, und geben Sie in das Feld Höhe »53,3« ein **❶**. Beachten Sie aber, dass die Ausdehnung nur nach oben stattfinden darf **❷**.

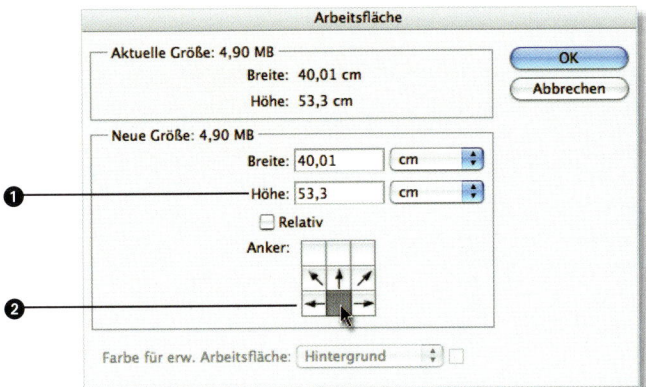

◄ **Abbildung 3.23**
Achten Sie darauf, dass der Anker nun unten angeordnet wird.

2   **Beide Bildhälften markieren**

Achten Sie jetzt bitte noch einmal auf die Steuerelementleiste des Verschieben-Werkzeugs. Für den nächsten Schritt muss dort nämlich unbedingt Automatisch auswählen angehakt sein. Dies ermöglicht es uns nämlich, beide vorhandenen Bildhälften gemeinsam zu markieren. Klicken Sie zunächst auf das linke Bild. Anschließend markieren Sie, während Sie ⌑ gedrückt halten, die rechte gespiegelte Ebene.

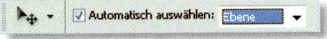

◄ **Abbildung 3.24**
Aktivieren Sie Automatisch auswählen

3   **Duplikate mit der Maus anfertigen**

Jetzt kommt eine ganz interessante Sache: Drücken Sie [Alt]/ [⌘], und beobachten Sie dabei den Mauszeiger, der sich jetzt auf einer der beiden Bildseiten befinden sollte. Die schwarze Pfeilspitze wird um eine weiße erweitert – ein Indiz dafür, dass Sie nun per Drag & Drop duplizieren können. Halten Sie [Alt]/[⌘] gedrückt, und ziehen Sie das Bild nach oben. Sie fertigen in diesem Moment ein Duplikat beider Bildseiten an. Lassen Sie die Maustaste nicht los!

4 **Richtungseinschränkung aktivieren**

Halten Sie während des Ziehens zusätzlich noch ⌂ gedrückt. Dadurch wird – Sie wissen es längst – eine Verschiebung nur in einer Richtung (in diesem Fall vertikal) möglich. Stoppen Sie, wenn Sie am oberen Bildrand angelangt sind, und lassen Sie zuerst die Maustaste, danach ⌂ los.

5 **Beide Seiten vertikal spiegeln**

Im Menü wählen Sie danach BEARBEITEN • TRANSFORMIEREN • VERTIKAL SPIEGELN. Nehmen Sie die Feinabstimmung mit den Pfeiltasten auf Ihrer Tastatur vor.

»Bluete_02_fertig.tif« im Ordner ERGEBNISSE zeigt noch einmal das Endergebnis. ■

3.2.2 Die Arbeitsfläche mit dem Freistellungswerkzeug korrigieren

Sie kennen das sicherlich: Das Bild lag schief auf der Glasplatte des Scanners, und die Datei muss zurechtgerückt werden. Zwar bieten moderne Scanner den Komfort, dass solche Bilder beim Scan automatisch begradigt werden, doch bringt das leider nicht immer den gewünschten Erfolg. Hier müssen Sie wieder einmal mit Photoshop nachhelfen.

 Schritt für Schritt: Bilder beschneiden und gerade ausrichten

 Bilder/Schloss.tif

Die Freistellungsfunktion kommt im Allgemeinen dann zum Einsatz, wenn es gilt, überflüssige Randbereiche eines Bildes zu entfernen. Das wird sich häufig sogar günstig auf das eigentliche Motiv auswirken, weil danach ein höheres Augenmerk auf das Hauptobjekt gelenkt wird. Dass sich der Bildausschnitt dabei auch noch drehen lässt, ist ein angenehmer Zusatzeffekt.

1 **Bild analysieren**

Das Schloss in Abbildung 3.25 sticht nicht wirklich hervor, da die sattgrüne Rasenfläche dem Gebäude viel Aufmerksamkeit entzieht. Zudem stört es, dass die Kamera schief gehalten worden ist. Beides sollen Sie nun in einem Arbeitsgang richten.

© Robert Klaßen

◄ **Abbildung 3.25**
Ganz schön schief, das Schloss.

2 Freistellungsrahmen aufziehen

Drücken Sie ⓒ, um das Freistellungswerkzeug zu aktivieren, und ziehen Sie damit einen Rahmen auf, der kleiner ist als der freizustellende Bildausschnitt. Widmen Sie sich zunächst nur dem Schloss: Kreisen Sie es mit dem Freistellungsrahmen ein.

◄ **Abbildung 3.26**
Der Rahmen umfasst zunächst nur das Schloss.

3 Rahmen ausrichten

Positionieren Sie jetzt den Mauszeiger außerhalb des Rahmens, und drehen Sie ihn. Das machen Sie, indem Sie mit der Maus außerhalb des soeben aufgezogenen Rahmens auf das Bild klicken. Dass Sie drehen können, wird durch einen 90°-Doppelpfeil symbolisiert. Wenn Sie jetzt die Maustaste gedrückt halten, können Sie den Ausschnitt durch Verdrehen der Maus drehen. Achten Sie dabei vor allem auf den unteren Teil des Gebäudes – die Linie zwischen Ziegeln und Rasen. Versuchen Sie, die Unterkante des Freistellungsrahmens parallel dazu auszurichten.

Abbildung 3.27 ▶
Achten Sie bei der Ausrichtung
auf die Unterkante des Gebäudes.

4   Freistellungsrahmen bewegen

Wenn Sie unsicher sind, ob die Unterkante des Rahmens parallel
zum Gebäude angeordnet ist, lassen Sie die Maustaste los, stellen
die Maus in den aufgezogenen Rahmen und bewegen diesen nach
Wunsch, indem Sie die Maus mit gedrückt gehaltener linker Taste
verschieben. Jetzt können Sie den Rahmen so weit nach oben
schieben, bis die Unterkante des Rahmens und die Unterkante
des Gebäudes eine Linie bilden. Danach positionieren Sie die
Maus wieder außerhalb des Freistellungsrahmens und stimmen
die Drehung noch einmal auf die zuvor beschriebene Weise ab.
Übrigens: Je weiter Sie dabei mit der Maus vom Rahmen wegblei-
ben, desto feiner lässt sich die Drehung dosieren.

5   Rahmenkanten einstellen

Anschließend können Sie die Begrenzungen des Freistellungsrahmens per Drag & Drop ziehen und nach Wunsch in Form bringen.
Noch ist nämlich nichts freigestellt, und Sie können den Bildausschnitt individuell anpassen. Versuchen Sie, den Rahmen in etwa
so zu positionieren, wie auf dem folgenden Bild zu sehen ist.

Abbildung 3.28 ▶
So sollte der Rahmen »sitzen«.

6 **Optional: Zoomen und Verschieben während der Freistellung**

Falls Sie in einem solchen Freistellungsvorgang einmal etwas genauer hinsehen oder den Bildausschnitt skalieren oder gar verschieben wollen, ist das leider auf die herkömmliche Art nicht von Erfolg gekrönt. Solange Sie die Freistellung noch nicht bestätigt haben, können Sie nicht auf ein anderes Werkzeug (beispielsweise die Lupe oder die Hand) umschalten. Falls Sie während einer solchen Aktion dennoch einmal einzoomen möchten, verwenden Sie ganz einfach das Tastenkürzel ⌨Strg/⌘ + +. Zum Auszoomen wird ⌨Strg/⌘ + − benutzt. Verschieben können Sie das Bild, indem Sie die Leertaste gedrückt halten und mit ebenfalls gedrückter Maustaste die Bildfläche nach Ihren Wünschen verschieben. Na also – geht doch!

7 **Freistellung bestätigen**

Nachdem Sie den Rahmen nach Wunsch angeordnet, gedreht und auf Maß gebracht haben, bestätigen Sie die Freistellung, indem Sie die ⏎ drücken. Auch in diesem Fall finden Sie das fertige Bild im Ordner ERGEBNISSE (»Schloss_fertig.tif«).

> **»Ein-Schritt«-Aktionen**
>
> Beim Protokoll-Listing werden bestimmte Ausführungen zu einem Schritt zusammengefasst. Wenn Sie beispielsweise ein Objekt mehrmals hintereinander verschieben, wird die gesamte Verschiebung lediglich als »ein« Programmschritt ausgewiesen.

▲ **Abbildung 3.29**
So sieht das Schloss im Vorher-nachher-Vergleich aus. ■

Checkliste: Freistellen und drehen

So müssen Sie vorgehen, wenn Sie ein Bild in einem einzigen Arbeitsgang freistellen und drehen wollen:

1. Aktivieren Sie das Freistellungswerkzeug, indem Sie die Taste C drücken.
2. Ziehen Sie mit gedrückter Maustaste einen Rahmen auf.
3. Um den Rahmen zu verschieben, stellen Sie die Maus in den Rahmen hinein und verschieben diesen mit gedrückter Maustaste.

4. Um den Rahmen zu drehen, stellen Sie die Maus außerhalb des Rahmens auf das Bild und drehen den Rahmen mit gedrückter Maustaste.

5. Bestätigen Sie die Freistellung mit der ⏎ .

Bedenken Sie, dass diese Vorgehensweise nicht zum Drehen generell verwendet wird, sondern nur dann angezeigt ist, wenn Sie das Bild ohnehin an den Rändern etwas abschneiden wollen. Wenn Sie nämlich das Bild nur begradigen wollen, empfiehlt sich eine andere Methode. Und die wartet schon im nächsten Workshop auf Sie.

3.2.3 Korrekturen mit dem Linealwerkzeug

Die folgende Technik ist wirklich cool – und soll zudem eine Alternative zum vorangegangenen Workshop darstellen. Sie können damit ganz einfach Ablichtungsfehler beheben. Hand aufs Herz – waren Sie nicht auch schon einmal derart überwältigt vom Panorama, dass Sie glatt vergessen haben, auf den Horizont zu achten? Lesen Sie in diesem Workshop, wie Sie das mit wenigen Mausklicks im wahrsten Sinne des Wortes »ins Lot bekommen«.

Schritt für Schritt: Bilder per Lineal begradigen

Bilder/Horizont.tif

Um bei Bildern wie »Horizont.tif« nicht für alle Ewigkeit mit einer schiefen Horizontlinie leben zu müssen, gibt es einen ganz einfachen Trick. Messen – drehen – freistellen! Mehr ist nicht nötig, und so geht's:

> **Stürzende Kanten**
>
> Wenn real lotrecht verlaufende Kanten wie z. B. Hauswände auf dem Foto trapezförmig dargestellt werden, spricht man von stürzenden Kanten. Der Effekt wirkt auf einem Foto störend und sollte nach Möglichkeit korrigiert werden. Entsprechendes gilt für eine schiefe Horizontlinie.

Abbildung 3.30 ▶
Schiefe Horizonte machen sich selbst in der Karibik nicht gut.

© Renate Klaßen

1   Linealwerkzeug aktivieren

Photoshop hält ein Linealwerkzeug bereit, mit dem sich bestimmte Strecken Ihres Bildes berechnen lassen. Es befindet sich in guter Gesellschaft mit dem Pipette- und Farbaufnahme-Werkzeug und hieß bis Photoshop CS *Messwerkzeug*. Es lässt sich bequem durch mehrmaliges Drücken von ⬡+Ⅰ auswählen. Von Hand geht das natürlich auch.

▲ **Abbildung 3.31**
Das Linealwerkzeug

2   Horizont messen

Setzen Sie das Linealwerkzeug ziemlich weit links auf den Horizont ❶. Achten Sie darauf, dass das Fadenkreuz dabei genau auf den Horizont zeigt, und klicken Sie. Halten Sie dabei aber die Maustaste gedrückt. Danach ziehen Sie nach rechts (Maustaste weiterhin gedrückt halten) und stellen das Fadenkreuz auch auf der rechten Seite des Bildes exakt auf den Horizont ❷. Wenn Sie auch diesen zweiten Punkt genau getroffen haben, lassen Sie die Maustaste los.

◄ **Abbildung 3.32**
Anfangs- und Endpunkt der Linie sollten exakt auf dem Horizont sitzen.

3   Bild begradigen

Sie sehen, dass nun eine Linie erzeugt worden ist. Eigentlich dient sie wie bereits erwähnt zum Messen einer bestimmten Strecke. In unserem Beispiel ist aber das Maß vollkommen unerheblich – jedenfalls für uns. Photoshop soll allerdings nun den Höhenunterschied zwischen beiden Punkten ermitteln und die Differenz ausgleichen. Und das erreichen Sie über BILD • BILDDREHUNG • PER EINGABE.

Um nun eine Drehung ausführen zu können, erwartet Photoshop normalerweise die Benennung von WINKEL und Drehrichtung – und beides wissen wir ja gar nicht. Freundlicherweise hat die Anwendung aber die Daten der vorangegangenen Messung übernommen, und Sie müssen nichts weiter tun, als mit OK zu bestätigen. Es muss uns also gar nicht interessieren, um wie viel Grad und in welche Richtung gedreht werden soll – wenn Sie vorab messen.

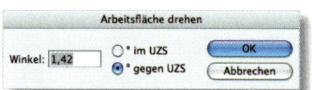

▲ **Abbildung 3.33**
Der Winkel ist von Photoshop ermittelt worden.

 **Bild freistellen**

Das Einzige, was jetzt noch zu tun ist: Die überflüssigen Ränder müssen verschwinden. Aber das Freistellungswerkzeug bereitet Ihnen ja überhaupt keine Probleme mehr. Hier sehen Sie das Ergebnis in der Vorher-nachher-Ansicht.

▼ **Abbildung 3.34**
Das ist ja »gerade« noch mal gut gegangen!

Checkliste: Arbeitsfläche mit dem Linealwerkzeug begradigen

1. Aktivieren Sie das LINEALWERKZEUG ⒤.
2. Ziehen Sie mit gedrückter Maustaste über die Linie, die gerade ausgerichtet werden soll.
3. Wählen Sie BILD • BILDDREHUNG • PER EINGABE, und bestätigen Sie mit OK.
4. Stellen Sie das Bild mit dem Freistellungswerkzeug Ⓒ frei.

3.2.4 Bilder auf Übermaß freistellen

Nun kann es ja vorkommen, dass Sie die Arbeitsfläche erweitern möchten – beispielsweise um eine Postkarte zu entwerfen. Dann muss Raum um das eigentliche Bild erzeugt werden. Sicher können Sie gemäß der Schritt-für-Schritt-Anleitung von Seite 80 vorgehen. Wenn es aber gar nicht so hundertprozentig genau sein muss, hilft eine andere, schnellere Technik weiter.

 Schritt für Schritt: Arbeitsfläche durch Freistellung vergrößern

 Bilder/Beach.tif

Dieser Workshop zeigt, wie Sie ein Foto ganz schnell mit einem Rahmen versehen können. Ach, übrigens: Habe ich Sie eigentlich schon für Tastaturkürzel begeistern können? Falls nicht, sehe ich große Chancen, dass sich das in den nächsten Minuten ändern wird. Dieser Workshop ist nämlich eine nicht zu verachtende Übung für angehende Tasten-Freaks – ich freue mich schon.

Öffnen Sie die Datei »Beach.tif«, und wischen Sie sich (falls es Ihnen so geht wie mir) die Tränen aus dem Gesicht – Tränen, die dadurch hervorgerufen wurden, dass in absehbarer Zeit leider noch kein Urlaub ansteht.

◄ **Abbildung 3.35**
Das Foto soll mit einem Rahmen ausgestattet werden.

1 Ansichtsgröße verändern

Drücken Sie ⓩ (Zoom), und kontrollieren Sie die Optionsleiste. Die Checkbox FENSTERGRÖSSE darf jetzt nicht aktiv sein. Halten Sie danach Alt/⌥ gedrückt, und klicken Sie einmal auf das Bild, um die Darstellungsgröße zu verkleinern. Jetzt reicht ein Druck auf Ⓕ (das umgibt die Bilddarstellung mit einem mittelgrauen Montagerand).

2 Hintergrundfarbe einstellen

Unser Bild soll einen weißen Rand bekommen. Daher stellen Sie nun die Hintergrundfarbe ein. Ohne großen Schnickschnack geht das über Ⓓ (setzt die Farben in der Werkzeugleiste auf Schwarz und Weiß). Kontrollieren Sie doch eben, ob die Farbeinstellungen mit Ihren übereinstimmen. Falls Weiß vorne steht, drücken Sie Ⓧ (das vertauscht Vorder- und Hintergrundfarbe miteinander).

3 Freistellungsrahmen erzeugen

Lassen Sie souverän einen Finger auf Ⓒ niedergleiten (aktiviert das Freistellungswerkzeug), und ziehen Sie einen Freistellungsrahmen auf, der die gesamte Bildfläche umrahmt ∎.

Bildrahmengröße exakt einstellen

Statt der im Folgenden beschriebenen Methode mit dem Freistellungsrahmen können Sie für den Bildrahmen auch exakte Abmessungen verwenden. Dazu gehen Sie in BILD • ARBEITSFLÄCHE, aktivieren die Checkbox RELATIV und geben in den Feldern BREITE und HÖHE die Abmessungen ein, um die das Foto vergrößert werden soll. Das Ganze geht sogar schneller, bringt Sie aber um den Vorteil, den Rahmen optisch individuell anpassen zu können.

▲ **Abbildung 3.36**
Kontrollieren Sie unten in der Werkzeugleiste die Vorder- und Hintergrundfarbe.

4 **Rahmen ausdehnen**

Photoshop weigert sich dabei beharrlich, über die Grenzen des Bildes hinauszugehen, selbst dann, wenn Sie bereits außerhalb des Bildes mit dem Rahmen beginnen. Das macht rein gar nichts, denn wenn dieser erst einmal erzeugt ist, ziehen Sie ihn einfach an den Flanken oben und unten über die Bildbegrenzung hinaus. Orientieren Sie sich an der folgenden Abbildung.

Übrigens: Wenn Sie beim Verziehen (Alt)/(⌥) gedrückt halten, wird die gegenüberliegende Seite gleich mit aufgezogen. Wiederholen Sie den letzten Schritt auch für die horizontale Ausdehnung.

Abbildung 3.37 ▶
Der Rahmen ist größer als das Bild selbst.

Abbildung 3.38 ▼
So kommen Rahmen um das Bild.

Drücken Sie noch (↵), um die Freistellung zu bestätigen. Nun sagen Sie doch – macht das Spaß mit den Tasten? Hier sehen Sie noch das Ergebnis in der Vorher-nachher-Ansicht.

Checkliste: Übermaß-Freistellung

Falls Sie die Erweiterung nicht über den ARBEITSFLÄCHE-Dialog einstellen wollen, gehen Sie wie folgt vor:

1. Ansicht optimieren: ⎡Z⎤ drücken und mit ⎡Alt⎤/⎡⌥⎤ auf das Bild klicken, gefolgt von ⎡F⎤.
2. Farbe einstellen: ⎡D⎤ drücken und gegebenenfalls mit ⎡X⎤ Vorder- und Hintergrundfarbe vertauschen.
3. Freistellen: ⎡C⎤ aktivieren und Rahmen über das gesamte Bild ziehen.
4. Freistellung erweitern: Rahmen per Drag & Drop über die Bildbegrenzung ziehen. Eventuell mit ⎡Alt⎤/⎡⌥⎤ gleichzeitig die gegenüberliegende Seite mitskalieren.
5. Freistellung bestätigen: ⎡↵⎤ drücken.
6. Zur Normalansicht zurückkehren: dreimal ⎡F⎤ drücken.
7. Frust bekämpfen: Kalender rausholen und Tage bis zum Urlaub zählen.

3.3 Bilder drehen und Größe ändern

Die richtige Größe zum richtigen Bild – was dahinter steckt, ist umfangreicher, als es auf den ersten Blick scheinen mag. Neben zahlreichen Optionen, die bei Bildgrößen für die jeweilige Verwendung zu beachten sind (z. B. Druck oder Internet), ist häufig aber nur die Ausgabegröße entscheidend – das Bild soll kleiner oder größer werden.

Schritt für Schritt: Arbeitsfläche drehen und Abmessungen verändern

Das Bild »Rose.tif« hat zwar direkt keinen Makel, allerdings wollen wir die Blume aufrichten, also senkrecht anordnen. Zudem soll das Foto gedehnt werden – allerdings ohne den bildrelevanten Inhalt mit zu dehnen. Und das soll gehen? Na klar, warten Sie es ab. Sie werden eine der vielleicht beeindruckendsten Neuerungen von Photoshop CS4 kennenlernen.

 Bilder/Rose.tif

1 Arbeitsfläche drehen

Drücken Sie zunächst ⎡Strg⎤/⎡⌘⎤+⎡0⎤ (die Zahl Null), damit das Foto in der größtmöglichen vollständigen Darstellung präsentiert

Abbildung 3.39 ▼
Rechts ist das Foto um 90°
gedreht worden.

wird. Widmen Sie sich danach der Drehung. Die Datei ist um 90°
verdreht – ein Umstand, mit dem wir häufig beim Import von der
Digitalkamera konfrontiert werden. Über BILD • BIDDREHUNG werden verschiedene Optionen angeboten. Unsere Blüte muss 90°
GEGEN UZS (Uhrzeigersinn) gedreht werden.

2 Datei speichern

Damit wäre der erste Schritt getan. Speichern Sie das Ergebnis,
so Sie es denn wünschen, unter einem eindeutigen Namen ab.
Damit das Original nicht überschrieben wird, nehmen Sie den
Befehl DATEI • SPEICHERN UNTER. Vergeben Sie den gewünschten
Namen, und legen Sie den Speicherort fest. So bleibt das Original
wieder unangetastet.

3 Berechnungsmethode ändern

Als Nächstes soll die Datei aber noch verkleinert werden. Dazu
wählen Sie BILD • BILDGRÖSSE. Kontrollieren Sie hier zunächst, dass
BILD NEU BERECHNEN MIT aktiv ist. Das macht nämlich eine Größenänderung im Verhältnis zur Auflösung überhaupt erst möglich.
Da Sie das Foto verkleinern wollen, schalten Sie unterhalb dieser
Checkbox zudem noch auf BIKUBISCH SCHÄRFER um. (Wollten Sie
das Foto vergrößern, würden Sie BIKUBISCH GLATTER wählen.)

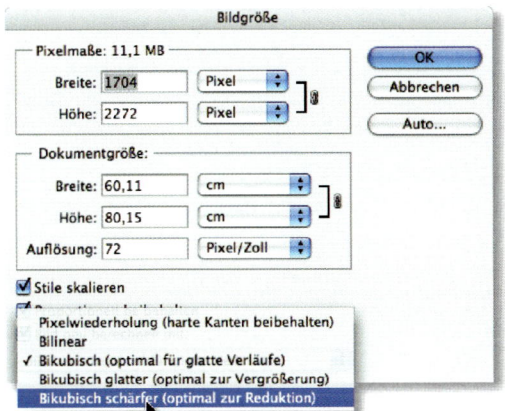

◄ **Abbildung 3.40**
BIKUBISCH SCHÄRFER eignet sich
prima zur Verkleinerung von
Fotos.

Anschließend können Sie sich um die eigentliche Verkleinerung
kümmern. Dazu lässt sich die aktuelle Größe entweder im oberen
Bereich PIXELMASSE oder im unteren Bereich DOKUMENTGRÖSSE
ablesen. Welchen dieser Werte Sie nun ändern, ist unerheblich.
Im Beispiel wollen wir mit der DOKUMENTGRÖSSE arbeiten. Prüfen
Sie, ob rechts neben den Eingabefeldern die Maßeinheit Zentimeter (cm) steht. Sollte hier eine andere Einheit aufgeführt sein,
ändern Sie dies, noch ehe Sie neue Abmessungen eintragen. Doppelklicken Sie danach das Eingabefeld BREITE, und geben Sie dort
»30« ein.

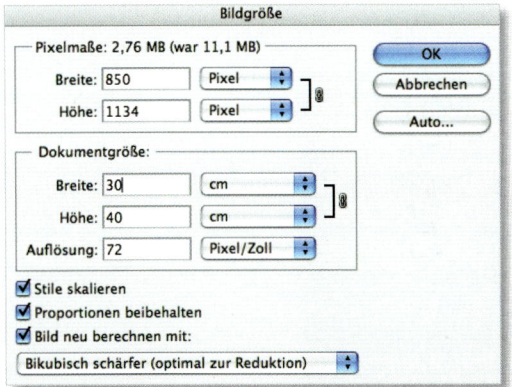

◄ **Abbildung 3.41**
Über die Breite wird die Größe
des Bildes geändert.

4   Bild proportional verkleinern

Bevor Sie aber nun auf OK klicken, sollten Sie noch einen Blick auf
weitere Steuerelemente dieses Fensters werfen. Sie sehen nämlich, dass sich der Wert im Eingabefeld HÖHE ebenfalls verändert
hat, obwohl Sie dort keine Änderungen vorgenommen haben.

Das macht Photoshop automatisch. Diese Maßnahme soll sicherstellen, dass sich das Bild stets proportional (also im korrekten Seitenverhältnis) verändert.

▮5 Optional: Bild unproportional vergrößern

Zur Info: Wollten Sie das Bild verzerren (z. B. nur die Höhe ändern, dabei aber die Breite beibehalten), müssten Sie vor der Eingabe das Häkchen vor PROPORTIONEN BEIBEHALTEN entfernen. In diesem Fall verschwinden auch die kleinen Kettensymbole neben den Eingabefeldern.

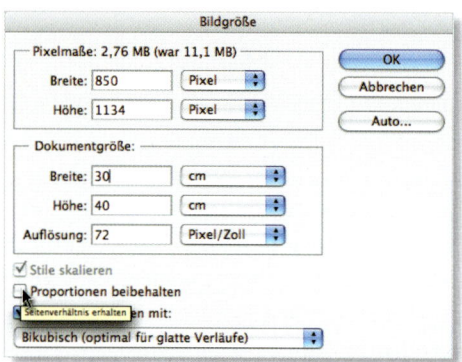

Abbildung 3.42 ▶
Hier können Sie bestimmen, dass das Foto unproportional verzerrt wird.

Das ist aber hier ausdrücklich nicht gewollt, da das Foto dabei in die Breite gezogen würde. Das bedeutet auch: Die Rose wird ebenfalls gestreckt. Das Ganze sähe dann so aus:

Abbildung 3.43 ▶
Eine solche Verzerrung sieht einfach nicht mehr gut aus.

Lassen Sie also bitte PROPORTIONEN BEIBEHALTEN aktiv, und ändern Sie die BREITE auf »30«, ehe Sie mit OK bestätigen. Damit ist das Bild insgesamt verkleinert worden, und die Proportionen stimmen.

6 Hintergrund umwandeln

Um jetzt das Bild in die Breite strecken zu können, ohne dass die Rose mit gedehnt wird, müssen Sie zunächst einmal den Hintergrund in eine Ebene umwandeln. Was es genau damit auf sich hat, werden Sie im Ebenen-Kapitel (Kapitel 6) noch in Erfahrung bringen. Jetzt sollten Sie es dabei bewenden lassen, EBENE • NEU • EBENE AUS HINTERGRUND einzustellen. Die Benennung ist unerheblich, weshalb Sie gleich OK drücken können. Die Umwandlung in eine Ebene ist übrigens erforderlich, weil der nächste Schritt sonst nicht funktioniert.

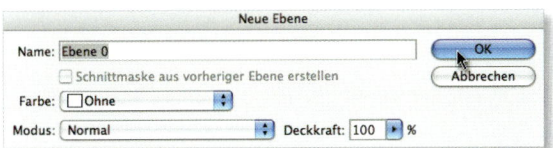

◄ **Abbildung 3.44**
Bestätigen Sie diesen Dialog ganz einfach.

7 Inhalt bewahren

Mit BEARBEITEN • SKALIEREN (INHALT BEWAHREN) können Sie das Bild nun strecken, ohne dass die Rose mit gestreckt wird. (Das wäre übrigens bei BEARBEITEN • TRANSFORMIEREN • SKALIEREN anders: Hier würde alles gestreckt, auch die Rose.) Greifen Sie also den mittleren Anfasser auf der linken Begrenzungslinie, und ziehen Sie ihn weit nach außen.

◄ **Abbildung 3.45**
Schon beim Ziehen sehen Sie, dass sich die Rose kaum verändert.

8   **Alles einblenden**

Ziehen Sie jetzt auch den gegenüberliegenden Anfasser nach außen. Am Schluss bestätigen Sie mit ⏎ . So weit, so gut, aber wo ist nun der gestreckte Inhalt? Den sehen Sie, wenn Sie BILD • ALLES EINBLENDEN wählen. Ist das nicht wirklich eine interessante Funktion?

▼ **Abbildung 3.46**
Der Hintergrund ist gestreckt worden, während die Blüte fast genauso aussieht wie vorher.

3.3.1   Zu guter Letzt: Probleme beim Skalieren

Sie müssen wissen, dass sich bei jeder Skalierung (selbst beim Verkleinern) Qualitätseinbußen ergeben. Wenn Sie die Abmessungen geringfügig verändern, sind diese Verschlechterungen meist nicht wirklich dramatisch, da optisch kaum wahrnehmbar. Wenn Sie jedoch eine Briefmarke auf Postergröße hochrechnen wollen, werden Unschärfe und Farbverfälschungen die Folgen sein. Achten Sie in diesem Zusammenhang auch auf die Hinweise in Kapitel 16, »Fachkunde«.

Kapitel 4

Auswahlen und Füllungen

Bildbereiche einfangen

Sie werden lernen:

▸ Welche Auswahlformen gibt es?

▸ Wie werden die Auswahlwerkzeuge eingesetzt?

▸ Wie werden Flächen und Konturen gefüllt?

▸ Wie können Auswahlen nachträglich geändert werden?

▸ Wie werden Lasso und Zauberstab angewendet?

▸ Wie können Auswahlen gespeichert werden?

4   Auswahlen und Füllungen

Eine Auswahl zu erstellen ist weit mehr, als nur einen Rahmen aufzuziehen und eine Fläche zu füllen. Entdecken Sie die Möglichkeiten, die sich durch die Verwendung von Auswahlen ergeben, und setzen Sie diese Techniken anschließend effektiv in sämtlichen Bereichen der digitalen Bildbearbeitung ein. Sie werden sehen ...

4.1   Die verschiedenen Auswahlformen – Überblick

Was eine Auswahl eigentlich ist, haben Sie ja bereits im vorangegangenen Kapitel beim Thema »Freistellen« erfahren. Dort haben Sie bestimmte Bereiche des Bildes »ausgewählt«. Durch Auswahlen lassen sich aber auch einzelne Teile eines Bildes verändern, ohne dass die außerhalb befindlichen Bereiche davon betroffen sind.

4.1.1   Auswahlwerkzeuge

Die erste Schaltfläche der Werkzeugleiste stellt vier Auswahlwerkzeuge zur Verfügung. Mit ihnen fertigen Sie sogenannte Standardauswahlen an.

Die Namen der einzelnen Tools sind Programm, denn sie beschreiben schon recht gut, wozu sich das jeweilige Tool einsetzen lässt.

▶ AUSWAHLRECHTECK-WERKZEUG – Ziehen Sie rechteckige oder quadratische Rahmen auf.

▶ AUSWAHLELLIPSE-WERKZEUG – Erzeugen Sie Ovale oder exakte Kreise.

▶ AUSWAHLWERKZEUG: EINZELNE ZEILE – Klicken Sie auf Ihr Bild-
dokument, um eine einzelne Pixelreihe horizontal auszuwäh-
len.

▶ AUSWAHLWERKZEUG: EINZELNE SPALTE – Ein Mausklick auf das
Bild reicht, um eine Reihe einzelner senkrechter Pixel zu markieren.

4.1.2   Lasso-Werkzeuge

Damit haben Sie aber nur einen Teil der Auswahl-Tools kennengelernt, denn Photoshop stellt noch mehr zur Verfügung. Wenn
Rechtecke, Kreise oder einzelne Zeilen nicht reichen, um das
gewünschte Objekt zu umranden, muss ein Lasso her.

▶ LASSO-WERKZEUG – Kreisen Sie mit diesem Tool Objekte ein,
die keine einheitliche Struktur aufweisen.

▶ POLYGON-LASSO-WERKZEUG – Erzeugen Sie Auswahlpunkte,
die durch Geraden miteinander verbunden werden.

▶ MAGNETISCHES-LASSO-WERKZEUG – Dieses wirklich interessante Tool orientiert sich an kontrastierenden Kanten innerhalb des Bildes.

Wie diese Werkzeuge genau funktionieren, werden wir uns im
nächsten Abschnitt ansehen. Die wichtigste Eigenschaft von
Lasso-Tools: Sie sind frei von festen geometrischen Formen.

4.1.3   Zauberstab

Mit dem Zauberstab erzeugen Sie eine Auswahl in Abhängigkeit
zur Pixelfarbe. Anders als mit dem magnetischen Lasso, mit dem
Sie das Auswahlobjekt umkreisen, werden mit dem Zauberstab
Farbbereiche markiert. Halten wir fest: Mit dem ZAUBERSTAB-
WERKZEUG erzeugen Sie eine Auswahl farbähnlicher Pixel.

4.1.4   Schnellauswahlwerkzeug

Das Schnellauswahlwerkzeug ist beim Finden von Kanten behilflich. Zeichnen Sie mit gedrückter Maustaste über den auszuwäh-
lenden Bereich, werden Sie sehen, dass sich die Auswahl fast wie
von selbst an geeigneten Kanten orientiert.

▲ **Abbildung 4.1**
Der Zauberstab befindet sich in
einer Gruppe mit dem Schnellauswahlwerkzeug.

4.2 Arbeiten mit Auswahlen

4.2.1 Auswahlwerkzeuge einstellen

Nun wissen Sie aber bereits, dass Sie mit der Selektion eines Tools lange noch nicht Photoshops Grenzen erreicht haben. Einmal mehr ist auch hier die Optionsleiste von großer Bedeutung, mit der Sie letztendlich das Tool justieren. Je nach gewähltem Werkzeug werden natürlich andere, individuelle Steuerelemente zur Verfügung gestellt. Grundsätzlich gleich sind aber die Elemente, die Auswahlkombinationen zulassen.

▼ Abbildung 4.2
Mit der Optionsleiste passen Sie das Auswahl-Tool Ihren Bedürfnissen an.

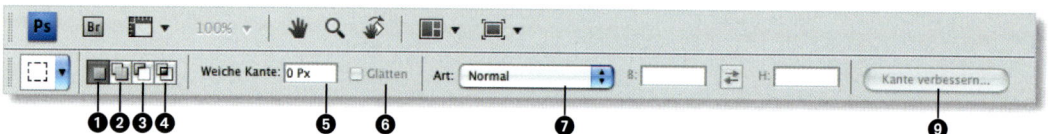

❶ NEUE AUSWAHL: Es kann nur eine einzelne Auswahl erzeugt werden. Ziehen Sie einen zweiten Rahmen auf, wird der erste gelöscht.

❷ DER AUSWAHL HINZUFÜGEN: Erzeugen Sie mehrere Auswahlen durch Kombination verschiedener Auswahlbereiche.

❸ VON AUSWAHL SUBTRAHIEREN: Entfernen Sie einzelne Bereiche einer bereits vorhandenen Auswahl.

❹ SCHNITTMENGE MIT AUSWAHL BILDEN: Erzeugen Sie durch eine zweite Auswahl einen Bereich, der nur aus dem Überlappungsbereich der beiden Auswahlen besteht.

❺ WEICHE KANTE (nicht Zauberstab): Erzeugen Sie eine Auswahl, die zum Rand hin zunehmend transparenter wird.

❻ GLÄTTEN: Diese Option glättet den Übergang zwischen zwei Kanten, so dass er weicher erscheint.

❼ ART (nicht Lasso und nicht Zauberstab): Stellen Sie eine feste Größe (Höhe × Breite) oder ein festes Seitenverhältnis (z. B. 4:3) ein.

❽ TOLERANZ (nur Zauberstab): Legen Sie fest, wie groß der Farbunterschied zwischen markierten Pixeln und angrenzenden Farbwerten sein darf.

Abbildung 4.3 ▶
Die Einstellung der Toleranz beim Zauberstab

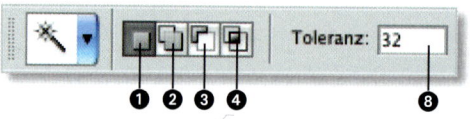

❾ KANTE VERBESSERN: Passen Sie die erzeugte Auswahl individuell an, und verfeinern Sie die Auswahl.

4.2.2 Auswahlen aufziehen

Für alle Auswahlformen gilt: Ohne Zuhilfenahme der Tastatur werden die Formen nicht geometrisch exakt aufgezogen. Um ein Rechteck oder eine Ellipse zu erzeugen, ist das auch nicht unbedingt erforderlich. Möchten Sie jedoch exakte Kreise oder Quadrate erzeugen, führt kein Weg an der Tastatur vorbei. Wie das genau vonstatten geht, soll der folgende Workshop zeigen.

Taste	bewirkt
ohne Tasten	Erzeugen Sie geometrisch nicht exakte Formen, wobei alle Elemente von einer Ecke aus erzeugt werden.
⇧	Erzeugen Sie mit dem Auswahlrechteck-Werkzeug ein geometrisch exaktes Quadrat und mit dem Auswahlellipse-Werkzeug einen exakten Kreis.
Alt / ⌥	Erzeugen Sie geometrisch nicht exakte Figuren aus ihrer Mitte heraus.
Alt / ⌥ + ⇧	Erzeugen Sie geometrisch exakte Figuren aus ihrer Mitte heraus.
↓ ↑ ← →	Bewegen Sie die Auswahl nach Fertigstellung mit den Pfeiltasten in die gewünschte Richtung.
↓ ↑ ← → + ⇧	Bewegen Sie die Auswahl nach Fertigstellung in großen Schritten in die gewünschte Richtung.

◀ **Tabelle 4.1**
Tasten für die spezielle Auswahlerzeugung

Schritt für Schritt: Eine Auswahlkombination aus Kreis und Rechteck erstellen

1 Neue Datei erstellen
Erzeugen Sie über Strg / ⌘ + N bzw. über DATEI • NEU eine neue, leere Bilddatei. Entnehmen Sie die Parameter bitte der folgenden Abbildung.

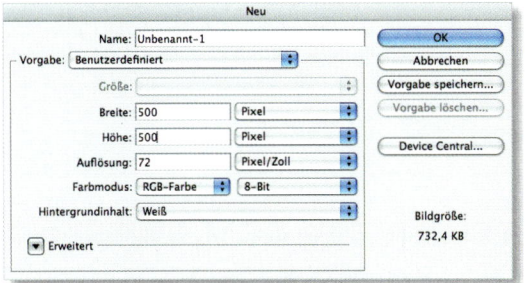

◀ **Abbildung 4.4**
Eine Größe von 500 × 500 Pixel in 72 Pixel/Zoll reicht.

Sehen Sie sich die folgende Grafik an, und versuchen Sie, diese zu
erzeugen. Überlegen Sie, mit welchen geometrischen Figuren die
Erstellung gelingen könnte. Wenn es Ihnen nicht gelingen sollte:
Wir gehen jetzt Schritt für Schritt vor.

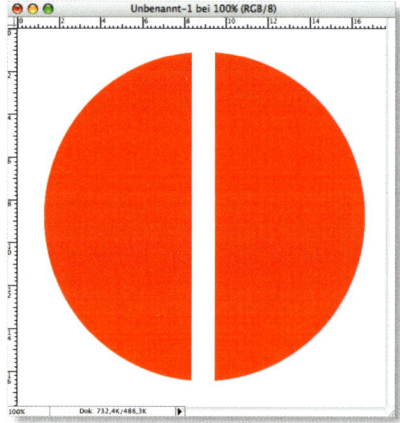

Abbildung 4.5 ▶
So soll das Objekt am Ende des
Workshops aussehen.

2 Vordergrundfarbe einstellen

Markieren Sie in der Werkzeugleiste den Button VORDERGRUND-
FARBE EINSTELLEN ❶. Im Farbwähler stellen Sie ein sattes Rot ein,
indem Sie in das Eingabefeld R ❷ einen Wert von »255« und in G
und B jeweils »0« eintragen. Bestätigen Sie mit OK.

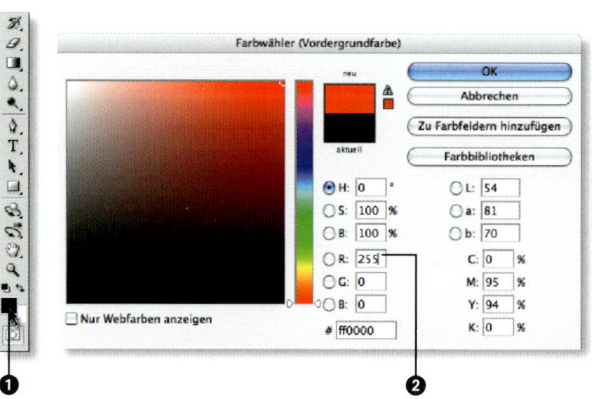

Abbildung 4.6 ▶
Im Farbwähler stellen Sie die
Vordergrundfarbe ein.

3 Werkzeug einstellen

Aktivieren Sie nun das Auswahlellipse-Werkzeug, und kontrollieren Sie, dass in der Optionsleiste der Button NEUE AUSWAHL
aktiv ist. WEICHE KANTE sollte auf »0 Px« stehen, da eine glatte,
saubere Außenkante erzeugt werden soll.

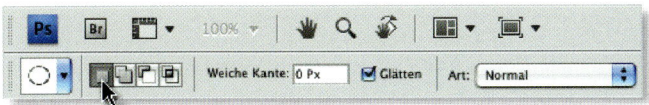

◀ **Abbildung 4.7**
So sollten die Optionen
eingestellt sein.

4 Ellipse aufziehen

Stellen Sie das Fadenkreuz des Mauszeigers auf die Bildmitte.
Klicken Sie einmal, und halten Sie die Maustaste anschließend
gedrückt. Halten Sie zusätzlich noch [Alt]/[⌥] und [⇧] gedrückt,
ehe Sie die Maus Richtung Bildrand bewegen. Lassen Sie die
Maustaste los, wenn der Kreis groß genug ist.

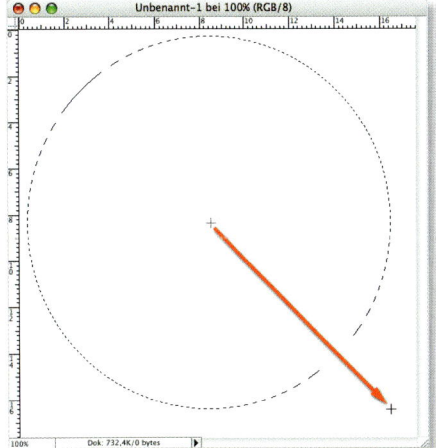

◀ **Abbildung 4.8**
So ziehen Sie den Kreis auf.

5 Position der Ellipse korrigieren

Nun sollten Sie versuchen, den Kreis genau in die Bildmitte zu
bringen. Benutzen Sie dazu die Tasten [←], [↑], [↓] und [→].
Die Alternative: Solange in der Optionsleiste noch NEUE AUSWAHL
aktiv ist, kann die vorhandene Auswahl mittels Drag & Drop
bewegt werden. Der Mauszeiger muss sich dazu aber innerhalb
der Auswahl befinden.

6 Rechteck von der Auswahl entfernen

Aktivieren Sie jetzt das Auswahlrechteck-Werkzeug, und markieren Sie anschließend den Button VON AUSWAHL SUBTRAHIEREN in
der Optionsleiste. Ziehen Sie (diesmal, ohne die Tastatur zu Hilfe
zu nehmen) ein schmales Rechteck durch den gesamten Kreis.
Beachten Sie, dass das Fadenkreuz nun mit einem kleinen Minuszeichen versehen ist. Wählen Sie ❸ als Start- und ❹ als Endpunkt
(siehe die Abbildung 4.9).

Abbildung 4.9 ▶
So wird das Rechteck aus
Schritt 6 aufgezogen.

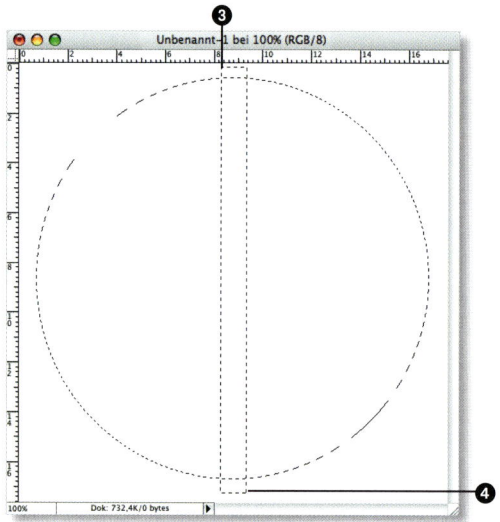

7 Auswahl einfärben

Das war es eigentlich schon. Damit die Auswahl nun auch farbig wird, wählen Sie lediglich BEARBEITEN • FLÄCHE FÜLLEN oder drücken ◇ + F5 . Unter FÜLLEN MIT stellen Sie VORDERGRUNDFARBE ein und belassen den MODUS auf NORMAL und die DECKKRAFT bei 100 %. (Alternativ ließe sich eine Fläche auch mit dem Füllwerkzeug G einfärben.)

8 Auswahl aufheben

Nun möchten Sie auch bestimmt diese blinkenden Auswahllinien wieder loswerden, oder? Nichts leichter als das: Mit Strg / ⌘ + D bzw. über AUSWAHL • AUSWAHL AUFHEBEN gehören die Striche der Vergangenheit an. ■

Verfügbarkeit der Befehle

Die Optionen FLÄCHE FÜLLEN und KONTUR FÜLLEN stehen auch zur Verfügung, wenn keine Auswahl aktiv ist. In diesem Fall wird Photoshop die aktive Ebene (FLÄCHE FÜLLEN) oder deren Randbegrenzung (KONTUR FÜLLEN) mit Farbe versehen.

4.2.3 Flächen und Konturen füllen

Sie haben gesehen, dass sich Auswahlen mithilfe des Befehls FLÄCHE FÜLLEN mit Farbe versehen lassen. Hätten Sie vorab keine Auswahl aufgezogen, wäre die gesamte Bildfläche mit der Farbe gefüllt worden ■.

Erzeugen Sie doch einmal eine Auswahl, und wenden Sie anstelle von FLÄCHE FÜLLEN die Option KONTUR FÜLLEN an. Auf diese Weise sollte Ihnen dann auch die Konstruktion der folgenden Abbildung keinerlei Schwierigkeiten bereiten, oder?

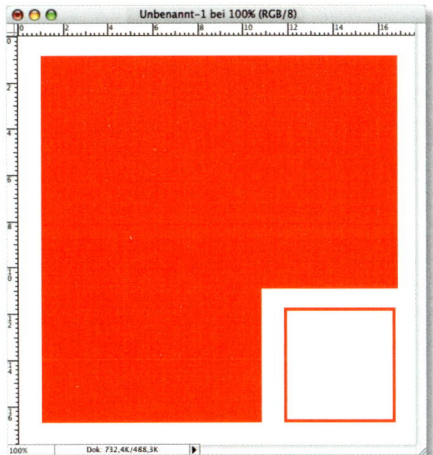

◄ **Abbildung 4.10**
Erzeugen Sie eine Kombination
aus gefüllter Fläche und gefüllter Kontur.

Und so geht's: Erzeugen Sie zunächst ein Rechteck. Mit der Funktion VON AUSWAHL SUBTRAHIEREN entfernen Sie anschließend die
untere rechte Ecke und füllen die verbliebene Fläche mit der eingestellten Vordergrundfarbe. Heben Sie die Auswahl danach auf,
und erzeugen Sie das kleine Rechteck, dessen Kontur Sie nun füllen (BEARBEITEN • KONTUR FÜLLEN) ■.

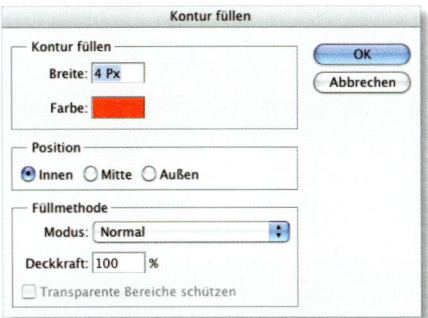

◄ **Abbildung 4.11**
Wie stark die Kontur sein soll,
legen Sie im Feld BREITE fest.

Achten Sie bei diesem Dialog darauf, dass Sie entscheiden können, ob die Mitte der gestrichelten Auswahllinie als Kontur dienen soll oder ob die Farbe außerhalb bzw. innerhalb der Auswahl
aufgetragen wird. Legen Sie im Frame POSITION als Option INNEN,
MITTE oder AUSSEN fest.

4.2.4 Weiche Auswahlkanten

Sie wünschen sich eine weiche Auswahlkante, in der Vorder- und
Hintergrund sanft ineinander übergehen? Nichts leichter als das:

**Neue Auswahl ohne
Umstellung erzeugen**

Solange keine Auswahl aufgezogen ist, kann diese
immer erzeugt werden –
egal welche Aktion in der
Steuerelementleiste gewählt
ist. Das bedeutet, dass Sie
auch dann eine neue Aus-
wahl aufziehen können,
wenn beispielsweise VON
AUSWAHL SUBTRAHIEREN aktiv
ist. Erst, wenn Sie eine zweite Auswahl erstellen, wäre
VON AUSWAHL SUBTRAHIEREN
relevant.

Beachten Sie aber, dass das Steuerelement Weiche Kante »vor« der Erzeugung der Auswahl eingestellt werden muss.

Abbildung 4.12 ▶
Stellen Sie die Größe des
weichen Übergangs ein.

4.2.5   Auswahlen nachträglich ändern

Sollten Sie bereits eine Auswahl aufgezogen haben und erst im Anschluss den Wert Weiche Kante ändern, hat dies keinerlei Einfluss mehr auf die Auswahl. Dennoch besteht die Möglichkeit, bestehende Auswahlen nachträglich zu verändern.

▶ Auswahl • Alles auswählen: Erzeugen Sie aus der kompletten Bildfläche eine Auswahl.

▶ Auswahl • Auswahl umkehren ⌈Strg⌉/⌘+⌈⇧⌉+⌈I⌉: Ausgewählte und nicht ausgewählte Bereiche werden miteinander vertauscht. Wenn Sie eine Auswahl erzeugen und anschließend diese Option benutzen, sind alle Bereiche mit Ausnahme des zuvor selektierten Bereichs ausgewählt.

▶ Auswahl • Auswahl verändern • Rand: Außerhalb der erzeugten Auswahl wird ein Rahmen (ähnlich der Kontur) erzeugt, der als neue Auswahlfläche definiert ist. Die Bereiche innerhalb der ursprünglichen Auswahl sind nun abgewählt.

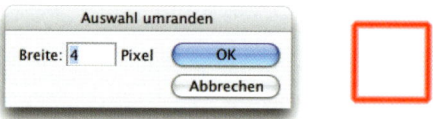

▶ Auswahl • Auswahl verändern • Abrunden: Die Ecken der Auswahl werden abgerundet. Dabei ändert sich der Wert der weichen Kante nicht.

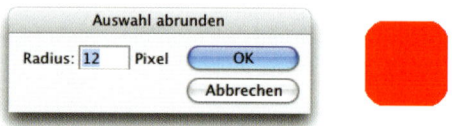

▶ Auswahl • Auswahl verändern • Erweitern: Die bestehende Auswahl kann entsprechend der Eingabe vergrößert werden. Der Maximalwert ist dabei auf 100 Pixel beschränkt.

▶ AUSWAHL • AUSWAHL VERÄNDERN • VERKLEINERN: Die bestehende Auswahl kann entsprechend der Eingabe verkleinert werden. Sollte der angegebene Wert größer sein als die eigentliche Auswahl, erscheint eine Fehlermeldung.

▶ AUSWAHL • AUSWAHL VERÄNDERN • WEICHE KANTE ⌘/ ⌘ + ⇧ + D : Mit diesem Befehl vergeben Sie nachträglich noch eine weiche Auswahlkante. Stellen Sie im Dialog die entsprechende Größe ein.

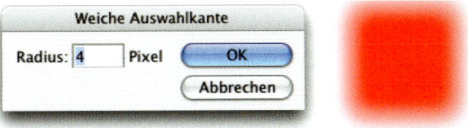

▶ AUSWAHL • AUSWAHL TRANSFORMIEREN: Die vorhandene Auswahl wird um einen Skalierrahmen erweitert und kann an den Anfassern nun nach Wunsch skaliert werden.

▶ AUSWAHL • AUSWAHL VERGRÖSSERN: Ähnliche (angrenzende) Farbwerte werden in die bestehende Auswahl aufgenommen.

▶ AUSWAHL • AUSWAHL SPEICHERN: Möglicherweise benötigen Sie angelegte Auswahlen für einen späteren Arbeitsgang erneut. Speichern Sie die Auswahl, um diese zu erhalten. Im Folgedialog vergeben Sie einen Namen. Anschließend kann die Auswahl aufgehoben werden.

▶ AUSWAHL • AUSWAHL LADEN: Aktivieren Sie eine zuvor über AUSWAHL SPEICHERN gesicherte Auswahl. Ist zuvor keine Auswahl gespeichert worden, steht dieser Befehl nicht zur Verfügung.

4.3 Auswahlpraxis

4.3.1 Lasso-Auswahlen

Sicher haben Sie in diesem Kapitel bereits genug Theorie über sich ergehen lassen müssen, oder? Daher wollen wir uns nun auch wieder in die Praxis stürzen. Die Lasso-Werkzeuge unterstützen Sie bei der Selektion mehr oder weniger willkürlicher Konturen. Allen voran spielt das magnetische Lasso hier eine entscheidende Rolle. Die große Stärke der Lasso-Werkzeuge ist, dass sie sich während der Arbeit kombinieren lassen.

▶ **Video-Training**

Wie Sie ein Objekt mit dem Lasso-Werkzeug freistellen, erfahren Sie auch in Lektion 1.3 auf der Buch-DVD.

Bilder/Schneckenhaus.tif

© Leszek Schluter

▲ **Abbildung 4.13**
Hier wird es nicht so leicht
sein, die Kanten zu finden.

Kontrast einstellen

Mit KONTRAST wird festge-
legt, wie groß die Farbunter-
schiede zwischen benach-
barten Pixeln sein dürfen.
Daraus lässt sich ableiten: Je
höher der Wert eingestellt
ist, desto größer ist auch der
Bereich, der als »ähnliche
Farbe« mit in die Auswahl
aufgenommen wird.

Frequenzwert

Die FREQUENZ regelt, mit
welcher Häufigkeit automatisch Zwischenpunkte in die
Lassolinie eingefügt werden.
Je höher die Frequenz ist,
desto mehr Punkte (Qua-
dratflächen auf der Auswahllinie) werden platziert. Demnach gilt auch: Je größer der
Frequenzwert ist, desto öfter
stellt Photoshop eine Prüfung der kontrastierenden
Kanten an.

Schritt für Schritt: Hintergrundfarbe ändern (Lasso-Methode)

Sie kennen diese Technik aus jedem Produktkatalog. Der Hintergrund des Objekts wurde entfernt bzw. ist stark kontrastierend
eingefärbt. Wenn Sie die Datei »Schneckenhaus.tif« betrachten,
werden Sie schnell feststellen, dass zur Erzeugung einer Auswahl
mit den klassischen Rechteck- bzw. Ellipsenformen nicht viel zu
machen ist. Hier müssen andere Tools die Arbeit übernehmen.

1 Lasso über die Tastatur aktivieren
Aktivieren Sie das Magnetisches-Lasso-Werkzeug. Drücken Sie
dazu ⌊L⌋. Sollte sich ein anderes Lasso eingestellt haben als das
magnetische, drücken Sie so lange ⌂+⌊L⌋, bis das gewünschte
Tool in der Werkzeugleiste erscheint. So können Sie innerhalb
einer Werkzeuggruppe prima wechseln.

2 Lasso einstellen
Auch hier gilt wieder: Zunächst muss das Lasso eingestellt werden. Entnehmen Sie die Werte der Abbildung. Falls Sie seit der
Installation der Anwendung noch keine Änderungen vorgenommen haben, sollten die Werte bereits übereinstimmen ■.

▲ **Abbildung 4.14**
Die ursprünglichen Werte sind optimal, um im Folgenden eine Auswahl
zu erstellen.

Setzen Sie nun das Tool auf das Bild, wobei Sie eine Kante zwischen Objekt und Hintergrund wählen. Ich habe mich bei dieser
Übung für ❶ entschieden. Setzen Sie dort einen Mausklick, und
fahren Sie anschließend die Kontur des Schneckenhauses ab (die
Maustaste ist dabei nicht gedrückt).

3 Frequenzpunkt setzen
Lassen Sie sich Zeit bei der Umrandung, und fahren Sie das Objekt
langsam ab. Wenn Sie merken, dass sich die Linie von der Kontur wegbewegt (❷ ist ein kritischer Bereich), gehen Sie mit dem
Lasso ein Stück zurück, bis Sie sich wieder auf der Kontur befinden. Platzieren Sie anschließend dort einen Mausklick ■.

◄ **Abbildung 4.15**
Fahren Sie die Kontur des
Schneckenhauses ab.

▌4 Lasso-Auswahl schließen

Sicher haben Sie bereits zu diesem Zeitpunkt gesehen, dass Sie
die Auswahl nicht verlassen können. Sie müssen also den Kreis
zunächst schließen, ob es Ihnen gefällt oder nicht. Achten Sie also
darauf, dass Sie in schwach kontrastierenden Bereichen (❸ ist
problematisch) möglichst viele Zwischenpunkte setzen. Falls die
Auswahl nicht hundertprozentig gelingt, muss sie im Anschluss
korrigiert werden.

Sobald Sie wieder am ersten Punkt der Lasso-Auswahl angelangt sind, klicken Sie erneut, um die Auswahl zu schließen.

▌5 Optional: Auswahl nachträglich korrigieren

Möglicherweise müssen Sie jetzt die Auswahl noch bereinigen, da
Sie zu viel oder zu wenig mit eingeschlossen haben. Schalten Sie
auf das Polygon-Lasso oder das Freihand-Lasso um ■. Des Weiteren aktivieren Sie, falls Bereiche des Schneckenhauses fehlen, in
der Optionsleiste DER AUSWAHL HINZUFÜGEN ❹ und grenzen den
fehlenden Bereich zusätzlich ein.

Sollten Sie teilweise den Hintergrund mit eingefangen haben,
müssen Sie entsprechend VON AUSWAHL SUBTRAHIEREN ❺ aktivieren und eine Lasso-Auswahl um alle Bereiche legen, die nicht zum
Schneckenhaus gehören und entfernt werden müssen.

Beachten Sie aber in beiden Fällen, dass Sie unbedingt einen
in sich geschlossenen Auswahlkreis erzeugen müssen, ehe der
zuletzt definierte Bereich hinzugefügt bzw. subtrahiert werden
kann.

**Vom Lasso kurzzeitig zum
Polygon-Lasso wechseln**

Halten Sie ⌨Alt⌨/⌨⌨
gedrückt. Danach lassen Sie
die Maustaste los, wodurch
das POLYGON-LASSO aktiv
wird. Zurück auf das Lasso
schalten Sie so: Klicken Sie
abermals, halten Sie nun die
Maustaste gedrückt, und lassen Sie ⌨Alt⌨/⌨⌨ los.

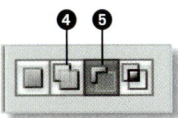

▲ **Abbildung 4.16**
Von der Auswahl subtrahieren

Abbildung 4.17 ▶
So soll die Auswahl am Schluss
aussehen.

6 Auswahl umkehren

Da wir aber nicht das Schneckenhaus, sondern den Hintergrund
färben wollen, muss die Auswahl zunächst umgekehrt werden.
Drücken Sie dazu `Strg`/`⌘` + `⇧` + `I` , oder wählen Sie AUSWAHL
• AUSWAHL UMKEHREN aus dem Menü. Die Folge: Alle Bildbereiche
mit Ausnahme der Schnecke sind nun ausgewählt.

7 Hintergrund einfärben

Entscheiden Sie sich nun für BEARBEITEN • FLÄCHE FÜLLEN (alternativ drücken Sie `⇧` + `F5`) und füllen die Auswahl mit der Vordergrundfarbe. Rot dürfte ja noch eingestellt sein, sofern Sie den
letzten Workshop durchgeführt haben. Anderenfalls führen Sie
vorab den Schritt 2, »Vordergrundfarbe einstellen«, aus dem letzten Schritt-für-Schritt-Workshop durch. Zuletzt heben Sie die
Auswahl auf (`Strg`/`⌘` + `D` bzw. AUSWAHL • AUSWAHL AUFHE-
BEN). Hier sehen Sie das Ergebnis in der Vorher-nachher-Ansicht.

▼ **Abbildung 4.18**
Im Schneckentempo zum roten
Hintergrund

4.3.2 Zauberstab-Auswahlen

Eine Alternative zu Auswahlen mit dem Lasso stellt der Zauberstab dar. Dieser nimmt keine Bereiche, sondern Ansammlungen
von farblich ähnlichen Pixeln auf. Die Vorgehensweise ist recht
effektiv.

Schritt für Schritt: Hintergrundfarbe ändern (Zauberstab-Methode)

Bilder/Schneckenhaus.tif

Sie werden bei diesem Workshop ganz eindeutig sehen, wo die
Grenzen dieses ansonsten so effektiven Tools liegen – gerade deshalb lohnt es sich, die Übung nachzuvollziehen. Sie werden nämlich dadurch erfahren, wann es sinnvoll ist, den Zauberstab gegen
das Lasso einzutauschen.

Sofern Sie den vorangegangenen Workshop ausgeführt haben,
machen Sie bitte alle Schritte über die Protokoll-Palette rückgängig. Anderenfalls stellen Sie die Datei »Schneckenhaus.tif« zur
Verfügung.

1   Zauberstab einstellen

Auch hier ist wieder der erste Schritt: Werkzeug einstellen. Drücken Sie ⟨W⟩, um den Zauberstab zu aktivieren, und widmen Sie
sich der Optionsleiste.

Dort stellen Sie zunächst DER AUSWAHL HINZUFÜGEN ❶ ein,
da mehrere Bereiche aufgenommen werden müssen. Legen Sie
den Wert für die TOLERANZ ❷ auf »32« fest, und aktivieren Sie
BENACHBART ❸. (Im Anschluss an diesen Workshop werden die
Funktionen genauer beleuchtet.)

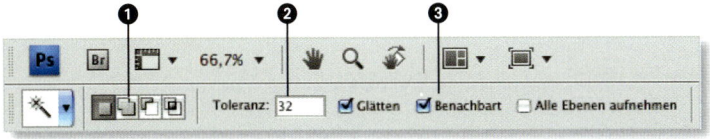

◀ **Abbildung 4.19**
Wichtig ist, dass BENACHBART
angewählt bleibt.

2   Auswahl erzeugen

Klicken Sie nun in den Bereich des Hintergrunds, um eine erste
Pixelaufnahme zu realisieren. Das sieht doch schon einmal gut
aus, finden Sie nicht auch?

Abbildung 4.20 ▶
Der erste Klick hat für eine
weitreichende Aufnahme des
Hintergrunds gesorgt.

3 Auswahl erweitern

Anschließend klicken Sie auf den Hintergrundbereich rechts neben
dem Schneckenhaus, der noch keinen Schatten aufweist. Spätestens dann jedoch, wenn Sie auf den Schatten selbst klicken, werden Sie feststellen, dass auch Bereiche des Objekts aufgenommen
werden. Drücken Sie in diesem Fall [Strg]/[⌘]+[Z], oder machen
Sie den letzten Schritt über die Protokoll-Palette rückgängig.

4 Auswahl korrigieren

Um den Schattenbereich isoliert vom eigentlichen Objekt einfangen zu können, werden Sie nun die TOLERANZ heruntersetzen
müssen. Geben Sie »10« ein, und versuchen Sie, den Schatten
nun mit in die Auswahl einzubeziehen. Aber auch hier kommen
Sie schnell an die Grenzen, denn einige Bereiche der Schatten lassen sich nur noch mit einer TOLERANZ um »3« isoliert vom Objekt
einfangen. Das hat aber zur Folge, dass auch die aufgenommenen
Bereiche immer kleiner werden.

Spätestens jetzt wäre es anzuraten, das Lasso mit der Funktion
DER AUSWAHL HINZUFÜGEN einzusetzen, sofern Sie nicht gewillt
sind, Einzelpixel in mühsamer Kleinarbeit aufzulesen.

Abbildung 4.21 ▶
Jetzt wird eine Auswahl mit
dem Zauberstab schwierig.

4.3.3 Wann den Zauberstab verwenden?

Setzen Sie die Zauberstab-Methode nur dann ein, wenn Objekt und Hintergrund eindeutig unterschiedliche Farben aufweisen. Ansonsten dürften die Lasso-Werkzeuge die erste Wahl sein. Beachten Sie in diesem Zusammenhang auch die Hinweise in Kapitel 12, »Pfade«.

Die Datei »Notebook.tif« im Verzeichnis BILDER der Buch-DVD z. B. bietet sich für Zauberstab-Auswahlen geradezu an. Nach dem Öffnen markieren Sie einfach den weißen Hintergrund und färben den ausgewählten Bereich über BEARBEITEN • FLÄCHE FÜLLEN (oder ⬆ + F5) mit der aktuellen Vordergrundfarbe. Heben Sie anschließend die Auswahl über Strg / ⌘ + D auf. ■

> **Füllwerkzeug**
>
> Beachten Sie in diesem Zusammenhang auch die Möglichkeiten, die das Füllwerkzeug G bietet. Damit ließe sich nämlich der Laptop-Hintergrund auch füllen, ohne vorher eine Auswahl zu erzeugen. Da das Füllwerkzeug seine Arbeit aber objektorientiert verrichtet, funktioniert dies nur bei einem glatten Hintergrund.

© Leszek Schluter

Abschließend wollen wir noch einen Blick auf die einzelnen Optionen des Zauberstabs werfen:

▸ TOLERANZ – Hiermit legen Sie fest, wie stark der Farbbereich, der mit in die Auswahl einbezogen wird, vom aufgenommenen Pixel abweichen darf. Dabei erstreckt sich die Skala von 0 bis 255. Dabei bedeutet 0: Es werden nur Pixel in die Auswahl einbezogen, die absolut identisch mit dem aufgenommenen Pixel sind. Stellen Sie den Wert auf »255«, werden alle Pixel aufgenommen.

▸ GLÄTTEN – Photoshop sorgt für die Erzeugung einer glatten Auswahlkante.

▸ BENACHBART – Es werden nur Pixel in die Auswahl einbezogen, die an die aufgenommene Stelle angrenzen. Wählen Sie die Funktion ab, wenn alle Pixel des Bildes, die dem Toleranzwert entsprechen, in die Auswahl aufgenommen werden sollen.

▲ **Abbildung 4.22**
Hier kommen Sie mit dem Zauberstab ruckzuck zum Ziel.

▶ ALLE EBENEN AUFNEHMEN – Die Pixelaufnahme erfolgt von allen Ebenen des Bildes. Wählen Sie die Funktion ab, wenn nur Bereiche der aktiven Ebene ausgewählt werden sollen.

4.3.4 Das Schnellauswahlwerkzeug

Neben dem Zauberstab und dem Lasso existiert noch ein weiteres Tool, das dem Bildbearbeiter das Leben erleichtern soll – das Schnellauswahlwerkzeug.

Schritt für Schritt: Den Hintergrund mit dem Schnellauswahlwerkzeug verändern

Bilder/Kuerbis.tif

Mithilfe des Schnellauswahlwerkzeugs soll nun der Hintergrund von »Kuerbis.tif« entfernt werden. Hier wird die Auswahl mit dem Lasso nämlich zur Qual – und mit dem Zauberstab geht gar nichts mehr.

Abbildung 4.23 ▶
Dieser kräftige Kerl soll jetzt ausgeschnitten werden.

© Bolliger Hanspeter / PIXELIO

1   **Schnellauswahlwerkzeug aktivieren**
Zunächst aktivieren Sie das Schnellauswahlwerkzeug, indem Sie den Zauberstab mit einem langen Mausklick markieren (sofern dieser in der Toolbox vorne steht). Wählen Sie danach aus dem Flyout-Menü den obersten Listeneintrag. Alternativ drücken Sie ⇧ + W , sofern der Zauberstab in der Toolbox sichtbar ist, bzw. W , wenn der Zauberstab verborgen ist.

2 Werkzeug einstellen

Öffnen Sie das Pulldown-Menü PINSEL ❶ in der Optionsleiste, und stellen Sie hier einen DURCHMESSER ❷ von etwa »30 Px« sowie eine HÄRTE ❸ von »100%« ein.

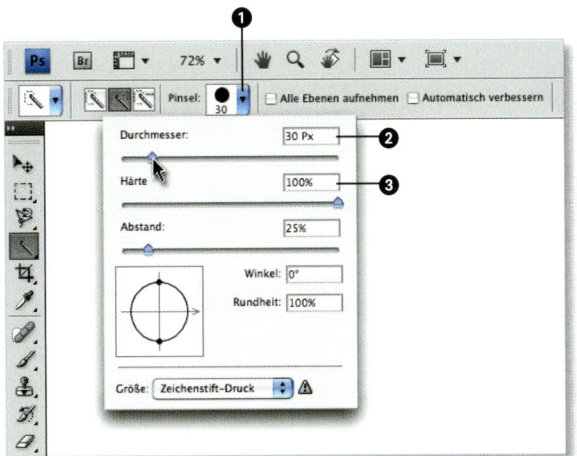

◄ **Abbildung 4.24**
Die benötigten Pinseloptionen

3 Vorauswahl treffen

Danach stellen Sie den Mauszeiger ganz oben auf den Strunk des Kürbisses und übermalen diesen langsam, während Sie die Maustaste gedrückt halten. Versuchen Sie, dabei die Ränder nicht zu berühren. Auf diese Art und Weise sollte es möglich sein, jetzt auch große Teile der Frucht selbst einzukreisen.

◄ **Abbildung 4.25**
Langsam »wächst« die Auswahl heran.

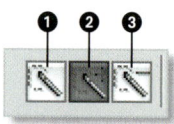

▲ **Abbildung 4.26**
Der mittlere Button muss aktiv sein.

4 Auswahlbereiche hinzufügen

Zwischendurch dürfen Sie ruhig einmal absetzen (Maustaste loslassen) und danach die Auswahl mit erneutem Mausklick fortsetzen. Dabei müssen Sie nicht befürchten, dass die bisherige Auswahl aufgehoben würde. Das haben Sie der Automatik-Funktion innerhalb der Optionsleiste zu verdanken. Hier wird nämlich automatisch DER AUSWAHL HINZUFÜGEN ❷ eingestellt. (Mit der ersten Schaltfläche ❶ könnten Sie übrigens nur eine allererste Auswahl erzeugen, die beim erneuten Anwenden des Tools wieder verworfen würde.)

Mit DER AUSWAHL HINZUFÜGEN sollten Sie jedenfalls versuchen, die Frucht weiter aufzunehmen. Übermalen Sie auch den unteren Bereich. Bei Bedarf zoomen Sie etwas ein. Sollten Sie versehentlich auch Bereiche des Hintergrundes aufgenommen haben, ist das nicht weiter tragisch. Diesen Mangel beheben Sie im nächsten Schritt.

Abbildung 4.27 ▶
Hier wurde etwas zu viel aufgenommen.

5 Auswahlbereiche entfernen

Aktivieren Sie jetzt VON AUSWAHL SUBTRAHIEREN ❸ (oder halten Sie [Alt]/[⌥] gedrückt), und versuchen Sie, aufgenommene Hintergrundbereiche mit kurzen Mausklicks zu markieren. Dadurch werden diese wieder von der Auswahl entfernt. Auf diese Weise sollte sich schon eine annähernd zufriedenstellende Auswahl erzeugen lassen. Kontrollieren Sie die gesamte Auswahl, indem Sie sich das ganze Bild anzeigen lassen.

6 Optional: Gespeicherte Auswahl verwenden

Sollte die Erstellung der Auswahl beim ersten Mal noch nicht so recht gelungen sein, macht das rein gar nichts. Der Workshop ist damit für Sie keinesfalls beendet. Drücken Sie in diesem Fall einfach ⌈Strg⌉/⌈⌘⌉+⌈D⌉ (das hebt die vorhandene Auswahl auf), und laden Sie die Auswahl, die ich Ihnen parallel zum Foto mit abgesichert habe. Ja, so etwas geht auch. Sie müssen jetzt nämlich nichts weiter tun, als AUSWAHL • AUSWAHL LADEN einzustellen und im folgenden Dialogfenster auf OK zu klicken. ∎

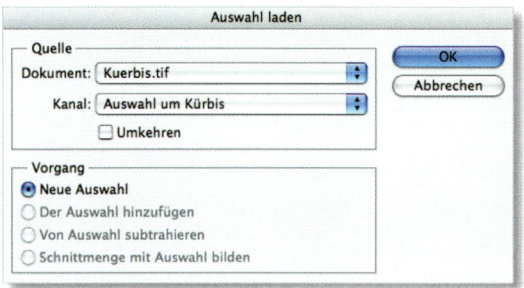

◂ **Abbildung 4.28**
Greifen Sie auf die Auswahl zu, die diesem Foto beiliegt.

7 **Kanten-Dialog öffnen**

Klicken Sie jetzt auf die Schaltfläche KANTE VERBESSERN innerhalb der Optionsleiste. Mithilfe dieses Dialogfensters können Sie nun versuchen, Ihre Auswahlkante noch mehr zu verfeinern. Aber das wirklich Interessante ist: Das Objekt der Begierde wird im Bild bereits freigestellt präsentiert, obwohl es noch gar nicht vom Hintergrund gelöst worden ist. So können Sie natürlich die Freistellung viel besser beurteilen.

◂ **Abbildung 4.29**
Sofort wird der Kürbis alleine dargestellt.

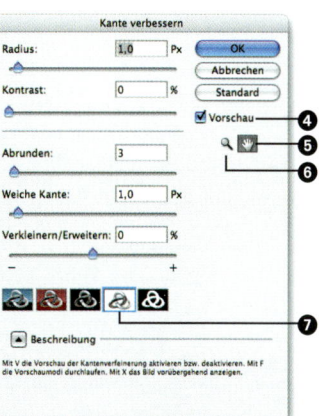

8 **Optional: Hintergrundfarbe ändern**

Standardmäßig präsentiert sich der Hintergrund jetzt in Weiß, wobei es sich dabei aber lediglich um eine Anzeige handelt, die es Ihnen erleichtern soll, die Auswahl zu finden. Ihr Hintergrund wird am Ende nicht zwangsläufig weiß sein. Aber auch diese Darstellung können Sie noch ändern – und zwar mit den Tasten unterhalb der Schieberegler (dazu nach dem Workshop mehr). Für unser Beispiel eignet sich der weiße Hintergrund schon ganz gut. Deshalb sollten Sie, sofern nicht bereits ausgewählt, Auf Weiss ❼ einstellen.

9 **Weitere Bearbeitungsoptionen nutzen**

Bevor Sie einen der Schieberegler betätigen, kontrollieren Sie bitte noch, ob die Vorschau ❹ aktiv ist. Wenn das nicht der Fall ist, werden die Änderungen, die Sie jetzt vornehmen werden, im Bild nicht angezeigt. Des Weiteren können Sie den Bildausschnitt während der Arbeit mit der Lupe ❻ vergrößern, um sich Details genauer ansehen zu können, bzw. einen eingezoomten Bereich mit der Hand ❺ verschieben.

10 **Kante verfeinern**

Nun wollen wir uns aber endlich um das Bild kümmern:

▶ Ziehen Sie sowohl Radius als auch Weiche Kante jeweils auf »0«, damit Sie die Auswahl in ihrer ursprünglichen Form sehen können. Die Vorauswahl war ja bereits recht ansprechend, so dass Sie auf diese beiden Steuerelemente verzichten können.

▶ Allerdings könnten Sie den Kontrast auf etwa 18 % stellen. Das hebt das Objekt noch stärker vom Hintergrund ab.

▶ Gehen Sie zudem mit Abrunden auf etwa »10« bis »12«. Dabei sollten Sie vor allem die eckigen Bereiche der Kontur beachten, also die Bereiche, bei denen die Auswahl noch nicht so richtig gut gelungen war. Bei »0« sind diese sehr hart und wirken ausgefranst; bei »4« stellen sie sich weicher dar.

▶ Am Schluss sollten Sie Weiche Kante auf ca. »0,8« Px und Verkleinern/Erweitern auf etwa »+12« stellen, ehe Sie mit OK bestätigen.

Dabei wird die gesamte Auswahl etwas vergrößert und zudem noch mit einem weicheren, fließenderen Übergang versehen.

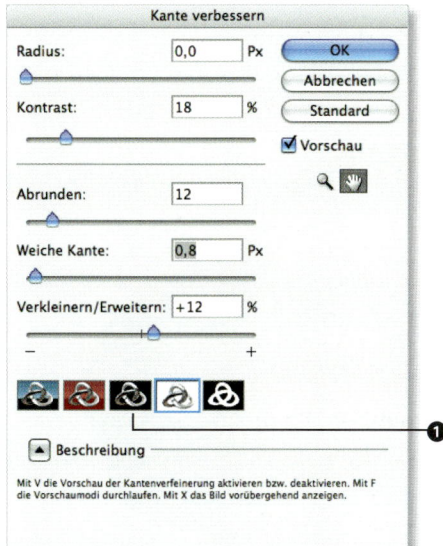

◄ **Abbildung 4.30**
Übernehmen Sie diese Werte.

⑪   Freistellung abschließend kontrollieren

Bevor Sie nun mit OK bestätigen, sollten Sie noch einmal den Hintergrund umschalten. Betätigen Sie einmal AUF SCHWARZ ❶. Mitunter fallen nämlich auf einem dunklen Untergrund noch Bereiche auf, die auf Weiß nicht so ohne Weiteres zu sehen sind.

⑫   Kante bestätigen

Betätigen Sie jetzt OK, um die Auswahl-Änderungen an das Bild zu übergeben. Beachten Sie, dass alle Einstellungen, die Sie vorgenommen haben, im Protokoll als *ein* Schritt aufgeführt werden. Einzelne Einstellungen des Dialogs KANTE VERBESSERN lassen sich also nicht rückgängig machen, sondern nur der gesamte Schritt.

▲ **Abbildung 4.31**
So sieht der Kürbis auf Schwarz aus.

⑬   Auswahl umkehren

Da das erklärte Ziel ist, den Hintergrund zu verändern, nicht aber die Frucht, müssen Sie die Auswahl jetzt noch umkehren. Am schnellsten gelingt das – Sie ahnen es – mit einem Tastaturkürzel: Strg/⌘+⇧+I zu drücken geht nämlich viel schneller, als AUSWAHL • AUSWAHL UMKEHREN zu klicken. Damit ist der gesamte Hintergrund ausgewählt und eben nicht der Kürbis.

⑭   Hintergrund löschen

Wählen Sie jetzt im Menü BEARBEITEN • LÖSCHEN, und heben Sie anschließend die Auswahl auf. Das machen Sie entweder mit

▼ Abbildung 4.32
Der Kürbis ist vom Hintergrund befreit worden.

⌊Strg⌋/⌊⌘⌋ + ⌊D⌋ oder über AUSWAHL • AUSWAHL AUFHEBEN. Und hier sehen Sie dann das Endergebnis.

4.3.5 Kante verbessern

Wie im Workshop bereits gesagt wurde, können Sie die Farbe des Hintergrunds, auf dem die Freistellung gezeigt wird, selbst bestimmen:

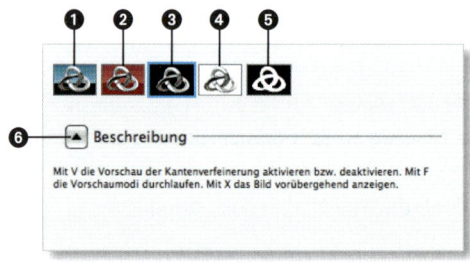

Abbildung 4.33 ▶
Der Dialog KANTE VERBESSERN

❶ STANDARD – Sie sehen den Hintergrund eingeblendet, so wie im Originalbild.

❷ MASKIERUNGSMODUS – Was innerhalb der Auswahl liegt, wird teiltransparent rot abgedeckt. (Für den Workshop war das nicht besonders geeignet, da der Kürbis ja auch teilweise rot ist.)

❸ AUF SCHWARZ – Der Hintergrund wird schwarz eingefärbt. Helle Kanten lassen sich so besser beurteilen.

❹ Auf Weiss – Der Hintergrund ist weiß. So können Sie dunkle Auswahlkanten besser beurteilen.

❺ Maske – Bei dieser Einstellung sehen Sie ausgewählte Bereiche in Weiß, nicht ausgewählte Bereiche (Hintergründe) in Schwarz.

Achten Sie doch einmal auf den Fuß des Dialogfelds. Hier werden Ihnen nämlich Beschreibungen der einzelnen Steuerelemente angezeigt, sofern Sie die Maus auf einen der oben befindlichen Schieberegler stellen. Sollte dieser Bereich nicht eingeblendet werden, markieren Sie die Schaltfläche ❻.

Noch ein Tipp zum Schluss: Da die zuletzt benutzten Einstellungen stets im Dialog verbleiben, werden diese nach dem Öffnen von Kante verbessern auch direkt auf das nächste Bild angewendet. Prinzipiell ist das auch in Ordnung. Sollten Sie jedoch damit einmal nicht zufrieden sein, ist zu empfehlen, sämtliche Steuerelemente zuerst auf 0 zu stellen und dann mit der Korrektur von vorn zu beginnen.

4.3.6 Auswahlkante vorübergehend ausblenden

Mitunter ist es wirklich störend, wenn die Auswahlkanten fröhlich vor sich hin blinken. Sie können dann nämlich nicht zweifelsfrei erkennen, ob die Auswahl auch einen sauberen Übergang zum Hintergrund bildet. In diesem Fall empfiehlt es sich, die Auswahlkante vorübergehend unsichtbar zu machen, indem Sie ⌜Strg⌝/ ⌜⌘⌝ + ⌜H⌝ drücken. Bedenken Sie dabei aber unbedingt, dass die Auswahl immer noch aktiv ist – sie ist ja lediglich unsichtbar. Am Schluss Ihrer Arbeit sollten Sie die Tastenkombination erneut betätigen, um die Auswahl wieder sichtbar zu machen.

4.3.7 Auswahlen speichern

Falls Sie eine aufwendige Auswahl erzeugt haben, ist es immer ratsam, diese über Auswahl • Auswahl speichern zu sichern. Wenn sich später herausstellt, dass Sie doch noch Änderungen vornehmen müssen, ist die ursprüngliche Form gleich verfügbar, indem Sie Auswahl • Auswahl laden anwählen.

Darüber hinaus lassen sich viele Auswahlformate auf weitere Bilddateien anwenden. Die Auswahl selbst kann mittels Drag & Drop auf eine andere Datei übertragen werden. (Dabei muss

---

Auswahl verschwunden

Noch ein Tipp zum Schluss: Die Auswahl hat sich wie von selbst aufgelöst? Das passiert vielleicht unbeabsichtigt, nachdem Sie einen falschen Befehl ausgeführt haben. Öffnen Sie in einem solchen Fall einfach das Menü Auswahl, und klicken Sie auf Erneut wählen.

Neue Auswahl in der Steuerelementleiste aktiv sein.) Wichtig ist, dass Sie Dateien, die Auswahlen enthalten, immer als PSD- oder TIFF-Dokument sichern. Andere Formate (wie JPEG oder BMP) unterstützen diese Funktion nämlich nicht.

Kapitel 5

Zeichnen, pinseln, färben

Malwerkzeuge und Umgang mit Farben

Sie werden lernen:

▸ Wie werden Werkzeugspitzen eingestellt?

▸ Welche Arbeitstechniken gibt es?

▸ Wie werden Vorder- und Hintergrundfarbe eingestellt?

▸ Wie arbeiten Farbregler und Farbfelder?

▸ Wie lege ich Verläufe an?

▸ Wie kann ich ein Bild nur mit Malwerkzeugen und Effekten erzeugen?

5   Zeichnen, pinseln, färben

Schnelles und effizientes Arbeiten mit Photoshop setzt auch den gewandten Umgang mit Werkzeugen, Pinselspitzen und Farben voraus. Wenn Sie einmal die Kniffe heraushaben (und die sind gar nicht so schwer), werden Sie zu jeder Aufgabenstellung nicht nur eine gute Idee, sondern auch immer das richtige Werkzeug zur Hand haben. Der Arbeitstakt erhöht sich damit beträchtlich ...

Leider kommen wir um theoretische Beschreibungen nicht herum. Aber ich verspreche Ihnen: Wenn Sie dennoch aufmerksam lesen, werden Sie am Ende dieses Kapitels mit einem nicht zu verachtenden Workshop belohnt.

5.1   Malwerkzeuge

5.1.1   Werkzeugspitzen einstellen

Zunächst einmal müssen Sie wissen, dass Sie viele Werkzeuge innerhalb der Werkzeugleiste mit einer Spitze nach Wahl ausstatten können. Denken Sie an normale Malpinsel. Auch dort gibt es unterschiedliche Größen. Einige Pinsel sind weich, andere hart. In Photoshop ist ein schier unerschöpfliches Sortiment mit an Bord.

Die folgenden Tools verfügen über einstellbare Werkzeugspitzen:

Abbildung 5.1 ▼
Wählen Sie für diese Tools Ihre individuellen Spitzen.

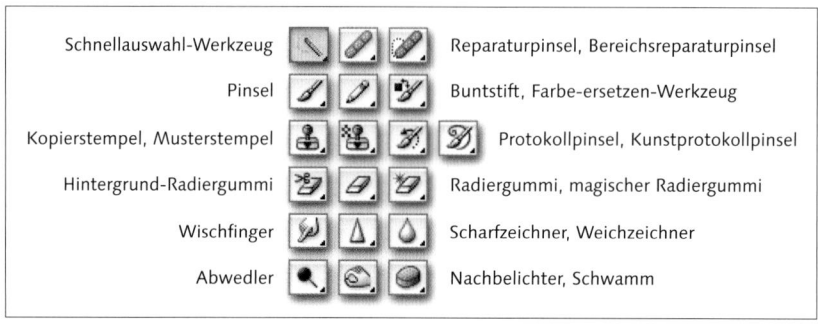

Schnellauswahl-Werkzeug	Reparaturpinsel, Bereichsreparaturpinsel
Pinsel	Buntstift, Farbe-ersetzen-Werkzeug
Kopierstempel, Musterstempel	Protokollpinsel, Kunstprotokollpinsel
Hintergrund-Radiergummi	Radiergummi, magischer Radiergummi
Wischfinger	Scharfzeichner, Weichzeichner
Abwedler	Nachbelichter, Schwamm

Aktivieren Sie doch, um die nachfolgenden Schritte exakt nachvollziehen zu können, das Pinsel-Werkzeug B. Die Auswahl des Werkzeugs ist ja, wie Sie längst wissen, *immer* der erste Schritt.

Als Nächstes muss das Werkzeug angepasst werden. Öffnen Sie dazu das Flyout-Menü Pinsel in der Optionsleiste über die kleine Dreieck-Schaltfläche ❶. Sie sollten grundsätzlich anschließend eine Pinselform wählen ❼. Dazu reicht ein Mausklick. Die selektierte Spitze wird mit einem kleinen schwarzen Rahmen versehen.

Sie haben noch nicht die richtige Pinselspitze gefunden? Dann scrollen Sie die Liste doch einmal durch. Bei dieser Auswahl dürfte auf jeden Fall etwas dabei sein.

Hot-Text-Steuerelemente

Viele der Steuerelemente sind sogenannte Hot-Text-Steuerelemente. Bei diesen reicht es, auf den Namen zu klicken und durch Verschieben der Maus nach links bzw. rechts die Werte zu verändern (siehe Deckkraft und Fluss in der Optionsleiste). Um die Pinselgröße einzustellen, müssen Sie allerdings das Flyout-Menü öffnen.

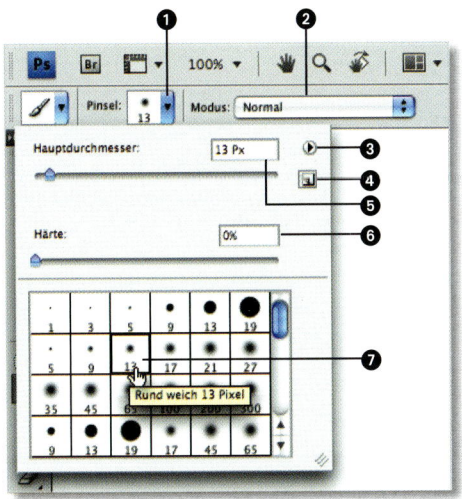

◄ **Abbildung 5.2**
Hier wird eine weiche, runde Spitze mit 13 Pixel Durchmesser ausgewählt.

Stellen Sie nun den Durchmesser der Spitze ein ❺. Standardmäßig werden Sie sich bereits hier festlegen, ob eine weiche oder harte Spitze verwendet werden soll. (Harte Pinsel sorgen für eine scharfe Kante zwischen Pinselstrich und Hintergrund; weiche Pinsel erzeugen einen fließenden Übergang.) Nachträgliche Korrekturen sind aber über den Schieber Härte ❻ noch einstellbar.

Pinselvarianten

Falls Sie Variationen des Pinsels benötigen, erreichen Sie diese über das Menü ❸.

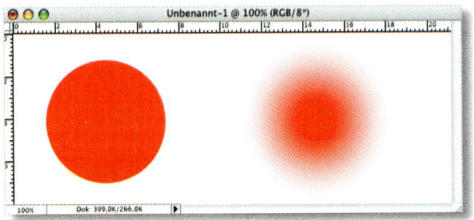

◄ **Abbildung 5.3**
Der Punkt links wurde mit einer Härte von 100 % erzeugt, der rechte mit 0 %. Dabei haben beide Werkzeugspitzen den gleichen Durchmesser.

Abbildung 5.4 ▶
Die richtige Benennung macht das spätere Auffinden zum Kinderspiel.

Ändern Sie gegebenenfalls den MODUS ❷ Ihrer Pinselspitze. Dieser sagt etwas über die Kombination mit der darunter befindlichen Ebene aus. Nähere Hinweise dazu finden Sie in Kapitel 6, »Ebenen«. In den allermeisten Fällen werden Sie den Modus aber auf NORMAL stehen lassen – zumindest sofern Farben aufgetragen werden sollen.

5.1.2 Pinselspitzen speichern und laden

Möglicherweise werden Sie bestimmte Pinselformen und -größen immer wieder verwenden. Damit Sie aber von immer wiederkehrenden Vorab-Einstellungen befreit sind, empfiehlt es sich, diese Spitzen zu speichern. Klicken Sie den Button NEUE VORGABE AUS DIESEM PINSEL ERSTELLEN ❹. Im nachfolgenden Dialog kann die Spitze entsprechend benannt werden.

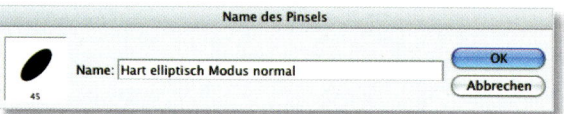

Das Sortiment an Pinseln ist ja nicht zu verachten. Wem das aber nicht reicht, der findet im Palettenmenü noch jede Menge weiterer Sätze, die allesamt hinzugeladen werden können.

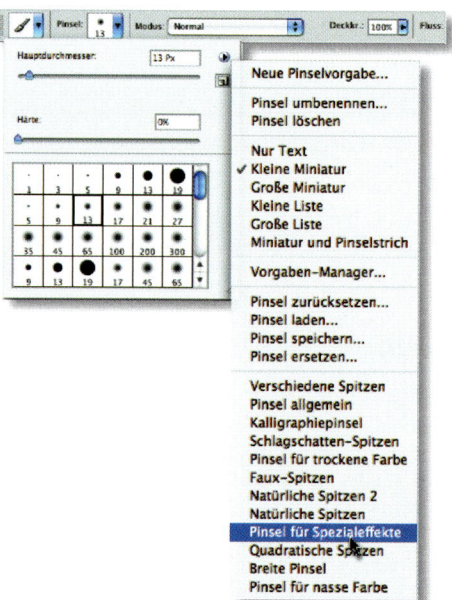

Abbildung 5.5 ▶
Freie Auswahl für freie Künstler – die Sortimente der mitgelieferten Spitzen

5.1.3 Pinsel-Palette

In diesem Zusammenhang wird es Sie interessieren, wie Sie Ihrer
Pinselspitze zahllose Attribute zuordnen können – über die Pinsel-
Palette. Verwenden Sie zum Öffnen die Taste [F5], oder wählen
Sie PINSEL aus dem Menü FENSTER.

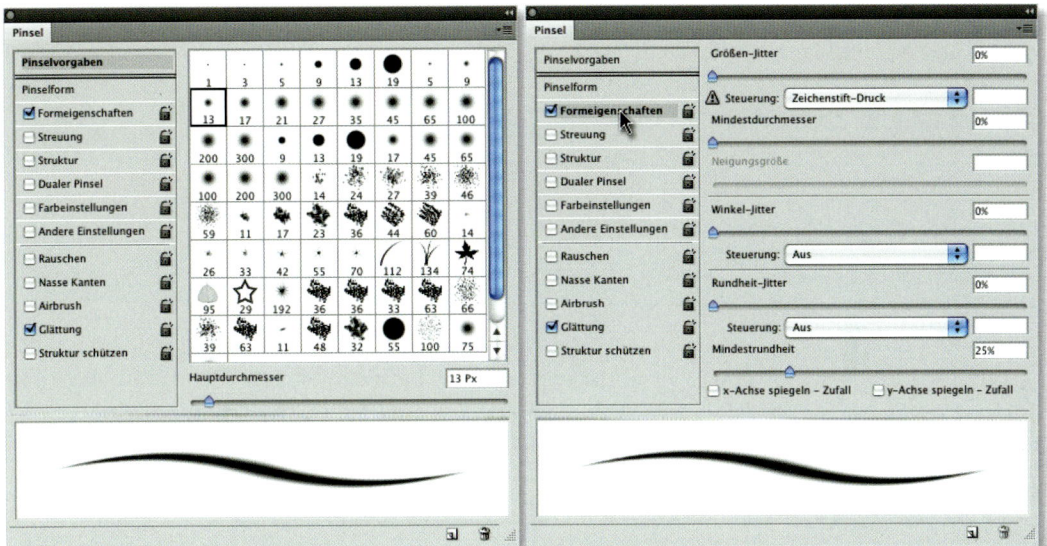

▲ **Abbildung 5.6**
Grenzenlose Vielfalt bei der Gestaltung der
eigenen Werkzeuge

▲ **Abbildung 5.7**
Ein Klick auf den Namen bringt rechts daneben die
entsprechende Steuerelementgruppe zur Anzeige.

Im Bereich PINSELFORM lassen sich zahlreiche Parametergruppen
anwählen, indem Sie die jeweilige Checkbox vor dem Listeneintrag aktivieren. Um jedoch die zugehörigen Steuerelemente
rechts daneben anzeigen zu lassen, klicken Sie bitte nicht auf die
Checkbox, sondern direkt auf den Namen der Gruppe.

5.2 Arbeitstechniken

5.2.1 Farbauftrag

Mit der Einstellung des Pinsels ist aber längst noch nicht alles zum
Thema Pinsel gesagt. Werfen Sie noch einmal einen Blick auf die
Optionsleiste des Pinsels. Dort kann nämlich neben der Deckkraft
auch der Fluss bestimmt werden. Oder wollen Sie lieber »airbru-
shen«?

▶ Deckkraft – Bestimmen Sie, mit welcher Intensität die Farbe aufgetragen werden soll. Bei 100% Deckkraft wird die Farbe mit maximaler Intensität aufgetragen. Verringern Sie die Deckkraft, ist entsprechend auch die Intensität der Farbe geringer – darunter befindliche Objekte bleiben sichtbar.

▶ Fluss – Hier legen Sie fest, mit welcher Geschwindigkeit die Farbe auf das Bild gebracht wird. Bei verringertem Fluss-Wert tritt die Farbe langsamer aus.

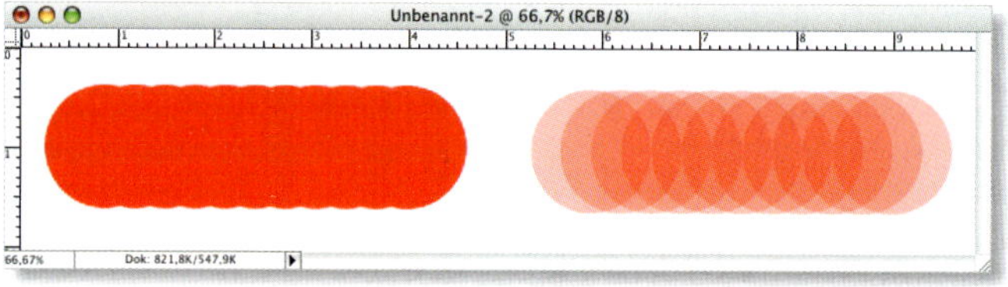

Abbildung 5.8 ▶
Zeichnen mit 100% (links) und 25% Fluss (rechts)

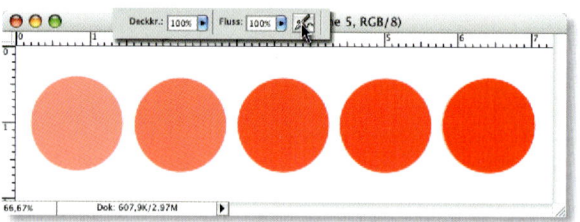

▶ Airbrush – Aktivieren Sie Airbrush, um die gleichen Funktionen nutzen zu können, die auch mit einer Sprühpistole erreicht werden. Je länger Sie die Maustaste gedrückt halten, desto mehr Farbe wird aufgetragen.

Abbildung 5.9 ▶
Je länger die Maustaste gedrückt wird, desto mehr Farbe tritt aus.

5.2.2 Wie wird gemalt und gezeichnet?

Die einfachste Form des Malens ist folgende: Ziehen Sie eine freie Form, indem Sie die Maustaste gedrückt halten. Lassen Sie die Taste los, wenn die gewünschte Figur erzeugt ist.

Wenn Sie die Umschalttaste zum Zeichnen verwenden, erzeugen Sie gerade Linien. Und das geht so: Klicken Sie zunächst auf die Arbeitsfläche, halten Sie dann die Maustaste gedrückt, ohne jedoch eine Bewegung auszuführen. Nun halten Sie ⬚ gedrückt und bewegen die Maus. Damit erreichen Sie exakt horizontal oder vertikal angeordnete gerade **Linien**.

Halten Sie ⬚ während des gesamten Zeichenvorgangs gedrückt, und klicken Sie dann mehrmals kurz auf unterschiedliche Stellen der Arbeitsfläche, um Verbindungen zwischen den Zeichenpunkten zu erzeugen.

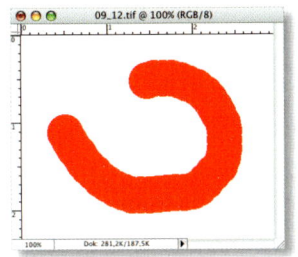 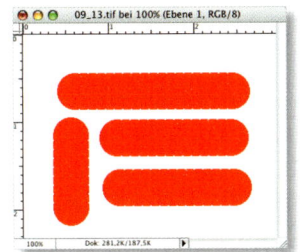 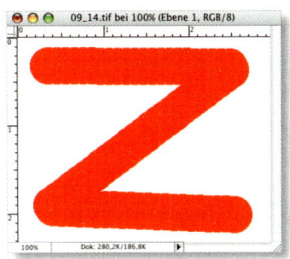

▲ **Abbildung 5.10**
Freies Malen (links), gerade (Mitte) und zusammenhängende Linien (rechts)

5.3   Farbwahl

Glücklicherweise sind auch in Bezug auf die Farbwahl fast keine Grenzen gesetzt. Bei über 16,7 Millionen Möglichkeiten (im RGB-Modell) sollte die Selektion der gewünschten Farbe nun wirklich keine Schwierigkeiten bereiten.

5.3.1   Vorder- und Hintergrundfarbe

Die Werkzeugleiste gibt Auskunft über die aktuell eingestellten Farben. Dabei wird grundsätzlich zwischen Vorder- und Hintergrundfarbe unterschieden.

❶ VORDERGRUNDFARBE EINSTELLEN – Stellen Sie hier die aktuelle Mal- und Füllfarbe ein.

❷ STANDARDFARBEN FÜR VORDERGRUND UND HINTERGRUND – Setzt die Vordergrundfarbe auf Schwarz und die Hintergrundfarbe auf Weiß. Dieser Funktion ist der Shortcut ⬚D⬚ zugewiesen.

❸ VORDER- UND HINTERGRUNDFARBE VERTAUSCHEN – Macht die aktuell eingestellte Vordergrundfarbe zur Hintergrundfarbe und umgekehrt. Dieser Funktion ist der Shortcut ⬚X⬚ zugewiesen.

❹ HINTERGRUNDFARBE EINSTELLEN – Stellen Sie die aktuelle Hintergrundfarbe ein.

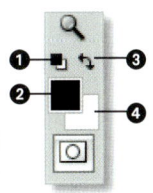

▲ **Abbildung 5.11**
Vorder- und Hintergrundfarbe werden im Fuß der Werkzeugleiste eingestellt.

5.3.2   Farbwähler

Um die Vorder- oder Hintergrundfarbe zu verändern, reicht ein Klick auf das entsprechende Farbfeld. Im Farbwähler kann dann der Ton selektiert werden. Dazu gibt es, wie sollte es anders sein, mehrere Möglichkeiten.

> **Nur Webfarben anzeigen**
>
> Falls Sie Dateien für einen Internetauftritt anfertigen, markieren Sie vor der Farbwahl die Checkbox NUR WEBFARBEN ANZEIGEN. Dadurch ist gewährleistet, dass Sie immer eine Farbe wählen, die in Standardbrowsern korrekt angezeigt wird. Legen Sie jetzt die Farben aber nicht über die RGB-Werte, sondern mittels Mausklick fest.

Nicht benötigte Farben löschen

Sind Sie der Meinung, dass die eine oder andere Farbe derart schäbig ist, dass sie es einfach nicht länger verdient hat, Mitglied Ihrer elitären Farbfelder-Riege zu sein? Dann weg damit! Ziehen Sie das Farbfeld auf den Papierkorb unten rechts in der Fußleiste ❺.

Die einfachste Möglichkeit: Geben Sie über die RGB-Eingabefelder ❸ die gewünschten Werte ein. Dabei erstreckt sich das Spektrum auf Werte zwischen 0 und 255 (0 = Farbe nicht vorhanden, 255 = Farbe in voller Güte vorhanden). Für reines Rot geben Sie unter R demnach 255 ein, wobei G (= Grün) und B (= Blau) jeweils 0 sein sollten. Der Vorteil dieser Methode: Sie ist die genaueste! Außerdem lässt sie sich durch die Tatsache, dass das erste Eingabefeld beim Öffnen des Dialogs schon vorselektiert ist (die Einfügemarke blinkt dort), ruck, zuck mittels Tastatur anwenden: Mit ⇥ können Sie von Eingabefeld zu Eingabefeld springen.

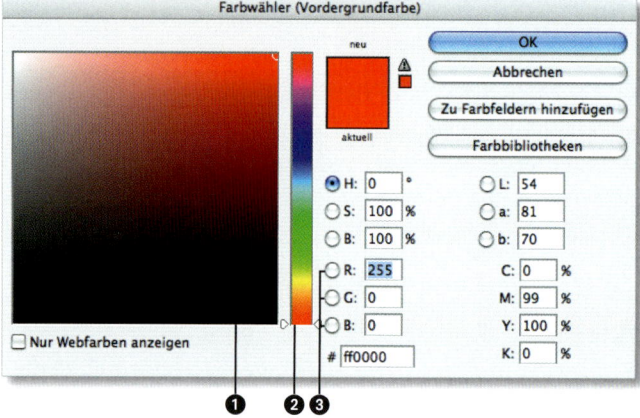

▲ **Abbildung 5.12**
Der Farbwähler zur Selektion der Vorder- oder Hintergrundfarbe

Falsche Farbe gelöscht?

Wenn Sie versehentlich der falschen Farbe den Garaus gemacht haben, öffnen Sie das Fenstermenü und wählen den Eintrag FARBFELDER ZURÜCKSETZEN. Bedenken Sie aber, dass Sie selbst erstellte Farben verlieren, sofern Sie im Folgedialog nicht ANFÜGEN wählen. Doppelte Farben müssen Sie danach leider manuell entfernen. Sollten Sie keine eigenen Farben definiert haben, wählen Sie im Folgedialog LÖSCHEN.

Die zweite Möglichkeit: Treffen Sie mittels Mausklick eine Vorauswahl im kleinen Farbfeld ❷, um dann im großen ❶ die Feinjustierung vorzunehmen. In beiden Fällen verlassen Sie den Dialog mit OK.

5.3.3 Farbfelder

Falls Ihnen der Farbwähler nicht sonderlich zusagt (das soll es vereinzelt geben), können Sie sich auch für die Farbfelder-Palette entscheiden. Hier sind zahlreiche Standardfarben aufgelistet, die sich prima per Mausklick übertragen lassen.

Die Farbfelder-Palette (zuschaltbar über FENSTER • FARBFELDER) hat aber noch eine wesentlich sinnvollere Eigenschaft, als nur eine Alternative für Farbwähler-Unwillige zu sein. Häufig benutzte Farben lassen sich nämlich hier einfach speichern ❹.

◄ **Abbildung 5.13**
Verändern Sie durch einen einfachen Mausklick auf eines der
Quadrate die aktuelle Vordergrundfarbe.

Farbumfang-Warnungen

Sowohl im Farbwähler als
auch im Farbregler werden
mitunter kleine Dreiecke mit
Ausrufezeichen sichtbar.
Diese sind immer ein Indiz
dafür, dass Sie gerade eine
Farbe verwenden, die im
Vierfarbdruck nicht korrekt
wiedergegeben werden
kann. Beachten Sie dazu
auch die Hinweise in Kapitel
16, »Fachkunde«.

5.3.4 Die Palette »Farbe«

Aktivieren Sie die Palette FARBE, indem Sie den gleichnamigen Reiter anklicken (alternativ: FENSTER • FARBE). Dort lassen sich Farben
ganz einfach über die drei Schieberegler in der Mitte der Palette
einstellen. Auch hier wird der aktuelle Wert auf die Vordergrundfarbe in der Werkzeugleiste übertragen, sofern in der Palette der
Button für die Vordergrundfarbe ❻ aktiv ist. Sie sehen, dass Sie
hier auch gleich die Hintergrundfarbe definieren können. Dazu
klicken Sie zunächst auf den gleichnamigen Button ❼ und stellen
anschließend die gewünschte Hintergrundfarbe ein.

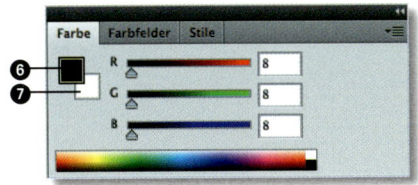

◄ **Abbildung 5.14**
Verwenden Sie, falls
gewünscht, zur Vorauswahl den
Spektralbalken ganz unten.

5.4 Verläufe

Die Theorie geht langsam zu Ende. Zum Abschluss gibt es noch
etwas über Verläufe; danach werden Sie dann wieder selbst Hand
anlegen, wenn es darum geht, den eingangs erwähnten Workshop endlich in die Realität umzusetzen. Halten Sie noch durch!

Zunächst gilt auch hier wieder: Werkzeug einstellen! Wählen
Sie daher das Verlaufswerkzeug ⌐G⌐. Es bildet mit dem Füllwerkzeug eine Gruppe.

Danach lässt sich der Verlauf individuell einstellen, indem Sie
auf das Verlaufsfeld der Optionsleiste klicken. Falls Sie sich mit
den Verläufen begnügen möchten, die standardmäßig in Photoshop beigelegt sind, reicht auch ein Klick auf die nebenstehende
Dreieck-Schaltfläche.

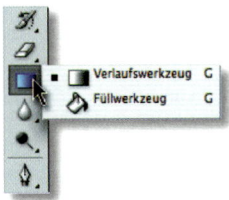

▲ **Abbildung 5.15**
Verlaufswerkzeug und Füllwerkzeug bilden eine Gruppe.

Abbildung 5.16 ▶
Auch die Verläufe werden über
die Optionsleiste eingestellt.

Stellen Sie die Maus doch einmal unter den Spektralbalken im
unteren Drittel des Dialogfensters. Führen Sie dort einen Mausklick aus, wird ein Farbsymbol platziert, das den Verlauf entsprechend ändert. Sie haben damit eine sogenannte **Farbunterbrechung ❷** eingefügt. Doppelklicken Sie dieses Symbol, können Sie
die gewünschte Farbe über den Farbwähler ändern.

**Farben aus dem Verlauf
entfernen**

Wenn Sie eine Farbe aus
dem Verlauf entfernen
möchten, ziehen Sie das
Symbol einfach per Drag &
Drop nach oben bzw. unten.
Bedenken Sie aber, dass die
Symbole ganz links und ganz
rechts nicht entfernt werden
können, da Start und Ende
des Verlaufs natürlich generiert sein müssen.

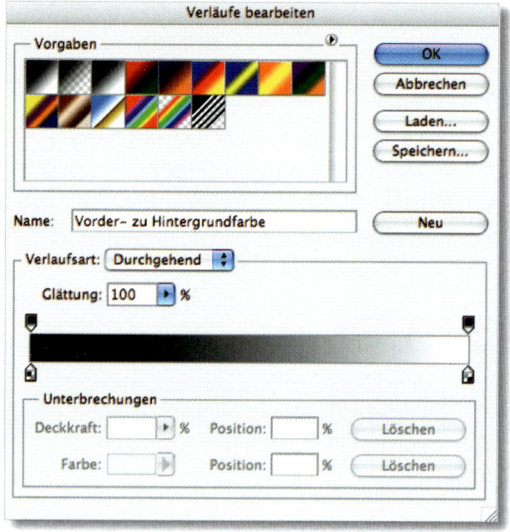

Abbildung 5.17 ▶
Hier bearbeiten Sie Ihren
Verlauf.

Deckkraftunterbrechungen

Oberhalb des Spektralbal-
kens befinden sich die Deckkraftunterbrechungen. Setzen Sie diese ein, um an der
gewünschten Stelle durch
Bewegen des Schiebers
Deckkraft die Farbe teil-
transparent erscheinen zu
lassen.

Verschieben Sie das Symbol, um die Farbe entsprechend im Spek-
tralbereich des Verlaufs anzuordnen. In der Mitte zwischen diesen Symbolen befinden sich die sogenannten **Farbmittelpunkte
❶**. Diese werden nach Platzierung einer Unterbrechung automatisch hinzugefügt. Je mehr Sie diese an eine Farbunterbrechung
heranführen, desto härter wird der Übergang. Der Verlauf wird
außerdem zur gegenüberliegenden Seite weicher.

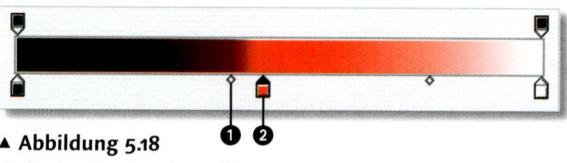

▲ **Abbildung 5.18**
Farbmittelpunkte beeinflussen

Sichern Sie interessante Verläufe, indem Sie auf SPEICHERN klicken. Fortan wird Ihr Verlauf in der Auswahlliste aufgeführt.

Die Übertragung eines eingestellten Verlaufs funktioniert, indem Sie eine Linie über den gewünschten Bereich ziehen. Bevor Sie das tun, wählen Sie in der Menüleiste noch, welcher Verlaufstyp angewandt werden soll.

> **Mehr über Verläufe**
>
> Spezielle Hinweise zu Verlaufstechniken sowie typische Anwendungsbeispiele finden Sie in Kapitel 13, »Text im Bild«.

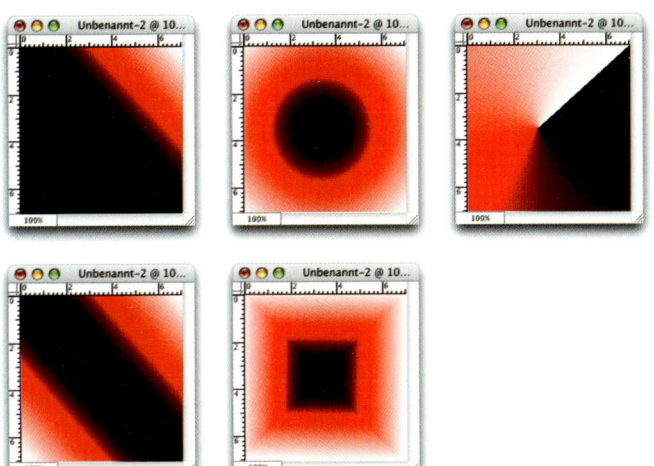

◄ **Abbildung 5.19**
Oben: Linearer Verlauf, Radialverlauf, Verlaufswinkel
Unten: Reflektierter Verlauf, Rauteverlauf

5.5 Farbe in der Praxis: Malen anno 2009

Es ist so weit – das Warten hat ein Ende. Nun sind Sie wieder dran. Und weil es in diesem Kapitel nur einen einzigen Workshop gibt, fällt der auch gleich etwas größer aus. Bestimmt werden Sie im Anschluss an diese Übung verschiedene Abwandlungen ausprobieren und eigene Ideen einfließen lassen. Nur zu!

Schritt für Schritt: Der Weltraum – unendliche Weiten ...

Wir schreiben das Jahr ... – den Rest kennen Sie ja. Eine gute Möglichkeit, um die Thematik Farbe, Pinsel und Auswahl noch einmal intensiv zu wiederholen, ist die Schaffung eines klitzekleinen Paralleluniversums. Zusätzlich werden Sie noch Filtertechniken kennenlernen. Los geht's. Auf den ersten Blick mag es schwieriger aussehen, als es in Wirklichkeit ist.

Abbildung 5.20 ▶
Dieses Bild können Sie in wenigen Minuten selbst entwickeln.

▲ **Abbildung 5.21**
Vorder- und Hintergrundfarbe in der Toolbox

1   Vorder- und Hintergrundfarbe einstellen

Bevor Sie die eigentliche Datei erstellen, sollten Sie noch als Standardfarben Schwarz und Weiß festlegen. Das erspart Ihnen im Anschluss etwas Arbeit. Drücken Sie ⎡D⎤, gefolgt von ⎡X⎤. Beachten Sie dabei die Werkzeugleiste. Zunächst wird Schwarz zur Vorder- und Weiß zur Hintergrundfarbe. Die X-Taste vertauscht schließlich beide Farben miteinander.

2   Datei erstellen

Hier nun die Schritte, die zum Paralleluniversum führen: Zunächst muss eine neue Bilddatei erzeugt werden. Drücken Sie dazu ⎡Strg⎤ / ⎡⌘⎤ + ⎡N⎤, oder entscheiden Sie sich im Menü DATEI für NEU.

Wir wollen es mit einer kleinen Datei bewenden lassen und verwenden daher 800 × 600 Pixel mit 72 ppi. Achten Sie bitte darauf, dass Sie zuerst die Maßeinheit ❸ auf PIXEL stellen und erst danach die Maße für die BREITE und HÖHE eintragen. Ansonsten werden nämlich Ihre Werte auf Millimeter umgerechnet. Im Feld HINTERGRUNDINHALT legen Sie die HINTERGRUNDFARBE ❷ fest. Vergleichen Sie Ihre Eingaben mit der folgenden Abbildung, wobei Sie noch darauf achten sollten, dass bei FARBMODUS ❶ die Option RGB-FARBE ausgewählt ist.

> **Gründe für die vorherige Farbeinstellung**
>
> Dadurch, dass die Hintergrundfarbe vorab festgelegt worden ist, ersparen Sie sich den Arbeitsgang der Flächenfüllung mit Schwarz. Und auch für die Sterne ist schon vorgesorgt, da ja Weiß bereits als Vordergrundfarbe selektiert ist.

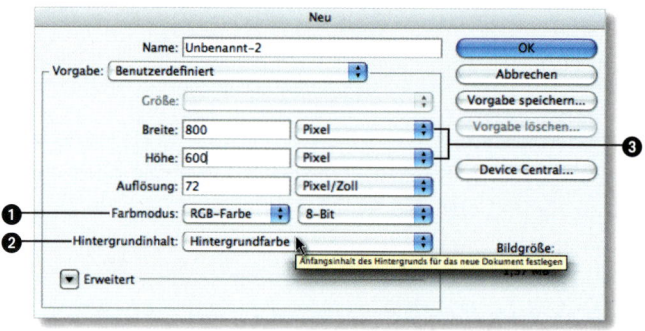

Abbildung 5.22 ▶
Der Hintergrundinhalt lässt sich individuell festlegen.

3 Sterne auftragen

Jetzt erzeugen wir den Sternenhimmel. Natürlich können Sie eine Werkzeugspitze mit 1 Pixel Durchmesser wählen und alle Sterne von Hand auftragen. Aber mal ehrlich: Haben Sie wirklich Lust dazu? So geht es nämlich auch: Aktivieren Sie das Pinsel-Werkzeug B , und öffnen Sie die AUSWAHL FÜR PINSELVORGABEN ❹. Wählen Sie die größtmögliche Werkzeugspitze (2500 Px) ❾. Anschließend stellen Sie den MODUS ❺ auf SPRENKELN (das sorgt für einzelne, punktförmige Spritzer) und den FLUSS ❼ auf »1%«. Kontrollieren Sie noch die DECKKRAFT ❻ (sie sollte 100% betragen), und schalten Sie gegebenenfalls die Airbrush-Funktion ❽ aus.

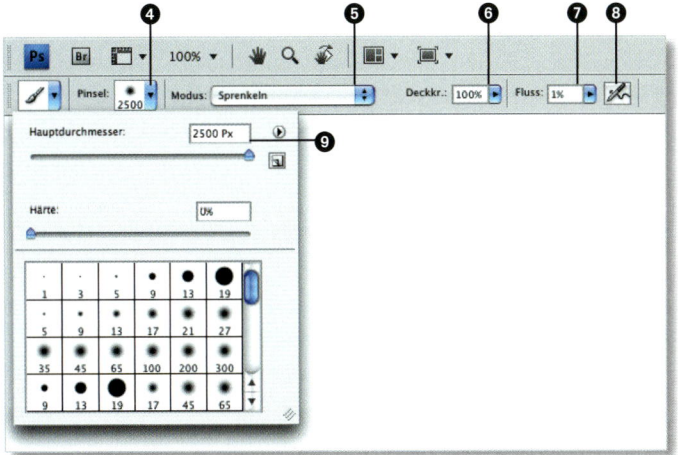

◄ **Abbildung 5.23**
Maximaler Durchmesser für die Pinselspitze

Nach der korrekten Einstellung des Tools stellen Sie die Pinselspitze auf das Bild. Berücksichtigen Sie, dass sie jetzt so groß ist, dass ihre Umrandungen möglicherweise gar nicht mehr zu sehen sind. Orientieren Sie sich am Mittelkreuz des Werkzeugs. Klicken Sie einmal auf Ihr Bild. Eventuell dauert es einen Moment, bis Photoshop die Auswirkungen anzeigt. Man glaubt es kaum, aber die Funktion ist ziemlich rechenintensiv.

◄ **Abbildung 5.24**
Mit nur einem einzigen Mausklick ist das Firmament bereits erzeugt.

4   Kreisauswahl erzeugen

Nun wollen wir uns an dem Planeten unten rechts zu schaffen machen. Erzeugen Sie dazu eine kreisrunde Auswahl mit einem Durchmesser von 800 Pixeln. Dazu wählen Sie das Auswahl-ellipse-Werkzeug und stellen die ART auf FESTE GRÖSSE. Geben Sie sowohl für die Breite als auch für die Höhe »800 Px« ein. Nicht vergessen – »Px« müssen Sie mit eingeben.

▼ Abbildung 5.25
Die Größe des Kreises lässt sich pixelgenau bestimmen.

5   Auswahl verschieben

Klicken Sie anschließend einmal auf die Bildmitte, und navigieren Sie die Auswahl mit den Pfeiltasten in die untere rechte Ecke. Zur Bewältigung größerer Distanzen halten Sie ⟨⇧⟩ gedrückt – das legt den Turbo für die Verschiebung ein.

6   Vordergrundfarbe ändern

Nun wählen Sie in der Werkzeugleiste ein sattes Blau. Klicken Sie dazu den Button VORDERGRUNDFARBE an, und stellen Sie im Farbwähler R = »0«, G = »0« und B = »255« ein.

Mit BEARBEITEN • FLÄCHE FÜLLEN oder über ⟨⇧⟩ + ⟨F5⟩ erreichen Sie den Dialog, mit dessen Hilfe Sie den Auswahlbereich mit der Vordergrundfarbe füllen können (FÜLLEN MIT). Achten Sie darauf, dass der MODUS auf NORMAL und die DECKKRAFT auf 100 % eingestellt sind, ehe Sie OK klicken.

▲ Abbildung 5.26
Sattes Blau als Vordergrundfarbe

Abbildung 5.27 ▶
Jetzt muss noch die Fläche gefüllt werden.

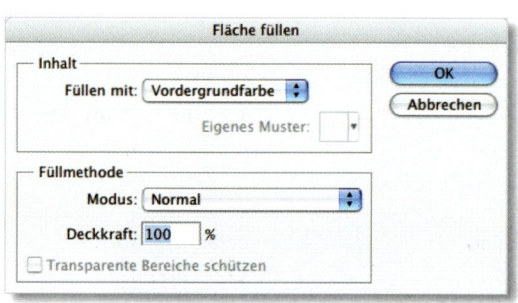

7   Filter: Wolken anwenden

Entscheiden Sie sich in der Menüleiste für FILTER • RENDERFILTER • WOLKEN, und heben Sie die Auswahl anschließend mit ⟨Strg⟩ / ⟨⌘⟩ + ⟨D⟩ auf. Alternative: AUSWAHL • AUSWAHL AUFHEBEN.

Beachten Sie, dass der Filter WOLKEN per Zufallsgenerator erzeugt wird. Somit sorgt er bei jeder Anwendung für ein anderes Ergebnis. Einstelloptionen werden hier nicht zur Verfügung gestellt. Falls Ihnen die Struktur nicht gefällt, machen Sie den Schritt mit ⌈Strg⌉/ ⌈⌘⌉ + ⌈Z⌉ rückgängig und wenden den Wolken-Filter erneut an.

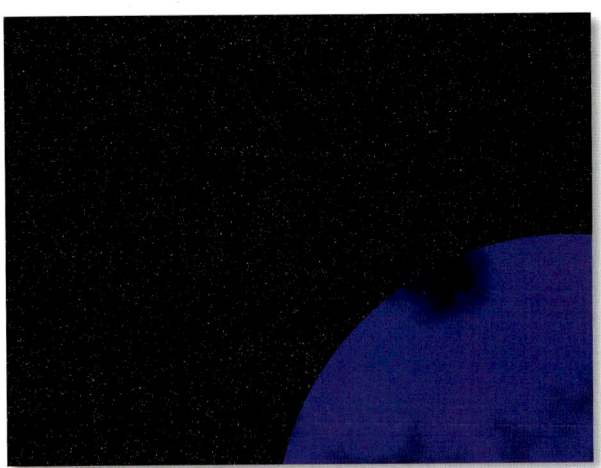

◀ **Abbildung 5.28**
So sollte das Universum jetzt aussehen.

8   **Neue Ebene erzeugen**

Jetzt benötigen Sie eine zweite Ebene. Machen Sie sich um die Funktionsweise solcher Ebenen jetzt noch keine Gedanken. Die Thematik wird ausführlich im nächsten Kapitel beschrieben. Über EBENE • NEU • EBENE oder per ⌈Strg⌉/⌈⌘⌉ + ⌈⇧⌉ + ⌈N⌉ ist der Schritt bereits getan. Den Folgedialog bestätigen Sie mit OK.

9   **Zweite Auswahl erzeugen**

Nun geht es darum, den roten Planeten in der Bildmitte zu erzeugen. Aktivieren Sie, falls sie noch nicht aktiv ist, erneut die Auswahlellipse, und stellen Sie in der Optionsleiste die ART auf NORMAL zurück (dort steht nämlich noch FESTE GRÖSSE). Klicken Sie auf die Mitte Ihres Bildes, und halten Sie ⌈⇧⌉ gedrückt, während Sie einen kleineren Kreis aufziehen. Navigieren Sie ihn mit den Pfeiltasten in die Bildmitte.

10   **Vordergrundfarbe ändern**

Stellen Sie als Vordergrundfarbe Rot ein (R = »255«, G = »0«, B = »0«), und füllen Sie die Fläche mit der neuen Farbe. Sie wissen ja: BEARBEITEN • FLÄCHE FÜLLEN oder ⌈⇧⌉ + ⌈F5⌉. Heben Sie auch hier die Auswahl anschließend auf.

Abbildung 5.29 ▶
Der erste rote Planet ist angelegt, sieht aber noch ein wenig
»platt« aus.

11 Störungsfilter anwenden

Damit sich der Planet nicht ganz so glatt darstellt, werden wir ihn
ebenfalls mit einem Filter versehen. Selbstverständlich können
Sie auch hier wieder WOLKEN zur Anwendung bringen. Wie wäre
es aber als Alternative mit FILTER • RAUSCHFILTER • RAUSCHEN HIN-
ZUFÜGEN? Dieser Filter verfügt über Einstelloptionen. Die STÄRKE
sollte in etwa bei 45 % liegen. Aktivieren Sie den Radiobutton
GLEICHMÄSSIG, und wählen Sie die Checkbox MONOCHROMATISCH
an. OK übergibt die Werte an das Bild.

Abbildung 5.30 ▶
Ein paar Störungen machen die
Planeten-Oberfläche etwas
interessanter.

12   Werkzeugoptionen und Farbe verändern

Da die Lichtquelle später oben links angeordnet sein wird, muss der untere Bereich des Planeten nun abgedunkelt werden. Aktivieren Sie erneut das Pinsel-Werkzeug, wobei Sie eine weiche Spitze mit einem Durchmesser von 40–50 Pixel wählen. Stellen Sie den MODUS wieder auf NORMAL und den FLUSS auf 100 %. Drücken Sie ⃞D⃞, um Schwarz als Vordergrundfarbe zu bestimmen.

13   Transparente Pixel schützen

Damit Sie nun auf dem Planeten zeichnen können, ohne auch die transparenten Pixel zu bemalen, müssen diese vor einem Farbauftrag geschützt werden. Das erreichen Sie, indem Sie in der Ebenen-Palette (FENSTER • EBENEN) auf den Button TRANSPARENTE PIXEL FIXIEREN klicken. Nun können Sie die Unterseite des Planeten prima schwärzen und müssen nicht befürchten, über die Begrenzung des Objekts hinauszumalen.

◀ **Abbildung 5.31**
Schützen Sie inhaltlose Ebenenbereiche.

14   Ebene duplizieren

Den Planeten benötigen Sie ja insgesamt dreimal. Duplizieren Sie deshalb die Ebene zunächst einmal. Das geht, indem Sie ⃞Strg⃞/ ⃞⌘⃞ + ⃞J⃞ drücken oder EBENE • EBENE DUPLIZIEREN einstellen. Sie werden anschließend keine Veränderungen am Bild feststellen, da beide Planeten nun absolut deckungsgleich übereinander liegen.

Transformationssteuerungen

Früher hieß diese Funktion BEGRENZUNGSRAHMEN EINBLENDEN.

---

15   Ebene ausrichten

Aktivieren Sie das Verschieben-Werkzeug ⃞V⃞, und ziehen Sie den Planeten nach rechts herüber. Schalten Sie in der Optionsleiste die Funktion TRANSFORMATIONSSTEUERUNGEN ■ ein, und verkleinern Sie das Duplikat. Diese Funktionen sind Ihnen ja bereits bestens bekannt.

16   Schritte wiederholen

Führen Sie die letzten Schritte (Ebene duplizieren, Objekt verschieben, Objekt skalieren) abermals aus, um auch den dritten Planeten anzufertigen. Ihr Bild dürfte jetzt in etwa so aussehen:

Begrenzungsrahmen deaktivieren

Die Begrenzungsrahmen werden nun nicht mehr benötigt. Schalten Sie sie aus, indem Sie erneut das Steuerelement TRANSFORMATIONSSTEUERUNGEN in der Optionsleiste markieren.

Abbildung 5.32 ▶
Aus eins mach drei.

17 Hintergrund aktivieren

Der letzte Schritt ist die Positionierung der Lichtquelle. Auch dabei handelt es sich um einen Filter. Das Wichtigste ist aber, dass Sie vorab die Ebene HINTERGRUND markieren, da ansonsten der Filter nicht auf das gesamte Bild angewendet würde, sondern nur auf den letzten Planeten.

Abbildung 5.33 ▶
Für den nächsten Schritt muss der Hintergrund in der Ebenen-Palette aktiv sein.

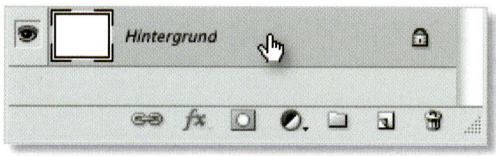

Warum sehe ich die Planeten in der Vorschau nicht?

Der Filter wird nur auf den Hintergrund angewendet. Dadurch bleiben die Planeten von den Blendenflecken ausgenommen. In der Vorschau sehen Sie nur die Ebene, die für die Anwendung des Filters relevant ist – also hier nur die Hintergrundebene.

---

18 Lichtquelle einstellen

Gehen Sie erneut über das Menü FILTER, und setzen Sie RENDER-FILTER • BLENDENFLECKE ein. Achten Sie auf die helle Stelle in der Vorschauminiatur des Dialogfeldes. Dort befindet sich ein kleines Fadenkreuz, das sich mittels Drag & Drop verschieben lässt. So können Sie die Lichtquelle prima positionieren. Schieben Sie sie etwas mehr nach oben links. Verlassen Sie den Dialog aber noch nicht! ■

Wählen Sie nun noch den LINSENTYP • 50–300 MM ZOOM, und stellen Sie die HELLIGKEIT auf 100%. Jetzt können Sie OK klicken. Das war das ganze Geheimnis unseres Mini-Universums. Hat's Spaß gemacht?

◀ **Abbildung 5.34**
Eine Linsenspiegelung als
Gestaltungselement

◀ **Abbildung 5.35**
Fertig ist das Parallel-
universum. ■

In schnellen Schritten: So geht's gefahrlos in ein anderes Universum

1. Stellen Sie die Vordergrundfarbe auf Weiß und den Hintergrund auf Schwarz.

2. Erzeugen Sie eine neue Datei (DATEI • NEU).

3. Wählen Sie einen Pinsel mit größtmöglichem Durchmesser, dessen MODUS Sie auf SPRENKELN stellen. Verringern Sie den FLUSS auf »1 %«, und fügen Sie den Sternenhimmel durch einfachen Mausklick hinzu.

4. Erzeugen Sie eine kreisrunde Auswahl für den großen Planeten, die Sie entsprechend verschieben.

5. Füllen Sie die Auswahl mit Blau.

6. Wenden Sie den Filter WOLKEN (aus dem Menü FILTER • REN-DERFILTER) an, und heben Sie anschließend die Auswahl auf (AUSWAHL • AUSWAHL AUFHEBEN).

7. Erzeugen Sie eine neue Ebene (EBENE • NEU • EBENE), und platzieren Sie eine kleinere Auswahl in die Bildmitte.

8. Weisen Sie der Auswahl Rot zu, und wenden Sie FILTER • RAUSCHFILTER • RAUSCHEN HINZUFÜGEN an.

9. Stellen Sie Schwarz als Vordergrundfarbe ein, und übermalen Sie den unteren Bereich der Kugel mit einer weichen Spitze. Dabei muss TRANSPARENTE PIXEL FIXIEREN in der Ebenen-Palette aktiv sein.

10. Duplizieren Sie die Ebene (EBENE • EBENE DUPLIZIEREN), und wechseln Sie auf das VERSCHIEBEN-WERKZEUG [V] . Positionieren Sie das Duplikat neu, und skalieren Sie die Auswahl mit [⇧] (proportional).

11. Wiederholen Sie Schritt 10 (dieser Checkliste).

12. Aktivieren Sie die unterste Ebene (Hintergrund), und weisen Sie FILTER • RENDERFILTER • BLENDENFLECKE zu.

5.5.1 Zu guter Letzt: Vorhandene Farben aufnehmen

Sie werden des Öfteren eine Farbe aus einem vorhandenen Bild verwenden wollen. Wenn Sie diese nun über den Farbwähler manuell einstellen müssten, wäre allenfalls ein ungefährer Wert erreichbar.

Stellen Sie das Werkzeug PIPETTE [I] ein, und klicken Sie auf den Bereich, der als Farbe definiert werden soll. Im Anschluss daran wird der gleiche Ton als Hintergrundfarbe definiert.

Bei derartigen Farbaufnahmen müssen Sie allerdings einiges beachten: Stellen Sie auch hier zunächst das Werkzeug über die Optionsleiste ein. Mit AUFNAHMEBEREICH definieren Sie, ob einzelne oder mehrere nebeneinander befindliche Pixel den Farbton ergeben sollen. Falls Sie sich für einen der anderen Einträge entscheiden, werden Durchschnittswerte des Aufnahmebereichs ermittelt.

Die Anwendung wartet neben 1, 3×3 und 5×5 Pixel auch noch mit größeren Durchschnittswerten auf, die es auf komfortable Weise ermöglichen, neutrale Mischfarben zu finden und so die Stimmung innerhalb einer Bildkomposition zu verbessern. Der größte Aufnahmebereich liegt jetzt bei 101×101 Pixel.

◄ **Abbildung 5.36**
Vergrößern Sie den Aufnahmebereich der Pipette.

Ein größerer Auswahlbereich als 1 wird in den meisten Fällen die bessere Wahl sein, da das Ergebnis immer einen repräsentativen Wert des Aufnahmebereichs liefert. Schauen Sie sich die folgende Abbildung an. Wenn Sie genau am Übergang zwischen weißer und roter Fläche Pixel aufnehmen ❶, werden Sie im 1-Pixel-Modus entweder die weiße oder die rote Farbe erwischen. Stellen Sie aber auf 3 × 3 oder 5 × 5 Pixel um, wird Photoshop einen Durchschnittswert aus Weiß und Rot als Ergebnis liefern ❷.

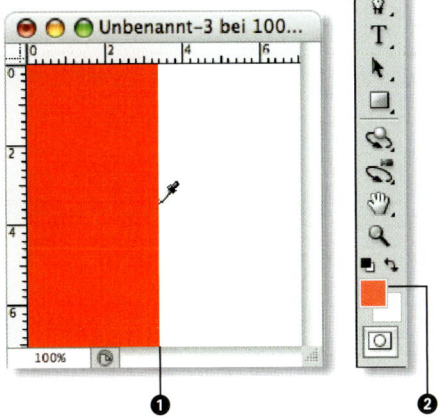

◄ **Abbildung 5.37**
Bei vergrößertem Aufnahmebereich entstehen Mischfarben.

Auch noch gut zu wissen: Bei der Farbaufnahme sind Sie keinesfalls an das aktive Bild gebunden. Sie können durchaus auch Farben eines anderen Bildes aufnehmen und danach auf das gerade aktive Bild übertragen.

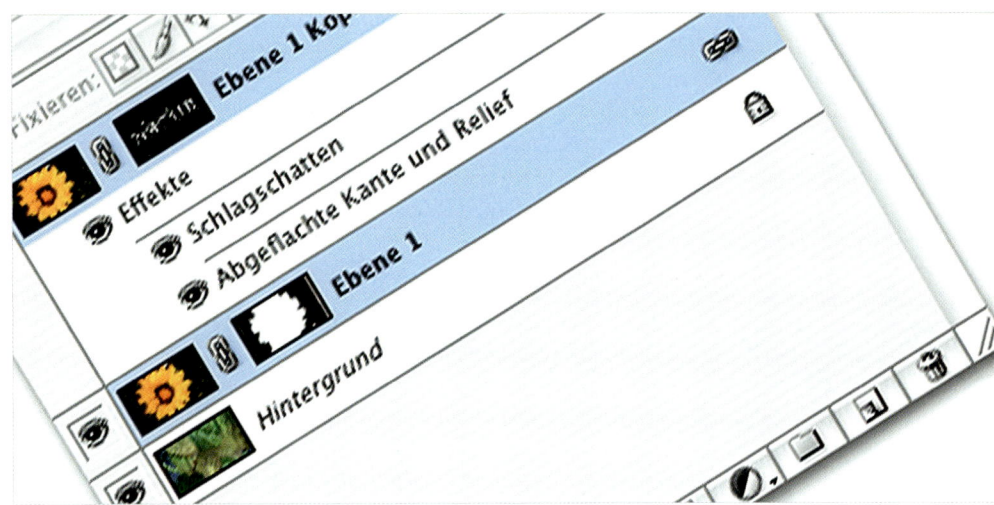

Kapitel 6

Ebenen

Das Fundament aller Bildmontagen

Sie werden lernen:

- ► Wie wird mit Ebenen gearbeitet?
- ► Was sind Ebenengruppen?
- ► Wie können Ebenen verkettet und fixiert werden?
- ► Wie funktioniert das Masken-Bedienfeld?
- ► Was sind Füllmethoden?
- ► Wie arbeite ich mit Smart-Objekten und Smartfiltern?
- ► Wie kann ich unterschiedliche Varianten meines Bildes speichern?

6   Ebenen

Ohne Ebenen geht gar nichts! – Kaum eine andere Technik hat seinerzeit die elektronische Bildbearbeitung derart revolutioniert. Mit nur wenigen Mausklicks waren plötzlich effektvolle Arrangements möglich, die zuvor kaum denkbar gewesen wären. Im Laufe der Jahre wurde dieses Instrumentarium immer mehr erweitert. Ebenenmasken, -kompositionen und Füllmethoden sorgen heute für grenzenlose Vielfalt in der Pixelwelt ...

6.1   Wie funktionieren Ebenen?

Masken

Besonders Einsteiger haben großen Respekt vor der Masken-Thematik. Das ist aber eigentlich unbegründet, da das Handling im Prinzip sehr einfach ist. Es wird in diesem Kapitel noch genauer erläutert. Bedenken Sie, dass Maskierungen für die effektvolle Bildbearbeitung elementar sind. Sie sollten nicht darauf verzichten!

Zuallererst müssen zwei Begriffe näher erläutert werden: *Ebenen* und *Masken*. Was hat es damit auf sich? Stellen Sie sich Ebenen wie übereinander angeordnete Transparenzfolien vor. Sie können so viele Folien übereinander legen, wie Sie möchten. Sie können nun durch alle Folien von oben nach unten hindurch sehen – bis auf den Schreibtisch, auf dem sie liegen.

Des Weiteren lassen sich auf jeder einzelnen Ebene verschiedene Objekte auftragen – als wenn die Folien mit einem Stift bemalt oder beschrieben würden. Die Flächen lassen sich umsortieren – Sie können also deren Reihenfolge verändern. Außerdem können Sie wie mit einem Radiergummi bestimmte Elemente der jeweiligen Folie wieder entfernen – das sind die Masken. Doch das Beste ist: Sie bestimmen selbst, mit welcher Intensität die jeweilige Folie dargestellt wird, d. h. wie stark sie sichtbar wird.

Abbildung 6.1 ▶
Die übereinander angeordneten Folien ergeben das Gesamtbild.

© Robert Klaßen

Schritt für Schritt: Einen Tunnel begradigen

Bilder/Tunnel.tif

Hinein ins kalte Wasser! Wie das mit den Ebenen funktioniert, werden Sie bereits am Ende dieses Workshops verinnerlicht haben. Und was mit duplizierten Ebenen so alles machbar ist, zeigt dieser Workshop. Unser Ziel soll es nämlich sein, das Motiv »Tunnel.tif« noch imposanter darzustellen, als es eh schon ist – durch Spiegelung der Ebene. Am Ende wird es aussehen, als wenn zwei Tunnelröhren zu einer zusammenliefen.

© Rainer Sturm / PIXELIO

◄ **Abbildung 6.2**
Dieser Tunnel ist noch nicht futuristisch genug.

1 Montage vorbereiten

Drücken Sie zunächst einmal auf F , damit das Bild von einem mittelgrauen Montagerahmen umgeben wird (Vollbildmodus mit Menüleiste). Sollte sich dieser nicht zeigen, könnte es daran liegen, dass die Datei auf Ihrer Arbeitsfläche zu groß dargestellt wird. Verkleinern Sie die Darstellung in diesem Fall etwas (z. B. indem Sie Z drücken und mit Alt / ⌥ anschließend auf das Bild klicken).

2 Hilfslinie einsetzen

Als Nächstes markieren Sie mit einer vertikalen Hilfslinie die Position, an der das Bild getrennt werden soll. ■ Dazu müssen Sie zunächst einmal, falls das nicht bereits geschehen ist, die Lineale einschalten (Strg / ⌘ + R oder ANSICHT • LINEALE). Klicken Sie anschließend an einer beliebigen Stelle auf das vertikale Lineal, das sich am linken Rand des Bildfensters befindet. Halten Sie die Maustaste gedrückt, und ziehen Sie nach rechts herüber. Falls

Hilfslinien

Hilfslinien sind bei der Bearbeitung von Vorteil, da Sie beispielsweise Objekte oder Auswahlrahmen an ihnen ausrichten können. Die Hilfslinien sind nicht Bestandteil des eigentlichen Fotos. Beim Druck werden die Hilfslinien nicht mit ausgegeben.

Abbildung 6.3 ▼
Hier soll eine vertikale Hilfslinie
platziert werden.

die Werkzeugleiste im Weg sein sollte, setzen Sie diese vorher entweder zur Seite, oder klicken Sie weit unten auf das Lineal ❶. Positionieren Sie die Hilfslinie so, dass rechts von ihr noch ein kleines Stück von der Fahrbahn erhalten bleibt ❷.

▌3▐ Auswahlwerkzeug anwählen und einstellen

Drücken Sie jetzt M auf Ihrer Tastatur, und vergewissern Sie sich, dass das Auswahlrechteck ausgewählt ist. Wenn das nicht der Fall ist, drücken Sie ⇧ + M. Alternativ können Sie das Tool natürlich auch manuell aus der Toolbox selektieren. Mit Auswahlen kennen Sie sich ja bereits bestens aus. Deshalb hier nur in aller Kürze: Kontrollieren Sie, dass in der Optionsleiste eine WEICHE KANTE von »0 Px« eingestellt ist und dass die ART mit NORMAL definiert ist.

▌4▐ Auswahl erzeugen

Setzen Sie jetzt das Auswahlwerkzeug ganz oben links (etwas außerhalb des Fotos) ❸ an, und ziehen Sie mit gedrückter Maustaste bis in die untere rechte Ecke, an der sich die Hilfslinie befindet ❹. Sie werden feststellen, dass der Auswahlrahmen an die Hilfslinie heranspringt. Jetzt lassen Sie los. Jetzt sollte der gesamte rechte Bildbereich bis zur Hilfslinie mit einem Auswahlrahmen versehen sein.

◀ **Abbildung 6.4**
Die linke Seite des Bildes ist komplett eingerahmt.

5 **Ebene aus Auswahl erzeugen**

Jetzt müssen Sie aus der aktuellen Auswahl eine neue Ebene erzeugen. Am schnellsten geht das, indem Sie ⌊Strg⌋/⌊⌘⌋+⌊J⌋ drücken; alternativ können Sie auch EBENE • NEU • EBENE DURCH KOPIE einstellen. Werfen Sie anschließend einmal einen Blick auf die Ebenen-Palette ⌊F7⌋. Dieser lässt sich nämlich entnehmen, dass jetzt aus dem zuvor definierten Auswahlbereich eine neue Ebene erzeugt worden ist (EBENE 1), die deckungsgleich über der Original-Ebene (HINTERGRUND) liegt. Deshalb sehen Sie auch im Bild selbst keine Veränderungen, außer dass die Auswahl soeben selbstständig aufgehoben wurde.

◀ **Abbildung 6.5**
Die Ebenen-Palette ist soeben erweitert worden.

6 **Ebene spiegeln und verschieben**

Im nächsten Schritt wird die Ebene gespiegelt. Dazu entscheiden Sie sich für BEARBEITEN • TRANSFORMIEREN • HORIZONTAL SPIEGELN. Drücken Sie jetzt ⌊V⌋ (wählt das Verschieben-Werkzeug aus), klicken Sie ziemlich weit links auf das Bild, halten Sie die Maustaste gedrückt, und ziehen Sie die kopierte Ebene nach rechts. Noch nicht loslassen! Halten Sie jetzt zusätzlich noch ⌊⇧⌋ gedrückt. Das sorgt nämlich dafür, dass Sie die Ebene nur in horizontaler Rich-

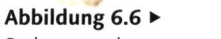

Abbildung 6.6 ▶
So langsam kann man erkennen, wo die Reise hingeht.

tung bewegen können. So wird gewährleistet, dass sich während
des Ziehens keine Höhenveränderungen zwischen den beiden
Ebenen ergeben. Wenn Sie mit der linken Begrenzung der kopierten Ebene an der Hilfslinie angelangt sind, lassen Sie zuerst die
Maustaste und danach ⇧ wieder los. ∎

7 Hilfslinie löschen

Die Hilfslinie wird nun nicht länger benötigt. Entfernen Sie sie,
indem Sie die Linie entweder zurück in das vertikale Lineal ziehen
(die richtige Position zum Ziehen haben Sie erreicht, wenn der
Mauszeiger zum Doppelpfeil mutiert ist) oder im Menü ANSICHT •
HILFSLINIEN LÖSCHEN wählen.

8 Alles einblenden

Das sieht doch schon recht ansprechend aus, oder? Es bleibt allerdings zu bemängeln, dass jetzt nicht mehr das gesamte Foto zu
sehen ist. Deshalb sollten Sie jetzt noch BILD • ALLES EINBLENDEN
selektieren. Sollte jetzt noch das gesamte Foto sichtbar sein, drücken Sie doch einmal Strg/⌘+0.

Verlassen Sie den Vollbildmodus, indem Sie zweimal F drücken.

Abbildung 6.7 ▼
Aus einer Röhre sind plötzlich
zwei geworden.

Checkliste: Ebenen duplizieren und spiegeln

1. Legen Sie eine Auswahl über den Bereich, den Sie duplizieren wollen.
2. Drücken Sie [Strg]/[⌘]+[J], um den Inhalt der Auswahl auf eine neue Ebene zu übertragen.
3. Spiegeln Sie die Ebene über BEARBEITEN • TRANSFORMIEREN • HORIZONTAL SPIEGELN.
4. Verschieben Sie die Ebene mit dem Verschieben-Werkzeug [V]. Wenn Sie die Verschiebung nur horizontal, vertikal oder diagonal zulassen wollen, halten Sie zusätzlich [⇧] gedrückt.

Schritt für Schritt: Ebenenbereiche durch Maskieren entfernen

Jetzt steht die erste Bildmaskierung an. Diese Technik wird Ihnen gefallen, da Sie mit ihr ganz frei die ansprechendsten Kompositionen erzeugen können. Öffnen Sie die beiden Beispielbilder »Ansichten.tif« und »Winter.tif« von der Buch-DVD.

Bilder/Ansichten.tif und Winter.tif

▲ **Abbildung 6.8**
Dieses Porträt ...

© Stephanie Hofschlaeger / PIXELIO

▲ **Abbildung 6.9**
... soll auf diesen Hintergrund montiert werden.

© shuefly80 / PIXELIO

1 **Dateien vorbereiten**

Stellen Sie beide Fotos nebeneinander, und widmen Sie sich zunächst dem Porträt. Dieses ziehen Sie mit dem Verschieben-Werkzeug [V] auf das Landschaftsfoto. Photoshop legt das Bild automatisch auf eine eigene neue Ebene. Danach kann das Porträt schon wieder geschlossen werden.

Abbildung 6.10 ▶
Beide Fotos sind miteinander
vereint worden.

2 Ebene spiegeln

Ändern Sie die Blickrichtung, indem Sie BEARBEITEN • TRANSFOR-
MIEREN • HORIZONTAL SPIEGELN einstellen. Daraufhin wird der
Junge nach oben links blicken. Ziehen Sie das Foto zudem mit
dem Verschieben-Werkzeug ganz in die untere rechte Ecke. Es
schadet der Komposition übrigens nicht, wenn Sie den Ellenbogen etwas aus dem Bild herausschieben. Orientieren Sie sich bei
der Platzierung an der folgenden Abbildung.

Abbildung 6.11 ▶
Die Blickrichtung ist somit
geändert worden.

3 Ebenenmaske anlegen

Jetzt müssen Sie die oberste Ebene mit einer Maske versehen.
Dadurch haben Sie nämlich die Möglichkeit, bestimmte Berei-

che dieser Ebene nachträglich zu entfernen. Sie haben jetzt zwei Möglichkeiten.

Möglichkeit 1: Klicken Sie auf das Symbol EBENENMASKE HIN-ZUFÜGEN ❷ in der Fußleiste der Ebenen-Palette. Dabei müssen Sie aber darauf achten, dass auch wirklich die oberste Ebene (EBENE 1) markiert, sprich grau hinterlegt ist ❶. Wenn das nicht der Fall sein sollte, klicken Sie die Ebene innerhalb der Ebenen-Palette vorab einmal kurz an.

Möglichkeit 2: Alternativ zum vorangegangenen Schritt kön-nen Sie auch das Bedienfeld MASKEN (FENSTER • MASKEN) nach vorne stellen und hier die Schaltfläche PIXELMASKE AUSWÄHLEN anklicken.

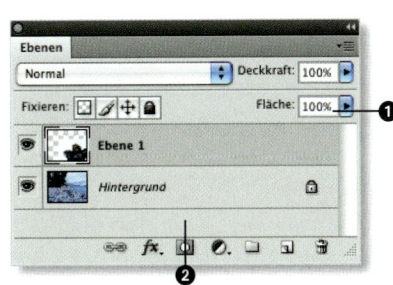

◀◀ **Abbildung 6.12**
Möglichkeit 1

◀ **Abbildung 6.13**
Möglichkeit 2

4 **Pinsel auswählen**

Nachdem Sie die Maske erstellt haben, erscheint innerhalb der Ebenen-Palette auch gleich ein Maskensymbol ❸.

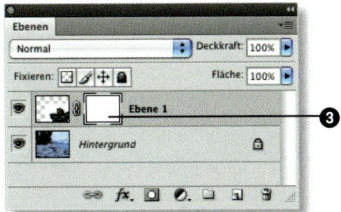

◀ **Abbildung 6.14**
Die Maske ist hinzugefügt worden.

Jetzt müssen Sie noch das Werkzeug einstellen, mit dem Sie mas-kieren wollen. Wir benutzen dazu einen Pinsel. Drücken Sie B, und stellen Sie sicher, dass auch wirklich der Pinsel ausgewählt ist.

5 **Pinsel und Maskierungsfarben einstellen**

Wählen Sie eine weiche Pinselspitze mit einem Durchmesser von etwa »80 Px« im Modus NORMAL, wobei DECKKRAFT und FLUSS jeweils auf »100 %« stehen sollten.

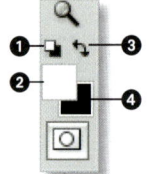

▲ Abbildung 6.15
Für die Maskierung benötigen
Sie die Standardfarben für Vor-
der- und Hintergrund.

Transparente Bereiche

Transparente Bereiche werden in Photoshop wie auch
in vielen anderen Anwen-
dungen grauweiß kariert dargestellt. Das deutet auf
Inhaltslosigkeit hin und dient
nur der Visualisierung. Im
Druck beispielsweise wird
das Muster nicht mit ausgegeben.

Jetzt kommt etwas sehr Wichtiges: Sie müssen nämlich noch die
Vorder- und Hintergrundfarbe umstellen. Um Bildbereiche verschwinden zu lassen, müssen Sie innerhalb einer Maske grundsätzlich mit Schwarz malen, während Weiß für das Hinzufügen
bereits verdeckter Bereiche verwendet wird. Das müssen Sie
immer beherzigen, wenn Sie maskieren bzw. demaskieren wollen. Deshalb sind auch Schwarz und Weiß innerhalb von Photoshop als Standardfarben definiert. Um diese Standardfarben
einzustellen, gibt es wieder einmal zwei Alternativen: Entweder
Sie drücken D auf Ihrer Tastatur, oder Sie klicken auf das Symbol
Standardfarben für Vorder- und Hintergrund ❶ innerhalb
der Werkzeugleiste.

Danach wird auch gleich die Vordergrundfarbe ❷ mit Weiß und
die Hintergrundfarbe ❹ mit Schwarz angegeben. Wenn Sie beide
Farben gegeneinander vertauschen wollen, drücken Sie entweder X oder klicken auf den 90°-Doppelpfeil mit dem klangvollen
Namen Vorder- und Hintergrundfarbe vertauschen ❸.

6   Ebene maskieren

Für Ihre weiteren Schritte müssen Sie dafür sorgen, dass Schwarz
als Vordergrundfarbe definiert ist. Wischen Sie danach langsam
über den weißen Hintergrund des Porträts, worauf dieser nach
und nach verschwindet. Entfernen Sie jetzt die gesamte weiße
Fläche, wobei Sie aber immer ein wenig von der Person wegblei-
ben sollten. Ein kleiner weißer Rand stört die Komposition doch
gar nicht, oder? – Dadurch, dass Sie zuvor eine weiche Pinselspitze eingestellt hatten, werden jetzt die Übergänge zwischen
den beiden Ebenen zudem weich gehalten.

Abbildung 6.16 ▶
Entfernen Sie den weißen
Hintergrund.

7   **Optional: Maske korrigieren**

Die Bildbereiche, die Sie jetzt übermalen, sind übrigens nicht komplett verschwunden, sondern lediglich maskiert! Dadurch sind Ihnen auch Fehler bei der Maskierung verziehen. Sollten Sie versehentlich etwas zu viel übermalt haben, dann drücken Sie einfach X (das macht Weiß zur Vordergrundfarbe) und übermalen den verschwundenen Bereich abermals. Ein erneuter Klick auf X gestattet dann die Fortsetzung der Maskierung.

8   **Miniaturansicht vergrößern**

Achten Sie auch auf die Maskenminiatur der obersten Ebene innerhalb der Ebenen-Palette **6**. Sie sehen hier nämlich auch sehr schön, dass die von Ihnen übermalten Bereiche schwarz (also maskiert) angezeigt werden. Falls Ihnen die Miniatur zu klein ist, öffnen Sie doch einfach einmal das Bedienfeldmenü **5** und wählen aus der Liste den Eintrag BEDIENFELDOPTIONEN an. Danach klicken Sie im Bereich MINIATURGRÖSSE auf den untersten Radiobutton **7** und bestätigen mit OK. ∎

> **Farbe auf der Ebenenmaske**
>
> Die Ebenenmaske (rechte Miniatur in der Ebenen-Palette) repräsentiert grundsätzlich, was von der Ebene sichtbar (weiß) und was verdeckt (schwarz) ist. Wenn Sie mit Schwarz über das Bild malen, werden diese Bereiche auf dem Foto entfernt, erscheinen aber in der Maskenminiatur als Schwarz **8**.

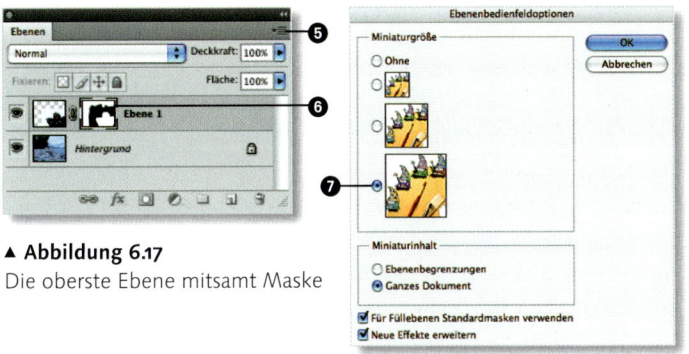

▲ **Abbildung 6.17**
Die oberste Ebene mitsamt Maske

▲ **Abbildung 6.18**
Vergrößern Sie die Bedienfeldoptionen.

▲ **Abbildung 6.19**
Jetzt lässt sich die Maskenminiatur doch wesentlich besser erkennen, oder?

9   **Auf Hintergrundebene reduzieren**

Gehen Sie jetzt noch einmal in das Bedienfeldmenü **5**, und wählen Sie den Eintrag AUF HINTERGRUNDEBENE REDUZIEREN. Das hat gleich mehrere Gründe: Zum einen verschmelzen beide Ebenen wieder zu einer. Zum anderen sind noch Bildbereiche jenseits des sichtbaren Rahmens vorhanden gewesen (denken Sie nur an den Ellenbogen des Jungen). Diese wären zwar im Bild nicht sichtbar, würden aber die Dateigröße unnötig aufblähen. (Sie wissen ja:

▼ Abbildung 6.20
Erinnerungen an den Winter-Urlaub

Mit BILD • ALLES EINBLENDEN lassen sich solche Bildbereiche sichtbar machen). Derartige Sektionen werden aber durch die Reduktion auf den Hintergrund endgültig verworfen.

Checkliste: Ebenen maskieren

1. Aktivieren Sie die zu maskierende Ebene, indem Sie diese in der Ebenen-Palette anklicken (sie ist jetzt farbig hinterlegt).
2. Klicken Sie in der Fußleiste der Ebenen-Palette auf EBENEN-MASKE HINZUFÜGEN, oder betätigen Sie PIXELMASKE AUSWÄHLEN im Masken-Bedienfeld. Dadurch werden Schwarz und Weiß als Vorder- und Hintergrundfarbe eingestellt.
3. Übermalen Sie mit Schwarz die Bereiche der Ebene, die entfernt werden sollen.
4. Optional: Drücken Sie $\boxed{\text{X}}$, um Weiß als Vordergrundfarbe zu definieren, damit Sie bereits maskierte Bereiche wieder hinzufügen können.
5. Optional: Um anschließend erneut Bereiche des Bildes unsichtbar machen zu können, drücken Sie abermals $\boxed{\text{X}}$. Das stellt Schwarz nach vorne und erlaubt jetzt wieder das Entfernen von Ebenenbereichen.

▲ Abbildung 6.21
Wenn Sie hier kein Häkchen setzen, werden Sie immer wieder auf die erhöhten Dateigrößen aufmerksam gemacht.

6.1.1   Ebenen-basierte Fotos speichern

Sie können selbstverständlich Fotos speichern, die aus mehreren Ebenen bestehen. Damit die Editierbarkeit der Ebenen jedoch erhalten bleibt, müssen Sie das Ganze als TIFF oder PSD sichern. Andere Formate wie z. B. JPEG oder BMP unterstützen keine Ebenen-Technologien. Da sich jedoch bei solchen Fotos die Dateigröße erhöht, gibt Photoshop CS4 vorsichtshalber beim Speichern eine Warnmeldung aus – und zwar jedes Mal! Da das nervt, sollten Sie NICHT WIEDER ANZEIGEN mit einem Häkchen versehen, ehe Sie mit OK bestätigen.

Wie Sie mit Ebenen und Masken arbeiten, erfahren Sie auch in Lektion 1.1 auf der Buch-DVD.

6.2 Mit Ebenen arbeiten

Im Folgenden wollen wir uns die Arbeit mit Ebenen einmal etwas näher ansehen. Öffnen Sie dazu einmal die Beispieldatei »Ebenen. tif«. Sie besteht aus zahlreichen unterschiedlichen Ebenen. Am besten lösen Sie die Ebenen-Palette einmal komplett heraus (Sie wissen ja: Kopfleiste der Ebenen-Palette auf einen freien Bereich der Arbeitsfläche ziehen und dort fallen lassen).

Bilder/Ebenen.tif

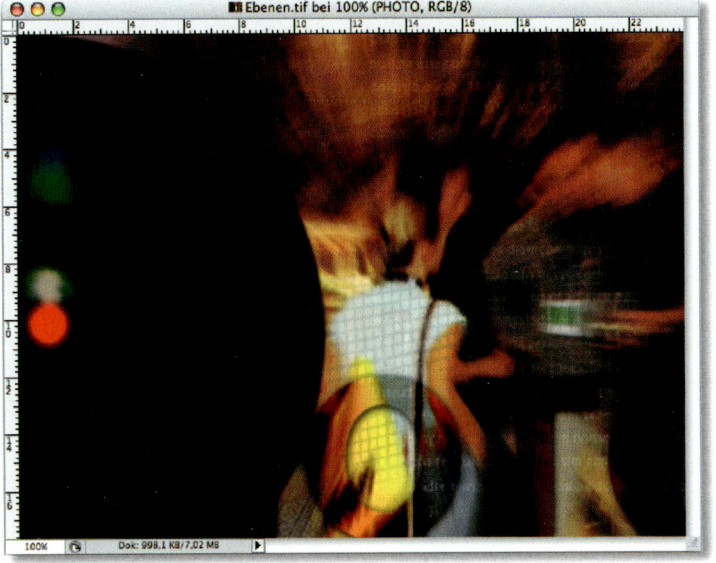

© Robert Klaßen

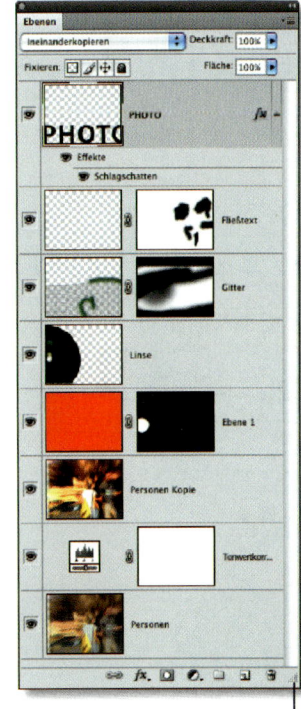

▲ **Abbildung 6.22**
Wenn Sie die Ebenen-Palette am Anfasser ❶ unten rechts etwas aufziehen, können Sie alle Ebenen sehen.

6.2.1 Ebenen markieren

Grundsätzlich muss die Ebene, mit der Sie arbeiten wollen, innerhalb der Ebenen-Palette markiert sein. Dazu klicken Sie diese einfach an. Sie wird daraufhin grau hinterlegt dargestellt.

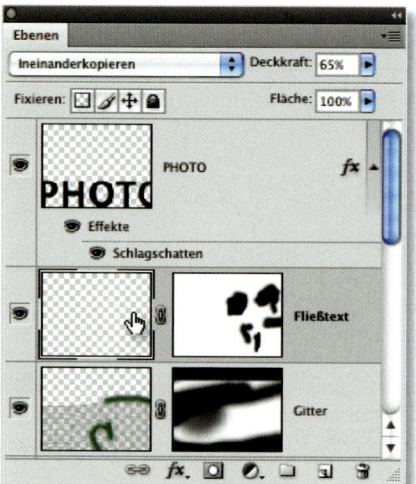

Abbildung 6.23 ▶
Die Ebene FLIESSTEXT ist per
Mausklick ausgewählt worden.

Wenn Sie das Verschieben-Werkzeug aktiviert und in der Optionsleiste zudem AUTOMATISCH AUSWÄHLEN angewählt haben, können Sie die Ebene auch auswählen, indem Sie deren Inhalt direkt
im Foto markieren. Bei wenigen Ebenen ist das kein Problem. Im
Beispielfoto könnte das jedoch schwierig werden, und Sie sollten
grundsätzlich prüfen, ob die Ebene auch in der Ebenen-Palette
grau angezeigt wird.

Abbildung 6.24 ▶
Danach lassen sich Ebenen
auch direkt im Bild anwählen.

6.2.2   Mehrere Ebenen markieren

Falls Sie einmal mehrere Ebenen markieren wollen (beispielsweise, um diese gemeinsam auf der Bildfläche zu verschieben),
klicken Sie die erste wie gewohnt mit der Maus an. Halten Sie jetzt
⌜Strg⌝/⌘ gedrückt, und klicken Sie damit auf weitere Ebenen.
Dadurch lassen sich zahlreiche Ebenen markieren, die nicht direkt
übereinander angeordnet sind (Abbildung 6.25, links). Möchten
Sie mehrere übereinanderliegende Ebenen markieren, reicht es,
wenn Sie zunächst die oberste anklicken, dann ⌜⇧⌝ gedrückt halten und jetzt die unterste Ebene per Mausklick selektieren. In
diesem Fall werden alle dazwischen liegenden Ebenen ebenfalls
selektiert (Abbildung 6.25, rechts).

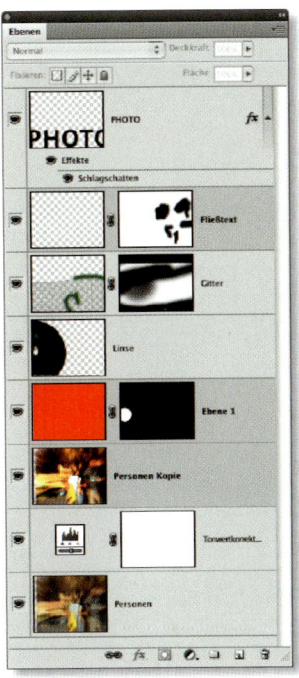 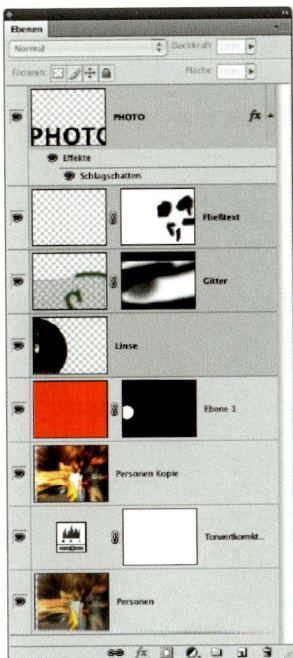

◄ **Abbildung 6.25**
Sie dürfen auch durchaus mehrere Ebenen auswählen.

6.2.3 Ebenensichtbarkeit

Sind Ihnen schon die Augen-Symbole vor jeder Ebene aufgefallen? Hier können Sie eine Ebene sichtbar oder unsichtbar machen, ohne sie entfernen zu müssen. Vereinfacht gesagt: Auge = sichtbar; kein Auge = unsichtbar. Ein Mausklick auf das Symbol genügt. ■

> **Viele Ebenen ein- und ausschalten**
>
> Wenn Sie es mit zahlreichen Ebenen zu tun haben, ist es recht mühsam, sämtliche Augen-Symbole anzuklicken. Hier können Sie aber die Maustaste nach dem Markieren des ersten Auges gedrückt halten und dann über die anderen Augen-Symbole fahren. So deaktivieren Sie zahlreiche Ebenen »mit einem Wisch«. Das Wiedereinschalten funktioniert genauso.

◄ **Abbildung 6.26**
Die Ebenen können auch deaktiviert werden.

6.2.4 Die Ebenen-Palette im Detail

Es ist an der Zeit, sich etwas intensiver mit der Ebenen-Palette zu beschäftigen. Skalieren Sie die Palette, falls erforderlich, doch etwas, indem Sie ein wenig am Anfasser der unteren rechten Ecke ziehen.

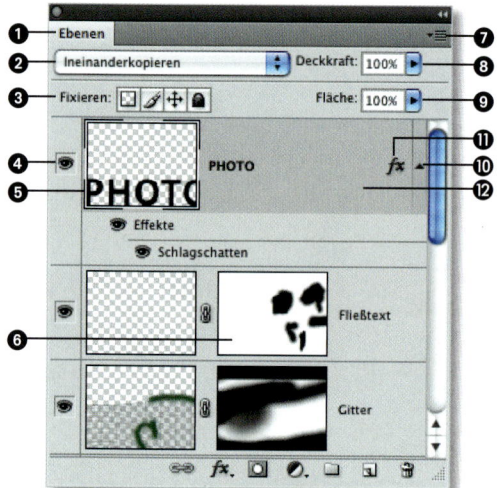

Abbildung 6.27 ▸
Lernen Sie zunächst einmal die Steuerelemente der Ebenen-Palette kennen.

❶ Registerkarten-Reiter der Ebene
❷ Füllmethode der Ebene
❸ Fixiermöglichkeiten (Sperren und vor unbeabsichtigter Bearbeitung schützen)
❹ Sichtbarkeit der Ebene (Ein- und Ausblenden)
❺ Ebenenminiatur
❻ Ebenenmasken-Miniatur
❼ Palettenmenü
❽ Gesamtdeckkraft der Ebene
❾ Flächendeckkraft
❿ Ebenenstile ein- und ausklappen
⓫ Zugewiesener Ebenenstil
⓬ Aktivierte Ebene

6.2.5 Auswahl aus Ebeneninhalt erzeugen

Klicken Sie einmal, während Sie [Strg]/[⌘] gedrückt halten, auf die Miniatur einer Ebene. Achten Sie darauf, dass Sie unbedingt die Miniatur erwischen – also weder den Namen noch die graue Fläche daneben. Wenn Sie die richtige Position erreicht haben, wird der Mauszeiger (Hand) um ein kleines Rechteck erweitert. Mit einem Klick auf die Ebenenminiatur bei gedrückter Taste [Strg]/[⌘] werden daraufhin nämlich alle Pixel der Ebene, die nicht transparent sind, als Auswahl geladen. So können Sie schnell komplexe Auswahlen aus Ebeneninhalten erzeugen. Nützlich, oder? Eine solche Auswahl heben Sie übrigens wieder auf, indem Sie [Strg]/[⌘]+[D] drücken – aber das wissen Sie ja längst.

▼ **Abbildung 6.28**
Bei dieser Aktion ⓭ werden die Ebenen-Inhalte als Auswahl geladen.

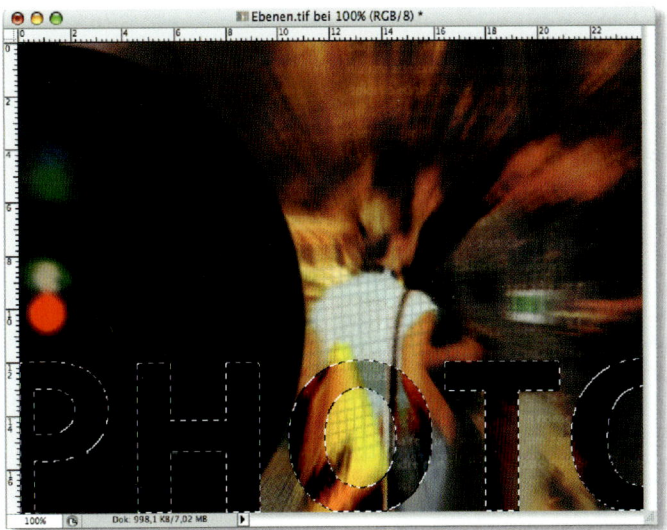
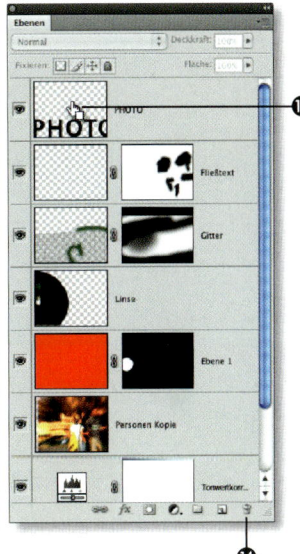

6.2.6 Ebene löschen

Natürlich können Sie sich auch von nicht benötigten Ebenen trennen. Markieren Sie diese dazu, und klicken Sie anschließend auf das Papierkorb-Symbol ⓮.

Gründlich, wie Photoshop nun einmal ist, startet die Anwendung gleich eine Kontrollabfrage ■. Bestätigen Sie diese, ist die Ebene entfernt. Die Ebene HINTERGRUND ist allerdings von der Löschoption ausgenommen. Um sich von ihr zu trennen, muss sie vorab in eine Ebene umgewandelt werden. Nähere Hinweise dazu entnehmen Sie bitte dem Infokasten »Hintergrund umwandeln« auf der nächsten Seite.

Kontrollabfrage umgehen

Möchten Sie auf die Kontrollabfrage verzichten, halten Sie während des Löschvorgangs [Alt]/[⌥] gedrückt. Die Ebene wird jetzt ohne vorherigen Warndialog in die ewigen Jagdgründe befördert. Entsprechendes gilt, wenn Sie die Ebene auf den Papierkorb ziehen und dort fallen lassen.

6.2.7 Neue Ebene erstellen

Gleich neben dem Papierkorb findet sich die Schaltfläche NEUE EBENE ERSTELLEN, mit deren Hilfe es möglich ist, dem Bild eine neue Ebene mit transparentem Inhalt hinzuzufügen. Dabei ist zu beachten, dass die neue Ebene stets oberhalb der markierten eingefügt wird (im Beispiel die Ebene LINSE).

Hintergrund umwandeln

Hintergrundebenen sind durch ein kleines Schloss-Symbol gekennzeichnet. Aus gutem Grund, denn sie können nur bedingt bearbeitet werden. Doppelklicken Sie auf die Ebene in der Ebenen-Palette (nicht auf den Namen!), um aus dem Hintergrund eine voll bearbeitbare Ebene zu machen.

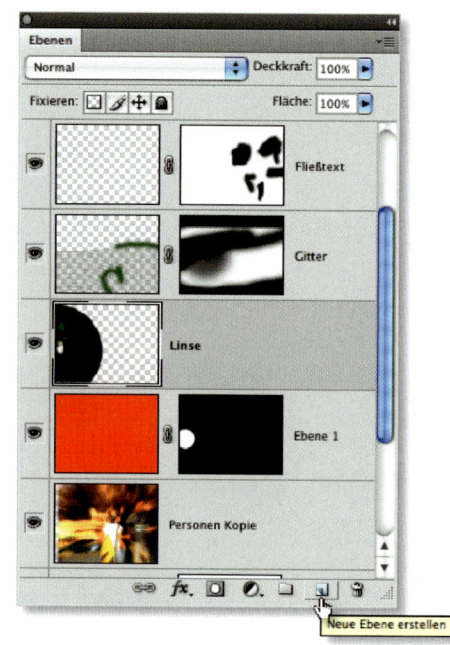

Abbildung 6.29 ▶
Oberhalb der Ebene LINSE wird gleich eine weitere Ebene erscheinen.

6.2.8 Ebenen benennen

Benennen Sie die Ebene gleich neu, nachdem sie erstellt worden ist. Dazu reicht ein Doppelklick auf den Namenszug. Beenden Sie die Eingabe mit ⏎ .

Abbildung 6.30 ▶
Nach dem Doppelklick wird der Name eingegeben.

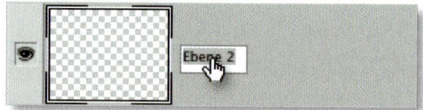

6.2.9 Ebenen verbinden

Nun kann es sein, dass Sie mehrere Ebenen generell miteinander verbinden möchten. Denkbar ist zum Beispiel, dass ab sofort nur noch beide Ebenen gemeinsam verschoben werden dürfen – auch dann, wenn nur eine der beiden Ebenen markiert ist. Dazu markieren Sie zunächst eine der gewünschten Ebenen. Halten Sie anschließend Strg / ⌘ bzw. ⬙ gedrückt (je nachdem, ob die Ebenen zusammen liegen oder nicht), und klicken Sie auf die Ebenen, die mit der zuerst ausgewählten verbunden werden sollen. Danach betätigen Sie die Kettensymbol-Schaltfläche unten links in der Fußleiste.

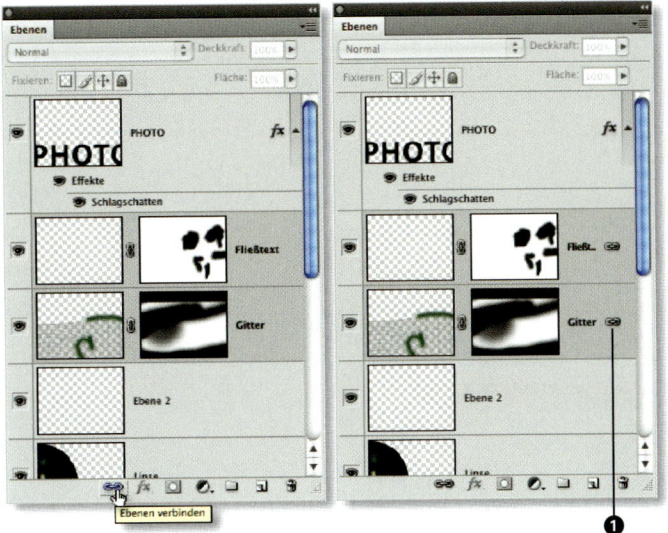

◄◄ **Abbildung 6.31**
Gleich sind die Ebenen
miteinander verbunden.

◄ **Abbildung 6.32**
Die Verkettungen werden
durch entsprechende Symbole
❶ auf der Ebene angezeigt.

Um derartige Verbindungen wieder aufzuheben, markieren Sie eine der verbundenen Ebenen und klicken im Anschluss erneut auf das Kettensymbol in der Fußleiste.

6.2.10 Ebenen verschieben

Die Ebenenanordnung spielt ja für die Bildkomposition eine ausschlaggebende Rolle. Der Umsortierung von Ebenen ist dabei keine Grenze gesetzt (mit Ausnahme der gesperrten Hintergrundebenen). Ziehen Sie dazu einfach die Ebene, und lassen Sie sie zwischen zwei anderen fallen.

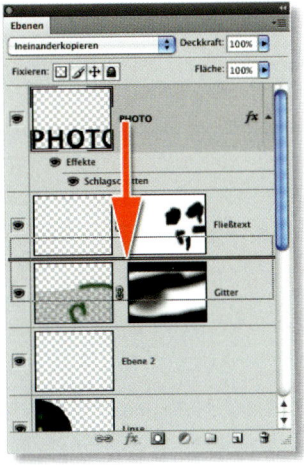

◄ **Abbildung 6.33**
Das Umsortieren von Ebenen
ist kein Problem.

6.2.11 Ebenen gruppieren

Ebenen, so weit das Auge reicht. Irgendwann verliert auch der gewandteste Bildgestalter die Übersicht. Ordnen Sie daher Ihre Ebenen in Gruppen. Über NEUE GRUPPE ERSTELLEN (das Ordner-Symbol in der Fußleiste) ❶ erzeugen Sie einen Ordner, den Sie dann mit Ebenen füllen können, indem Sie diese einfach auf den neuen Ordner ziehen ■. Über das kleine vorangestellte Dreieck kann der Ordner geöffnet bzw. geschlossen werden. Alternativ können Sie eine Ebenengruppe auch über EBENE • EBENEN GRUPPIEREN anlegen, nachdem Sie diese markiert haben.

Abbildung 6.34 ▶
Zwei Ebenen sind dem Ordner zugewiesen worden und werden jetzt leicht eingerückt dargestellt.

Eine Alternative hierzu: Klicken Sie mehrere Ebenen mit ⌈Strg⌋/ ⌘ an, um diese zusammen mit der aktuell gewählten selektieren zu können. Liegen die Ebenen direkt übereinander, markieren Sie die erste oder letzte mit ⌈⇧⌋. Hierüber können Sie sich nun sogar den Aufwand sparen, vorab eine Ebenengruppe anzulegen. Markieren Sie alle gewünschten Ebenen, und drücken Sie anschließend ⌈Strg⌋/⌘ + ⌈G⌋. Sofort befinden sich alle diese Ebenen in einem neuen Ordner, den Sie jetzt einfach umbenennen können. Ist das nicht grandios?

Eine Ebenengruppe lässt sich übrigens auch wieder auflösen, und zwar über EBENE • EBENENGRUPPIERUNG AUFHEBEN.

6.2.12 Ebenen zusammenfügen

Wenn einzelne Ebenen nicht mehr separat bearbeitet werden müssen, bietet es sich an, Ebenen miteinander zu verbinden ■.

Eine »kleine« Verbindung gehen dabei Ebenen ein, die direkt übereinander angeordnet sind. Markieren Sie die obere, und entscheiden Sie sich im Fenstermenü für M<small>IT DARUNTER LIEGENDER</small> <small>AUF EINE</small> E<small>BENE REDUZIEREN</small>. Strg/⌘ + E bewirkt das Gleiche, macht die Sache aber wesentlich einfacher, wie ich meine.

Wollen Sie mehrere Ebenen in einem Arbeitsgang verbinden, sollten Sie zunächst alle Ebenen unsichtbar schalten, die nicht verbunden werden sollen. Markieren Sie anschließend eine noch sichtbare Ebene, und entscheiden Sie sich für S<small>ICHTBARE AUF EINE</small> E<small>BENE REDUZIEREN</small>. Alternativ können Sie auch lässig die Tasten Strg/⌘ + ⇧ + E betätigen.

6.3   Das Masken-Bedienfeld

Im vorangegangenen Workshop haben Sie das Masken-Bedienfeld vielleicht schon einmal benutzt (Sie hatten ja die Wahl zwischen der herkömmlichen und einer neuen Methode). Werfen Sie noch einmal einen Blick auf dieses neue Bedienfeld.

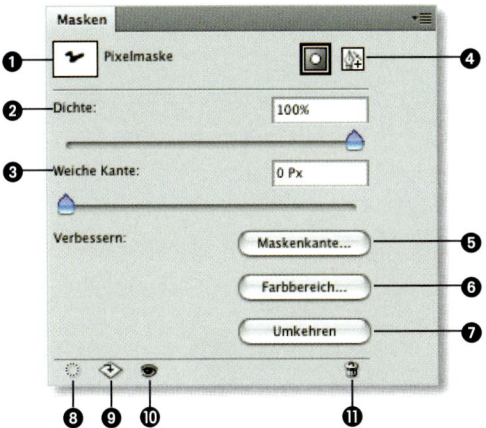

◄ **Abbildung 6.35**
Sinnvolle Neuerung –
das Masken-Bedienfeld

Maske aktivieren!

Bitte bedenken Sie, dass grundsätzlich die Ebenenmaskenminiatur im Ebenen-Bedienfeld aktiv sein muss, damit Sie die hier angesprochenen Funktionen nutzen können. Falls erforderlich, klicken Sie diese Maskenminiatur kurz an. Sie wird daraufhin von einem kleinen Rahmen umgeben.

Zum einen sehen Sie auch hier auf der Palette, wie sich die Maske langsam formt ❶. Das verkleinerte Abbild wird nämlich ständig aktualisiert. Auch hier gilt: Weiß = sichtbar, Schwarz = unsichtbar.

6.3.1   Maskendichte ändern

Allerdings können Sie hier zusätzlich noch die D<small>ICHTE</small> der Maske verändern ❷. Das wirkt dann so, als hätten Sie die Maske mit einem deckkraft-verminderten Pinsel erzeugt. So können Sie festlegen, dass die Maske nur zum Teil sichtbar ist – und dass sie somit Teiltransparenzen zwischen oberer und unterer Ebene erzeugt –, und zwar zu jeder Zeit, auch nach der Produktion der Maske.

Abbildung 6.36 ▶
Bei verringerter Dichte wirkt die Maske nicht vollständig.

Außerdem dürfen Sie jetzt auch nachträglich noch die Kantenschärfe der Maske ändern. Dazu ein Beispiel: Sie haben mit einer harten Pinselspitze gearbeitet und müssen jetzt feststellen, dass der Übergang eigentlich viel weicher sein müsste. Dann ziehen Sie einfach den Regler WEICHE KANTE ❸ nach rechts, bis Ihnen der Übergang gefällt.

Abbildung 6.37 ▶
Die Maskenkante kann auch nachträglich noch »abgesoftet« werden.

6.3.2 Weitere Masken-Optionen

▶ MASKENKANTE ❺ – Hiermit lässt sich das Dialogfeld MASKE VERBESSERN öffnen. Es gestattet eine Optimierung der bisher erzeugten Maske. Die Steuerelemente sind identisch mit dem bereits bekannten Dialog KANTE VERBESSERN (siehe Kapitel 4).

- FARBBEREICH ❻ – Hierüber kann eine bestimmte Farbe oder ein Farbbereich per Pipette aus dem Bild aufgenommen und als Maske verwendet werden.
- UMKEHREN ❼ – Eine Maske wird dahingehend umgekehrt, dass sichtbare Bereiche unsichtbar und unsichtbare Bereiche sichtbar werden. Prinzipiell werden hier Schwarz und Weiß miteinander vertauscht.
- AUSWAHL AUS MASKE LADEN ❽ – Erzeugen Sie aus der aktuellen Maske (schwarze Bereiche) eine Auswahl.
- MASKE ANWENDEN ❾ – Beim Klick auf diese Schaltfläche wird die Maske direkt auf die Ebene angewendet. Die Ebenenmaske selbst wird dabei aufgehoben.
- MASKE AKTIVIEREN/DEAKTIVIEREN ❿ – Lassen Sie die oberste Ebene vorübergehend unmaskiert anzeigen. Ein erneuter Klick auf das Auge macht die Maske wieder sichtbar.
- MASKE LÖSCHEN ⓫ – MASKE LÖSCHEN verwirft die gesamte Maskierung und löscht zudem die Ebenenmaske selbst.
- VEKTORMASKE HINZUFÜGEN ❹ Hier lassen sich Masken mithilfe der Pfad-Werkzeuge generieren. (Weitere Informationen zu Pfaden erhalten Sie in Kapitel 12).

▶ **Video-Training**

Ein Video zum Thema »Ebenenstile und Masken« finden Sie auf der Buch-DVD (Lektion 1.2).

6.4 Ebenenstile hinzufügen

Ebenenstile (auch Ebeneneffekte genannt) werden stets auf die gesamte Ebene angewendet. Dabei stehen dem Anwender wirklich mächtige Tools sowie umfangreiche Optionen zur Verfügung.

   Wenden Sie zum Beispiel einen Schlagschatten auf eine Ebene an (in Abbildung 6.34 die Ebene mit dem Photo-Schriftzug), sieht es so aus, als fiele der Schatten auf die unterhalb angeordneten Ebenen. In Wahrheit ist der Schatten aber Bestandteil der Ebene, auf die er angewendet worden ist.

Bilder/Ebenen.tif

6.4.1 Ebenenstile zuweisen

Um einen Ebenenstil zuzuweisen, gibt es folgende Möglichkeiten: Entweder Sie entscheiden sich im Menü EBENE • EBENENSTIL für einen der folgenden Einträge, oder Sie doppelklicken auf die gewünschte Ebene innerhalb der Ebenen-Palette. Damit allein ist aber noch kein Effekt zugewiesen. Sie müssen nämlich den gewünschten Effekt zunächst per Checkbox anwählen. Prinzipiell dürfen das übrigens auch mehrere Effekte sein. Wie wäre es, wenn Sie der Schriftzug-Ebene (Photo) neben dem SCHLAGSCHATTEN auch eine ABGEFLACHTE KANTE UND RELIEF zuweisen würden?

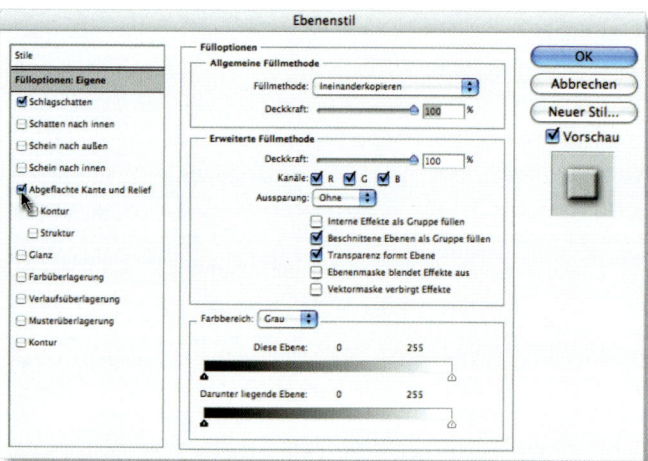

Abbildung 6.38 ▶
Weisen Sie die Effekte zu, indem Sie die Checkboxen aktivieren.

Wie gesagt: Um den Effekt zuzuweisen, klicken Sie lediglich die vorangestellte Checkbox an. Wollen Sie jedoch die dazugehörigen Stilparameter ändern, markieren Sie den Namen des Effekts, da ansonsten auf der rechten Seite des Dialogs die Steuerelemente nicht angezeigt werden.

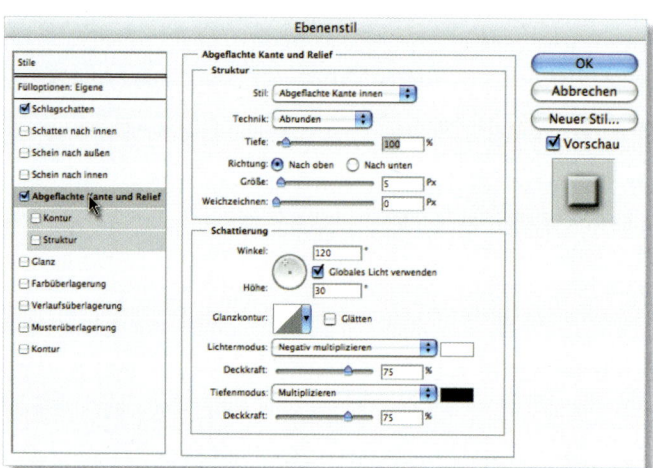

Abbildung 6.39 ▶
Die Steuerelemente werden erst zugänglich, nachdem Sie die Effekt-Bezeichnung angeklickt haben.

Jetzt könnten Sie die Steuerelemente rechts (z. B. GRÖSSE) verwenden, um den Effekt noch genauer zu bearbeiten.

6.5   Füllmethoden

Füllmethoden gehören sicherlich zu den anspruchsvolleren Themen rund um die Bildbearbeitung. Bei Anwendung von Füllmethoden werden die Farb- und/oder Helligkeitsinformationen
zweier oder mehrerer Ebenen miteinander verrechnet. Das hört
sich kompliziert an, oder? Und leider ist es das auch – zumindest
auf den ersten Blick. Einziger Trost: Ist das System, das dahinter-
steckt, Ihnen erst einmal in Fleisch und Blut übergegangen, werden Sie mit Füllmethoden einzigartige Bildkompositionen erstellen. Dann macht das Anwenden dieser befremdlich klingenden
Ebenenvarianten richtig Spaß.

6.5.1   Das Füllmethoden-Prinzip

Wenn zwei Ebenen übereinanderliegen, deckt die obere die untere
ab – zumindest an den Stellen, an denen die obere Ebene nicht
transparent ist. Dort, wo sich zu 100 % deckende Pixel befinden,
sind die Pixel der darunterliegenden Ebene im Bild nicht zu sehen.
Das ist ja nicht wirklich neu, oder?

Neu ist aber, dass Sie meist die Abdeckwirkung der oberen
Ebene in dem Moment aufheben, in dem Sie sich für eine andere
Füllmethode als Normal entscheiden. Die obere Ebene bildet
mit der darunterliegenden dann eine Mischung – das Resultat ist
ein »Gesamtbild« aus beiden Ebenen, so wie beispielsweise die
Photo-Ebene im Bild »Ebenen.tif«. Sie steht auf Ineinanderkopieren. Ändern Sie das doch einmal.

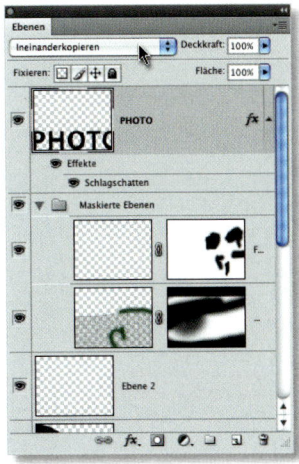

◄ **Abbildung 6.40**
Klicken Sie das Menü an, und
verändern Sie die Füllmethode.

6.5.2 Füllmethode: Multiplizieren

Öffnen Sie doch einmal zwei beliebige RGB-Dateien, und verbinden Sie beide Bilder miteinander. Im folgenden Beispiel habe ich die Datei »Ansichten.tif« mit dem Verschieben-Werkzeug auf »Beach.tif« gezogen. Ändern Sie danach die Füllmethode der oberen Ebene, indem Sie auf das gleichnamige Pulldown-Menü klicken und dort MULTIPLIZIEREN einstellen.

⬤ Bilder/Ansichten.tif
und Beach.tif

Abbildung 6.41 ▶
Die untere Ebene scheint hindurch, obwohl die Deckkraft der oberen bei 100 % liegt.

Diese interessante Konstellation ist nur möglich, weil die Farbwerte beider Ebenen miteinander verrechnet werden. Das Resultat ist immer dunkler als das Original. Dabei gilt auch: Beim Multiplizieren einer Farbe mit Schwarz bleibt Schwarz erhalten, und beim Multiplizieren mit Weiß bleibt die Ergebnisfarbe unverändert. Deshalb ist der weiße Hintergrund jetzt auch nicht mehr zu sehen.

6.5.3 Füllmethode: Negativ multiplizieren

Die Umkehrwirkung dieser Füllmethode wäre NEGATIV MULTIPLIZIEREN. Hier werden die Farben im Ergebnis stets heller sein. Und wie verhält sich das hier mit Schwarz und Weiß? Wenden Sie die umgekehrte Multiplikation auf Schwarz an, ist die Ergebnisfarbe heller. Und was passiert nun, wenn Sie eine Farbe mit Weiß negativ multiplizieren? – Richtig, das Ergebnis ist Weiß.

6.5.4 Füllmethode: Ineinanderkopieren

Diese Füllmethode ist sehr interessant, da sie in Abhängigkeit von der Ausgangsfarbe eine Multiplikation oder Negativ-Multiplikation durchführt. Dabei bleiben die Tiefen und Lichter der Ausgangsfarbe (unten) erhalten, während die Farben (oben) überlagert werden.

6.5.5 Wozu Füllmethoden?

Wenn Sie jetzt die Frage stellen, wozu Füllmethoden überhaupt benötigt werden, sollten Sie unbedingt weiterlesen. In den kommenden Workshops werden diese nämlich immer wieder angewendet, um interessante Kompositionen zu erzeugen. Selbst in der Beleuchtungskorrektur kann diese Art der Bildmanipulation Verwendung finden. Welche Füllmethode für welches Ergebnis die bessere ist, kann aber nicht pauschal gesagt werden. Das hängt nämlich immer von den Farb- und Luminanzwerten der einzelnen Ebenen ab. ■

6.5.6 Weitere Füllmethoden im Überblick

▸ SPRENKELN – Bei dieser Methode wird per Zufall generiert, welche Pixel der oberen Ebene erhalten bleiben. So entsteht der Eindruck, als seien die Inhalte der Ebene »aufgesprüht« worden.

▸ ABDUNKELN – Anhand der Kanalinformationen wird die jeweils dunklere Farbe zur Ergebnisfarbe. Hellere Pixel werden dabei ersetzt, dunklere bleiben unverändert erhalten.

▸ AUFHELLEN – Anhand der Kanalinformationen wird die jeweils hellere Farbe zur Ergebnisfarbe. Dunklere Pixel werden ersetzt, hellere bleiben unverändert erhalten.

▸ WEICHES LICHT – Die Farben werden je nach Farbe der oberen Ebene aufgehellt oder abgedunkelt. Bei hellen Farben der oberen Ebene ist auch das Ergebnis heller, bei dunkleren Farben ist das Ergebnis dunkler.

▸ FARBTON – Hier sorgen Luminanz und Sättigung für die Farbgebung des Ergebnisses.

▸ SÄTTIGUNG – Die Luminanz der oberen sowie der Farbton der unteren Ebene sorgen für das Ergebnis.

6.6 Smart-Objekt-Ebenen

Die Technik rund um Smart-Objekte ist nicht nur sehr interessant, sondern bringt auch einen unverzichtbaren Nutzen in Sachen

---

Effekt verstärken oder abschwächen

Bei vielen Füllmethoden lässt sich eine Verstärkung des Effekts erzielen, indem die Ebene, auf die die Füllmethode angewendet worden ist, dupliziert wird ($\boxed{\text{Strg}}$/$\boxed{\text{⌘}}$+$\boxed{\text{J}}$). Zur Abschwächung des Effekts reicht oftmals das Herabsetzen der Deckkraft.

Individualität. Bevor es jedoch ins Detail geht, fassen wir noch einmal zusammen: Was passiert, wenn Sie Änderungen an einer Ebene vornehmen? Natürlich: Die Inhalte der Ebene werden entsprechend geändert. Wenn Sie später entscheiden – sagen wir einmal, so nach hundert weiteren Bearbeitungsschritten –, eine an der Ebene durchgeführte Änderung doch wieder zu verwerfen, dann geht das nicht mehr. Sie können nicht mehr so viele Schritte rückgängig machen. Und selbst wenn – dann hätten Sie alle Bearbeitungsschritte, die Sie im Anschluss vorgenommen haben, ebenfalls wieder verloren.

Genau hier kommen Smart-Objekte ins Spiel. Smart-Objekte sind nämlich keine festen Bestandteile des Fotos, sondern Referenzierungen auf externe Inhalte. Was ist denn das nun schon wieder? Stellen Sie sich vor, Sie arbeiten an einem Bild, das aus fünf verschiedenen Fotos und somit aus fünf Ebenen besteht. Aber nur vier davon sind tatsächlich Bestandteil des Fotos. Beim fünften Foto verweisen Sie lediglich auf das Original. Und da Sie stets den Zugriff auf das unveränderte Quellmaterial aufrechterhalten, können Sie die Reihenfolge oder die Einstellparameter jederzeit wieder ändern, deren Füllmethoden ändern oder die Filter einzeln ein- oder ausblenden. Ein wenig Geduld noch, bitte. Sie werden gleich damit arbeiten.

6.6.1 Smart-Objekt-Ebenen erzeugen

Der Unterschied zum normalen Import von Ebenen ist der, dass Sie die Ebene im Regelfall bereits zu Beginn als Smart-Objekt definieren. Sie können also statt des herkömmlichen Öffnen-Dialogs den Befehl DATEI • ALS SMART-OBJEKT ÖFFNEN anwählen ■. Danach sollten Sie einen Blick auf die Ebenen-Palette werfen. Die untere rechte Ecke der Ebenenminiatur deutet nämlich darauf hin, dass es sich dabei um ein Smart-Objekt handelt.

▲ **Abbildung 6.42**
Smart-Objekte sind in der Ebenenminiatur stets gekennzeichnet.

6.6.2 Ebenen in Smart-Objekt konvertieren

Das ist aber nicht die einzige Möglichkeit, um aus einer herkömmlichen Ebene ein Smart-Objekt zu machen. Auch wenn das Bild bereits auf normalem Wege geöffnet worden ist, können Sie es noch entsprechend umwandeln. Das machen Sie über EBENE • SMART-OBJEKTE • IN SMART-OBJEKT KONVERTIEREN.

6.6.3 Smartfilter

Richtig interessant wird die Arbeit mit Smart-Objekten durch das Prinzip der Smartfilter. Dazu noch einmal ein kleines bisschen Theorie.

Wenn Sie einen Filter anwenden, dann wenden Sie ihn direkt auf eine Ebene an. Sie können einen zweiten Filter hinzufügen, der dann aber auf Grundlage des ersten hinzugerechnet wird. Sie wenden Filter zwei also rein theoretisch nicht nur auf die Ebene, sondern auf die Ebene plus bereits zugewiesene Filter an. Das ist mit den Smartfiltern anders. Sie erinnern sich: Smart-Objekte sind Referenzen auf Quelldateien! Jetzt können Sie mehrere Filter anwenden, diese immer wieder bearbeiten (auch noch nach Hunderten von Zwischenschritten) und sogar deren Reihenfolge tauschen. Das wäre ohne Smartfilter nicht möglich. So, genug Theorie gepaukt – jetzt sind Sie wieder dran.

> **Menübefehle verschwunden?**
>
> Falls Sie die Menübefehle für die Smart-Objekte nicht finden können, klicken Sie einmal auf den Eintrag ALLE MENÜBEFEHLE EINBLENDEN. Er befindet sich in den jeweiligen Menüs ganz unten. Photoshop stellt dann die restlichen Menübefehle zur Verfügung.

Schritt für Schritt: Ein Bild mit Smartfiltern bearbeiten

In diesem Workshop geht es darum, die Beispieldatei mit zwei Filtern zu versehen. Dazu allein bräuchten Sie natürlich noch keine Smartfilter. Wenn Sie sich aber über die Reihenfolge der Filter noch nicht so ganz im Klaren sind oder beide in Kombination einstellen wollen, ist es sinnvoller, das Foto zuerst in ein Smart-Objekt zu konvertieren.

Bilder/Smartfilter.tif

© Verena N. / PIXELIO

◄ **Abbildung 6.43**
Dieses Foto ist ein Fall für die Smartfilter.

1 Bild konvertieren

Wandeln Sie das Foto zunächst um. Das machen Sie über EBENE • SMART-OBJEKTE • IN SMART-OBJEKT KONVERTIEREN. Beachten Sie, dass die Ebene jetzt entsprechend ausgezeichnet ist.

Abbildung 6.44 ▶
Das Foto ist in ein Smart-
Objekt konvertiert worden.

2 Ersten Filter zuweisen

Entscheiden Sie sich zunächst für einen Malfilter. Gehen Sie im
Menü auf FILTER • MALFILTER • KREUZSCHRAFFUR. Im folgenden
Dialog ziehen Sie die STRICHLÄNGE zunächst auf etwa »16«. Ver-
wenden Sie für die BILDSCHÄRFE den Wert »6«, und ziehen Sie die
STÄRKE auf »3«, ehe Sie den Dialog mit OK verlassen.

Abbildung 6.45 ▼
Das Ergebnis ist ziemlich
verzerrt.

3 Zweiten Filter zuweisen

Danach gehen Sie noch einmal in das Menü und wählen FILTER •
WEICHZEICHNUNGSFILTER • GAUSSSCHER WEICHZEICHNER. Legen Sie
über den Schieberegler RADIUS einen Wert von etwa 2,2 Pixel
fest, und bestätigen Sie mit OK.

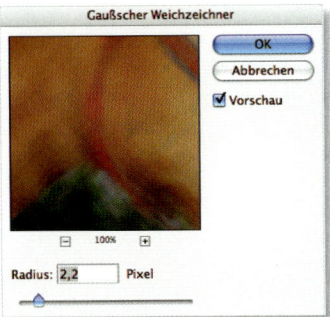

◀ **Abbildung 6.46**
Der zweite Filter ist ein
Weichzeichner.

4   Ergebnis begutachten

Schauen Sie auf die Ebenen-Palette. Sie sehen, dass es jetzt hier
eine Maske gibt – ähnlich einer Ebenenmaske. Wir wollen uns
aber zunächst den Einträgen unterhalb zuwenden – den Filtern.

Achten Sie bitte darauf, dass Sie jetzt entweder beide Filter
über das Augen-Symbol ❶ oder jeden Filter einzeln über die Symbole vor den Filtern (❷ und ❸) unsichtbar machen könnten. Aber
nicht nur das. Sie können die Reihenfolge der Filter auch umkehren. Und Sie können sich vorstellen, dass es für das Bildergeb-
nis nicht unerheblich ist, ob Sie nun zuerst weichzeichnen und
danach erst schraffieren oder umgekehrt. Probieren Sie es aus,
indem Sie den Eintrag GAUSSSCHER WEICHZEICHNER mit gedrückter Maustaste unter die Zeile KREUZSCHRAFFUR ziehen. Eine horizontale, schwarze Linie symbolisiert, wann Sie loslassen können.

▼ **Abbildung 6.47**
Die Reihenfolge der Filter
lässt sich ändern.

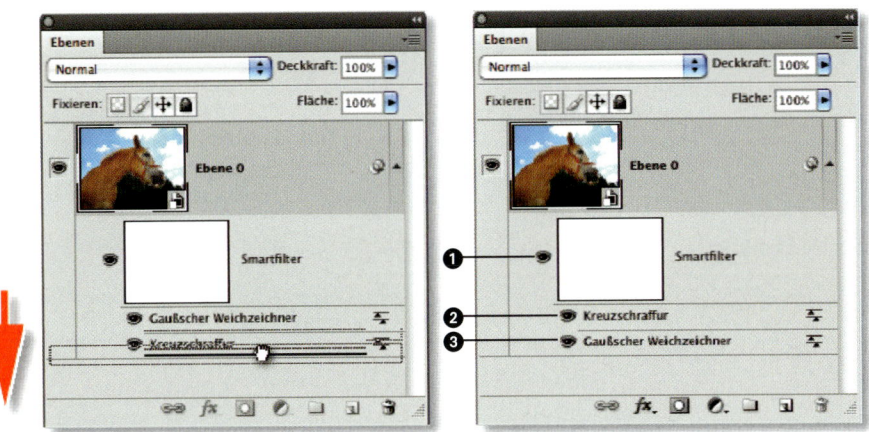

5   Filter löschen

Dieser Schritt wäre unmöglich, wenn Sie das Foto zuvor nicht in
ein Smart-Objekt konvertiert hätten. Aber es geht noch mehr. So

können Sie einzelne Filter über das vorangestellte Augen-Symbol vorübergehend deaktivieren oder den Filter bearbeiten, indem Sie den Eintrag mit rechts markieren und SMARTFILTER BEARBEITEN wählen. Aber Sie können sich glücklicherweise auch von einem Filter trennen; und das sollten Sie jetzt auch tun. Markieren Sie den Filter KREUZSCHRAFFUR mit rechts, und entscheiden Sie sich für SMARTFILTER LÖSCHEN.

Abbildung 6.48 ▶
Werfen Sie die Kreuzschraffur einfach weg! Sie sollte lediglich verdeutlichen, wie sich die Reihenfolge von Filtern auf das Bild auswirkt.

Bitte gedulden Sie sich noch einen Moment. Das Ergebnis wird im folgenden Workshop noch optimiert. ◼

Schritt für Schritt: Smartfilter-Ebenen maskieren

Bilder/Smart-filter_Teil_2.tif

Zuletzt wollen wir noch einmal auf die Maskenminiatur innerhalb der Ebenen-Palette zurückkommen. Diese spielt nämlich eine wesentliche Rolle. Sollten Sie übrigens den vorangegangenen Workshop nicht gemacht haben, können Sie auch die Datei »Smartfilter_Teil_2.tif« verwenden.

1 **Maske markieren**
Jetzt besteht die Möglichkeit, bestimmte Bereiche des Bildes nachträglich von der Weichzeichnung auszuschließen. Auch das wäre ohne eine Smart-Objekt-Ebene nicht ohne Weiteres machbar. Im konkreten Fall wollen wir das Pferd wieder scharfzeichnen und nur den Hintergrund weich lassen. Damit Sie jetzt aber überhaupt Bereiche des Fotos maskieren können, müssen Sie zunächst einmal die Maskenminiatur anklicken. Sie wird daraufhin mit einem kleinern Rahmen versehen.

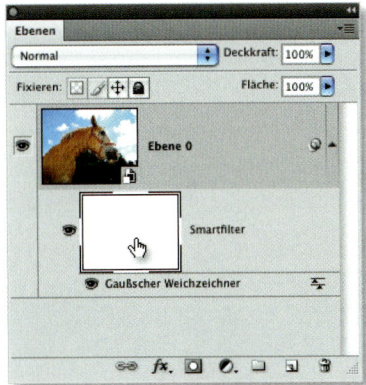

◄ **Abbildung 6.49**
Ein Klick auf die Masken-
miniatur reicht.

2 Ebene maskieren

Sobald Sie die Miniatur ausgewählt haben, werden in der Toolbox wieder Schwarz und Weiß als Standardfarben definiert. Und
Sie wissen ja: Mit schwarzer Farbe können Sie maskieren – und
das bedeutet im konkreten Fall, dass Sie mit Schwarz den Weichzeichnungsfilter entfernen. Aktivieren Sie also den Pinsel ⃞B,
und malen Sie mit einer weichen Spitze über das Pferd. Wenn
Sie den Hintergrund erwischen, drücken Sie ⃞X und malen noch
einmal darüber. Ein erneuter Druck auf ⃞X lässt Sie dann weiter
mit Schwarz malen. Sie werden feststellen, dass Sie noch nicht
einmal allzu exakt arbeiten müssen, um ein zufriedenstellendes Resultat zu erzielen. – Gönnen Sie sich doch einen Vorher-
nachher-Vergleich, indem Sie das Augen-Symbol vor GAUSSSCHER
WEICHZEICHNER kurzzeitig deaktivieren.

◄ **Abbildung 6.50**
Schalten Sie den Filter kurz aus.

Bleibt nur noch die Frage: Warum kann ich nicht jedes Foto gleich
als Smart-Objekt öffnen? Ja, das wäre schön. Nur leider können

Sie die Datei dann nicht mehr wie gewohnt nachbearbeiten. Nach der Konvertierung ist beispielsweise kaum noch ein Befehl aus dem Menü BILD • KORREKTUREN ausführbar – das ist der Preis für die ansonsten tolle Bearbeitungsmöglichkeit. Allerdings lässt sich eine Smart-Ebene jederzeit zurückkonvertieren. Dazu stellen Sie EBENE • SMART-OBJEKTE • RASTERN ein. Daraufhin stehen dann auch wieder sämtliche Korrekturoptionen zur Verfügung.

Abbildung 6.51 ▼
An den Bäumen im Hintergrund ist die Weichzeichnung am besten auszumachen.

6.7 Ebenenkompositionen

Über das Menü FENSTER • ALLE MENÜBEFEHLE EINBLENDEN und FENSTER • EBENENKOMP. können Sie sich die gleichnamige Palette anzeigen lassen. Der Button zum Speichern einer Komposition steht jedoch nur dann zur Verfügung, wenn Sie bereits Arbeiten an Ihrem Bild vorgenommen haben.

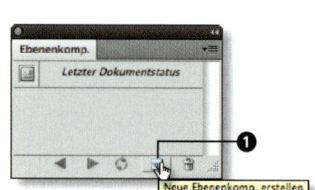

▲ **Abbildung 6.52**
Erstellen Sie eine neue Ebenenkomposition mithilfe der gleichnamigen Palette.

Mit Ebenenkompositionen können verschiedene Zustände eines Bildes gesichert werden. Dies ist vor allem dann sinnvoll, wenn Sie noch nicht genau wissen, wie das Endergebnis aussehen soll. Für jede Variante, die Ihnen gefällt, legen Sie eine eigene Ebenenkomposition an und können so später im Vergleich die beste heraussuchen.

Ebenenkompositionen können aber auch individuell weiterbearbeitet werden. Das ist das Kriterium, das diese Methode so interessant macht. Vergleichen Sie Ebenenkompositionen deshalb bitte nicht mit den Schnappschüssen, bei denen ja lediglich Zwischenergebnisse gesichert werden. Selbst wenn Sie schon mehrere Kompositionen erstellt haben, können Sie nämlich jede nachträglich wieder aktivieren, um daran Änderungen vorzunehmen. Doch zunächst klicken Sie auf Neue Ebenenkomp. erstellen ❶, um die Attribute festzulegen, die mit der Komposition gesichert werden sollen.

Die Sichtbarkeit der Ebene ist standardmäßig angewählt. Hierüber wird lediglich festgelegt, ob die Ebene ein- oder ausgeschaltet ist. Entscheiden Sie, ob Sie auch die Position der Ebene und das Aussehen (Ebenenstil) (gemeint sind Ebeneneffekte, Stile und dergleichen) mit in die Komposition aufnehmen wollen. Die Kompositionen werden nun in der Reihenfolge ihrer Erstellung von oben nach unten aufgelistet.

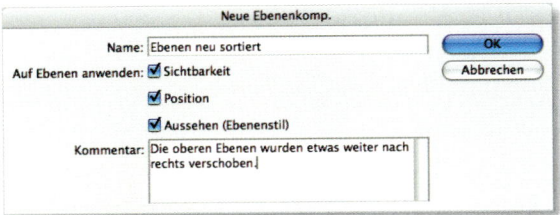

▲ **Abbildung 6.53**
Entscheiden Sie, welche Attribute aufgenommen werden sollen.

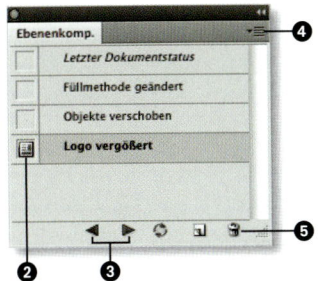

Sie können nun entscheiden, an welcher Komposition Sie weiterarbeiten möchten. Dazu klicken Sie auf das jeweilige Feld der ersten Spalte ❷ oder verwenden die Pfeilschaltflächen ❸. Hierbei werden die Kompositionen dann in der Reihenfolge ihrer Bearbeitung selektiert.

6.7.1 Ebenenkompositionen bearbeiten

Wenn Sie eine ähnliche Variante einer bereits vorhandenen Komposition erzeugen möchten, bietet es sich an, diese zunächst zu duplizieren und anschließend die gewünschten Änderungen auf das Duplikat anzuwenden. Den Befehl erreichen Sie über das Palettenmenü ❹. ■

Kommentare hinzufügen

Im unteren Eingabefeld lassen sich Kommentare einfügen, mit denen Sie die Eigenschaften der Komposition näher beschreiben können. Machen Sie davon bitte unbedingt Gebrauch, denn bei einer Fülle von unterschiedlichen Kompositionen verliert man schnell den Überblick. Ebenso sollte der Name der Komposition eindeutig sein.
Wenn Sie später den Kommentar ansehen wollen, klicken Sie auf der Registerkarte Ebenenkomp. die vorangestellte Dreieck-Schaltfläche an. Hier wird jedoch nur die erste Kommentarzeile angeboten. Wenn Sie rechts neben der Kompositionsbezeichnung doppelklicken, zeigt Photoshop den gesamten Dialog.

◄ **Abbildung 6.54**
Die Kompositionen werden nacheinander aufgelistet.

Kompositionen löschen

Wenn Sie eine Komposition nicht mehr benötigen, markieren Sie diese zunächst und klicken dann auf den Löschen-Button ❺.

Wenn Sie grundlegende Änderungen an den Ebenen vorgenommen haben, werden Aktualisierungen erforderlich. Das ist z. B. dann der Fall, wenn Ebenen entfernt worden sind. Photoshop verdeutlicht anhand kleiner Warnsymbole, welche der Kompositionen jetzt aktualisiert werden müssen. In diesem Fall markieren Sie die Kompositionen ■ und klicken auf den Aktualisierungs-Button ❶.

Abbildung 6.55 ▶
Houston, wir haben ein Problem. Die markierten Ebenenkompositionen müssen aktualisiert werden.

Mehrere Ebenen aktualisieren

Markieren Sie mehrere Ebenenkompositionen, während Sie `Strg`/`⌘` gedrückt halten. Zur Anwahl aller Kompositionen markieren Sie die erste, halten `⇧` gedrückt und klicken nun auf die letzte. Danach muss Ebenenkomp. aktualisieren nur einmal betätigt werden.

▲ **Abbildung 6.56**
Ein Schutzschild für Ihre Ebenen – die Fixieroptionen

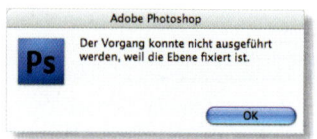

▲ **Abbildung 6.57**
Hilfsbereit wie immer – die Anwendung informiert auch gleich, warum das Verschieben nicht möglich ist.

6.7.2   Zu guter Letzt: Ebenen fixieren

Beachten Sie die Möglichkeiten, Ebenen gegen unbeabsichtigte Bearbeitungen schützen zu können. Die Funktionen sind wirklich sehr hilfreich und ersparen das Restaurieren unabsichtlich veränderter Bildbereiche.

▶ Transparente Pixel fixieren – Alle transparenten Bereiche der Ebene bleiben vor Bearbeitungen geschützt. Die Funktion ist hilfreich, wenn Sie beispielsweise Farbe nur auf vorhandene Objekte auftragen wollen.

▶ Bildpixel fixieren – Die Ebene ist vor der Bearbeitung mit Malwerkzeugen geschützt. Optionen wie das Verschieben der Ebene bleiben erhalten.

▶ Position sperren – In der Umkehrwirkung zu Bildpixel fixieren kann die Ebene hier nicht bewegt, wohl aber mit Malwerkzeugen bearbeitet werden.

▶ Alle sperren – Die Ebene ist gegen sämtliche Bearbeitungen geschützt. Wenn Sie versuchen, eine fixierte Ebene zu bewegen, gibt Photoshop eine Warnmeldung aus.

Beachten Sie, dass die Ebenen innerhalb der Ebenen-Paletten dennoch verschoben werden können – egal, welche Schutzfunktion aktiv ist.

Kapitel 7

Licht und Schatten korrigieren

Effektive Belichtungskorrekturen

Sie werden lernen:

▸ Wie werden Tiefen und Lichter korrigiert?

▸ Wie werden Bildteile aufgehellt?

▸ Wie funktioniert die Tonwertkorrektur?

▸ Wie funktionieren Einstellungsebenen?

7 Licht und Schatten korrigieren

Mal ehrlich – zu dunkle Abzüge landen doch meist im Schuhkarton oder fristen ihr digitales Dasein im Bildordner Verschiedenes. Lediglich der Bildinhalt (also das Motiv selbst) hat die Schnappschüsse bis heute vor dem »Tod durch Papierkorb« retten können. – Doch das Schattendasein hat ein jähes Ende. Geben Sie Ihren Bildern die Erleuchtung, die sie verdienen.

7.1 Fotos aufhellen

Ist ein Bild dunkel geraten, bietet Ihnen Photoshop verschiedene Möglichkeiten, dem entgegenzuwirken. Eine besonders schnelle Methode ist dabei die Arbeit mit Ebenenfüllmethoden, die allerdings nicht bei jedem Bild funktioniert.

7.1.1 Mit Füllmethoden aufhellen

Die erste Frage, die Sie sich bei jeder Korrektur neu stellen müssen, lautet: Ist mein Bild komplett zu dunkel (bzw. zu hell) oder müssten nur Teile aufgehellt (bzw. abgedunkelt) werden? Wie ist das zum Beispiel bei Landschaftsaufnahmen? Hier ist oft der Himmel ausreichend hell, während die Objekte zu dunkel geworden sind – die klassische Gegenlichtaufnahme also. In geschlossenen Räumen ist es aber häufig so, dass das Foto komplett zu dunkel ist. Wie Sie in diesem Fall vorgehen können, zeigt der folgende Workshop.

 Schritt für Schritt: Innenaufnahmen aufhellen

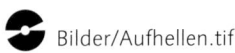 Bilder/Aufhellen.tif

»Aufhellen.tif« zeigt spielende Kinder, denen eine Höhlenwanderung einfach zu langweilig geworden ist. Das Foto ist insgesamt zu dunkel, obwohl der Aufhellblitz eingesetzt worden ist.

◄ **Abbildung 7.1**
Die Kinder haben keine Lust
mehr auf eine Höhlenwanderung im Dunkeln.

1 **Kameradaten abrufen**

Jetzt denken Sie: Der Klaßen kann ja viel erzählen, von wegen
Aufhellblitz und so. Sie können das aber selbst nachprüfen, indem
Sie auf Datei • Dateiinformationen gehen und die Registerkarte
Kameradaten nach vorne stellen. Schauen Sie einmal in der Zeile
Blitz nach.

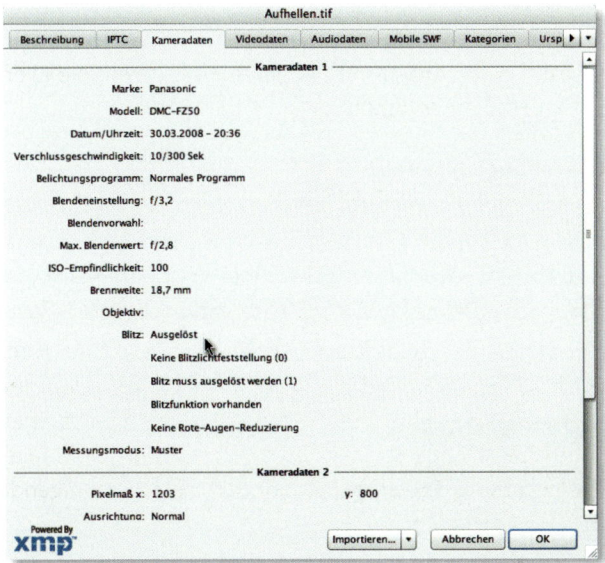

◄ **Abbildung 7.2**
Erstaunlich, was mit einem
Foto so alles mitgespeichert
wird, oder?

2 **Ebene duplizieren**

Brechen Sie den Dialog ab, und duplizieren Sie den Hintergrund
innerhalb des Ebenen-Bedienfelds. Das können Sie machen,
indem Sie [Strg]/[⌘]+[J] drücken. Alternativ geht auch der Weg
über das Menü, indem Sie Ebene • Neu • Ebene durch Kopie einstellen. Für Drag&Drop-Fans: Ziehen Sie den Hintergrund im

Ebenen-Bedienfeld auf den Button NEUE EBENE ERSTELLEN (das Blatt-Symbol), und lassen Sie die Maustaste los. Je nachdem, für welche Methode Sie sich entschieden haben, heißt die übergeordnete Ebene jetzt »Hintergrund Kopie« oder »Ebene 1«, was aber für die weitere Vorgehensweise vollkommen unerheblich ist.

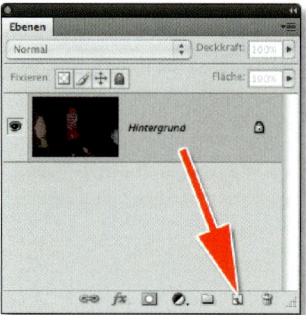 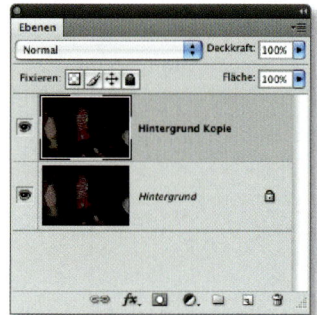

Abbildung 7.3 ▶
Ziehen Sie den Hintergrund auf das Blatt-Symbol.

3 Füllmethode ändern

Ändern Sie danach die FÜLLMETHODE der oberen Ebene. Dazu müssen Sie lediglich das Pulldown-Menü innerhalb des Ebenen-Bedienfelds öffnen und von NORMAL auf NEGATIV MULTIPLIZIEREN umschalten.

4 Ebene erneut duplizieren

Sie sehen schon, dass das Foto merklich heller geworden ist. Wenn Sie mit dem Ergebnis zufrieden sind, ist die Arbeit bereits beendet. Im Beispiel müssen wir aber noch einmal nachlegen. Duplizieren Sie die obere Ebene einfach erneut, indem Sie abermals $\boxed{\text{Strg}}$ / $\boxed{\mathcal{H}}$ + $\boxed{\text{J}}$ drücken (und, wenn es sein muss, noch einmal – so oft, bis Sie mit der Helligkeit einverstanden sind).

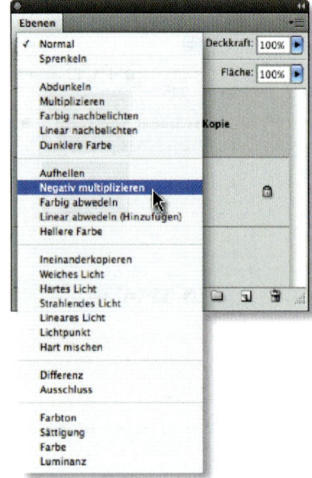

▲ **Abbildung 7.4**
Schalten Sie auf NEGATIV MULTIPLIZIEREN um.

Abbildung 7.5 ▶
Mit jeder Kopie wird das Foto heller.

188

5   **Der Trick mit der halben Ebene**

Vor diesem Problem werden Sie nur allzu oft stehen: Nach sagen wir mal zwei Ebenenduplikaten ist das Bild noch immer zu dunkel, aber nach drei ist es plötzlich zu hell. Eine halbe Ebene müsste her. Und das machen Sie so: Duplizieren Sie die Ebene einmal mehr als nötig, und reduzieren Sie danach die Deckkraft der obersten Ebene entsprechend, indem Sie das Steuerelement oben rechts im Ebenen-Bedienfeld verstellen. Bei 50 % Deckkraft wäre genau eine halbe Ebene erreicht. Im Beispiel ist das aber zu viel, weshalb die oberste Ebene 15 % Deckkraft erhalten sollte. (Das kann natürlich an Ihrem Monitor anders aussehen.)

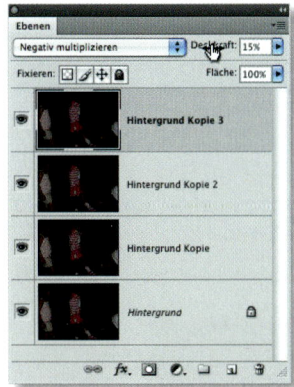

◄ **Abbildung 7.6**
Jetzt passt es. Die Deckkraft der obersten Ebene wurde reduziert.

6   **Bild reduzieren**

Da die Dateigröße durch das permanente Hinzufügen von Ebenen jetzt aber beträchtlich angewachsen ist, wäre eine Reduzierung anzuraten. Wählen Sie aus dem Bedienfeldmenü der Ebenen-Palette den Eintrag Auf Hintergrundebene reduzieren, ehe Sie die Datei speichern. Das reduzierte Bild finden Sie, wie gewohnt, im Ordner Ergebnisse.

▼ **Abbildung 7.7**
Langsam wird es heller in der Höhle.

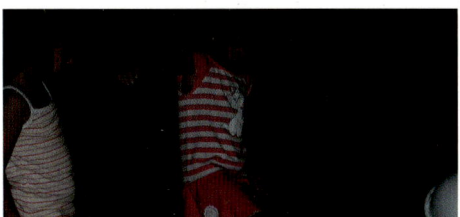

Checkliste: Bilder aufhellen im Schnelldurchlauf

1. Duplizieren Sie den Hintergrund (Strg / ⌘ + J).
2. Ändern Sie die Füllmethode auf NEGATIV MULTIPLIZIEREN.
3. Duplizieren Sie die Ebene so oft, bis das Bild gerade eben zu hell erscheint.
4. Reduzieren Sie die Deckkraft der obersten Ebene, bis die Helligkeit ausreichend ist.
5. Wählen Sie aus dem Bedienfeldmenü AUF HINTERGRUNDEBENE REDUZIEREN, ehe Sie die Datei speichern.

7.1.2 Außenaufnahmen aufhellen

Bleiben noch die Außenaufnahmen, bei denen ja eine Aufhellung meist nur punktuell und eben nicht im gesamten Foto angewendet werden muss. Technisch gesehen sind oft nur die dunklen Pixel (sie nennen sich »Tiefen«) zu dunkel, während die hellen (die sogenannten »Lichter«) völlig in Ordnung sind. Würden Sie nun alle Pixel des Bildes gleichmäßig aufhellen, wären die Tiefen zufriedenstellend, die Lichter aber viel zu hell. Daher ist es möglich, dunkle Pixel losgelöst von den hellen anzuheben.

Abbildung 7.8 ▶
Dieses Foto soll jetzt heller gemacht werden.

Schritt für Schritt: Tiefen aufhellen

Bilder/Tiefen.tif

Wenn Sie bei »Tiefen.tif« nach der zuvor beschriebenen Methode vorgehen, werden die Beleuchtungsverhältnisse im Foto nicht mehr stimmen. Das Wasser, das Haus im Hintergrund und letztendlich auch die Rasenfläche auf der kleinen Insel werden am Ende erheblich zu hell sein.

◀ **Abbildung 7.9**
Das war wohl nix. Das Foto ist
viel zu hell!

1 **Optional: Schritte verwerfen**

Falls Sie soeben die Methode NEGATIV MULTIPLIZIEREN angewendet
haben, machen Sie bitte zunächst Ihre Schritte mithilfe des Protokoll-Bedienfelds (Menü: FENSTER) rückgängig. Die Technik, die Sie
jetzt anwenden, lässt Sie nämlich selbst entscheiden, was dunkel
ist und was nicht. Genauer gesagt: Sie sagen Photoshop, wie dunkel ein Pixel sein muss, um als dunkel angesehen zu werden.

2 **Tiefen/Lichter-Dialog öffnen**

Öffnen Sie den Dialog TIEFEN/LICHTER, den Sie über BILD • KOR-
REKTUREN erreichen. Betrachten Sie die Auswirkungen auf das
Bild, indem Sie mehrmals das Steuerelement VORSCHAU ab- und
wieder anwählen. Standardmäßig bietet Photoshop nämlich eine
Erhöhung der Tiefen (also der dunklen Bildbereiche) um 50 % –
und das soll zunächst auch einmal reichen. Bitte noch nicht mit
OK bestätigen!

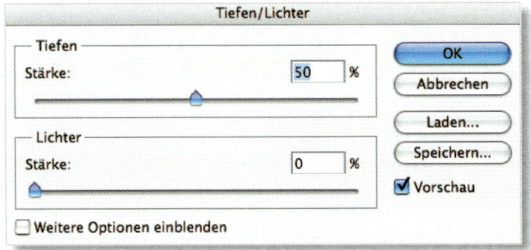

◀ **Abbildung 7.10**
Mit dieser Einstellung wird das
Foto merklich heller.

3 **Erweiterte Einstelloptionen**

Aber in diesem Dialogfeld gibt es noch weit mehr einzustellen.
Photoshop offeriert nämlich freiwillig weit weniger, als zu einer

guten Tiefenkorrektur nötig wäre. Wählen Sie daher die Check-box WEITERE OPTIONEN EINBLENDEN an. Das Dialogfenster wird daraufhin eine umfangreiche Erweiterung erfahren. Die TON-BREITE belassen Sie bei 50 %, und der RADIUS soll 30 Px betragen. Schalten Sie mehrfach die VORSCHAU ein und aus, um die Änderungen zu begutachten. Danach bestätigen Sie mit OK.

Abbildung 7.11 ▶
Vergleichen Sie die Werte, bevor Sie mit »OK« bestätigen.

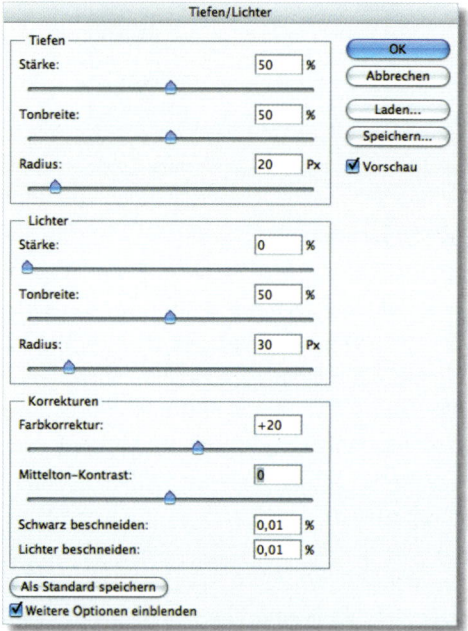

▲ **Abbildung 7.12**
So sieht's doch besser aus, oder?

Sehen wir uns die Einstellungen im Dialog TIEFEN/LICHTER jetzt noch einmal genauer an:

▶ TONBREITE: Bestimmen Sie, wie stark sich die Tonwertveränderungen auf die Tiefen auswirken sollen. Je höher der Wert ist, desto weniger werden die Veränderungen auf die wirklich dunklen Pixel beschränkt. Halten Sie den Wert also klein, wenn die Tiefen wirklich sehr dunkel sind; erhöhen Sie ihn, wenn die Tiefen nicht sehr dunkel sind.

▶ RADIUS: Hier stellen Sie ein, was als dunkel betrachtet werden soll und was nicht. Je größer der Wert ist, desto mehr wird die Aufhellung auch auf hellere Bildpixel ausgedehnt.

▶ KORREKTUREN: Hier ließen sich zusätzlich noch Farben im Bereich der veränderten Tiefen korrigieren. Das Problem, dass mitunter bei einer Lichter/Tiefen-Veränderung auch die Farben leicht variieren, kann damit kompensiert werden.

▶ SCHWARZ BESCHNEIDEN und LICHTER BESCHNEIDEN: Hier können Sie festlegen, wie stark die Tiefen und Lichter das durch die Korrektur neu festgesetzte reine Schwarz und reine Weiß im Bild beschneiden sollen. Je höher der Wert ist, desto mehr Kontrast gibt es; je niedriger der Wert ist, desto geringer wird der Kontrast. Achten Sie jedoch darauf, keine zu hohen Werte einzugeben, da ansonsten Details in den Tiefen oder Lichtern abgeschnitten werden.

Veränderungen im Frame LICHTER wirken nach dem gleichen Prinzip, wobei sich die Werte auf die hellen Bildbereiche beziehen – und dann natürlich keine Aufhellung, sondern eine Abdunklung entsteht ■.

> **Lichter abdunkeln**
>
> Gewissermaßen als Umkehrwirkung könnten zu helle Bereiche eines ansonsten gut ausgeleuchteten Bildes beeinflusst werden. Stellen Sie dazu die Stärke für die TIEFEN vorab auf 0. Nun bleiben dunkle Bereiche unverändert und zu helle können über die Steuerelemente im Frame LICHTER abgedunkelt werden.

7.2   Tonwertkorrektur

Bevor es weitergeht, greifen wir noch einmal die Begriffe **Tiefen** und **Lichter** auf. Tiefen sind die dunklen Bildbereiche, Lichter die hellen. Die neutralen Bereiche (also die dazwischen) werden als **Mitteltöne** bezeichnet. Die Spanne zwischen dem dunkelsten und dem hellsten Bereich eines Bildes stellt den **Tonwertumfang** dar. Im Idealfall ist der dunkelste Ton Schwarz, der hellste erstrahlt in reinem Weiß.

Leider ist das die Theorie. Wenn der dunkelste Punkt nicht schwarz und der hellste nicht weiß ist, wirken Bilder flau und matt – ihnen fehlt die **Zeichnung**. Doch Photoshop wäre nicht Photoshop, gäbe es nicht auch dafür eine Lösung: die Tonwertkorrektur.

Schritt für Schritt: Eine einfache Tonwertkorrektur

Tonwertkorrekturen können Sie auch dann vornehmen, wenn ein Foto ausgewaschen, gräulich anmutet – so wie das in der Datei »Tonwerte.tif« der Fall ist. Dieses Bild weist die typischen Beschränkungen in der Tonwertspreizung auf – und darum soll es nun gehen. Kitzeln wir doch etwas mehr Zeichnung aus dem Bild heraus.

Abbildung 7.13 ▶
Die dunklen Bildbereiche sind eher grau als schwarz.

1 Dialog öffnen

Öffnen Sie den Dialog TONWERTKORREKTUR, indem Sie ⌷Strg⌷/ ⌘ + ⌷L⌷ drücken. Nur der Ordnung halber muss noch erwähnt werden, dass Sie rein theoretisch auch den Weg über BILD • KORREKTUREN • TONWERTKORREKTUR gehen könnten.

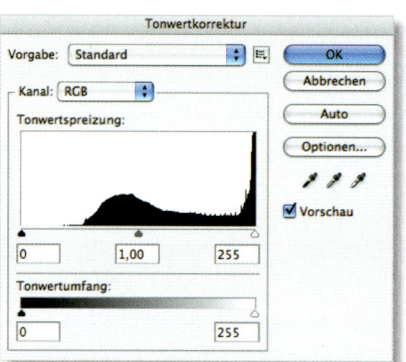

Abbildung 7.14 ▶
So sieht das Histogramm des Fotos aus.

2 Histogramm interpretieren

Was da als schwarze Wellenlinie erscheint, ist ein Histogramm. Es zeigt, welche Tonwerte wie oft im Bild vorhanden sind. Je höher die Kurve nach oben ragt, desto öfter ist ein Tonwert im Bild vorhanden. Die Tiefen befinden sich dabei ganz links; nach rechts hin finden sich zunehmend die hellen Pixel – bis hin zu reinem Weiß. Damit sehen Sie nun auch grafisch, was Sie schon längst gewusst haben: Es sind keine wirklichen Tiefen im Bild vorhanden, dafür aber umso mehr Lichter.

▶ Video-Training

Mehr Informationen zum Histogramm finden Sie auf der Buch-DVD (Lektion 3.1).

3 Tonwertspreizung vornehmen

Im Idealfall würde das Histogramm ganz links beginnen und ganz rechts enden. Zudem würde die Kurve noch von der rechten und linken Begrenzung aus langsam ansteigen. Das ist hier aber nicht so, also müssen wir selbst Hand anlegen ■.

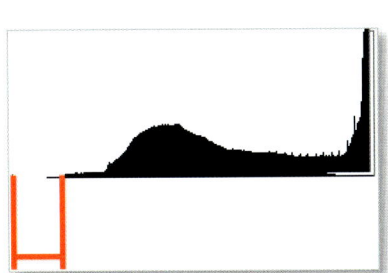

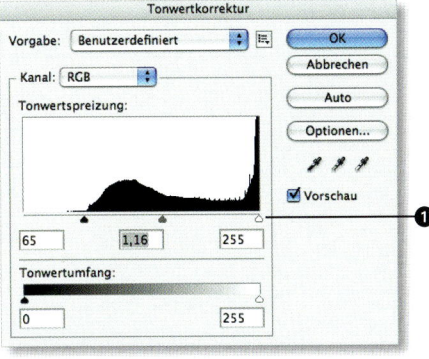

▲ **Abbildung 7.15**
Hier fehlt etwas – nämlich eine Histogrammerhebung.

▲ **Abbildung 7.16**
So sollten die Schieberegler angeordnet werden.

Schauen Sie sich die kleinen Dreiecke ❶ unterhalb des Histogramms an. Das sind Schieberegler. Bewegen Sie nun den linken (schwarzen) nach rechts. Stoppen Sie, wenn der Beginn der Histogrammerhebung erreicht ist. Das dürfte bei etwa »65« der Fall sein. Das linke der drei Eingabefelder unterhalb des Histogramms zeigt ja während des Verstellens permanent einen anderen Wert an, der jetzt repräsentiert, dass Sie die vorhandenen (grauen) Bildbereiche mehr und mehr in Richtung Schwarz verschieben. Fassen Sie danach den mittleren (grauen) Schieberegler an, und stellen Sie ihn etwas nach links. Behalten Sie dabei das mittlere Eingabefeld im Auge, und stoppen Sie, wenn Sie bei etwa »1,16« bis »1,17« angelangt sind. Das hat zur Folge, dass die Mitteltöne im Bild, die durch Verstellung des schwarzen Reglers mit abgedunkelt worden sind, wieder etwas aufgehellt werden.

Auto-Tonwertkorrektur

Hinter BILD • KORREKTUREN finden Sie auch den Befehl AUTO-TONWERTKORREKTUR. Die Tastenkombination dazu ist ⌨Strg/⌘+⇧+L. Wenn Sie diese Option einsetzen, regelt Photoshop die Tonwertkorrektur automatisch. Bedenken Sie aber, dass Auto-Funktionen niemals das kritische Auge des Betrachters ersetzen können.

Abbildung 7.17 ▼
So wirkt sich die Tonwertkorrektur im Vergleich aus.

Falls die VORSCHAU rechts im Dialogfenster angewählt ist, sehen
Sie die Auswirkungen direkt im Bild. Bestätigen Sie mit OK. Das
sieht doch schon wesentlich besser aus, oder?

Durch das Verschieben des mittleren (grauen) Reglers haben Sie
die Mitteltöne ausgerichtet. Als Faustregel sollte dabei gelten:
Versuchen Sie immer, den grauen Regler so einzustellen, dass
sich links und rechts von ihm eine gleich große schwarze Histo-
grammfläche befindet – sofern es sich um eine Aufnahme handelt, die nicht von besonderen Höhen oder Tiefen lebt. Nacht-
oder Gegenlichtaufnahmen haben natürlich ihre eigenen Regeln.
Verlassen Sie sich bei solchen Bildern lieber auf Ihr Augenmaß.

Checkliste: Tonwertkorrektur mittels Histogramm

1. Öffnen Sie den Dialog TONWERTKORREKTUR.
2. Richten Sie die Tiefen aus: Bewegen Sie den schwarzen Schieberegler nach rechts bis zum Beginn der Histogrammerhebung.
3. Richten Sie die Lichter aus: Schieben Sie den weißen Schieberegler nach links, ebenfalls bis zum Beginn der Histogrammerhebung.
4. Richten Sie die Mitteltöne aus: Schieben Sie den Regler mittig
   zwischen Tiefen- und Lichterregler.

Schritt für Schritt: Eine professionelle Tonwertkorrektur

Bilder/Downhill.tif

Der letzte Schritt aus der vorangegangenen Schritt-für-Schritt-
Anleitung war die Arbeit »fürs Grobe«. Oft reicht eine solche Kor-

rektur schon aus. Wenn Sie es aber ganz genau wissen wollen und vielleicht noch analysieren wollen, wo denn der dunkelste oder hellste Punkt des Fotos zu finden ist, dann gehen Sie folgendermaßen vor:

1 Aufnahme begutachten

Öffnen Sie »Downhill.tif«, und begutachten Sie das Bild. Zu wenig Zeichnung? Da schließe ich mich an. Die Farben leuchten nicht, das Foto hat einen Grauschleier.

© Lothar Wandtner / PIXELIO

◄ **Abbildung 7.18**
Leider ist dieses Foto ziemlich grau.

2 Schwellenwert benutzen

Zunächst muss der Schwarzpunkt (dunkelster Bereich der Tiefen) gefunden werden. Denn genau diesen Bereich wollen wir als Schwarz definieren. Aber welcher Bildbereich sollte das sein? Vielleicht die Hose des Radlers? Oder die Reifen? Der Rahmen des Rades? Schwer zu sagen. Wenn der Schwarzpunkt nicht eindeutig zu ermitteln ist, bedienen Sie sich eines einfachen Tricks. Wählen Sie BILD • KORREKTUREN • SCHWELLENWERT ■. (Zu meiner Bestürzung muss ich Ihnen mitteilen, dass es dafür gar keine Tastenkombination gibt.)

Schwellenwert

Bei Anwendung der Schwellenwert-Methode werden alle im Bild befindlichen Pixel auf Schwarz und Weiß reduziert. Je mehr der Schieber unterhalb des Histogramms nun nach links verschoben wird, desto mehr Pixel werden nach Weiß umgewandelt. Eine Verstellung nach rechts bedeutet, dass zunehmend schwarze Pixel eingerechnet werden.

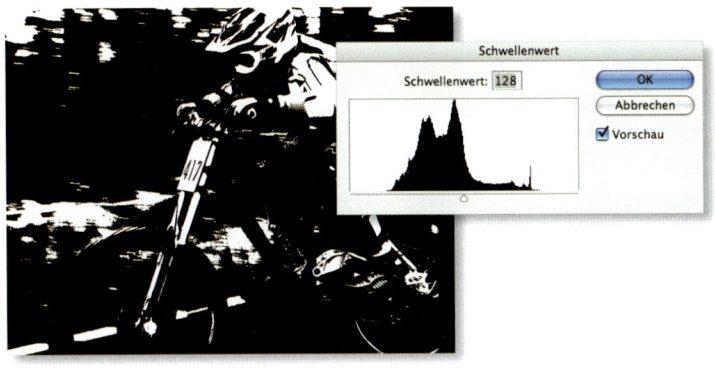

◄ **Abbildung 7.19**
Der recht überschaubare Schwellenwert-Dialog verwandelt das Foto in reales Schwarzweiß.

3 Schwarzpunkt ermitteln

Achten Sie auf das Histogramm im Schwellenwert-Dialog. Dort stellen Sie nämlich den darunter befindlichen Schieber zunächst ganz nach links. Daraufhin dürfte das Foto komplett weiß sein. Regeln Sie nun vorsichtig zurück nach rechts, und stoppen Sie, sobald die ersten Konzentrationen schwarzer Bildelemente auftauchen.

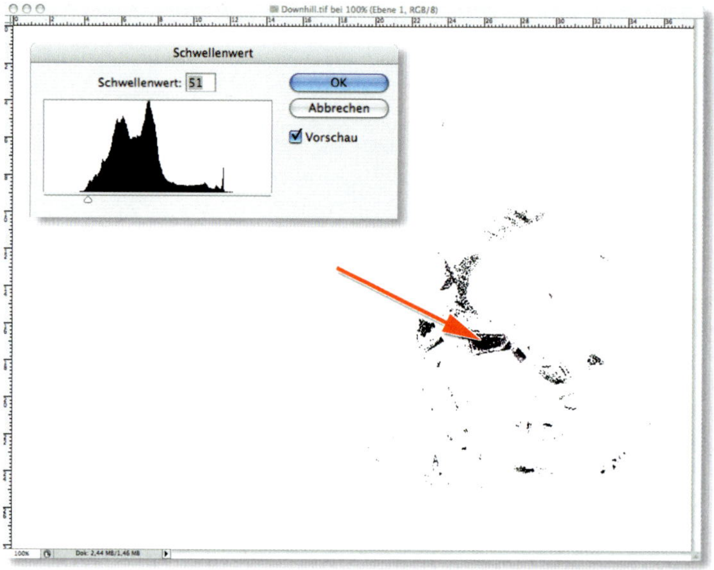

Abbildung 7.20 ►
Hier sollten die ersten schwarzen Bildbereiche sichtbar werden.

Reflexionen ignorieren

Bei der Aufnahme des Weißpunktes soll ja immer der hellste Punkt des Bildes ermittelt werden. Dabei gilt aber: Lassen Sie stark reflektierende oder extreme Helligkeiten heraus. Das Innere einer hell erleuchteten Glühlampe sollten Sie ebenso wenig zum Weißpunkt-Abgleich heranziehen wie Sonnenreflexionen oder die chromblitzende Stoßstange eines Autos. Anderenfalls würde das Bild zu dunkel – und solche Punkte sollen ja überstrahlen.

Aber welche Stelle ist das nun? Anhand der wenigen Bildinformationen kann man das ja gar nicht genau sagen. Schalten Sie deshalb Vorschau im Dialogfeld mehrmals kurzzeitig aus. Aha, es handelt sich also um den Rahmen des Bikes.

4 Weißpunkt ermitteln

Nachdem Sie nun wissen, wo der dunkelste Punkt des Bildes ist, ermitteln Sie den hellsten (den Weißpunkt). Dazu bewegen Sie den Schwellenwert-Schieber ganz nach rechts.

Eine anschließende Feinjustierung (nach links zurück) fördert das Ergebnis zutage: das Trikot des Sportlers ■. Merken wir uns diesen Punkt also.

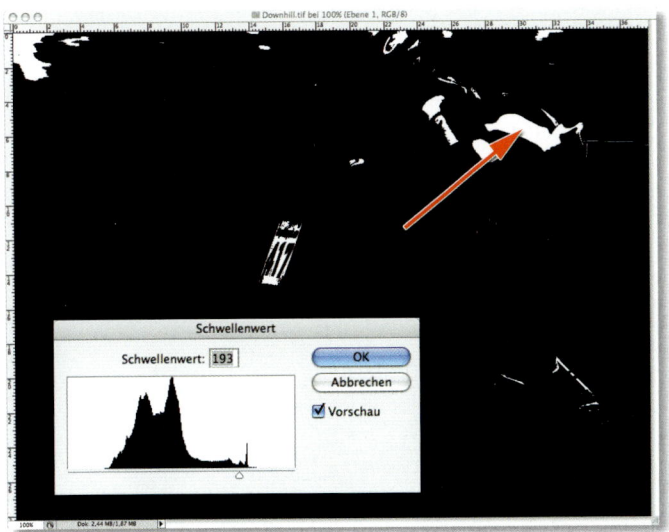

◀ **Abbildung 7.21**
Der hellste Punkt des Fotos

5 Schwellenwert-Dialog abbrechen

So seltsam es sich anhört. Der wichtigste Schritt ist nun, auf ABBRECHEN zu klicken. Ansonsten wäre eine Rückgewinnung der Bildinformationen im weiteren Verlauf ausgeschlossen. (Von Rückgängig-Funktionen einmal abgesehen.)

6 Schwarzpunkt setzen

Öffnen Sie den Dialog TONWERTKORREKTUR (Strg / ⌘ + L). Rechts sehen Sie drei kleine Pipetten. Klicken Sie die linke (schwarz gefüllte) an, und markieren Sie den Punkt, der soeben als Schwarzpunkt definiert worden ist. ■

◀ **Abbildung 7.22**
Dieser Mausklick wird das Foto enorm kräftigen.

7 **Weißpunkt setzen**

Schalten Sie anschließend im Tonwertkorrektur-Dialog auf die rechte (weiß gefüllte) Pipette um, und klicken Sie auf den zuvor ermittelten Weißpunkt des Bildes ■, also das Shirt des Fahrers.

Abbildung 7.23 ▶
Setzen Sie einen Mausklick auf diese Stelle.

Punkte korrigieren

Falls Sie versehentlich einmal einen falschen Punkt angewählt haben, klicken Sie einfach erneut auf die richtige Stelle. Möchten Sie zum ursprünglichen Zustand zurückkehren, ohne den Tonwertkorrektur-Dialog verlassen zu müssen, halten Sie einfach [Alt]/[⌥] gedrückt. Dadurch wird die Schaltfläche ABBRECHEN zu ZURÜCKSETZEN.

8 **Graupunkt setzen**

Den folgenden Schritt sollten Sie nur dann machen, wenn Sie sicher sind, dass Sie eine Stelle im Foto ausfindig machen können, die exakt neutral grau ist. Wenn Sie nämlich hier statt neutralem Grau eine Farbe erwischen, bringen Sie einen Farbstich ins Bild. Und das kann ja unmöglich Sinn und Zweck einer Korrektur sein.

Aktivieren Sie die mittlere Pipette, und klicken Sie damit auf den Schoner am Ellenbogen des Fahrers. Schauen Sie sich dazu die Abbildung an. Bestätigen Sie anschließend mit OK. (Sollten Sie jetzt einen Farbstich herbeigeführt haben, wiederholen Sie den Mausklick an einer leicht versetzten Stelle.)

Abbildung 7.24 ▶
Jetzt wird sogar noch die Farbe korrigiert.

Checkliste: Tonwertkorrektur mittels Schwarz- und Weißpunkt

1. Ermitteln Sie den Schwarzpunkt.
2. Sollten Sie sich nicht sicher sein, öffnen Sie den Schwellen-wert-Dialog über BILD • KORREKTUREN • SCHWELLENWERT.
3. Verschieben Sie den Regler ganz nach links und dann langsam zurück. Der erste Bildpunkt, der erscheint, ist der Schwarz-punkt.
4. Ermitteln Sie den Weißpunkt.
5. Sollten Sie sich nicht sicher sein, öffnen Sie den Schwellen-wert-Dialog über BILD • KORREKTUREN • SCHWELLENWERT.
6. Verschieben Sie den Regler ganz nach rechts und dann lang-sam zurück. Der erste Bildpunkt, der erscheint, ist der Weiß-punkt.
7. Klicken Sie im Dialog SCHWELLENWERT auf ABBRECHEN.
8. Öffnen Sie den Dialog TONWERTKORREKTUR.
9. Klicken Sie auf die linke, schwarze Pipette, und setzen Sie den Schwarzpunkt.
10. Klicken Sie auf die rechte, weiße Pipette, und setzen Sie den Weißpunkt.
11. Optional: Klicken Sie auf die mittlere Pipette, und setzen Sie einen Graupunkt.
12. Klicken Sie auf OK.

▲ **Abbildung 7.25**
Hier sehen Sie das Ergebnis im direkten Voher-nachher-Vergleich.

7.2.1 Messpunkte setzen

Die beiden so wichtigen Punkte innerhalb des Fotos hätten Sie übrigens auch vorab markieren können. Deshalb wollen wir kurz aufzeigen, wie das vonstatten ginge. Allerdings gibt es noch eine Schwierigkeit dabei: Sie können nämlich keine Punkte setzen, während der SCHWELLENWERT-Dialog geöffnet ist. Deshalb erhalten Sie in der nächsten Schritt-für-Schritt-Anleitung einen nütz-lichen Tipp.

Schritt für Schritt: Tonwertkorrektur mit Messpunkten

Bilder/Downhill.tif

Machen Sie die letzten Schritte noch einmal rückgängig, oder speichern Sie das Ergebnis unter einem anderen Namen. Danach öffnen Sie das Original »Downhill.tif«.

1 Farbaufnahme-Werkzeug einstellen

Aktivieren Sie in der Werkzeugleiste das Farbaufnahme-Werkzeug ⓘ. Es befindet sich in einer Gruppe mit dem Pipette-Werkzeug.

Duplizieren Sie die Ebene zweimal. Das geht am schnellsten, indem Sie zweimal ⌨Strg/⌘ + Ⓙ betätigen. Jetzt befinden sich drei Ebenen im Ebenen-Bedienfeld.

▲ **Abbildung 7.26**
Dieses Tool erzeugt Markierungen auf dem Foto.

Abbildung 7.27 ▶
Das Foto besteht aus drei gleichen Ebenen.

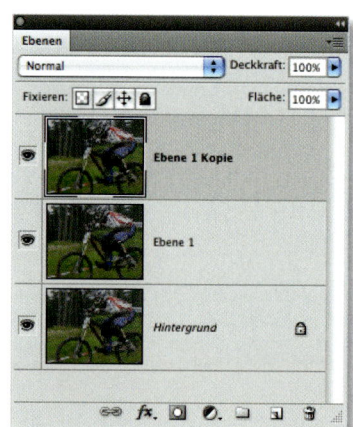

2 Schwellenwert anpassen

Gehen Sie in das Menü, und stellen Sie BILD • KORREKTUREN • SCHWELLENWERT ein. Danach suchen Sie auf die zuvor beschriebene Weise den Schwarzpunkt. Sie wissen ja: Regler nach links und dann langsam wieder nach rechts, bis die ersten Konzentrationen schwarzer Pixel auftauchen. Diesmal beenden Sie das Ganze aber mit OK.

3 Schwarzpunkt markieren

Markieren Sie jetzt die unterste Ebene (HINTERGRUND) innerhalb des Ebenen-Bedienfelds, und klicken Sie mit dem Farbaufnahme-

Werkzeug auf die schwarzen Konzentrationen im Foto. Ein kleines Fadenkreuz wird sichtbar. (Den Hintergrund mussten Sie markieren, damit der Punkt nicht auf der Schwellenwert-Ebene landet. Diese wird nämlich im nächsten Schritt gelöscht.)

◄ **Abbildung 7.28**
Der Schwarzpunkt ist markiert.

4 Ebene löschen

Löschen Sie jetzt die oberste Ebene im Ebenen-Bedienfeld, indem Sie diese mit gedrückter Maustaste auf den Papierkorb in der Fußleiste ziehen. Danach sollten noch der HINTERGRUND und EBENE 1 übrig sein.

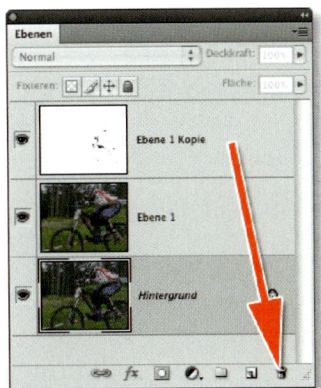 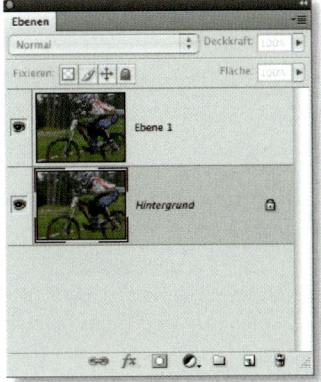

◄ **Abbildung 7.29**
Trennen Sie sich von der Schwellenwert-Ebene.

5 Weißpunkt markieren

Markieren Sie jetzt die oberste Ebene, und weisen Sie erneut den Schwellenwert zu. Suchen Sie hier den Weißpunkt, und bestätigen Sie ebenfalls mit OK. Jetzt aktivieren Sie wieder die unterste Ebene (Hintergrund) und platzieren auch hier wieder einen Pipetten-Punkt an der gewünschten Stelle.

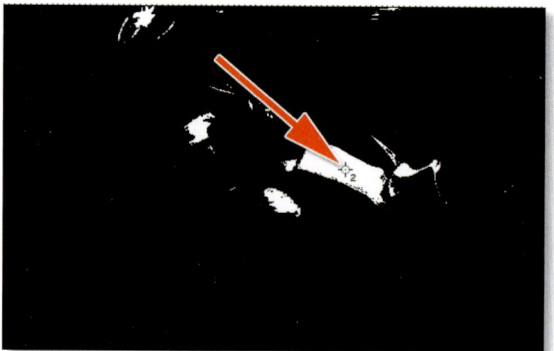

Abbildung 7.30 ▶
Der zweite Messpunkt wird platziert.

6 Ebene löschen

Damit hat auch diese Schwellenwert-Ebene ihren Dienst verrichtet und kann gelöscht werden. Ziehen Sie sie dazu einfach auf den Papierkorb in der Fußleiste der Ebenen-Palette. Übrig bleibt der Hintergrund – nebst zwei Markierungen. Jetzt können Sie auf die zuvor beschriebene Weise mit der Tonwertkorrektur fortfahren.

Abbildung 7.31 ▶
Die Messpunkte vereinfachen das Auffinden der relevanten Stellen.

7 Aufnahmepunkte löschen

Sicher möchten Sie jetzt noch wissen, wie Sie die Farbaufnahme-Kreise wieder loswerden, oder? Nichts leichter als das: Ein Klick auf LÖSCHEN in der Optionsleiste macht ihnen den Garaus.

◄ **Abbildung 7.32**
Die Punkte werden entfernt.

Checkliste: Tonwertkorrektur mit dem Farbaufnahme-Werkzeug

1. Aktivieren Sie das FARBAUFNAHME-WERKZEUG $\boxed{\text{I}}$.
2. Erzeugen Sie zwei Ebenen-Duplikate.
3. Wenden Sie auf die oberste Ebene den Modus SCHWELLEN-WERT an, und suchen Sie erste schwarze Pixelkonzentrationen. Bestätigen Sie mit OK.
4. Markieren Sie den Hintergrund, und setzen Sie ein Farbaufnahme-Kreuz.
5. Löschen Sie die oberste Ebene.
6. Wenden Sie auf die oberste Ebene den Modus SCHWELLEN-WERT an, und suchen Sie erste weiße Pixelkonzentrationen. Bestätigen Sie mit OK.
7. Markieren Sie den Hintergrund, und setzen Sie das zweite Farbaufnahme-Kreuz.
8. Löschen Sie die oberste Ebene.
9. Öffnen Sie den Dialog TONWERTKORREKTUR über $\boxed{\text{Strg}}$/ $\boxed{\text{⌘}}$+$\boxed{\text{L}}$.
10. Aktivieren Sie die Schwarz-Pipette, und klicken Sie damit auf das zuerst gesetzte Farbaufnahme-Kreuz.
11. Aktivieren Sie die Weiß-Pipette, und klicken Sie damit auf das zuletzt gesetzte Farbaufnahme-Kreuz.
12. Optional: Setzen Sie einen Graupunkt über die Grau-Pipette, sofern sich neutral graue Pixel im Bild ausmachen lassen.

7.3   Einstellungsebenen

Sie haben in den vorangegangenen Workshops bereits erfahren, wie Sie Tonwerte, Tiefen und Lichter sowie Schwellenwerte direkt beeinflussen können. Das Problem ist aber, dass diese Korrekturen tatsächlich »direkt« auf das Bild wirken.

7.3.1   Probleme bei der direkten Korrektur

Stellen Sie sich vor, Sie müssten das Foto jetzt doch noch einmal nachkorrigieren. Vielleicht haben Sie etwas übersehen, oder Sie bearbeiten das Foto für einen Auftraggeber, der nun einwendet, dass ihm die Korrektur doch ein wenig zu stark sei. Dann stehen Sie jetzt vor dem Problem, dass Sie eine erneute Korrektur auf Grundlage des bisherigen Ergebnisses machen müssten – und leider nicht auf Grundlage des Originals. Das bedeutet aber, dass Sie ein Foto korrigieren müssen, das schon längst nicht mehr über alle Bildinformationen verfügt. Die Qualität wäre dahin. Dazu ein Beispiel: Öffnen Sie doch einmal »Downhill.tif«. Drücken Sie [Strg]/[⌘]+[L], um den TONWERTKORREKTUR-Dialog zu öffnen, und betrachten Sie das Histogramm. Danach machen Sie das Gleiche mit »Downhill_fertig.tif« aus dem ERGEBNISSE-Ordner.

Abbildung 7.33 ▶
Das Histogramm des Originals (links) und des nachbearbeiteten Fotos (rechts)

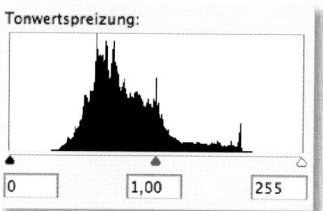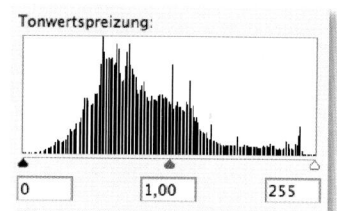

Nun sehen Sie im rechten Histogramm (es repräsentiert das nachbearbeitete Foto) vertikal verlaufende weiße Linien. Diese sind ein Indiz dafür, dass es durch die Korrektur (die Tonwert-Spreizung) zu Bildverlusten gekommen ist. Diese Informationen sind jetzt verloren. Und Sie können sich denken, was passiert, wenn Sie eine erneute Korrektur vornehmen: Es kommt abermals zu Verlusten.

7.3.2 Einstellungsebenen statt Direkt-Korrektur

Genau hier greifen die Einstellungsebenen. Bei einer derartigen Korrektur werden die Einstelloptionen nämlich nicht direkt an das Bild übergeben, sondern in einer separaten Ebene gespeichert. Dadurch bleibt das Bild im Original unangetastet – und wirkt erst durch Hinzufügen einer Einstellungsebene entsprechend. Das sehen wir uns am besten mal in einem Workshop an:

Schritt für Schritt: Mit Einstellungsebenen korrigieren

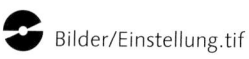
Bilder/Einstellung.tif

Öffnen Sie das Beispielbild »Einstellung.tif«, und begutachten Sie es. Klar, es wirkt gräulich und trägt keine wirkliche Dynamik in sich.

© Renate Klaßen

◄ **Abbildung 7.34**
Hier muss eine Tonwert-
korrektur her.

1 Einstellungsebene erstellen

Nun sind Einstellungsebenen prinzipiell nicht neu in Photoshop
CS4. Sie konnten Einstellungsebenen auch in Vorgänger-Versio-
nen schon einsetzen, und zwar, indem Sie das kleine Icon EIN-
STELLUNGSEBENE ERSTELLEN in der Fußleiste des Ebenen-Bedienfelds markiert haben (das schwarzweiße Kreis-Icon).

Das ist aber jetzt nicht mehr erforderlich, da Photoshop CS4
eindrucksvoll um das Bedienfeld KORREKTUREN erweitert worden ist (FENSTER • KORREKTUREN). Klicken Sie doch einmal auf die
zweite Schaltfläche. Sie ist in der QuickInfo mit NEUE TONWERT-
KORREKTUR-EINSTELLUNGSEBENE ERSTELLEN betitelt.

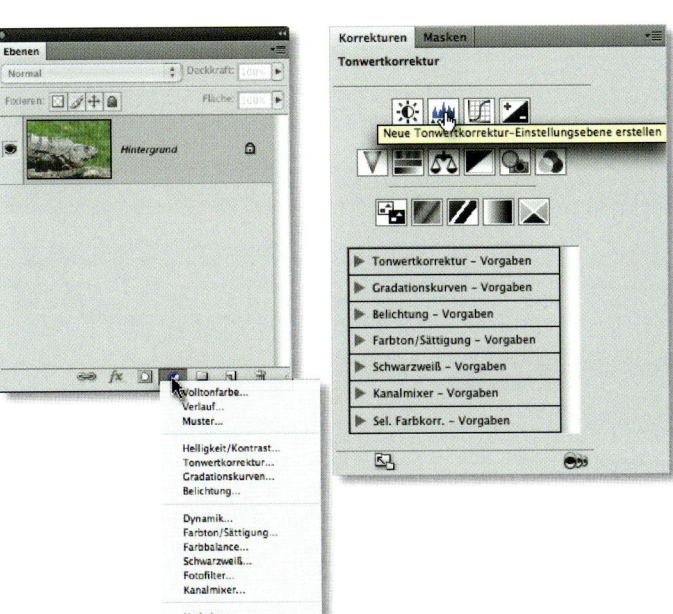

◄◄ **Abbildung 7.35**
Der ursprüngliche Weg führte
über das Ebenen-Optionsfeld.

◄ **Abbildung 7.36**
Ganz neu in Photoshop CS4 –
das KORREKTUREN-Bedienfeld

Werfen Sie auch mal einen Blick auf das Ebenen-Bedienfeld. Hier ist jetzt eine neue Ebene, die Einstellungsebene, hinzugefügt worden.

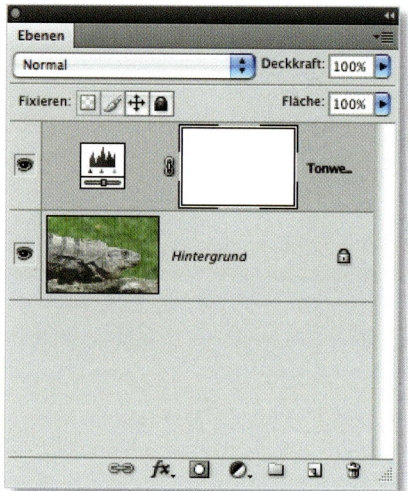

Abbildung 7.37 ▶
Die Einstellungsebene TON-WERTKORREKTUR ist hinzugefügt worden.

2 **Tonwerte einstellen**

Das Korrekturen-Bedienfeld hat sich ebenfalls geändert. Hier sehen Sie jetzt nämlich ebenfalls ein Histogramm sowie die drei bereits bekannten Schieberegler (Schwarz, Weiß und Grau) unterhalb. Und damit lässt sich die Korrektur vornehmen. Schieben Sie den schwarzen Regler an das Histogramm heran.

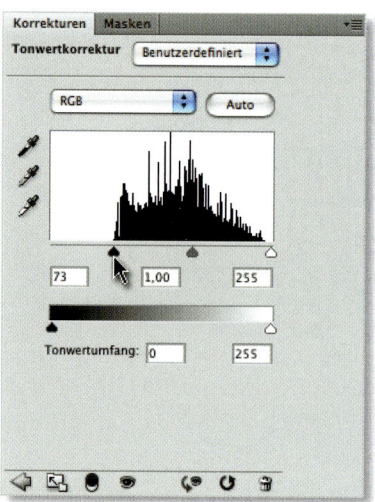

Abbildung 7.38 ▶
Das Foto wird direkt im Korrekturen-Bedienfeld eingestellt.

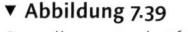

3 **Graupunkt einstellen**

Jetzt bewegen Sie noch den Graupunkt etwas nach links. Ein Wert um »1,20« sollte ausreichen. Das war's schon. Weitere interessante Optionen folgen im Anschluss. Einen Vorher-nachher-Vergleich können Sie übrigens erhalten, indem Sie das Augen-Symbol der Einstellungsebene kurzzeitig deaktivieren.

▼ **Abbildung 7.39**
So soll es sein: kräftige Kontraste für kräftige Reptilien.

7.3.3 Keine Bildverluste

Markieren Sie doch jetzt einmal die Ebene unterhalb der Einstellungsebene. Danach gehen Sie in BILD • KORREKTUREN • TONWERTKORREKTUR. Wie Sie sehen, ist dieses Histogramm trotz der Korrektur vollkommen unverändert. Das bedeutet: Auch das Foto selbst ist prinzipiell unverändert.

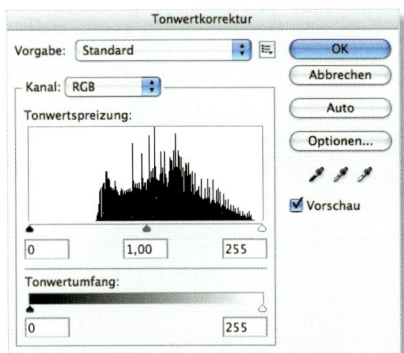

◄ **Abbildung 7.40**
Es haben keinerlei Veränderungen stattgefunden.

Wenn Sie jetzt noch einmal nachkorrigieren wollen, müssen Sie nichts weiter tun, als die Tonwertkorrektur-Ebene im Ebenen-Bedienfeld zu markieren – und schon steht Ihnen im Korrekturen-Bedienfeld wieder das Histogramm zur Verfügung. Und dort können Sie fortan verlustfrei korrigieren, so oft Sie wollen.

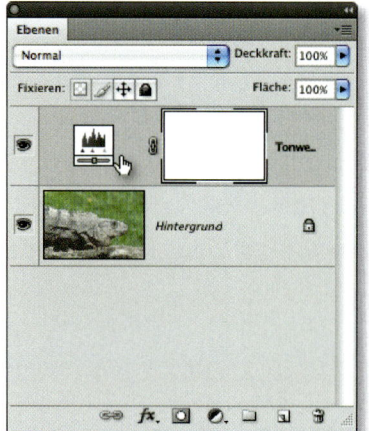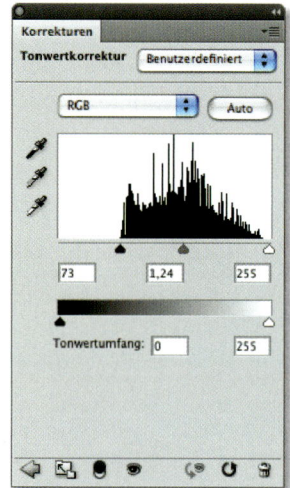

Abbildung 7.41 ▶
Bei aktivierter Tonwertkorrektur-Ebene kann die Einstellung
nachjustiert werden.

7.3.4 Einstellungsebene vs. Direkt-Korrektur

Aber warum soll nun ein Foto nicht immer mit einer Einstellungsebene korrigiert werden? Das Ganze funktioniert natürlich nur
so lange, wie Sie auch ein Dateiformat benutzen, das Ebenen
unterstützt (PSD, TIFF). Wenn keine Ebenen unterstützt werden,
können auch keine Einstellungsebenen erhalten bleiben. Deshalb könnten Sie Folgendes daraus ableiten: Wenn Sie noch nicht
genau wissen, ob Sie das Foto noch einmal nachjustieren müssen, sollten Sie auf jeden Fall eine Einstellungsebene verwenden.
Wenn Sie das Foto hingegen definitiv nicht mehr nachkorrigieren
werden, ist der direkte Weg über die Menü-Korrekturen empfeh-
lenswert.

Prinzipiell lässt sich aber auch mit einer Einstellungsebene
arbeiten und das Foto anschließend über das Bedienfeld-Menü
der Ebenen-Palette Auf Hintergrundebene reduzieren. (Alternativ geht es auch über das Menü Ebene • Auf Hintergrundebene reduzieren.) Das löst die Einstellungsebene auf und übergibt die Werte direkt an das Foto.

7.3.5 Einstellungsebenen maskieren

Mit Einstellungsebenen haben Sie aber noch eine zweite, her-
ausragende Möglichkeit in petto. Sie können nämlich die Einstellungen maskieren, die soeben vorgenommen worden sind. Das

bedeutet: Sie bestimmen, wo die Korrektur greifen soll und wo nicht. Dazu markieren Sie zunächst die weiße Fläche auf der Einstellungsebene (Maskenminiatur).

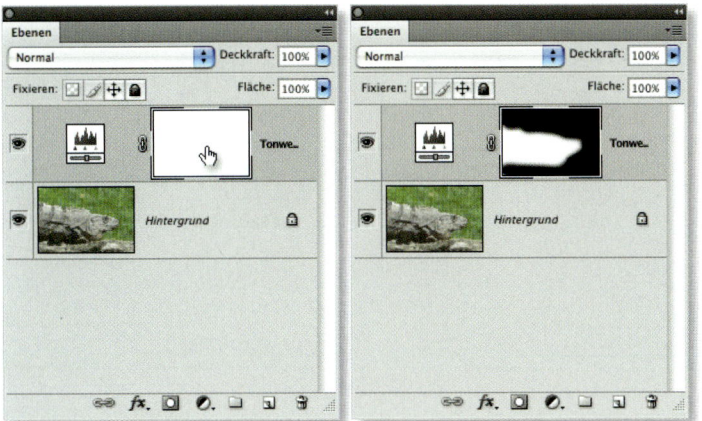

◄◄ **Abbildung 7.42**
Für die punktuelle Bearbeitung muss die Maske angewählt sein.

◄ **Abbildung 7.43**
Wo Tonwertkorrekturen greifen sollen, bestimmen Sie mit einer Maske.

Jetzt aktivieren Sie einen Pinsel ☐B und malen mit schwarzer Vordergrundfarbe (zuerst ☐D, dann ☐X) über alle Bereiche des Fotos, die nicht mit der soeben eingestellten Tonwertkorrektur versehen werden sollen (z. B. über den Stein und den Rasen hinter der Echse). Sollten Sie einmal zu viel übermalt haben, wissen Sie ja, was zu tun ist: ☐X drücken, die Stelle noch einmal übermalen, erneut ☐X drücken und weiter maskieren.

7.3.6 Korrekturen begrenzen

Wichtig ist noch zu wissen, dass sich die Korrektur jetzt auf alle Ebenen auswirkt, die sich unterhalb der Tonwertkorrektur-Ebene befinden. Wenn Sie also eine Komposition erstellt haben, auf der mehrere Ebenen sichtbar sind, wirkt sich die Einstellung auf das gesamte Bild aus. Wenn Sie das unterbinden wollen und eine Einstellungsebene nur Gültigkeit für die darunter befindliche Ebene haben soll, dann müssen Sie das folgendermaßen einstellen: Klicken Sie auf das Symbol mit den beiden Kreisen in der Fußleiste des Korrekturen-Bedienfeldes. Im Ebenen-Bedienfeld wird daraufhin die Tonwertkorrektur-Ebene eingerückt – ein Indiz dafür, dass sie jetzt nur auf die direkt darunter befindliche Ebene wirken kann.

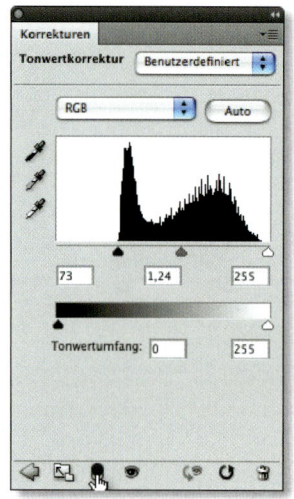
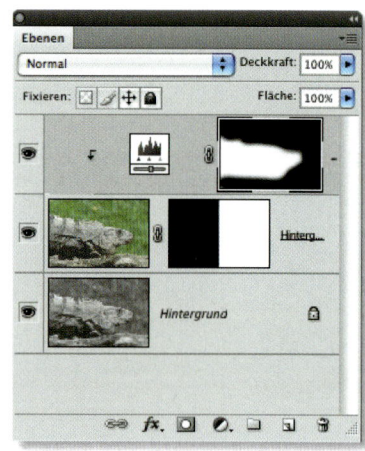

Abbildung 7.44 ▶
Mal ehrlich – noch mehr Individualität bei der Bildkorrektur geht doch gar nicht, oder?

7.4 Helligkeit und Kontrast korrigieren

▶ **Video-Training**

Erfahren Sie mehr über die Korrektur von Kontrasten in Video-Lektion 3.2 auf der Buch-DVD.

Als Kontrast bezeichnet man die Spanne zwischen dem hellsten und dem dunkelsten Punkt eines Bildes. Fotos mit hohem Kontrastumfang sind natürlich wesentlich ansprechender. Allerdings war es nicht immer unproblematisch, Helligkeits- und Kontrastveränderungen an einem Bild vorzunehmen. Gerade bei der Erhöhung von Kontrasten bestand oft die Gefahr, dass Details im Bild (wie z. B. dünne Äste und Ähnliches) verloren gingen. Da dem Ganzen aber mittlerweile ein veränderter Umrechnungsmodus zugrunde liegt, können Sie ruhig auch einmal mit HELLIGKEIT/KONTRAST nachhelfen – aber bitte nur dann, wenn der Korrekturbedarf insgesamt nicht allzu groß ist.

Schritt für Schritt: Bildkontraste verbessern

1 Bild duplizieren

Bilder/Walking.tif

Nachdem Sie das Beispielfoto »Walking.tif« geöffnet und begutachtet haben, sollten Sie es einmal duplizieren. Wir wollen nämlich zwei verschiedene Methoden anwenden und beide anschließend miteinander vergleichen. Entscheiden Sie sich deshalb für BILD • DUPLIZIEREN.

© Alan Rainbow / PIXELIO

◄ **Abbildung 7.45**
Auch dieses Foto charakterisiert
eher Waschküchen-Stimmung.

▇2 Helligkeit/Kontrast korrigieren

Klicken Sie im Korrekturen-Bedienfeld bitte einmal auf das
schwarzweiße Sonnen-Symbol, also den ersten Button. Ziehen
Sie den Schieberegler KONTRAST ❷ anschließend im Korrekturen-
Bedienfeld ganz nach rechts. Sie sehen, dass Sie nicht mehr gren-
zenlos viel verstellen können. Helfen Sie mit einer Absenkung der
HELLIGKEIT ❶ noch ein wenig nach.

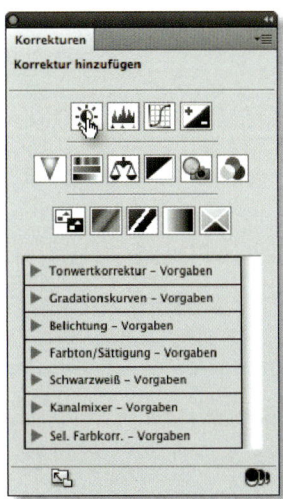
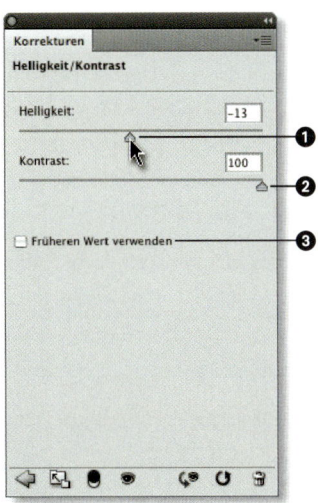

◄ **Abbildung 7.46**
Senken Sie die Helligkeit noch
etwas ab.

▇3 Früheren Wert verwenden

Nur zur Info: Nun findet sich hier auch eine Checkbox mit dem
klangvollen Namen FRÜHEREN WERT VERWENDEN ❸. Wenn Sie
diese aktivieren würden, könnten Sie viel mehr nachregulie-
ren. Aber das Ganze ist deshalb problematisch, weil jetzt wieder Details im Bild verloren gehen. Sie können das gern einmal

ausprobieren. Achten Sie auf das Geäst im Hintergrund und die Streben des Geländers. Hier gehen Details verloren. Keine gute Funktion also, weshalb Sie FRÜHEREN WERT VERWENDEN lieber abwählen und die Einstellparameter des vorangegangenen Schrittes wieder anwenden sollten.

Abbildung 7.47 ▶
Mit zunehmender Korrektur-Intensität verschwinden die Details im Geäst.

4 Kontrast kanalweise verbessern

Jetzt markieren Sie bitte das Duplikat, das Sie im ersten Schritt erstellt haben, und gehen hier über das Menü BILD • KORREKTUREN • TONWERTKORREKTUR. Klicken Sie hier einmal auf den Button OPTIONEN. Im folgenden Dialog entscheiden Sie sich für den Radiobutton KONTRAST KANALWEISE VERBESSERN. Verlassen Sie beide Dialoge mit einem Klick auf OK.

Na, welches der beiden korrigierten Fotos gefällt Ihnen besser? Die letzte Datei ist mit »Walking_fertig.tif« betitelt und befindet sich im ERGEBNISSE-Ordner.

Abbildung 7.48 ▼
Ein Foto, drei Ergebnisse: links das Original, in der Mitte die Kontrast-Korrektur, rechts die kanalweise Kontrastkorrektur.

7.5 Abwedeln und Nachbelichten

Neben den klassischen Korrekturmöglichkeiten hält Photoshop auch Werkzeuge bereit, die sich direkt auf das Bild anwenden lassen. Damit können Sie dann die Belichtung ganz individuell steuern und geradezu auf das Bild »auftragen«.

Schritt für Schritt: Belichtung punktuell verbessern

Das Foto »Nachbelichten.tif« soll jetzt punktuell mit dem Nachbelichter bearbeitet werden.

Bilder/Nachbelichten.tif

1 Ebene duplizieren
Öffnen Sie das Beispielfoto, und stellen Sie ein Duplikat der Ebene her, indem Sie EBENE • NEU • EBENE DURCH KOPIE wählen. (Obwohl es ja eigentlich schneller über ⌜Strg⌟/⌜⌘⌟+⌜J⌟ ginge.) Die Kopie ist zwar für das Ergebnis nicht erforderlich, aber so erhalten Sie später einen komfortablen Vorher-nachher-Vergleich.

© Bernd Sterzl / PIXELIO

◄ **Abbildung 7.49**
Hier werden jetzt Abwedler und Nachbelichter eingesetzt.

2 Nachbelichter aktivieren
Suchen Sie in der Toolbox das Nachbelichter-Werkzeug aus. Es befindet sich standardmäßig hinter dem Abwedler.

▲ **Abbildung 7.50**
Mit dem Nachbelichter geht es weiter.

3 Werkzeug einstellen
Der Nachbelichter erlaubt es, Fotos stellenweise abzudunkeln. Und genau das sollten Sie jetzt mit dem Moos machen. Zunächst müssen Sie das Tool aber in der Optionsleiste einstellen. Nehmen Sie eine weiche Pinselspitze von etwa 80 Px. Stellen Sie

zudem die MITTELTÖNE ein, und verwenden Sie eine BELICHTUNG von 50% (dies regelt die Intensität des Werkzeugs). Achten Sie darauf, dass TONWERTE SCHÜTZEN aktiv ist. Diese neue Option sorgt dafür, dass die Beschneidung von Tiefen und Lichtern bei der anschließenden Korrektur möglichst gering gehalten wird. So bleiben die Strukturen erhalten.

Abbildung 7.51 ►
So sollte der Nachbelichter eingestellt sein.

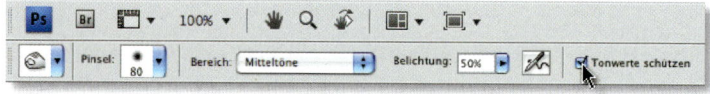

4 Abwedeln und nachbelichten

Wischen Sie jetzt vorsichtig über das Moos, das daraufhin dunkler wird. Wenn Sie das Holz im Gegenzug etwas aufhellen wollen, schalten Sie auf den Abwedler um, und benutzen Sie auch hier eine weiche Spitze. Allerdings sollten Sie die BELICHTUNG auf maximal »30%« heruntersetzen. Der Abwedler reagiert ansonsten zu stark. Wischen Sie damit über die Kopffläche des Baumstammes.

5 Bilder vergleichen

Einen Vorher-nachher-Vergleich erhalten Sie, indem Sie die oberste Ebene vorübergehend ausschalten. Am Schluss sollten Sie einmal [Strg]/[⌘] + [E] drücken, damit beide Ebenen zu einer verschmolzen werden.

Abbildung 7.52 ▼
So lässt sich die Belichtung steuern.

Kapitel 8

Farbkorrekturen

Korrekturen und Verfremdungen

Sie werden lernen:

▸ Wie verändere ich Gradationskurven?

▸ Wie wird Farbe in Bildern durch eine andere ersetzt?

▸ Wie korrigiere ich die Sättigung?

▸ Wie kann ich Farben verfremden?

▸ Wie werden die Farben eines Bildes auf ein anderes übertragen?

▸ Wie wird koloriert?

▸ Wie kann ich die Farbe aus Bildern entfernen?

8   Farbkorrekturen

Tonwertspreizung? Gradationskurven? Sättigung? Da kann einem ja schwindelig werden! Es besteht aber überhaupt kein Grund, vor diesen Begriffen zurückzuschrecken. Sie werden sehen, dass die Bezeichnungen selbst viel befremdlicher sind als die Anwendung dieser Funktionen. Wetten, dass Sie am Ende des Kapitels genauso denken? Mit diesen seltsam klingenden Techniken holen Sie nämlich aus Ihren Bildern das Allerletzte heraus – und erreichen Ergebnisse, die sich wirklich sehen lassen können.

8.1   Farben über Gradationskurven sättigen

Bei der Veränderung durch die Tonwertkorrektur (siehe das vorangegangene Kapitel) haben Sie Einfluss auf zwei wesentliche Punkte eines Bildes – den Schwarz- und den Weißpunkt. Falls neutrales Grau vorhanden ist, können Sie auch noch auf diesen Punkt einwirken. Das hat natürlich intern auch Auswirkungen auf die Farben und Farbkanäle. Ähnlich verhält es sich mit der Gradation. Allerdings gewinnt man bei Veränderung der Gradation noch mehr den Eindruck, die Farben würden gekräftigt. Hier wird nämlich der gesamten Tonwertbereich der Farbkanäle beeinflusst. Das heißt, die Farben können intensiviert werden und kommen somit satter heraus.

Gradation mit Pipetten

Auch bei der Gradationskurve werden Ihnen Pipetten zur Verfügung gestellt. Sie sind also imstande, die Gradation nach dem gleichen Muster durchzuführen, wie in Abschnitt 7.2, »Tonwertkorrektur«, beschrieben. In der Praxis bietet sich aber die hier beschriebene S-Kurven-Methode an.

8.1.1   Gradation im gesamten Foto anheben

Nun ist es überhaupt nicht schlimm, wenn das blaue Meer etwas blauer, die grüne Palme etwas grüner und der goldgelbe Sand etwas goldgelber ist. Aber soll die rote Haut noch etwas roter werden? Das geht doch nicht. Daher wollen wir den Gebrauch der Gradationskurven anhand zweier Beispiele vertiefen. Beginnen wir mit der »Mehr-Farbe-ist-toll-Variante«.

Schritt für Schritt: Gradation im gesamten Foto verbessern

Die Beispieldatei »Gradation_01.tif« könnte ein wenig Aufarbeitung vertragen. Die Zeichnung fehlt, und die Farben dürften ebenfalls etwas kräftiger erscheinen.

Bilder/Gradation_01.tif

◄ **Abbildung 8.1**
Hier sind kräftige Farben leider Fehlanzeige.

1 Einstellungsebene erzeugen

Prinzipiell lassen sich die Gradationskurven über Strg/⌘ + M oder BILD • KORREKTUREN • GRADATIONSKURVEN aktivieren. Damit Sie aber Veränderungen nachträglich noch effektiv korrigieren können, wollen wir hier mit einer Einstellungsebene arbeiten. Entscheiden Sie sich deshalb für den dritten Button des Korrekturen-Bedienfelds (FENSTER • KORREKTUREN).

◄ **Abbildung 8.2**
Zunächst erzeugen Sie eine Gradationskurven-Einstellungsebene.

2 Gradationskurve erzeugen

Nachdem Sie die Hinweise im Kasten gelesen haben ■, wollen wir uns Gedanken über die Kurve machen ... Kurve? Welche Kurve? Stimmt, derzeit handelt es sich lediglich um eine Diagonale, die sich über die Anzeigefläche erstreckt. Aber klicken Sie die Linie doch einmal im oberen rechten Drittel an, und ziehen Sie sie etwas nach oben, ehe Sie die Maustaste loslassen. Gehen Sie hier aber bitte vorsichtig zu Werke, und orientieren Sie sich an der folgenden Abbildung.

Raster verändern

Klicken Sie doch einmal, während Sie Alt/⌥ gedrückt halten, in das große, weiße Feld in der Mitte (nicht auf die Diagonale). Das Raster wird dadurch verfeinert. Führen Sie den Schritt erneut aus, um wieder zum groben Raster zu gelangen.

Abbildung 8.3 ▶
Die erste Anhebung der Gradation

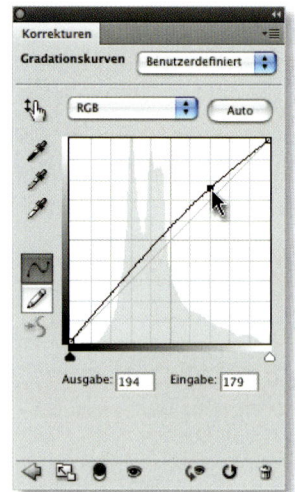

Die S-Kurve ist Trumpf

Sie sollten sich das mit der S-Kurve gut merken, denn sie lässt sich auf alle Bilder anwenden, bei denen es nicht darum geht, Farbstiche zu korrigieren. Wenn Sie also ein farbharmonisches Bild aufwerten möchten, versuchen Sie es immer zuerst mit einer S-Kurve.

Wiederholen Sie den Vorgang, indem Sie die Tangente im unteren linken Drittel anklicken und etwas nach unten ziehen. Sie erreichen so eine S-Kurve – eine typische Methode, um Bilder satter zu machen ■. Hier dürfen Sie auch ruhig etwas mehr ziehen.

Abbildung 8.4 ▶
Formen Sie eine S-Kurve – die klassische Methode, um Gradationen merklich anzuheben.

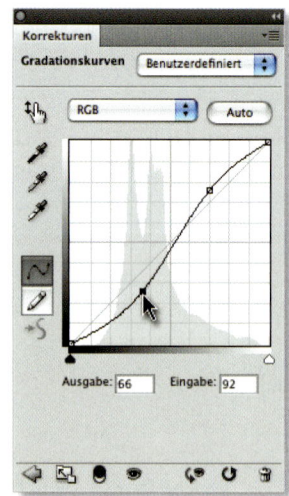

Grundlinienansicht

Sie sehen, dass trotz Verstellung der Kurve die ursprüngliche Diagonale als Referenz erhalten bleibt. Sie wird weiterhin schwachgrau im Hintergrund angezeigt.

▲ **Abbildung 8.5**
Wechseln Sie auf den Blau-Kanal.

3 **Blau-Kanal aktivieren**

Bevor Sie aber nun auf OK klicken, stellen Sie doch im Flyout-Menü RGB noch Blau ein. Da wir einmal dabei sind, sollten wir auch gleich den recht hohen Blau-Anteil im Foto etwas reduzieren. Sie werden sehen, dass dadurch auch das leuchtende das Grün viel besser zur Geltung kommt.

4 Farbbereich ermitteln

Bisher hatten Sie ja alle Farbbereiche im Bild bearbeitet (RGB): Jetzt soll nur ein Kanal verändert werden – aber nicht irgendein Ton darin, sondern ein ganz bestimmter. Schalten Sie deshalb oben links den Direkt-Button ❶ ein. Dieser ermöglicht die Änderung der Gradation direkt im Foto.

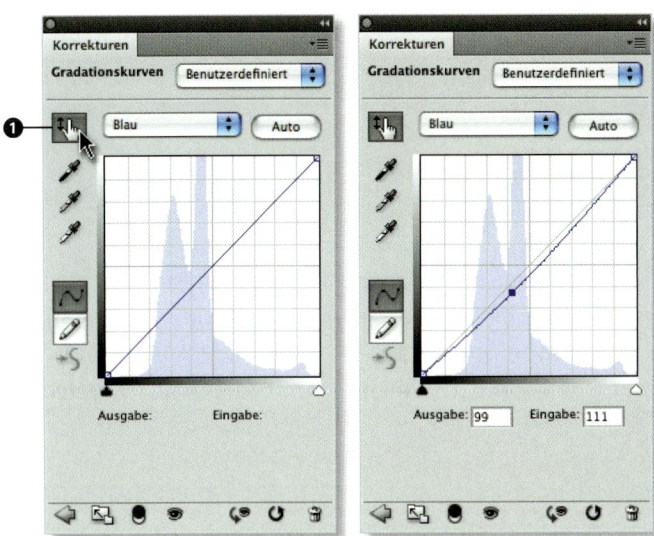

◄◄ **Abbildung 8.6**
Schalten Sie den Direkt-Button ein.

◄ **Abbildung 8.7**
Photoshop hat automatisch einen Punkt hinzugefügt und diesen nach unten verschoben.

Dieser tolle Button macht es möglich, in das Bild hineinzuklicken und dort auf direktem Wege die Farbe zu verändern. Und das geht so: Klicken Sie auf einen Bereich des Gewässers, der ziemlich gleichmäßig ist, halten Sie die Maustaste gedrückt, und bewegen Sie die Maus vorsichtig nach unten. Damit reduzieren Sie den Blau-Anteil, während Sie ihn mit einer Bewegung nach oben erhöhen würden. Schauen Sie sich an, wie sich die Farben im Foto verändern. Aber nicht nur das – auch die Gradationskurve für den Blau-Kanal ändert sich.

5 Optional: Änderung korrigieren

Nun kann es ja durchaus einmal passieren, dass sich das gewünschte Ergebnis nicht einstellt – weil Sie beispielsweise eine falsche Position im Bild markiert haben. Meist wäre ein Farbstich die Folge. In diesem Fall klicken Sie einfach auf den das kleine Quadrat, das der Gradationskurve hinzugefügt worden ist, halten die Maustaste gedrückt und ziehen diese Markierung einfach aus dem Gradationskurven-Feld heraus. Wenn Sie die Maustaste

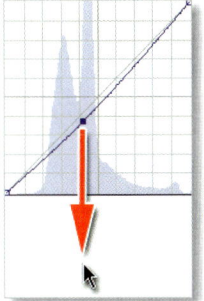

▲ **Abbildung 8.8**
Fehlerhafte Kurvenpunkte werden aus dem Gradationskurven-Feld herausgezogen.

außerhalb des Kurvenfelds loslassen, ist der Punkt verschwunden und die letzte Einstellung verworfen.

▲ **Abbildung 8.9**
Und hier sehen Sie das Ergebnis der umfangreichen Korrekturbemühungen.

Checkliste: Farben in Landschaftsaufnahmen verbessern

1. Erstellen Sie über das Bedienfeld KORREKTUREN eine Einstellungsebene GRADATIONSKURVEN.
2. Um Bilder farblich satter wirken zu lassen, erstellen Sie eine S-Kurve: Die Tangente im unteren Drittel ziehen Sie nach unten, die Tangente im oberen Drittel nach oben.
3. Wenn Sie eine spezielle Farbe bearbeiten möchten, aktivieren Sie den jeweiligen Kanal (im Beispiel BLAU).
4. Schalten Sie die Direkt-Schaltfläche ein.
5. Markieren Sie eine Stelle innerhalb des Bildes, deren Farbe verändert werden soll. Halten Sie die Maustaste gedrückt, und verschieben Sie die Maus nach oben oder unten.

8.1.2 Sättigung partiell anheben

 **Video-Training**

Erfahren Sie Näheres zur selektiven Farbkorrektur in Lektion 3.4 auf der Buch-DVD.

Hat Ihnen die »Mehr-Farbe-ist-toll-Methode« gefallen? Dann sollten Sie auch noch die »Mehr-Farbe-an-den-richtigen-Stellen-ist-toll-Methode« kennenlernen. Sie werden damit nämlich nicht das komplette Bild, sondern nur einzelne Bereiche anheben.

 Schritt für Schritt: Gefieder sättigen

Bilder/Gradation_02.tif

Die Aufnahme in »Gradation_02.tif« ist farblich eigentlich ganz in Ordnung. Allerdings könnte man das Gefieder noch ein wenig kräftigen, was meinen Sie? Das Problem dabei ist nur, dass dann auch der Hintergrund gekräftigt würde. Und das kann das Foto nicht mehr vertragen.

◄ **Abbildung 8.10**
Bei diesem Foto soll nur das Gefieder gekräftigt werden.

1 Gradationskurve erzeugen

Aktivieren Sie wieder den dritten Button innerhalb des Korrekturen-Bedienfelds, und erzeugen Sie eine S-Kurve. Wie das geht, haben Sie ja bereits im letzten Workshop in Erfahrung gebracht.

Nun kann das Foto eine Kräftigung ganz gut vertragen. Ziehen Sie die Punkte also ruhig etwas weiter auseinander, als im vorangegangenen Workshop. Sie sollten sich zudem zu keiner Zeit am Hintergrund, sondern ausschließlich am Gefieder orientieren.

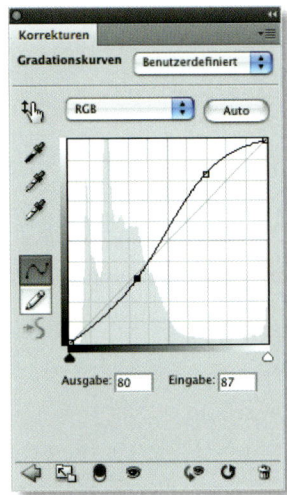

▲ **Abbildung 8.11**
Auch hier muss wieder eine S-Kurve her.

▲ **Abbildung 8.12**
Jetzt ist das Foto eigentlich viel zu kräftig und zu dunkel.

2 Maskenfarbe umkehren

Widmen Sie sich jetzt dem Ebenen-Bedienfeld. Die Maskenminiatur der oberen Ebene (Einstellungsebene) ist jetzt komplett
weiß. Das bedeutet: Alles auf der Ebene ist sichtbar. Somit können Sie die Auswirkungen der Gradationsveränderung auch direkt
im Bild sehen. Das ändert sich, wenn Sie einmal ⌷Strg⌷/⌘+⌷I⌷
drücken. Alternativ dazu können Sie auch einmal auf den Button
UMKEHREN innerhalb des Masken-Bedienfelds klicken. Dadurch
wird die Maskenminiatur schwarz, und die gesamte Gradationsveränderung ist aus dem Bild verschwunden.

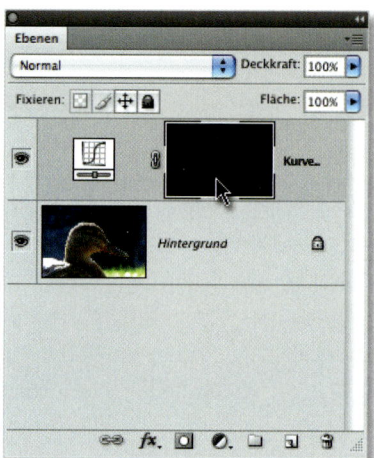

Abbildung 8.13 ▶
Wenn die Maske schwarz ist,
erscheint die Änderung der
Gradation nicht mehr im Bild.

3 Ebene demaskieren

Jetzt sorgen Sie dafür, dass Weiß als Vordergrundfarbe eingestellt
wird (drücken Sie ⌷D⌷), und nehmen einen Pinsel (⌷B⌷ drücken)
zur Hand. Sollte der Buntstift eingestellt sein, drücken Sie zweimal ⌷⇧⌷+⌷B⌷. Stellen Sie die weiche Spitze mit einem Durchmesser von etwa 100 Px im Modus NORMAL bei 100 % DECKKRAFT
und 100 % FLUSS ein. Malen Sie damit über das Gefieder und den
Schnabel des Tiers.

4 Maske korrigieren

Wenn Sie Bereiche des Hintergrunds erwischen, drücken Sie ⌷X⌷
(das wählt Schwarz zur Vordergrundfarbe) und malen erneut über
diese Stelle. Das sollten Sie übrigens auch mit dem Auge machen,
da es ansonsten zu dunkel wird. Danach betätigen Sie abermals
⌷X⌷, um mit der Demaskierung fortfahren zu können. Mit der Zeit
sollte die Maske auch im Ebenen-Bedienfeld Formen annehmen.

◀ **Abbildung 8.14**
Die Maske formt sich langsam.

5 Optional: Ebene duplizieren

Nun gibt es drei Möglichkeiten:

▸ Möglichkeit 1: Sie sind mit der Arbeit zufrieden. Dann drücken Sie noch ⌈Strg⌉/⌈⌘⌉+⌈E⌉, damit die Einstellungsebene aufgelöst wird. Somit ist der Workshop hier für Sie erledigt.

▸ Möglichkeit 2: Die Färbung des Gefieders ist zu stark geworden. In diesem Fall reduzieren Sie schlicht die Deckkraft der Einstellungsebene etwas.

▸ Möglichkeit 3: Die Färbung ist zu schwach geworden. Dann betätigen Sie ⌈Strg⌉/⌈⌘⌉+⌈J⌉, damit die Einstellungsebene erneut kopiert und somit in der Wirkung hinzugerechnet wird. Falls erforderlich, können Sie jetzt die Deckkraft der obersten Ebene herabsetzen. Reduzieren Sie am Schluss aber sämtliche Ebenen auf den Hintergrund. Sie wissen ja: Das gelingt Ihnen mit ⌈Strg⌉/⌈⌘⌉+⌈E⌉ oder Ebene • Auf Hintergrundebene reduzieren.

▼ **Abbildung 8.15**
Das Gefieder ist gekräftigt worden, ohne dass der Hintergrund eine Farbveränderung erfahren hat.

Checkliste: Farben in Bildbereichen mittels Gradation verbessern

1. Wenden Sie die Gradationskurven über das Korrekturen-Bedienfeld an.
2. Erzeugen Sie eine S-Kurve.
3. Wandeln Sie die Maske der Einstellungsebene mit ⌈Strg⌉/ ⌈⌘⌉+⌈I⌉ um.
4. Aktivieren Sie den Pinsel ⌈B⌉.
5. Malen Sie über alle Bildbereiche, die von der Gradation betroffen sein sollen.

8.2 Farben im Bild austauschen

Sie haben bisher erfahren, wie Sie Farben aufwerten und einzelne Bereiche herausarbeiten können. Das Ziel war in jedem Fall eine Kräftigung der Originalfarben. Farbverfremdung ist aber ebenfalls eine Stärke von Photoshop.

Schritt für Schritt: Kissen umfärben

Bilder/Kissen.tif

Also gut – das Ambiente ist behaglich. Aber rote Kissen sind nun einmal nicht jedermanns Sache. Deshalb wollen wir versuchen, die Kissen umzufärben.

Abbildung 8.16 ▶
Rote Kissen sind nicht jedermanns Geschmack.

1 **Ebene duplizieren**

Zunächst benötigen Sie ein Duplikat der Ebene. Möglicherweise müssen Sie am Schluss ein wenig maskieren, damit alles passt. Drücken Sie deshalb einmal ⌈Strg⌉/⌈⌘⌉+⌈J⌉.

2   Farbton/Sättigung aufrufen

Prinzipiell ist es ja nicht schwer, die Farben Im Bild anzupassen. Denn Sie könnten über BILD • KORREKTUREN • FARBTON/SÄTTIGUNG gehen und schlicht den Regler FARBTON verschieben. Aber mal ehrlich: Dass dabei die gesamte Wohnung in Mitleidenschaft gezogen wird, ist nicht sonderlich professionell. Und ein grünes Sofa? Dann doch lieber rote Kissen, oder? Brechen Sie den Dialog deshalb gleich wieder ab.

◄ **Abbildung 8.17**
Ein solches Depri-Ambiente wollen wir natürlich nicht erzeugen.

3   Farbton einstellen

Gehen Sie abermals in das Menü BILD • KORREKTUREN • FARBTON/ SÄTTIGUNG. Sie können dazu übrigens auch Strg/⌘ + U drücken, damit Sie noch schneller am Ort des Geschehens sind. Diesmal werden Sie jedoch nicht gleich den Farbton-Regler verschieben, sondern zunächst einmal eine Farbe definieren. Schalten Sie deshalb im Pulldown-Menü VORGABE auf ROTTÖNE um.

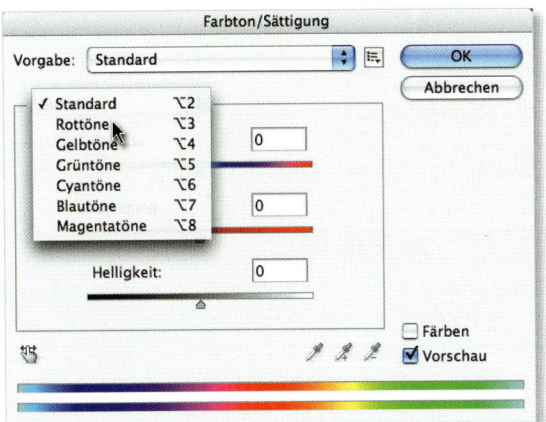

◄ **Abbildung 8.18**
Wählen Sie den Eintrag ROTTÖNE aus.

4 Grundfarbton aufnehmen

Durch diese Aktion ist die linke der drei Pipetten unten rechts aktiviert worden. Damit können Sie das Rot, das geändert werden soll, genauer bestimmen. Stellen Sie dazu die Maus auf das Bild (der Mauszeiger mutiert zur Pipette), und klicken Sie mit deren Spitze einmal auf das vorderste Kissen.

5 Weitere Farbtöne aufnehmen

Aktivieren Sie jetzt die kleine Plus-Pipette neben der derzeit aktiven. Damit klicken Sie mehrmals auf unterschiedliche Rottöne der Kissen. So erweitern Sie die Rot-Auswahl noch etwas. Ganz unten im Farbspektrum sehen Sie, welche Rot-Bereiche nun eingefangen sind (alles zwischen ❷ und ❸) und welche Farbbereiche beim Umfärben ebenfalls noch leicht in Mitleidenschaft gezogen werden (alles zwischen ❶ und ❷ sowie zwischen ❸ und ❹).

Abbildung 8.19 ▶
Diese Bereiche sind aufgenommen worden.

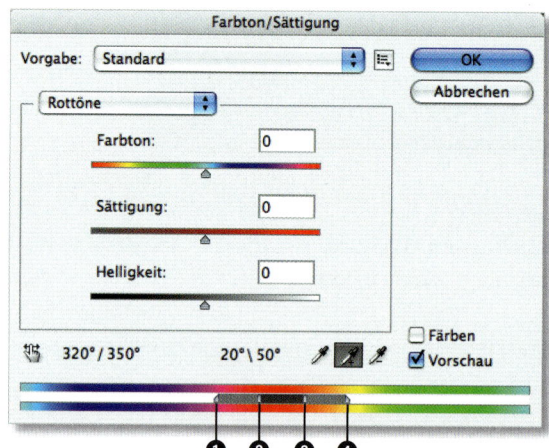

6 Farbtonbereich eingrenzen

Versuchen Sie, den Übergang in Richtung Orange ein wenig einzudämmen, indem Sie den rechten Regler ❹ etwas weiter nach links schieben. Das grenzt Orange etwas mehr aus.

Abbildung 8.20 ▶
Orange soll weitgehend außen vor bleiben.

7 Farbe ändern

Jetzt ziehen Sie den Schieberegler FARBTON nach rechts auf etwa »+120« (natürlich nur, sofern Sie grüne Kissen mögen). Da das

Grün aber jetzt etwas zu kräftig kommt und dadurch unnatürlich wirkt, empfiehlt es sich, die HELLIGKEIT noch anzuheben. Ziehen Sie den Regler auf ca. »+35«, und bestätigen Sie mit OK.

▼ **Abbildung 8.21**
Die Kissen sind bereits umgefärbt worden.

8 **Ebenenmaske erzeugen**

So weit, so gut. Wenn Sie aber zwischenzeitlich mehrfach das Augen-Symbol vor der obersten Ebene deaktivieren und wieder aktivieren, und dabei das Foto betrachten, fällt schnell auf, dass der Hintergrund ebenfalls leicht mit eingefärbt worden ist. Das sollten Sie noch maskieren. Betätigen Sie deshalb bei aktivierter oberster Ebene den Button EBENENMASKE HINZUFÜGEN in der Fußleiste des Ebenen-Bedienfelds, oder klicken Sie auf PIXELMASKE HINZUFÜGEN im Masken-Bedienfeld.

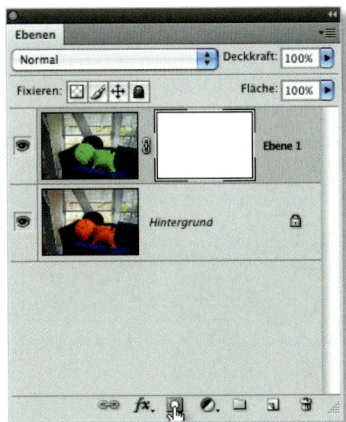

◄ **Abbildung 8.22**
Erzeugen Sie eine Maske.

9 **Maske umkehren**

Jetzt drücken Sie einmal ⌷Strg⌷/⌘ + ⌷I⌷. Sie wissen ja: Das kehrt eine Maske um. Allerdings hat das zur Folge, dass die ganze

Abbildung 8.23 ▼
Alles umsonst. Die Kissen sind
wieder rot!

schöne Arbeit umsonst gewesen ist. Das Foto sieht nämlich wieder genauso aus wie vorher – mit roten Kissen.

10 **Kissen demaskieren**

Aber so schnell geben wir natürlich nicht auf. Aktivieren Sie einen Pinsel mit weicher Spitze, und drücken Sie einmal (D), damit Weiß zur Vordergrundfarbe wird. Malen Sie jetzt über die Kissen, und bringen Sie so die grüne Farbe wieder zum Vorschein.

Abbildung 8.24 ►
Jetzt kommt das Grün ins Bild
zurück.

Bei der ganzen Aktion müssen Sie sich übrigens keine Mühe geben, mit dem Pinsel auf den Kissen zu bleiben. Sie dürfen ruhig die Couch mit überpinseln. Hier kommt es nicht zur Farbveränderung. Am Ende sollten Sie allerdings noch ⌈Strg⌉/⌈⌘⌉+⌈E⌉ drücken, um alles auf eine Hintergrundebene zu reduzieren.

▼ Abbildung 8.25
Umgefärbte Kissen. Aus Rot wird Grün.

Schritt für Schritt: Einen Schmetterling umfärben

Im zweiten Beispiel wird es etwas schwieriger. Wir wollen diesem stolzen »Admiral« eine neue Farbe verpassen.

 Bilder/Admiral.tif

© Verena N. / PIXELIO

◀ Abbildung 8.26
Jetzt wird dieser Falter umgefärbt.

1 Farbe-ersetzen-Dialog öffnen
Diesmal werden Sie über einen anderen Dialog gehen, der aber prinzipiell mit ähnlichen Steuerelementen aufwartet. Betätigen Sie BILD • KORREKTUREN • FARBE ERSETZEN.

Abbildung 8.27 ▶
Das Dialogfeld FARBE ERSETZEN

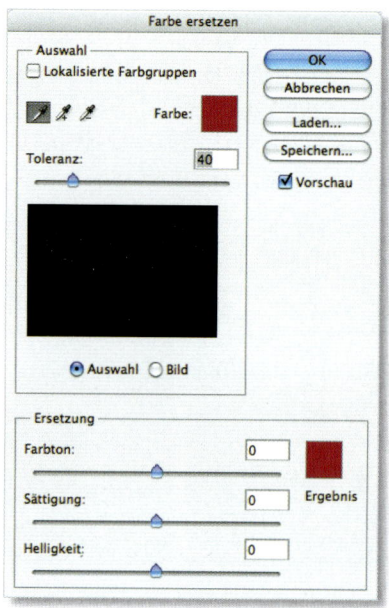

2 Grundfarbe aufnehmen

Werfen Sie einen Blick auf die drei Pipetten oben links. Das sind doch alte Bekannte, nicht wahr? Sie benötigen jetzt zuerst die linke, die Ihnen die Aufnahme der Grundfarbe gestattet. Sie ist auch schon aktiv. Klicken Sie damit auf eine der orangefarbenen Flächen des Falters – und zwar direkt auf dem Foto. Achten Sie anschließend auch einmal auf die Miniaturvorschau im FARBE-ERSETZEN-Dialog. Während dieser eben noch komplett schwarz gewesen ist, tauchen jetzt weiße Bereiche darin auf. Erinnern Sie sich? Schwarz ist grundsätzlich maskiert, und Weiß ist ausgewählt. ■

> **Bild oder Auswahl?**
>
> Sollte sich in der Mitte des Dialogfensters anstelle der schwarzen Fläche eine Miniatur des Bildes zeigen, ist unterhalb der Radiobutton BILD anstelle von AUSWAHL aktiv. Schalten Sie in diesem Fall entsprechend um.

▲ **Abbildung 8.28**
Die ersten Aufnahmebereiche werden sichtbar.

3 Farben hinzufügen

Die Aufnahme der Grundfarbe können Sie auch hier nur ein einziges Mal machen. Wenn Sie nämlich mit der gleichen Pipette erneut auf einen anderen Bereich des Bildes klicken, wird dieser zwar ausgewählt, jedoch gleichzeitig wird der zuvor selektierte Bereich wieder abgewählt. Deshalb müssen Sie jetzt die Plus-Pipette auswählen (die mittlere). Mit dieser können Sie beliebig oft klicken. Dabei werden Sie feststellen, dass dem bisherigen Aufnahmebereich (Weiß) immer mehr Bereiche hinzugefügt werden.

Sie müssen schon recht häufig auf das Orange klicken, damit die Maske immer weiter anwächst ■. Dabei sollten Sie auch einmal auf besonders helle und besonders dunkle Orange-Töne klicken. Vermeiden Sie jedoch dabei unbedingt schwarze und weiße Bereiche. Das würde zu komplett verfälschten Aufnahmebereichen führen.

<table>
<tr><td>

Ort der Farbaufnahme

Falls die Grenzen der Farbbereiche im Bild nicht eindeutig zu erkennen sind, können Sie sich mit der Schwarzweiß-Vorschau begnügen. Auch dort können Bereiche mit der Pipette aufgenommen werden.
</td></tr>
</table>

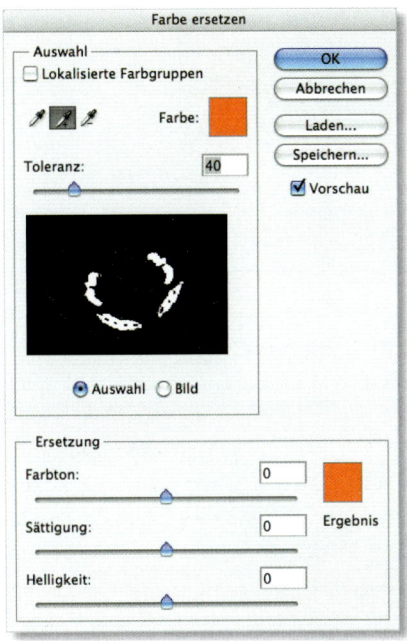

◄ **Abbildung 8.29**
Die Maske wächst und wächst.

4   **Optional: Farben entfernen**

Sie ahnen es schon: Hätten Sie jetzt Bereiche mit ausgewählt, die nicht umgefärbt werden sollen, könnten Sie die dritte Pipette (Minus) aktivieren und damit auf die zu viel gewählten Bereiche klicken. Diese würden dann von der Auswahlmaske wieder abgezogen ■.

5   **Graustufen-Ansicht**

Nun lässt sich anhand der Maskenminiatur nicht zweifelsfrei erkennen, ob Sie nun wirklich alle Orange-Bereiche aufgenommen haben. Deshalb sollten Sie sich eines Tricks bedienen: Schieben Sie den Regler SÄTTIGUNG ganz nach links. Dadurch werden nämlich alle bereits aufgenommenen Bereiche innerhalb des Fotos in Graustufen dargestellt. Damit wissen Sie genau, was noch nicht aufgenommen worden ist, z. B. die Ränder.

<table>
<tr><td>

Minus-Pipette

Sollten Sie versehentlich eine falsche Farbe markiert haben, die nicht umgefärbt werden soll, aktivieren Sie zunächst die Minus-Pipette (rechts). Klicken Sie erneut auf den falsch selektierten Bereich, der daraufhin wieder von der Farbauswahl subtrahiert wird. Zum Fortsetzen der Farbaufnahme müssen Sie dann die Plus-Pipette wieder aktivieren.
</td></tr>
</table>

Abbildung 8.30 ▶
Aufgenommene Bereiche werden in Graustufen dargestellt.

Wenn Sie diese Ränder nun noch einmal mit der Spitze der Hinzufügen-Pipette (Plus-Pipette) anklicken, wird die Entfärbung an diesen Stellen weiter voranschreiten. Geben Sie sich hierbei besondere Mühe. Und bedenken Sie, dass die Farbaufnahme stets an der Spitze der Pipette stattfindet. Zoomen Sie erforderlichenfalls etwas ein. Erst wenn alle Orange-Töne entfärbt sind, sollten Sie fortfahren.

Abbildung 8.31 ▶
Alle orangefarbenen Flächen sind aufgenommen.

6 Toleranz verändern

Versuchen Sie jetzt, mit dem Regler TOLERANZ zu arbeiten. Dabei sollten Sie derart vorgehen, dass Sie den Regler nach links schieben, wenn zu viele Hintergrundbereiche in der Maskierung sichtbar sind. Gehen Sie nach rechts, wenn noch Randbereiche des Orange sichtbar sind. Danach schieben Sie die SÄTTIGUNG wieder auf »0«. Mit der Toleranz bestimmen Sie nämlich, welche angrenzenden Farbbereiche, also ähnliche Farben, dem aufgenommenen Farbbereich noch hinzugefügt bzw. von ihm abgezogen werden sollen.

7 Aufnahmebereich umfärben

Die eigentliche Umfärbung nehmen Sie jetzt über den Schiebe-regler FARBTON vor. Natürlich können Sie hier die Farbe frei wäh-len. Sie sind ja stolzer Besitzer eines Buches, das Ihnen keine Ent-scheidungen diktieren möchte. Dennoch darf ich Ihnen mitteilen, dass ich mich für ein kräftiges Rot entschieden habe, das bei etwa »–22« zu finden ist. Wenn schon die Kissen nicht mehr rot sind, soll es wenigstens der Schmetterling sein.

8 Ebene maskieren

Da im Bereich des Strauches ebenfalls eine leichte Rotfärbung stattgefunden hat, sollten Sie jetzt die oberste Ebene wieder maskieren und anschließend alles auf die Hintergrundebene redu-zieren. Wie das geht, haben Sie ja bereits im letzten Workshop erfahren.

▼ **Abbildung 8.32**
Sie bestimmen, welche Farben der Schmetterling haben soll.

Checkliste: Farbe ersetzen

1. Rufen Sie den FARBE-ERSETZEN-Dialog über BILD • KORREKTU-REN auf.
2. Nehmen Sie die zu verändernde Farbe mit der ersten Pipette auf.
3. Nehmen Sie zusätzliche Bereiche mit der zweiten, der Plus-Pipette auf.
4. Falls Sie kontrollieren wollen, ob alle Farbbereiche aufgenom-men worden sind, ziehen Sie den Regler SÄTTIGUNG kurzzeitig ganz nach links.
5. Stellen Sie im Bereich ERSETZUNG über den Schieberegler FARB-TON den Zielfarbton ein.
6. Klicken Sie auf OK.
7. Optional: Maskieren Sie versehentlich umgefärbte Bereiche und reduzieren Sie das Bild auf die Hintergrundebene.

8.3   Farben übertragen

Mit allen bisher angesprochenen Funktionen wurden in irgendeiner Weise Farben eines Bildes verändert. Wenn das alles so gut klappt, dann müsste es doch eigentlich auch möglich sein, Farben von einem Bild auf ein anderes zu übertragen, oder? Auch das geht natürlich, und es ist noch nicht einmal Hexerei...

Photoshop verfügt über eine sehr ansprechende Funktion, die mit GLEICHE FARBE betitelt ist. Eigentlich ist der Befehl selbst wenig aussagekräftig. Zumindest offenbart der Name nicht gleich, was wirklich in ihm steckt.

Schritt für Schritt: Bilder farblich angleichen

Bilder/Farbe_01.tif und
Farbe_02.tif

Versetzen Sie sich doch einmal in folgendes Szenario: Sie wollen eine Fotoserie präsentieren und müssen leider feststellen, dass viele Fotos rein farblich nicht so gut zueinander passen. Dann müssen Sie diese Bilder natürlich aufeinander abstimmen. Was Sie dazu benötigen? Ein Referenzbild! Dessen Farbinformationen übertragen Sie dann ganz einfach auf alle anderen Fotos.

▲ **Abbildung 8.33**
Die Farbstimmung dieses schönen Fotos ...

▲ **Abbildung 8.34**
... soll auf dieses Foto übertragen werden.

1 **Ansicht optimieren**

Stellen Sie die Dateien »Farbe_01.tif« und »Farbe_02.tif« in Photoshop bereit. Vergleichen Sie beide Aufnahmen miteinander. Am besten gelingt Ihnen das, indem Sie in der Optionsleiste festlegen, dass beide Fotos nebeneinander angezeigt werden sollen.

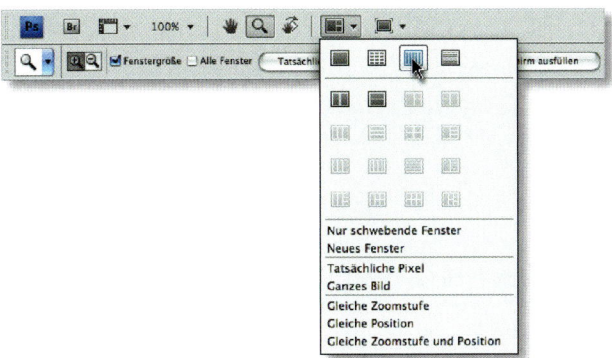

◄ **Abbildung 8.35**
Hier können Sie die Fotos nebeneinander anordnen.

2 **Bilder analysieren**

Ganz klar: Während die Referenzaufnahme (»Farbe_02.tif«) von warmen, harmonischen Farbtönen lebt, wirkt die Zielaufnahme (»Farbe_01.tif«) eher gelblich und insgesamt kühler. Also liegt es nahe, dieses Foto mit einer ebenso ausdrucksstarken Farbgebung zu versehen wie sein Pendant.

3 **Gleiche-Farbe-Dialog öffnen**

Markieren Sie »Farbe_01.tif« per Mausklick, und öffnen Sie den Dialog Gleiche Farbe über Bild • Korrekturen.

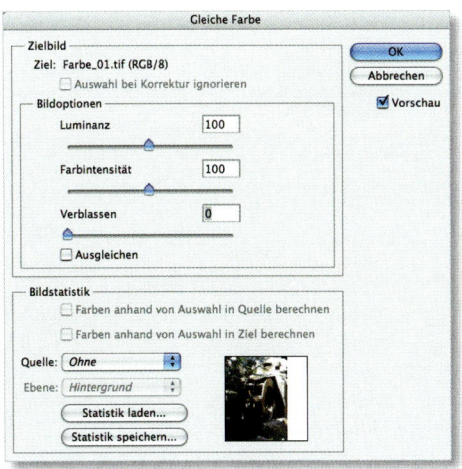

◄ **Abbildung 8.36**
Mit Gleiche Farbe werden die Fotos aufeinander abgestimmt.

▲ Abbildung 8.37
Die Farbübertragung ist im
Moment noch viel zu stark.

Ausgleichen

Mit AUSGLEICHEN könnten
Sie einem Farbstich entgegenwirken, sofern dieser bei
der Farbübertragung in das
Zielfoto hineinprojiziert worden ist.

Abbildung 8.38 ▶
Mischen Sie das Original mit
den neuen Farbabstimmungen.

4 Quelle bestimmen

Widmen Sie sich zunächst dem unteren Frame BILDSTATISTIK, und
stellen Sie unter QUELLE den Namen des Bildes ein, von dem die
Farbe übertragen werden soll. Im konkreten Fall entscheiden Sie
sich für das Bild »Farbe_02.tif«. Sie sehen, dass sich daraufhin
sofort etwas tut und die Farben der Datei verändert werden.

5 Farbübertragung verblassen lassen

Die Änderung der Farbgebung lässt aber noch zu wünschen übrig,
finden Sie nicht auch? Drosseln Sie deshalb die Wirkung etwas.
Sie können nämlich das Original und die neuen Farbwerte miteinander vermischen, indem Sie VERBLASSEN wählen. Je mehr Sie den
Schieber nach rechts bewegen, desto mehr wird vom Originalfoto
sichtbar. Gehen Sie hier auf etwa »35«.

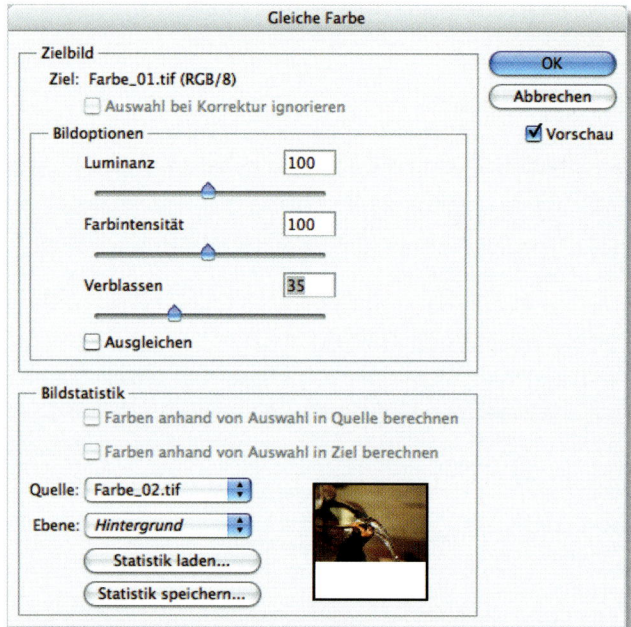

6 Farbübertragung abschließen

Reduzieren Sie auch die LUMINANZ etwas, indem Sie den Schieberegler nach links bis auf etwa »80« ziehen. Auch die FARBINTEN-
SITÄT sollten Sie zurücknehmen. Streben Sie einen Wert um »90«
an. Bestätigen Sie jetzt mit OK.

8.3.1 Gleiche Farbe-Optionen

Werfen wir abschließend noch einen Blick auf die einzelnen Steuerelemente des Dialogfelds GLEICHE FARBE:

▸ LUMINANZ: Ändern Sie die Helligkeit im Zielbild.

▸ FARBINTENSITÄT: Verändern Sie die Farbsättigung (Leuchtkraft) des Zielbildes.

▸ VERBLASSEN: Mit VERBLASSEN »mischen« Sie gewissermaßen das angeglichene Bild mit dem Original. Je mehr Sie den Regler nach rechts verschieben, desto mehr kehren Sie zum Original zurück.

▸ AUSGLEICHEN: Hiermit können Sie versuchen, einen durch die Angleichung entstehenden Farbstich zu neutralisieren.

▸ BILDSTATISTIK: Sie können im Quellbild zuvor eine Auswahl erzeugen. Wenn Sie wünschen, dass nur der ausgewählte Bereich in die Berechnungen zur Farbabgleichung mit einfließen soll, aktivieren Sie FARBEN ANHAND VON AUSWAHL IN QUELLE BERECHNEN. Jetzt werden Farbbereiche jenseits der Quellbild-Auswahl ignoriert. Umgekehrt können Sie vor Öffnen des Dialogs eine Auswahl im Zielbild erzeugen. Wenn

▲ **Abbildung 8.39**
Hier sehen Sie den Vorher-nachher-Vergleich ■

Sie danach FARBEN ANHAND VON AUSWAHL IN ZIEL BERECHNEN wählen, werden nur die Farben angeglichen, die sich innerhalb der Zielbild-Auswahl befinden.

▶ STATISTIK SPEICHERN und STATISTIK LADEN: Falls Sie beabsichtigen, eine Fülle von Bildern anhand der gleichen Quellinformationen zu bearbeiten, empfiehlt es sich, die entsprechenden Werte bei der ersten Korrektur zu speichern, indem Sie STATISTIK SPEICHERN wählen. Mit STATISTIK LADEN können Sie zu einem späteren Zeitpunkt wieder auf diese Werte zugreifen.

▶ EBENE: Wenn Sie mit Fotos arbeiten, die aus mehreren Ebenen bestehen, können Sie hier festlegen, aus welcher Ebene die Quellfarbgebung übernommen werden soll.

8.4   Kolorieren

Jetzt wird es noch individueller. Was ist, wenn gar keine Farbe im Bild vorhanden ist? Dann hilft nur das Kolorieren weiter. Stellen Sie zunächst über BILD • MODUS sicher, dass es sich um ein RGB-Bild handelt. Ist das nicht der Fall, wählen Sie zunächst den Eintrag RGB-FARBE.

Natürlich existieren zahllose Beispiele, die den Einsatz von Kolorationen sinnvoll machen. Denken Sie nur an die Uralt-Aufnahmen, zu deren Entstehungszeit das Einfangen von Farben auf Fotos noch undenkbar gewesen ist. Aber auch Farbaufnahmen können ab und zu eine Aufwertung vertragen. Gerade Innenaufnahmen, die bei Kunstlicht (Leuchtstoffröhren) geschossen wurden, sind mitunter wahre Farben-Killer.

Schritt für Schritt: Eine Schaufensterpuppe kolorieren

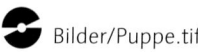
Bilder/Puppe.tif

In diesem Workshop verwenden wir die Aufnahme einer (noch) recht farblosen Schaufensterpuppe. Kein Zweifel – der Effekt, sie farbarm zu gestalten, war von den Schöpfern durchaus gewollt. Immerhin wird so ein Maximum an Aufmerksamkeit auf die Kleidung gelenkt, mit der das stumme Modell behangen ist. Darum soll es jedoch nicht gehen. Unser Ziel lautet: Farbe ins Gesicht! Stellen Sie dazu die Datei »Puppe.tif« bereit.

1   Neue Ebene erstellen

Das Entscheidende an einer Koloration ist, dass Sie für jedes Element eine eigene Ebene erschaffen. Klicken Sie daher zunächst
im Ebenen-Bedienfeld auf NEUE EBENE ERSTELLEN, oder wählen
Sie aus dem Menü EBENE • NEU • EBENE. Vergeben Sie den Namen
»Lippen«.

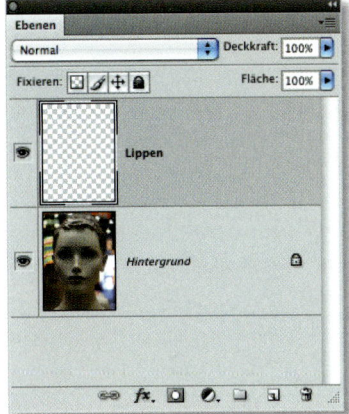

▲ **Abbildung 8.40**
Hier muss ein wenig Farbe
angebracht werden.

◄ **Abbildung 8.41**
Eine zweite Ebene ist hinzugefügt worden.

2   Füllmethode ändern

Bevor Sie die Lippenfarbe auftragen, sollten Sie noch die Füllmethode ändern. Stellen Sie sie auf MULTIPLIZIEREN um. Dazu
müssen Sie das oberste Pulldown-Menü im Ebenen-Bedienfeld
öffnen. Die Farbwerte der Ebene werden daraufhin zum Hintergrund hinzugerechnet, ohne jedoch den Hintergrund vollständig abzudecken. Das Resultat werden Sie gleich sehen. Der Sinn
und Zweck dieser Vorgehensweise ist, dass Sie sehen können,
wo Farbe hin muss und wo nicht. Bei der Füllmethode NORMAL
würde die Farbe decken, und Sie könnten die Konturen der Puppe
nicht mehr erkennen. Wenn die Farbe aufgetragen ist, wird die
Füllmethode übrigens noch einmal geändert.

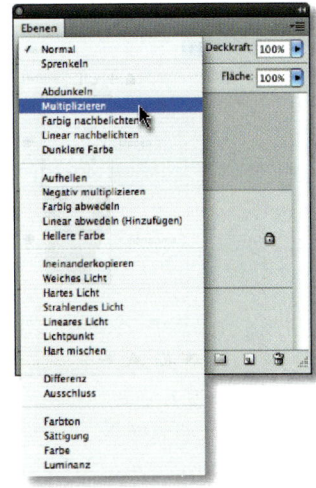

3   Lippenfarbe einstellen

Klicken Sie in der Werkzeugleiste auf den Button für die Vorder-
grundfarbe, und stellen Sie über den Farbwähler ein sattes Rot
ein. Wenn Sie reines Rot haben wollen, doppelklicken Sie in das
Eingabefeld neben Rot (R:) und tragen dort »255« ein. Springen
Sie mit ⭾ ins nächste Feld (G:), und legen Sie hier »0« fest.
Wiederholen Sie den Vorgang auch für Blau (B:), und bestätigen
Sie mit OK.

▲ **Abbildung 8.42**
Die Füllmethode wird
geändert.

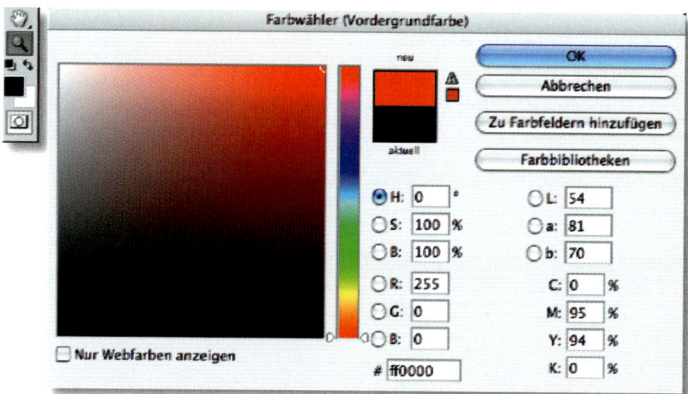

Abbildung 8.43 ▶
Sie benötigen ein sattes Rot.

4 Lippenfarbe auftragen

Aktivieren Sie das Pinsel-Werkzeug B , und stellen Sie eine weiche Spitze ein, deren Größe bei etwa 25 Px liegen sollte. Beginnen wir mit dem Nachzeichnen der Lippen. Tragen Sie die Farbe großzügig auf. Es ist nichts dagegen einzuwenden, über die Lippen hinaus zu zeichnen. Am besten vergrößern Sie das Bild etwas.

5 Ebenenmaske erstellen

Nun müssen wir die Kontur der Lippen exakter herausarbeiten. Dazu bieten sich mehrere Methoden an. Nehmen wir zunächst die Masken-Methode. Erzeugen Sie eine EBENENMASKE.

▲ **Abbildung 8.44**
Das sieht ja merkwürdig aus – aber gleich nicht mehr.

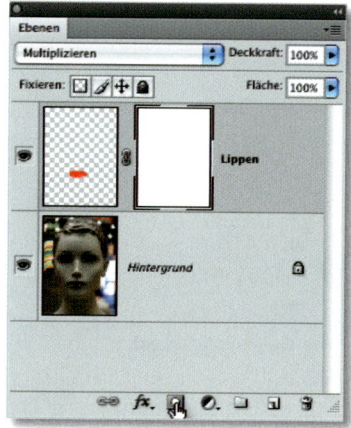

▲ **Abbildung 8.45**
Der obersten Ebene wird eine Maske hinzugefügt.

6 **Lippen maskieren**

Stellen Sie sicher, dass in der Werkzeugleiste Schwarz als Vordergrundfarbe gewählt ist. Ist das nicht der Fall, drücken Sie ⒟, gefolgt von ⓧ. Überzeichnen Sie mit einer etwas verkleinerten Werkzeugspitze (ca. 10 Px) alle Bereiche, die nicht zu den Lippen gehören.

◄ Abbildung 8.46
Die Lippen werden langsam, aber sicher in Form gebracht.

Deckkraft heruntersetzen

Mitunter ist es sinnvoll, die Deckkraft der maskierten Ebene vorübergehend etwas herunterzusetzen. So lässt sich die Hintergrundebene besser einsehen. Zeigen Sie dazu im Ebenen-Bedienfeld auf das Wort Deckkraft, und bewegen Sie die Maus mit gedrückter Taste nach links. Eine Reduktion auf etwa »60 %« sollte reichen.

7 **Optional: Maske korrigieren**

Sollten Sie versehentlich etwas zu viel von den Lippen entfernt haben, drücken Sie ⓧ. Dadurch wird Weiss als Vordergrundfarbe eingestellt. Nun können Sie die versehentlich editierten Bereiche durch erneutes Übermalen wieder hinzufügen. Drücken Sie abermals ⓧ (Schwarz wird Vordergrundfarbe), um mit dem Entfernen der Ebenenbereiche fortfahren zu können. Das Ergebnis sollte in etwa wie in Abbildung 8.47 aussehen.

▲ Abbildung 8.47
Jetzt passt der Lippenstift.

▲ Abbildung 8.48
Beim Ineinanderkopieren mit verringerter Deckkraft sieht die Lippenfarbe nicht ganz so kräftig aus.

8 Füllmethode erneut ändern

Nun gibt es zwei Möglichkeiten. Entweder Sie belassen es bei diesem kräftigen Rot – dann müssen Sie an dieser Stelle nichts weiter unternehmen. Oder aber Sie stellen die Füllmethode noch einmal um, und zwar auf INEINANDERKOPIEREN. In diesem Fall sollten Sie allerdings die DECKKRAFT der Ebene (im Ebenen-Bedienfeld) noch auf »50 %« reduzieren. Sie sehen: Auch eine nachträgliche Änderung der Füllmethode ist überhaupt kein Problem.

9 Augen färben

Finden Sie nicht auch, dass blaue Augen unserer Puppe gut zu Gesicht stünden? Dann erzeugen Sie zunächst wieder eine neue Ebene, die Sie mit »Augen« betiteln, und stellen Sie als Vordergrundfarbe Blau ein (R = »0«, G = »0«, B = »255«). Stellen Sie die Füllmethode zunächst wieder auf MULTIPLIZIEREN.

Aktivieren Sie wieder den Pinsel, stellen Sie eine harte Pinselspitze ein (Größe ca. 70 Px), und überzeichnen Sie die Iris damit. Sie dürfen auch hier wieder ähnlich großzügig sein wie zuvor bei den Lippen.

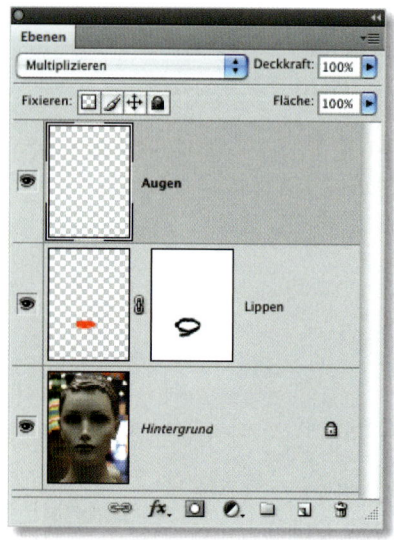

▲ Abbildung 8.49
Die dritte Ebene ist für die Augen vorgesehen.

▲ Abbildung 8.50
Das reicht zunächst – die Feinarbeiten folgen.

10 Einzoomen

Zoomen Sie zunächst stark auf eines der Augen ein. Eine Vergrößerung von ca. 800 % ist durchaus in Ordnung. Reduzieren Sie die DECKKRAFT der Augen-Ebene auf etwa 40–50 %, damit Sie die Iris besser erkennen können.

11 Ebeneninhalte radieren

Diesmal wollen wir zur Feinarbeit auf der Ebene keine Maske verwenden, sondern als Alternative den Radiergummi E einsetzen. Verwenden Sie für dieses Tool eine weiche Spitze, deren Durchmesser Sie auf etwa »15 Px« setzen. Entfernen Sie alle Bereiche, die nicht unmittelbar der Iris zuzurechnen sind. Machen Sie das aber bitte erst, nachdem Sie auch die beiden folgenden Schritte gelesen haben. Danach verfahren Sie mit dem anderen Auge entsprechend ■.

> **Radieren vs. Ebenenmaske**
>
> Zwar funktioniert der Radiergummi ähnlich komfortabel wie der Pinsel, doch ist zu bedenken, dass radierte Bereiche nicht wie bei einer Maskierung nachträglich wieder hinzugefügt werden können. Korrekturen sind hier also nur möglich, wenn der letzte Schritt mittels Strg/⌘+Z rückgängig gemacht wird. Sollte das Radieren nicht wunschgemäß funktionieren, können Sie natürlich auch hier eine Ebenenmaske verwenden.

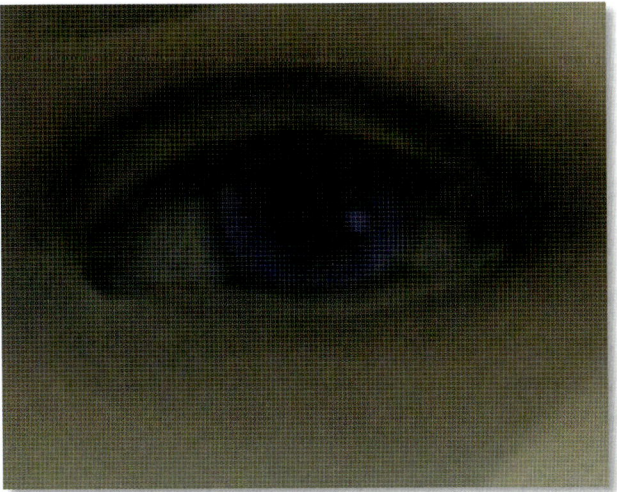

▲ **Abbildung 8.51**
Bei dieser Vergrößerung können Sie exakt arbeiten.

12 Optional: Härte verändern

Im vorliegenden Fall kann es interessant sein, die Härte der Pinselspitze etwas zu erhöhen. Der weiche Übergang ist nämlich für derartig präzise Arbeiten ein wenig zu groß. Klicken Sie deshalb an der Position, an der Sie sich gerade befinden, mit rechts auf das Foto. Dadurch werden die Werkzeugoptionen eingeblendet. Ziehen Sie den Regler HÄRTE etwa bis zur Mitte, und fahren Sie anschließend mit dem Entfernen der Farbe fort.

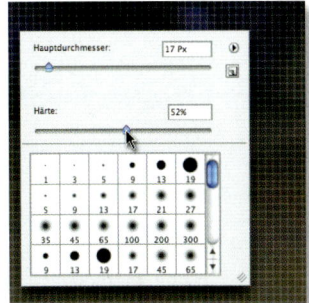

▲ **Abbildung 8.52**
Die Werkzeugoptionen können während der Korrektur verändert werden – ohne dass Sie das Foto verlassen müssen.

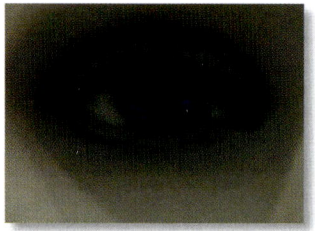

▲ **Abbildung 8.53**
Das Pixelraster kann auch deaktiviert werden.

Abbildung 8.54 ▶
Damit wären auch die Augen gefärbt.

Ansichtoptionen

Beachten Sie, dass Ansichtsoptionen, wie z. B. das Ein- und Ausblenden eines Rasters, keine »Schritte« im herkömmlichen Sinne darstellen und entsprechend auch nicht im Protokoll aufgeführt werden.

13 **Optional: Pixelraster deaktivieren**

Die kleinen Karos, die bei starker Vergrößerung auftauchen, sind sogenannte Pixelraster. Diese sollen die Arbeit bei starker Vergrößerung erleichtern und stellen prinzipiell eine wirklich sinnvolle Neuerung in Photoshop CS4 dar. Allerdings können sie auch manchmal hinderlich sein. Falls sie stören, schalten Sie die weißen Linien einfach aus, indem Sie auf ANSICHT • EINBLENDEN • PIXELRASTER gehen. Wiederholen Sie den Vorgang, wenn Sie das Raster anschließend wieder aktivieren wollen. ■

14 **Deckkraft einstellen**

Wenn Sie mit dem Entfernen der überflüssigen blauen Bereiche fertig sind, zoomen Sie wieder aus und begutachten die Deckkraft der Blaufärbung. Bestimmt ist es sinnvoll, damit im Ebenen-Bedienfeld noch etwas herunterzugehen. Ein Wert um »35 %« sollte vollkommen ausreichen.

15 **Haut färben**

Nun soll unser Plastikmodell noch einen etwas menschlicheren Teint bekommen. Erzeugen Sie abermals eine neue Ebene, die Sie mit »Haut« betiteln, und stellen Sie als Vordergrundfarbe einen hautähnlichen Ton ein: R = »200«, G = »130« und B = »110«, das macht sich doch ganz gut, oder?

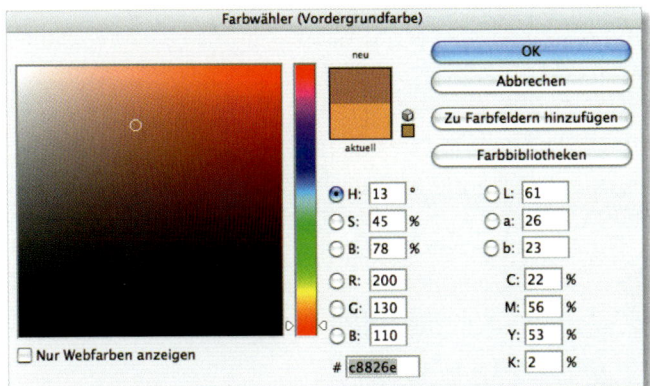

◄ **Abbildung 8.55**
Jetzt geht's auf die Sonnen-
bank.

16 Fläche füllen

Mittels ⬆ + F5 oder über das BEARBEITEN-Menü erreichen Sie
den Dialog FLÄCHE FÜLLEN. Stellen Sie VERWENDEN auf VORDER-
GRUNDFARBE, und wählen Sie TRANSPARENTE BEREICHE SCHÜTZEN
ab. Ansonsten würde nämlich gar keine Farbfüllung stattfinden.
Belassen Sie den MODUS der Füllmethode bei NORMAL und die
DECKKRAFT auf 100%.

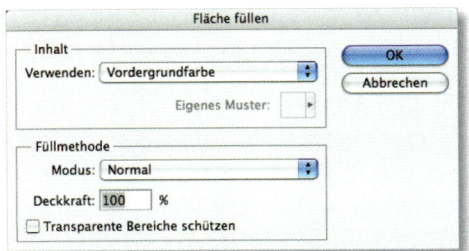

◄ **Abbildung 8.56**
Dieser Dialog sorgt dafür, dass
die Ebene mit Farbe gefüllt
wird.

17 Hautpartien maskieren

Die folgenden Schritte kennen Sie bereits. Gehen Sie so vor wie
bei der Färbung der Lippen. Zuerst ändern Sie die FÜLLMETHODE
der Ebene auf MULTIPLIZIEREN und vergeben anschließend eine
Ebenenmaske. Entfernen Sie alle Bereiche, die nicht gebräunt
werden sollen – vielleicht mit Ausnahme des Mundes. Achten Sie
besonders auf die Augen. Auch diese Bereiche müssen entfernt
werden. Bei den Augen empfiehlt es sich, zunächst etwas mehr
zu maskieren und anschließend die Grenzbereiche wieder hinzuzufügen (mit Weiß als Vordergrundfarbe). Arbeiten Sie mit einer
weichen Pinselspitze.

    Alternativ können Sie zunächst natürlich auch die Masken-
Auswahl wieder umkehrern, indem Sie Strg/⌘ + I drücken

und dann mit Weiß alle Bereiche übermalen, die gebräunt werden sollen.

Am Schluss sollten Sie auf jeden Fall auch hier die Deckkraft etwa um die Hälfte verringern.

Abbildung 8.57 ▶
Die Haare dürfen Sie mit über-pinseln.

18 **Wangenrouge auftragen**

Nun soll die Puppe noch etwas lebendigere Wangen bekommen. Klar, dass auch hier zunächst eine neue Ebene her muss. Nennen Sie sie doch »Rouge«. Tragen Sie auf den Wangen etwas rote Farbe auf, wobei Sie eine große, weiche Spitze verwenden (ca. 100 Px).

Abbildung 8.58 ▶
Zwei kräftige Kleckse sorgen für ein wenig Wangenrouge.

Nur der Vollständigkeit halber bleibt noch zu erwähnen, dass auch hier die FÜLLMETHODE wieder MULTIPLIZIEREN heißen muss. Diesmal sollte aber die DECKKRAFT der Ebene drastisch gesenkt werden, wenn das Ergebnis möglichst realistisch anmuten soll. Stellen Sie nicht mehr als »8%« ein. Zum Vergleich sehen Sie hier noch einmal das komplette Ebenen-Bedienfeld.

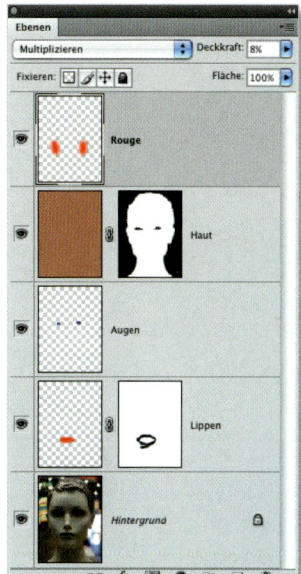

▲ **Abbildung 8.59**
So sieht die Puppe am Schluss aus.

▲ **Abbildung 8.60**
Vier Ebenen überlagern den Hintergrund.

Checkliste: Kolorierung
Hier noch einmal das Wichtigste in Kürze. Diese Schritte gelten für jede neue Farbebene:
1. Neue Ebene erzeugen
2. Ebene benennen
3. Farbe auftragen
4. Füllmethode ändern (MULTIPLIZIEREN)
5. Ebenenmaske erzeugen
6. Maske bearbeiten (Schwarz = Bereiche entfernen, Weiß = Bereiche hinzufügen)
7. Deckkraft im Ebenen-Bedienfeld reduzieren

8.5 Arbeiten in Schwarzweiß

Was ist, wenn Sie aus einem Farbfoto die Farbe verbannen möchten? Stimmungsvolle Graustufen-Aufnahmen haben ja nicht nur in der Porträtfotografie etwas Besonderes an sich.

8.5.1 Herkömmliche Methoden der Farbentfernung

Hier bieten sich schon seit diversen Photoshop-Versionen folgende Möglichkeiten an:

▸ Zunächst können Sie natürlich den Modus ändern. In diesem Fall stellen Sie BILD • MODUS • GRAUSTUFEN ein. Die anschließende Kontrollabfrage bestätigen Sie mit OK.

▸ Wählen Sie BILD • KORREKTUREN • SÄTTIGUNG VERRINGERN.

▸ Über BILD • KORREKTUREN • FARBTON/SÄTTIGUNG schieben Sie den Regler für die Sättigung ganz nach links.

▸ Über BILD • KORREKTUREN • KANALMIXER aktivieren Sie die Checkbox MONOCHROM.

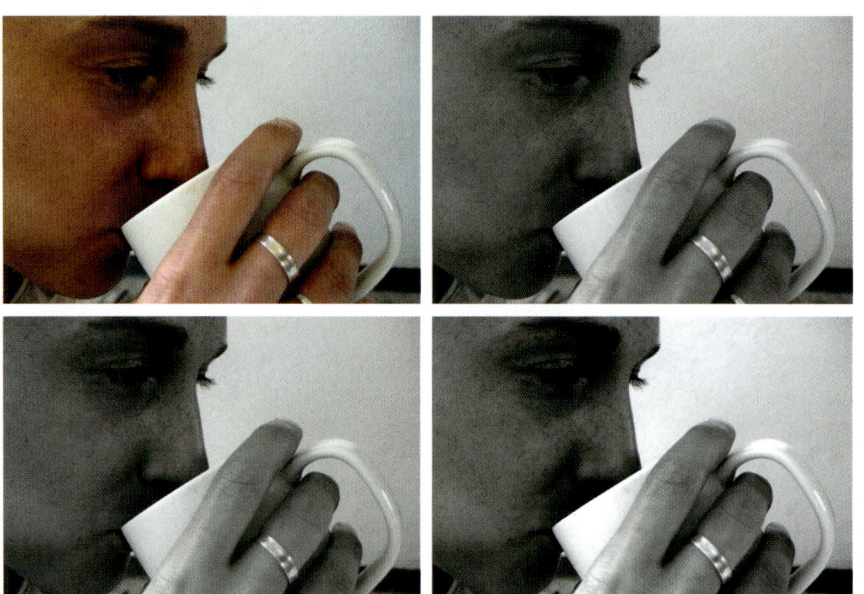

© Gerd Altmann (geralt) / PIXELIO

Abbildung 8.61 ▲
Von oben links nach unten rechts: RGB-Farbe, Modusumwandlung, Verringerung der Sättigung, Monochrom

Alle Methoden differieren minimal im Ergebnis. Welche dieser Vorgehensweise die beste ist, kann nicht pauschal gesagt werden, weil das natürlich vom gewünschten Ergebnis abhängt. Falls die Dateigröße eine entscheidende Rolle spielt, sollten Sie die Modusumwandlung vorziehen, da diese die Farbkanäle verwirft und somit die Dateigröße schrumpft.

8.5.2 Schwarzweiß für Landschaft und Porträt

In Photoshop gibt es einen eindrucksvollen Dialog, der beim Herstellen von Graustufenbildern hilfreich und intuitiv zugleich ist.

Schwarzweiß heißt das Zauberwort, das Ihnen bei der Erstellung von Bildern ohne Farbe behilflich ist. Nun gibt es auch mit dieser neuen Methode keine allein gültige Regel, wie ein Bild auszusehen hat. Denn in der Graustufendarstellung sind die Freiheiten mitunter noch größer als in der Farbgebung. Letztendlich wird das Motiv selbst darüber entscheiden, wie Sie vorgehen.

Schritt für Schritt: Beeindruckende Landschaftsaufnahmen in Schwarzweiß

Im ersten Workshop geht es darum, der Aufnahme die Farbe zu entziehen, dabei einen möglichst hohen Kontrast zu erzielen und die bis dahin dominante Farbe besonders hell darzustellen. Sicher lässt sich so eine interessante Schwarzweiß-Darstellung erzeugen.

Bilder/Schwarzweiss.tif

Nachdem Sie die Datei »Schwarzweiss.tif« geöffnet haben, entscheiden Sie sich für BILD • KORREKTUREN • SCHWARZWEISS oder drücken schlicht Strg + Alt + ⇧ + B bzw. am Mac ⌘ + ⌥ + ⇧ + B . Allein das Aktivieren des Dialogs reicht schon, um Ihr Foto als Graustufenbild darzustellen.

© Rainer Sturm / PIXELIO

◄ **Abbildung 8.62**
Bereits nach dem Öffnen des Dialogfelds ist die Farbe verschwunden.

1 **Vorgabe ändern**
Da die Aufnahme an sich recht hell ist und zudem sehr dramatische Kontraste eingestellt werden sollten, könnten Sie zunächst ganz oben im Pulldown-Menü VORGABE auf MAXIMALES SCHWARZ umschalten.

Abbildung 8.63 ▶
Zunächst muss die Vorgabe
geändert werden.

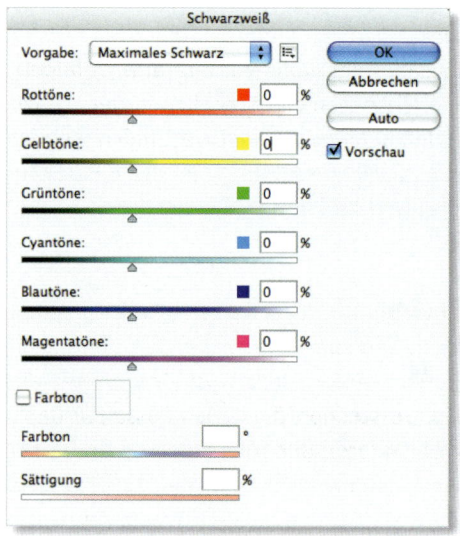

2 Farbton ermitteln

Nun können Sie anhand der sechs Farbton-Regler die einzelnen
Kanäle individuell weiter bearbeiten. Das wäre bei diesem Bild
auch angebracht. Schauen Sie doch einmal auf die Fassaden.
Diese sind wohl am ehesten im Bereich der Gelbtöne zu finden.
Wenn Sie das noch einmal überprüfen wollen, schalten Sie die
VORSCHAU kurz aus. Ziehen Sie den Regler GELBTÖNE ruhigen
Gewissens bis 200 % hoch.

Vorgaben speichern

Wenn Sie die getroffenen
Einstellungen sichern wollen, klicken Sie vor Bestätigung des Dialogs noch auf
den Button VORGABEOPTIO-
NEN, der sich rechts neben
dem Pulldown-Menü VOR-
GABE befindet. Hier könnten
Sie sämtliche Einstellungen
sichern. Die Parameter werden dann in einer Datei mit
der Endung ».blw« abgelegt
(Black and White). Wenn Sie
diese später wieder benötigen, gehen Sie abermals auf
VORGABEOPTIONEN und wäh-
len dann VORGABE LADEN.

Abbildung 8.64 ▶
Damit werden die Fassaden
kräftig aufgehellt.

3 Berge heller machen

Damit sich nun die Häuser mehr vom Hintergrund abheben, sollten die Berge noch ebenso stark aufgehellt werden. Dazu benutzen Sie am besten den Schieber CYANTÖNE. Stellen Sie hier ebenfalls 200% ein. Es ist gar nicht schlimm, dass diese Bereiche danach kaum noch zu erkennen sind. Immerhin soll unser Augenmerk ja auf den Häusern liegen.

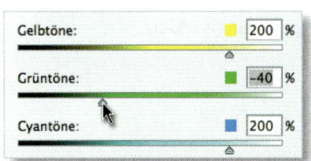

▲ **Abbildung 8.65**
Zuletzt regeln Sie Grün zurück.

4 Grüntöne abdunkeln

Zum Schluss ziehen Sie den Schieberegler GRÜNTÖNE noch nach links, bis ein Wert von etwa »−40« erreicht ist. Das macht die Rasenflächen sehr dunkel. So stechen die hellen Fassaden dann schon fast isoliert von allen anderen Bildbereichen hervor. Bestätigen Sie mit OK.

▼ **Abbildung 8.66**
Mit den Farbreglern ist eine individuelle Schwarzweiß-Entwicklung möglich.

Schritt für Schritt: Beeindruckende Porträts in Schwarzweiß

Bei der Schwarzweiß-Bearbeitung von Porträts sind Sie nicht immer ganz so frei in der Gestaltung wie bei Objektfotos. Hier müssen Sie vor allem dafür sorgen, dass der Teint nicht zu hell, zu dunkel oder gar fleckig wird. Versuchen Sie es einmal mit der Datei »Telefon.tif«.

Bilder/Telefon.tif

1 Darstellung der Hautfarbe beeinflussen

Öffnen Sie den Dialog SCHWARZWEISS (über BILD • KORREKTUREN). Bei der Vorgabe STANDARD (im obersten Pulldown-Menü) bleibt die Haut recht neutral. Sie hat noch dunkle Elemente und über-

▲ **Abbildung 8.67**
Vorsicht bei Porträts! Hier dürfen die Gesichter nicht fleckig werden.

strahlt nicht. Allerdings sieht sie gräulich aus; und dem sollten Sie natürlich entgegenwirken. Zusätzlich kann es sehr interessant sein, die Hauttöne bewusst ehr hell darzustellen. Nun gibt es verschiedene Möglichkeiten: Sie können nämlich die Rottöne anheben (Gesichter enthalten generell viel Rot), und/oder Sie versuchen es einmal mehr mit den Gelbtönen. Das würde auch gleichzeitig die helle Haarfarbe etwas erhöhen. Wir benutzen in diesem Beispiel einfach beide Schieber. Ziehen Sie deshalb zunächst die Rottöne hoch. Gehen Sie für den Anfang einmal bis auf 130 %. Dann kommt es nämlich zu den eingangs erwähnten Flecken.

Abbildung 8.68 ▶
Solche Flecken im Gesicht sollten Sie bei der Schwarzweiß-Umwandlung vermeiden.

2 Farbtöne weiter verändern

Das ist natürlich nicht zu empfehlen, weshalb Sie mit den Rottönen wieder auf etwa 60 % zurückgehen sollten. Arbeiten Sie zusätzlich mit den Gelbtönen, und erhöhen Sie diese auf etwa 105 %. Senken Sie die Grüntöne zudem noch auf ca. 25 % ab, damit der Kontrast zum Hintergrund noch ein wenig erhöht wird, ehe Sie mit OK bestätigen.

Abbildung 8.69 ▼
Das Gesicht ist hell, ohne jedoch zu überstrahlen. Auch die störenden Flecken sind verschwunden.

Schritt für Schritt: Alte Aufnahme simulieren

 Bilder/Telefon.tif

Über den gleichen Dialog (BILD • KORREKTUREN • SCHWARZWEISS) können Sie übrigens auch den bekannten Sepiaton in ein Bild hineinbringen und so den Look alter Aufnahmen simulieren. Dazu aktivieren Sie zunächst die Checkbox FARBTON im unteren Frame des Dialogfensters.

1 Optional: Sepiaton ändern

Achten Sie darauf, dass der FARBTON bei 42° und die SÄTTIGUNG bei 20 % liegen. Nun können Sie beide Regler nach Belieben verstellen. Jedoch möchte ich generell davon abraten, den FARBTON zu ändern, wenn das Ziel Sepia heißen soll. Ziehen Sie lieber die SÄTTIGUNG etwas herauf, bis rund 35 % erreicht sind.

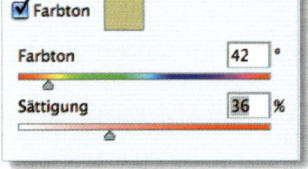

▲ **Abbildung 8.70**
Der Sepiaton soll kräftiger werden.

2 Farbtöne verändern

Jetzt müssen Sie das Gesicht noch etwas aufhellen. Dazu stellen Sie die Rottöne auf ca. 50 % (bei der Sepiafärbung reicht das) und die Gelbtöne wieder auf 105 %, ehe Sie die Werte mit OK an das Foto übergeben.

◄ **Abbildung 8.71**
Sepia lässt die Fotos älter aussehen.

3 Rauschen hinzufügen

Zwar passen Handys natürlich nicht in die »gute alte Zeit«, aber wir wollen den Alt-Look dennoch optimieren. Deshalb sollten Sie jetzt noch ein gewisses Grundrauschen hinzufügen, indem Sie

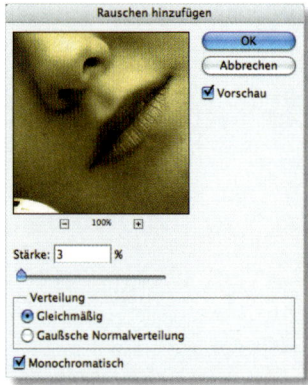

▲ Abbildung 8.72
Ein gewisses Bildrauschen muss
sein.

Abbildung 8.73 ▶
Das fertige Foto finden Sie im
ERGEBNISSE-Ordner unter dem
Namen »Telefon_Sepia.tif«.

FILTER • RAUSCHFILTER • RAUSCHEN HINZUFÜGEN einstellen. Aktivieren Sie zunächst die Checkbox MONOCHROMATISCH, ehe Sie
eine STÄRKE von 3 % festlegen. Da es sehr schwer ist, die 3 % mit
dem Schieber einzustellen, tragen Sie den Wert gleich über die
Tastatur ein. Sie müssen das Eingabefeld dazu noch nicht einmal
markieren. (Monochromatisch bedeutet übrigens, dass die Störungen nicht farbig dargestellt werden.)

8.5.3 Zu guter Letzt: Immer eine stufenlose Regulierung

Wenn Sie bis zum gewünschten Ergebnis noch ein wenig experimentieren möchten, sollten Sie immer zunächst die Bildebene
duplizieren und die Veränderungen auf die obere Ebene anwenden. Ist Ihnen der Effekt zu schwach, duplizieren Sie die Ebene
und ändern die Füllmethode. Wenn der Effekt zu stark ist, reduzieren Sie einfach die Ebenendeckkraft. So lässt sich jede Veränderung stufenlos regeln.

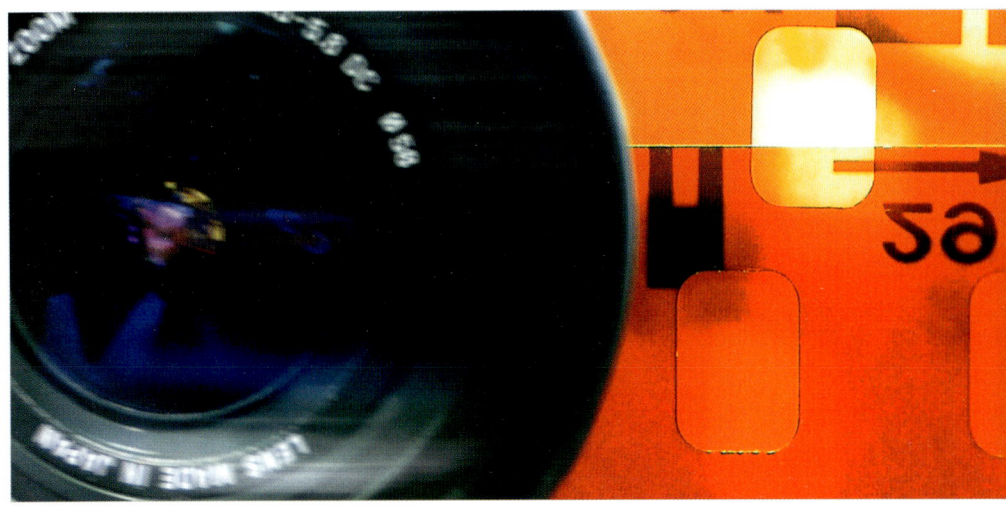

Kapitel 9

Grundlagen des Arbeitens mit Camera Raw

Fotobearbeitung professionell

Sie werden lernen:

▶ Wie kontrolliere ich das Raw-Plug-in?

▶ Wie kann ich Beleuchtung mit Camera Raw bearbeiten?

▶ Wie kann ich Farbe mit Camera Raw bearbeiten?

▶ Welche Reparaturmöglichkeiten stehen mir zur Verfügung?

9 Grundlagen des Arbeitens mit Camera Raw

In der professionellen Fotografie ist Camera Raw längst ein unverzichtbarer Standard geworden. Bei diesem Verfahren werden Rohdaten (englisch raw = roh) gespeichert. Diese können ohne Qualitätsverluste in Photoshop nachbearbeitet werden.

Die Daten der Kamera sind im Raw-Zustand noch nicht komprimiert worden, wie das z. B. beim Speichern von herkömmlichen Kameradaten passiert. Die meisten Kameras stauchen das Foto nämlich beträchtlich zusammen, damit Speicherplatz gespart werden kann und dadurch mehr Fotos auf der Speicherkarte untergebracht werden können. Die Fotos liegen dann gewöhnlich im Format JPEG vor. Dieses Kompressionsverfahren ist aber verlustbehaftet. Das ist beim Raw-Format anders. Die Bildinformationen liegen dort in hoher Güte vor: prinzipiell so, wie das Objektiv der Kamera das Bild »gesehen« hat.

Aber es gibt noch ein weiteres herausragendes Merkmal: Sie können beim Öffnen der Datei direkten Einfluss auf die Entwicklung nehmen – ohne Qualitätsverlust: ein Komfort, der bei anderen Formaten nicht möglich ist. Das liegt daran, dass die Einstellungen, die zum Zeitpunkt der Aufnahme gültig gewesen sind, separat zur Datei gespeichert, aber noch nicht unwiderruflich angewendet worden sind. Beim Öffnen der Raw-Datei erscheint ein Dialogfenster, das Ihnen sämtliche Einstelloptionen zur Verfügung stellt, die der Profi braucht.

9.1 Plug-in kontrollieren

Grundsätzlich wird beim automatischen Update von Photoshop auch das aktuelle Plug-in für Camera Raw mit installiert. Dennoch können Sie zu jeder Zeit kontrollieren, ob das aktuellste Plug-in auch auf Ihrem Rechner läuft. Zudem lässt sich das Plug-in manuell installieren, sofern Sie nicht bis zum nächsten automatischen

Update warten wollen. Sehen Sie doch einmal nach, welches Plug-in derzeit auf Ihrem Rechner installiert ist. Gehen Sie dazu auf HILFE/PHOTOSHOP • ÜBER ZUSATZMODUL • CAMERA RAW. Hier finden Sie auch die Versionsbezeichnung Ihres installierten Plug-ins ❶. Damit die Anzeigetafel verschwindet, klicken Sie einfach mit der Maus darauf.

Um künftig auf dem Laufenden zu bleiben und um vielleicht auch zu prüfen, welche Kameras überhaupt von Photoshop unterstützt werden, lohnt sich ein Besuch der Adobe-Homepage unter: *http://www.adobe.com/de/products/photoshop/cameraraw.html*. Prüfen Sie hier, ob eine aktuellere Raw-Version als die erhältlich ist, die sich auf Ihrem Rechner befindet ❷. Scrollen Sie dazu etwas nach unten. Die unterstützten Kameras finden Sie im Übrigen auch auf dieser Seite ❸.

▲ **Abbildung 9.1**
Die Plug-in-Version kann in Photoshop angezeigt werden.

Raw-Dateiformate

Camera Raw ist zwar ein mehr oder weniger einheitlicher Standard, jedoch verwenden unterschiedliche Hersteller auch unterschiedliche Formate. Entsprechend sind auch die Dateiendungen unterschiedlich: Sie weisen mehr oder weniger klangvolle Namen wie CRW, JPE, NEF, RAF oder ähnlich auf. Das Handling ist allerdings prinzipiell identisch.

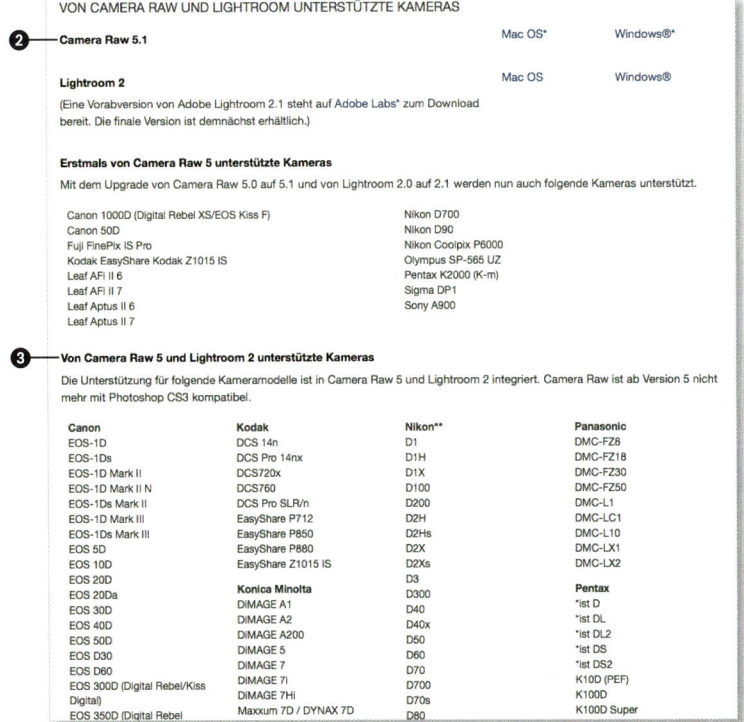

◀ **Abbildung 9.2**
Infos zu Camera-Raw erhalten Sie direkt von der Adobe-Website.

Falls Sie eine aktuellere Version gefunden haben, gehen Sie im Menü HILFE auf AKTUALISIERUNGEN. Später werden Sie angewiesen, alle Adobe-Anwendungen zu schließen. Nach dem erneuten Öffnen sollte dann auch das aktuelle Plug-in betriebsbereit sein.

9.2 Raw-Bilder bearbeiten und speichern

Falls Sie selbst nicht im Besitz einer Raw-fähigen Kamera sind
oder noch keine eigenen Raw-Dateien erzeugt haben, benutzen
Sie »DSCF0514.RAF« aus den Beispieldateien.

Schritt für Schritt: Farbtemperatur korrigieren und als digitales Negativ speichern

Bilder/DSCF0514.RAF

Im diesem Workshop soll das Foto zunächst korrigiert werden.
Am Schluss erfahren Sie noch, wie Sie das Bild im Austausch-
Format DNG (Digitales Negativ) speichern können.

1 Raw-Fotos öffnen

Zunächst sollten Sie eine Raw-Datei Ihrer Digitalkamera auf den
Rechner übertragen und sie in Photoshop öffnen. Klicken Sie die
Datei mit der rechten Maustaste an, und entscheiden Sie sich im
Kontextmenü für ÖFFNEN MIT, gefolgt von PHOTOSHOP CS4.

Abbildung 9.3 ▼
Das Foto wird nicht in der herkömmlichen Arbeitsumgebung
geöffnet.

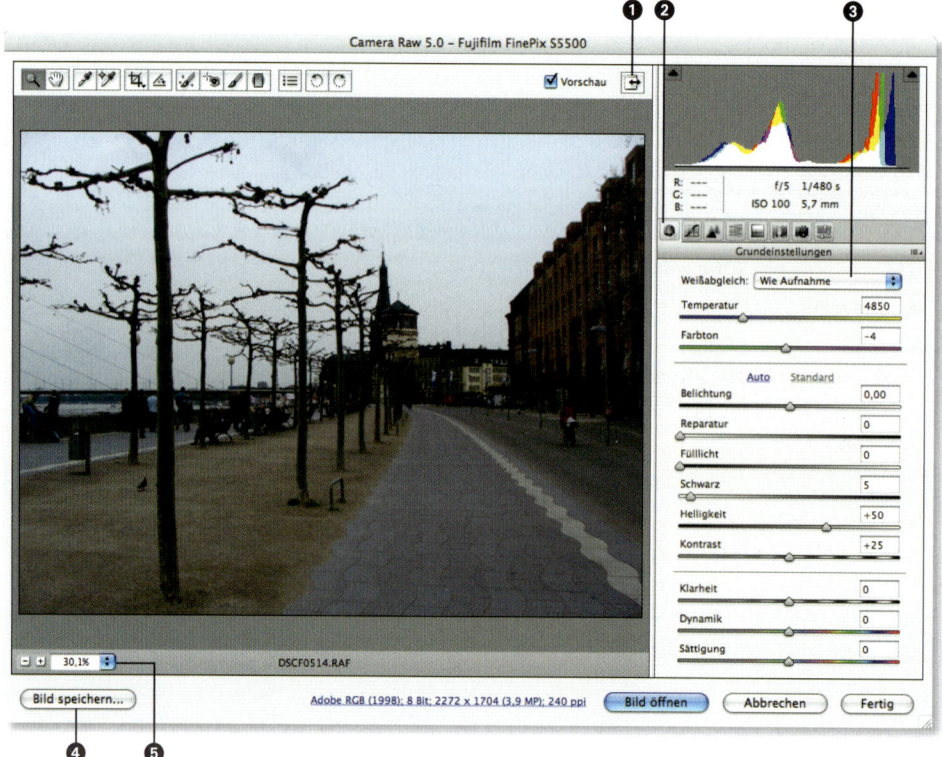

© Robert Klaßen

2 Bild skalieren

Die Ansicht der Datei können Sie verändern, indem Sie die Steuerelemente + und – sowie die Prozentangabe ❺ unterhalb des Bildes nutzen. Danach werden Sie nur noch einen Ausschnitt des Bildes sehen. Auch hier funktioniert übrigens der viel zitierte Doppelklick auf das Zoom-Werkzeug zur 100%-Darstellung.

3 Vorschau aktivieren

Wenn Sie eine Vollbild-Vorschau des Raw-Bildes wünschen, markieren Sie den Button ❶, der sich neben der Checkbox VORSCHAU befindet. Letztere sollte natürlich zum Zeitpunkt der Bearbeitung aktiv sein, damit Sie die Veränderungen gleich im Bild begutachten können. Sie können das Häkchen von Zeit zu Zeit kurz deaktivieren, um sich einen Vorher-nachher-Vergleich zu genehmigen.

4 Weißabgleich einstellen

Zunächst einmal ist das Steuerelement WEISSABGLEICH ❸ innerhalb der Grundeinstellungen erwähnenswert. Sollte dieser Bereich nicht angezeigt werden, klicken Sie bitte auf das Register GRUNDEINSTELLUNGEN ❷. Lassen Sie WIE AUFNAHME stehen, werden die Einstellungen verwendet, die zum Zeitpunkt der Aufnahme gültig gewesen sind – also die Originaldaten. Eine Veränderung können Sie jedoch herbeiführen, indem Sie auf TAGESLICHT umstellen. Sie werden dadurch erste markante Unterschiede feststellen; nämlich dahingehend, dass die Farben etwas wärmer werden. Betrachten Sie dieses Steuerelement als Voreinstellung in Sachen Farbtemperatur. Schalten Sie mehrfach hin und her, und beobachten Sie, wie sich die unterhalb befindlichen Regler TEMPERATUR und FARBTON dabei verändern. Die Werte sind hier übrigens in Kelvin angegeben und können unabhängig von der gewählten Einstellung beim Weißabgleich noch verstellt werden. Grundsätzlich werden die Farben nach rechts hin wärmer, während sie sich nach links hin abkühlen.

5 Belichtung erhöhen

Nun könnte das Foto etwas aufgehellt werden. Widmen Sie sich deshalb dem Schieberegler BELICHTUNG. Ziehen Sie ihn auf etwa »+0,75«.

Einstellungen verwerfen

Um bereits angewendete Einstellungen widerrufen zu können, halten Sie ⌨Alt⌨/⌨⌥⌨ gedrückt. Der Button ABBRECHEN wird dadurch zur ZURÜCKSETZEN-Schaltfläche. Wenn Sie darauf klicken, bevor Sie ⌨Alt⌨ wieder loslassen, werden alle vorgenommenen Änderungen verworfen.

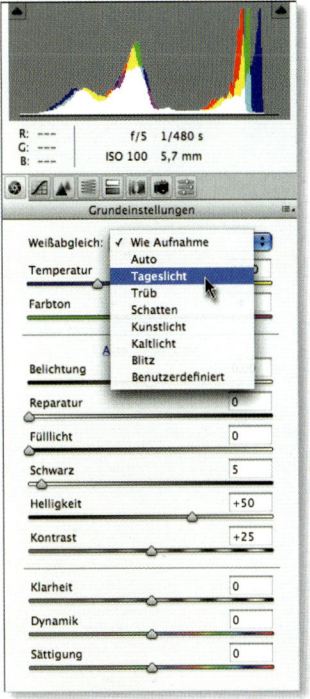

▲ **Abbildung 9.4**
Schalten Sie auf TAGESLICHT um.

Abbildung 9.5 ▶
Jetzt ist das Foto schon merklich heller geworden.

6 Kontrast erhöhen

Die Aufnahme zeichnet sich ja nicht gerade durch Kontrast-Reichtum aus. Deshalb müssen Sie hier noch ein wenig nachhelfen. Ziehen Sie den Regler KONTRAST nach rechts, bis ein Wert von ca. »+60« erreicht ist. Auch den darüber befindlichen Regler SCHWARZ können Sie vorsichtig bis auf »+9« anheben. Damit verschieben Sie dunkle Bildinformationen mehr in Richtung Schwarz. Je weiter nach rechts Sie mit dem Regler gehen, desto mehr werden auch Pixel, die nicht sehr dunkel sind, in Richtung Schwarz verschoben.

7 Dynamik erhöhen

Der Regler DYNAMIK sollte ebenfalls noch nach rechts verschoben werden. Streben Sie »+30« an. Schwach gesättigte Farben werden so etwas mehr gesättigt als Farben, die bereits über eine ausreichende Sättigung verfügen.

Abbildung 9.6 ▶
Jetzt wird das Raw-Foto langsam ansehnlich.

8 Datei speichern

Ihr nächster Schritt sollte sein, die Datei zu speichern. Klicken Sie deshalb auf den Button BILD SPEICHERN ❹ (siehe Abbildung 9.3).

Warum es sinnvoll ist, Raw-Fotos als DNG zu speichern, erfahren
Sie im Anschluss an diesen Workshop.

Entscheiden Sie sich im folgenden Dialog für den Button ORD-
NER AUSWÄHLEN ❶, und bestimmen Sie danach, in welchem Ordner das Negativ abgelegt werden soll. Wenn Sie hingegen wollen,
dass es den gleichen Speicherort wie das Raw-Original einnimmt,
müssen Sie hier nichts ändern.

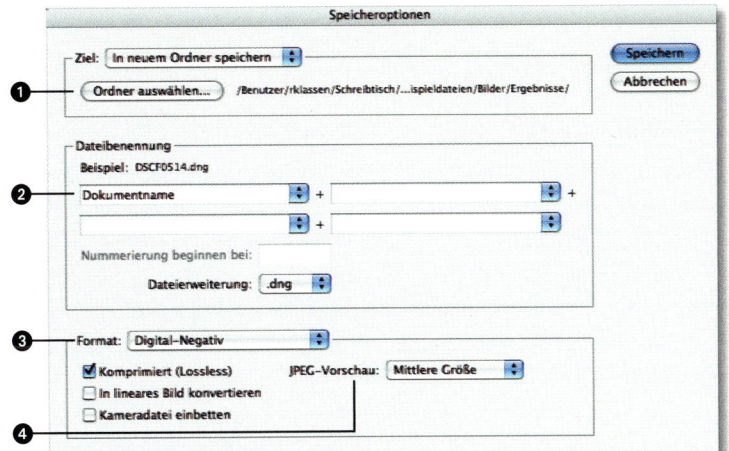

◀ **Abbildung 9.7**
Die Speicheroptionen des
DNG-Dialogs

9 Datei benennen

Nun haben Sie die Möglichkeit, einen Namen zu vergeben. Das
machen Sie über das erste Pulldown-Menü ❷ im Frame DATEI-
BENENNUNG. Wenn Sie die Liste allerdings öffnen, werden Sie
feststellen, dass lediglich der Dokumentname, die Seriennum-
mer, Folgebuchstaben oder das Datum festgelegt werden können. Allerdings können Sie das Feld (in dem standardmäßig
DOKUMENTNAME steht) auch direkt überschreiben und dann Ihre
bevorzugte Bezeichnung eingeben.

10 Format festlegen

Treffen Sie jetzt im untersten Frame noch Entscheidungen in
Bezug auf das FORMAT ❸. Wenn Sie keine Kompression wünschen, deaktivieren Sie das oberste Häkchen. Allerdings können
Sie die Checkbox auch aktiv lassen, da die Kompression verlustfrei
vonstatten geht. IN LINEARES BILD KONVERTIEREN (das interpoliert
die Daten) sollten Sie abgewählt lassen. KAMERADATEI EINBETTEN
sorgt dafür, dass die Ursprungsdatei (also das Raw-Bild) mit in die
DNG-Datei eingebettet wird.

Digitalnegativ.dng

▲ **Abbildung 9.8**
Die Datei wird als DNG im
Zielordner abgelegt.

11 **JPEG-Vorschau erzeugen**

Damit Sie auch in anderen Anwendungen sehen, um welches Bild es sich handelt, sollten Sie eine JPEG-Vorschau integrieren ❹. Das hat keinen Einfluss auf die Qualität der eigentlichen Datei, sondern liefert lediglich eine Datei zur Ansicht mit. Stellen Sie hier OHNE ein, wird keine Vorschau abgespeichert.

Das fertige Dokument finden Sie auf der Buch-DVD im Ordner ERGEBNISSE unter dem Namen »Digitalnegativ.dng«.

12 **Dialog schließen**

Der Raw-Dialog bleibt übrigens geöffnet. Das bedeutet: Sie könnten das Foto jetzt noch weiter bearbeiten. Zudem ließen sich die vorgenommenen Einstellungen direkt an das Raw-Foto übergeben. Dazu müssten Sie auf FERTIG klicken. Möchten Sie jedoch eine Kopie in der gewohnten Photoshop-Umgebung bearbeiten (und danach beispielsweise als TIFF speichern), ginge es über BILD ÖFFNEN. Für diesen Workshop klicken Sie allerdings auf ABBRE-CHEN, damit das Foto geschlossen wird und die Einstellungen des Originals nicht verändert werden. ■

9.2.1 Warum DNG?

DNG ist ein kostenlos erhältlicher Konverter, der ebenfalls von Adobe bereitgestellt wird. Er lässt sich über *http://www.adobe. com/de/products/dng/* herunterladen. Der Sinn und Zweck dieses Konverters ist es, der Flut unterschiedlicher Raw-Formate entgegenzuwirken. Außerdem benötigen Sie zum Bearbeiten von Raw-Fotos auch eine entsprechende Software. Und die wiederum bekommen Sie entweder separat vom Kamerahersteller, oder Sie haben Photoshop installiert. Was tun Sie aber, wenn Sie ein solches Foto einmal weitergeben wollen? Dann benötigt der Empfänger lediglich noch den DNG-Konverter.

Abbildung 9.9 ▶
Der DNG-Konverter ist kostenlos erhältlich.

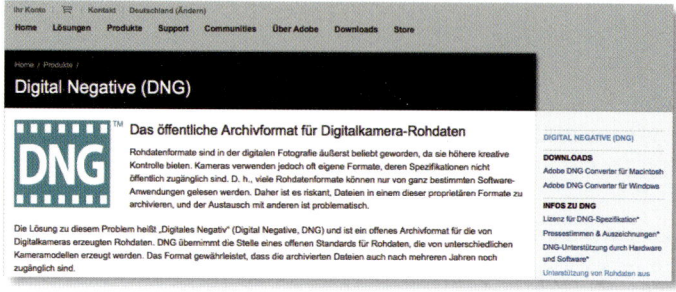

9.2.2 Einstellungen der Raw-Bilder speichern

Wenn Sie eine Raw-Datei im Format Raw belassen wollen, klicken Sie im Anschluss an die Nachbearbeitung auf FERTIG (unten rechts im Raw-Dialog). Dann werden die geänderten Einstellungen übernommen und separat zum Bild gesichert. Öffnen Sie das Bild später erneut, präsentiert sich das Foto mit den aktualisierten Einstellungen, wobei diese dann abermals angeglichen werden könnten – und zwar jedes Mal verlustfrei.

Dabei ist allerdings von Bedeutung, wo Sie die Einstellungen ablegen wollen. Hier gibt es nämlich zwei Möglichkeiten. Sie können dem Bild ein XMP-Dokument mitgeben oder es in der Camera Raw-Datenbank ablegen. Um eine entsprechende Auswahl treffen zu können, klicken Sie in der Symbolleiste des Raw-Dialogs auf VOREINSTELLUNGEN-DIALOGFELD ÖFFNEN und öffnen anschließend das Pulldown-Menü BILDEINSTELLUNGEN SPEICHERN IN.

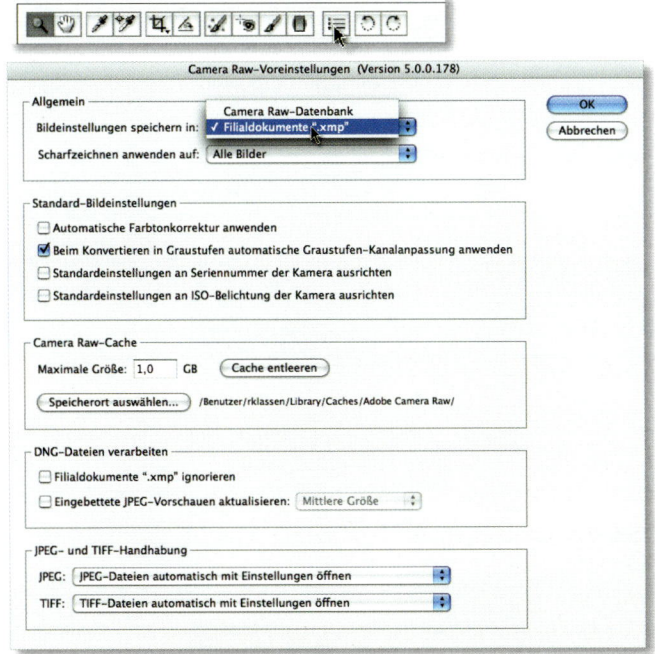

◄ **Abbildung 9.10**
Öffnen Sie zunächst die Voreinstellungen.

◄ **Abbildung 9.11**
Danach bestimmen Sie, ob eine XMP-Datei hinzugefügt werden soll.

9.3 Raw-Fotos überprüfen

Rohdaten-Bilder können im Raw-Konverter prima bearbeitet werden. Allerdings haben Sie hier auch die Möglichkeit, die Einstellungen direkt von Photoshop überprüfen zu lassen. Das ist besonders dann wichtig, wenn Sie ein Raw-Foto für den Druck vorbereiten wollen.

Schritt für Schritt: Raw-Bilder für den Druck aufbereiten

Bilder/IMG_1418.cr2

Die Datei »IMG_1418.cr2« zeigt eine zwar sehr hübsche, aber leider etwas zu dunkle Fassade. Hier sollten Sie Einfluss auf die Beleuchtung nehmen. Öffnen Sie das Bild, und widmen Sie sich dem Raw-Dialog.

1 **Optional: Kameradaten ablesen**

Sie können übrigens hier eine Menge über die verwendete Kamera, die Blendenöffnung, die Belichtungszeit und Ähnliches in Erfahrung bringen. Zum einen wird der Kameratyp in der Dialog-Kopfleiste angezeigt, zum anderen finden Sie unterhalb des Histogramms die Einstellungen zum Zeitpunkt der Aufnahme. Das Objektiv ist demzufolge (aufgrund des Gegenlichts) nur eine fünfhundertstel Sekunde lang offen gewesen **1**.

Abbildung 9.12 ▼
Hier ist eine klassische Gegenlicht-Situation vorhanden.

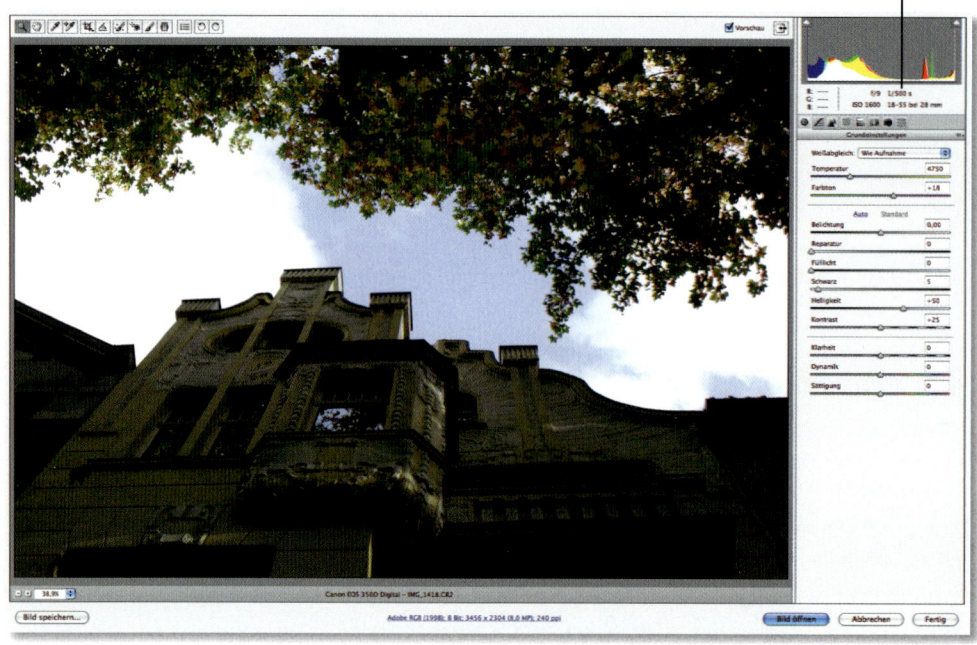

© Steffi Ehrentraut

2 Belichtungszeit erhöhen

Die Folge: Die Bereiche der Fassade sind leider ein wenig zu dunkel geraten. Im Raw-Dialog haben Sie aber die Möglichkeit, die Tiefen aufzuhellen, wie Sie das aus dem Tiefen/Lichter-Dialog des Standard-Editors kennen.

Dazu müssen Sie zunächst das Register Gradationskurve ❷ öffnen. Schieben Sie danach den Regler Tiefen ❹ etwas nach rechts. So bei etwa »+60« sollte die Fassade in einer annehmbaren Helligkeit erstrahlen. Beobachten Sie dabei auch, wie sich die Kurve ❸ oberhalb der Regler verändert. Sie sehen also, dass Sie mit dieser Methode lediglich dunkle Bereiche sprichwörtlich »nach oben ziehen«, während die Lichter unverändert bleiben.

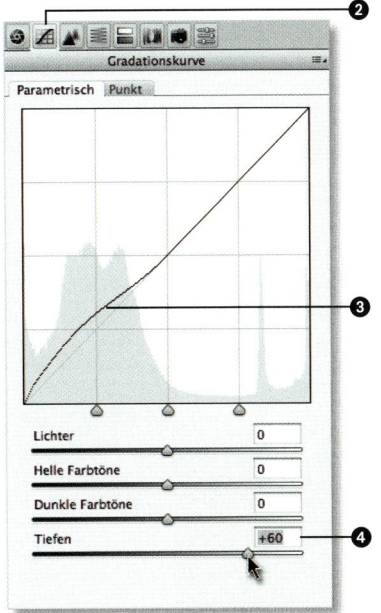

◄ **Abbildung 9.13**
»Tiefen aufhellen« ist auch im Raw-Dialog möglich.

3 Tiefen-Warnung aktivieren

Zu helle, rein weiße bzw. zu dunkle, schwarze Flächen können im professionellen Vierfarbdruck zu Problemen führen. Wenn Sie die Datei also für derartige Zwecke aufbereiten wollen, sollten Sie unbedingt die Grenzwertigkeit überprüfen. Um die Tiefen zu kontrollieren, schalten Sie die Warnung zur Tiefenbeschneidung ein, indem Sie den gleichnamigen Button im Histogramm anklicken ❺. Alternativ drücken Sie U. Sie sehen, dass es in diesem Bild Probleme gibt (die Bereiche werden mit blauer Farbe dargestellt).

Abbildung 9.14 ▶
Blaue Einfärbungen deuten auf
zu viel Farbe hin.

Tiefen- und Lichter-Warnung

Photoshop kennzeichnet die
Stellen mit Rot, an denen es
nicht mehr zum Farbauftrag
und somit zu unnatürlichem
Weiß kommt (Lichter-Warnung). Schalten Sie dagegen
die Tiefen-Warnung ein,
werden problematische (zu
dunkle) Stellen in Blau angezeigt. Dort wird dann beim
Drucken zu viel Farbe aufgetragen und die Stelle wirkt
möglicherweise im Ergebnis
wie ein Klecks.

Abbildung 9.15 ▼
Der Himmel wird komplett
bemängelt.

4 **Schwarz minimieren**

Wechseln Sie kurzzeitig auf das erste Register, GRUNDEINSTELLUNGEN, und ziehen Sie den Schieber SCHWARZ vorsichtig so weit nach links, bis die blauen Punkte verschwunden sind. Bei etwa »2« dürfte das der Fall sein. Danach kehren Sie zurück zum Register GRADATIONSKURVE.

5 **Lichter-Warnung aktivieren**

Aber wie sieht es mit den Lichtern aus? Zu helle Bereiche werden beim Druck nicht mit Farbe versehen. Das sieht dann unter Umständen im Ergebnis löchrig aus. Drücken Sie einmal ⓪, oder klicken Sie auf WARNUNG ZUR LICHTERBESCHNEIDUNG ❻.

Welch grausiges Bild! Alles rot! Aber nicht verzagen – auch das können Sie glücklicherweise schnell beheben ■.

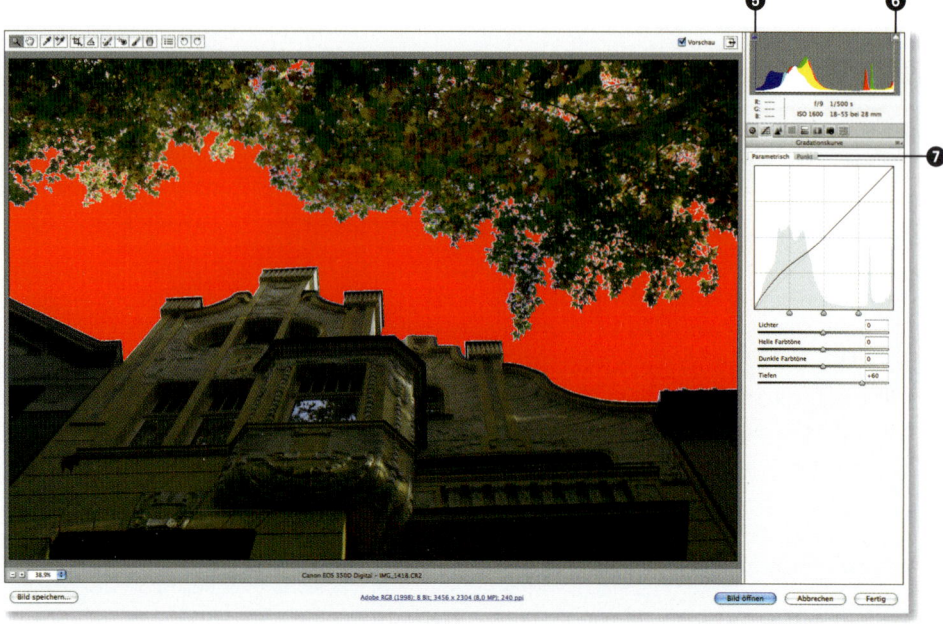

Leider würde es nicht viel nutzen, wenn Sie den Regler Lichter direkt unterhalb der Kurvenanzeige nach links verschieben würden. Sie würden damit allenfalls den mittleren Teil des Himmels reparieren können. Klicken Sie deshalb auf das Register Punkt ❼. Jetzt finden Sie eine Gradationskurve vor, die Sie direkt beeinflussen können. Greifen Sie das Quadrat oben rechts ❶, und ziehen Sie es minimal senkrecht nach unten. Damit sollte der rote Bereich innerhalb des Bildes, der die Lichterwarnung repräsentiert, komplett entfernt worden sein.

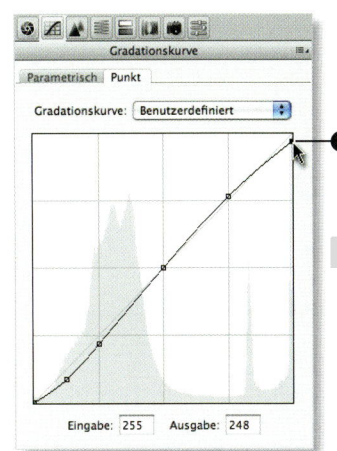

▲ **Abbildung 9.16**
Eine minimale Korrektur behebt den Fehler.

6 **Feineinstellung über Pfeiltasten**
Sie können diesen Punkt jetzt sogar in kleinsten Schritten per Tastatur bewegen. Er ist markiert (schwarz gefüllt) und kann mit ⬆ und ⬇ vertikal verschoben werden. Achten Sie jedoch darauf, dass Sie nach jeder Bewegung einen kurzen Moment warten, damit Sie der Anwendung Gelegenheit geben, auf die Veränderungen zu reagieren.

◄ **Abbildung 9.17**
Jetzt ist der Himmel wieder blau.

7 **Blitz simulieren**
Übrigens lässt sich nachträglich noch ein Blitz integrieren. Gehen Sie wieder zurück in das Menü Grundeinstellungen, und wählen Sie im Pulldown-Menü Weissabgleich den Listeneintrag Blitz. Jetzt können Sie die Helligkeit erhöhen, ohne befürchten zu müssen, dass es zur erneuten Lichter-Warnung in den hellen Bildbereichen kommt. Ziehen Sie den Regler Helligkeit auf etwa »90«.

Abbildung 9.18 ▶
Die fertige Datei finden Sie als
TIFF im Ergebnisse-Ordner:
»IMG_1418_cr2_fertig.tif«

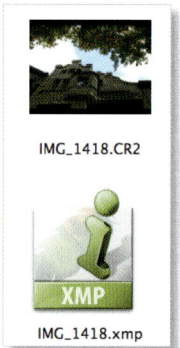

IMG_1418.CR2

XMP

IMG_1418.xmp

▲ **Abbildung 9.19**
Falls Sie die Einstellungen ver-
werfen wollen, reicht es, wenn
Sie die XMP-Datei entsorgen.

8 **Als Raw-Datei speichern**

Diesmal wollen wir das Bild mit den geänderten Einstellungen
speichern und im Raw-Format belassen. Klicken Sie deshalb auf
Fertig. Wenn Sie das Bild abermals öffnen, finden Sie es bearbeitet vor. Schauen Sie einmal am Speicherort der Raw-Datei nach.
Dort werden Sie nämlich auch eine gleichnamige .xmp-Datei
vorfinden (zumindest, sofern Sie Entsprechendes in den Camera
Raw-Voreinstellungen veranlasst haben). ■

9.3.1 Wichtige Raw-Grundeinstellungen im Überblick

▸ Belichtung: verändert nachträglich die Blendenöffnung, um
die Belichtung des Bildes anzupassen.

▸ Reparatur: Hiermit wird versucht, verschwindende Details in
hellen Bereichen wiederherzustellen. Dabei wird mindestens
ein Farbkanal abgeschnitten und weiß dargestellt.

▸ Fülllicht: Hierdurch werden Details in dunklen Bereichen
besser herausgestellt. Dabei wird mindestens ein Farbkanal
abgeschnitten und schwarz dargestellt.

▸ Schwarz: Hiermit legen Sie fest, welche Tonwertbereiche
schwarz dargestellt werden sollen. Dunkle Bildbereiche werden weiter abgedunkelt, wenn Sie den Regler weiter nach
rechts stellen.

▸ Helligkeit: verändert die Helligkeit des Bildes insgesamt.

▸ Kontrast: verändert das Gefälle zwischen hellen und dunklen
Bereichen des Bildes. Die Einstellungen wirken sich somit vorwiegend auf die Mitten aus.

▸ Sättigung: hebt die Leuchtkraft der Farbe an.

9.4   Reparatur und Retusche in Camera Raw

Das ist wirklich schick: Mit dem Raw-Konverter von Photoshop CS4 können Sie sogar kleinere Retuschen vornehmen!

Schritt für Schritt: Retusche im Raw-Konverter

1   **Bild öffnen**

Öffnen Sie das Beispielfoto »DSCF0513.RAF«. Gehen Sie doch dazu diesmal über DATEI • ÖFFNEN in der Standardansicht von Photoshop. Das geht natürlich auch.

Bilder/DSCF0513.RAF

© Robert Klaßen

◄ **Abbildung 9.20**
Diesmal verzichten Sie auf eine Korrektur.

2   **Pinsel aktivieren**

Aktivieren Sie das Werkzeug BEREICHSREPARATUR ⒷＢ, und stellen Sie auf der rechten Seite (per Schieberegler) zunächst einen RADIUS von etwa 8 Pixel ein. Stellen Sie den Mauszeiger (er ist zu einem blauen Kreis mutiert) auf den Stromkasten in der Bildmitte.

◄ **Abbildung 9.21**
Der Kasten muss weg!

3 Aufnahmestelle kennzeichnen

Nachdem Sie auf das Foto geklickt haben, tauchen ein rotweißer sowie ein grünweißer Kreis auf. Dabei ist alles das, was retuschiert werden soll, im roten Kreis zu finden. Mit der Position des grünen Kreises bestimmen Sie, von welcher Bildposition Pixel zur Reparatur »herangeholt« werden sollen. Zudem können Sie beide Kreise per Drag & Drop verschieben, indem Sie die Maus in einem der Kreise platzieren und den Kreis mit gedrückter Maustaste neu anordnen. Stellen Sie auf diese Weise den grünen Kreis auf die dunkle Stelle oberhalb des Stromkastens.

Abbildung 9.22 ▶
Retusche ist auch in Camera Raw kein Problem.

4 Kreis vergrößern

Damit hat sich der obere Teil des Kastens bereits in Luft aufgelöst. Da das allein aber noch nicht ausreicht, muss der Kreis vergrößert werden. Und auch das geht per Drag & Drop. Stellen Sie den Mauszeiger auf die Begrenzung des roten Kreises. Wenn Sie die richtige Position gefunden haben, wird der Mauszeiger zum Doppelpfeil. Ziehen Sie den Kreis mit gehaltener Maustaste etwas größer auf. Danach positionieren Sie ihn erneut (er sollte mittig auf dem Stromkasten stehen) und lassen los. Na, hat's geklappt?

Abbildung 9.23 ▶
Der Kasten ist bereits jetzt nicht mehr zu sehen.

▲ **Abbildung 9.24**
Das Ergebnis heißt »DSCF0513_RAF_fertig.tif« und ist wie gewohnt im
Ergebnisse-Ordner zu finden.

Kapitel 10

Nachbearbeitung und Retusche

Kopieren, reparieren, restaurieren

Sie werden lernen:

- ▶ Wie kann ich komplexe Objekte aus Bildern entfernen?
- ▶ Wie werden Objekte geklont?
- ▶ Wie kann ich die Haut im Porträt bearbeiten?
- ▶ Wie entferne ich den Rote-Augen-Effekt?
- ▶ Wie lässt sich Bildrauschen reduzieren?

10 Nachbearbeitung und Retusche

Es gibt doch immer etwas zu tun! Kaum ein Bild, das auf Anhieb perfekt ist. Das niemals zufriedene Auge des Designers findet ständig Verbesserungswürdiges und Stellen, die repariert oder aufgewertet werden müssten. Da aber gerade für die Retusche der Grundsatz »Weniger ist mehr!« gilt, kann die Devise für eine Fehlerkorrektur nur lauten: Finden – wegmachen – fertig! Und Bereiche, die nicht korrigiert werden müssen, bleiben unangetastet.

10.1 Bildbereiche entfernen und klonen

10.1.1 Bildbereiche reparieren

Photoshop bietet mit dem Bereichsreparatur-Pinsel ein leicht und effektiv anzuwendendes Tool. Benutzen Sie ihn, um große Bereiche innerhalb eines Bildes zu entfernen bzw. zu retuschieren.

Schritt für Schritt: Objekte aus Bildern entfernen

Bilder/Strand.tif

Die Anwendung des Tools ist wirklich denkbar einfach. Kurz gesagt, zeichnen Sie einfach über den Bereich, den Sie entfernen wollen. Der Strand in der Datei »Strand.tif« ist leider nur fast menschenleer. Also sollen die beiden Personen aus der Bildmitte verschwinden.

Abbildung 10.1 ▶
Wir wollen den Strand ganz für uns alleine haben!

1 Werkzeug einstellen und anwenden

Zunächst sollten Sie stark auf die Stelle einzoomen, die Sie retuschieren wollen. Aktivieren Sie anschließend das Bereichsreparaturpinsel-Werkzeug J , und stellen Sie eine Pinselgröße von etwa 50 Px ein ■. Platzieren Sie die Pinselspitze so, dass die beiden Personen vollständig vom Kreis der Spitze umschlossen werden. Danach klicken Sie einmal kurz.

◄ **Abbildung 10.2**
Ein Mausklick reicht.

2 Optional: Reparatur korrigieren

Wenn die Stelle gut retuschiert worden ist, sind Sie bereits fertig. Möglicherweise sind aber die Übergänge ein wenig hart geworden. In diesem Fall drücken Sie Strg / ⌘ + Z und versuchen es erneut. Des Weiteren kann es interessant sein, den Mausklick ein wenig versetzt noch einmal zu wiederholen. Damit wird abermals retuschiert, und der Übergang verbessert sich. Am Ende sollten die Personen auf jeden Fall weg sein.

Werkzeuge direkt auf dem Bild einstellen

In Photoshop ist es möglich, das jeweilige Tool, sofern es über eine Werkzeugspitze verfügt, direkt auf dem Foto einzustellen. Dazu müssen Sie nichts weiter tun, als mit rechts auf das Bild zu klicken. Im Kontextmenü werden dann die entsprechenden Einstelloptionen sichtbar.

◄ **Abbildung 10.3**
Hier deutet nichts mehr auf Zivilisation hin.

So einfach ist das! Und da Sie schon einmal dabei sind: Wie wäre es, wenn Sie die Werkzeugspitze ein wenig verkleinern und den Strand noch von Halmen, Steinen und Geäst befreien? Zum Vergrößern von Werkzeugspitzen benutzen Sie nämlich einfach #, während zum Verkleinern ö gedrückt wird. Zudem dürfen Sie größere Retusche-Stellen auch gern mit gedrückter Maustaste überfahren. Versuchen Sie es! Sollten Sie wider Erwarten mit einer Stelle nicht zufrieden sein, fahren Sie einfach erneut über den Bereich.

Abbildung 10.4 ▼
So soll ein Strand aussehen, oder?

10.1.2   Probleme bei der Retusche?

Leider geht nicht immer so glatt. Wenn Photoshop keine klare Struktur zuordnen kann, wird das Bild an dieser Stelle lediglich unscharf – oder es zeigt sich eine abenteuerliche Pixelwiederholung aus einer ganz anderen Bildstelle.

Sie sollten dann aber keinesfalls aufgeben. Retuschieren Sie den Bereich abermals, wobei Sie die Fläche in mehrere kleine Grüppchen aufteilen und einzeln überpinseln. Sie werden sehen, dass dann auch das gewünschte Ergebnis zum Vorschein kommt.

10.1.3   Bildbereiche mit Reparatur-Pinsel und Stempel duplizieren

Mit dem Reparatur-Pinsel und dem Kopierstempel werden kleinere Bildkorrekturen vorgenommen. Mit beiden Tools werden Pixel aufgenommen und an anderer Stelle reproduziert. Worin besteht aber nun der markante Unterschied zwischen beiden Werkzeugen?

▶ Video-Training

Mehr Informationen zur Reparatur mit Retuschewerkzeugen finden Sie auf der Buch-DVD in Video-Lektion 2.1.

- Der **Kopierstempel** nimmt einen Pixelbereich auf und reproduziert den aufgenommenen Bereich an einer anderen Position. Dabei werden die aufgenommenen Pixel an der Zielstelle nicht verändert.

- Der **Reparatur-Pinsel** arbeitet wie der Kopierstempel, passt aber zusätzlich die aufgenommenen Pixel an die Beleuchtung, Schattierung und Transparenz der Zielstelle an.

Prinzipiell lassen sich auch mit dem Kopierstempel Korrekturen vornehmen. Dennoch bietet sich hier der Name des Werkzeugs auch in Bezug auf seinen Verwendungszweck an:

- Kopieren Sie mit dem Kopierstempel.
- Reparieren Sie mit dem Reparatur-Pinsel.

Schritt für Schritt: Objekte mit dem Kopierstempel klonen

Werfen Sie einmal einen Blick auf »Feld.tif«. Das Ziel dieser Übung soll es nun sein, den rechten Baum zu klonen und ein wenig weiter nach rechts versetzt abermals zu platzieren. Das hört sich schwieriger an, als es ist.

Bilder/Feld.tif

◄ **Abbildung 10.5**
Ein Baum mehr kann nicht schaden.

1 **Werkzeug einstellen**

Zoomen Sie zunächst etwas auf den rechten Baum ein. Danach stellen Sie eine weiche Werkzeugspitze mit einem Durchmesser von etwa 50 Px im MODUS: NORMAL bei je 100 % DECKKRAFT und FLUSS ein. Durch die weiche Spitze werden die Übergänge

---

Option: Ausgerichtet

Wenn Sie die Checkbox AUSGERICHTET deaktivieren, wird während der Reproduktion die Aufnahmestelle bei jedem Mausklick wieder an die ursprüngliche Aufnahmestelle gesetzt. Aktivieren Sie die Option, »wandert« die Aufnahmestelle mit. Zur Reproduktion komplexer Objekte ist dies erforderlich.

Abbildung 10.6 ▶
Der erste Schritt besteht wieder einmal darin, das Werkzeug einzustellen.

zwischen dem gestempelten Bereich und dem Original fließender. Den Regler für den Hauptdurchmesser erreichen Sie über die kleine Dreieck-Schaltfläche im Bereich PINSEL ❶. Achten Sie darauf, dass AUSGERICHTET ❷ aktiviert ist ■.

Mit der Funktion ALLE EBENEN im Pulldown-Menü AUFNEHMEN ❸ könnten Sie, wie der Name schon sagt, Pixel aus allen im Bild vorhandenen Ebenen aufnehmen. Da dies aber für die Beispieldatei unerheblich ist (das Bild besteht nur aus dem Hintergrund), müssen Sie hier keine Änderungen vornehmen. Hier darf also ruhig AKTUELLE EBENE stehen. (Bei mehreren Bildebenen würde nur die aktivierte bei der Bearbeitung berücksichtigt, während alle anderen Ebenen von der Aufnahme verschont blieben.)

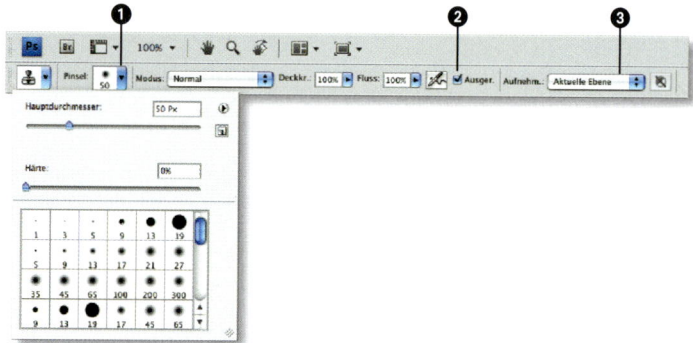

2 Aufnahmebereich definieren

Jetzt geht es darum, den Aufnahmebereich zu definieren, also jene Stelle, die reproduziert werden soll. Dazu ist es sinnvoll, am Übergang zwischen Baum und Gerstenfeld zu beginnen. Positionieren Sie die Maus also bitte so, wie es in der Abbildung zu sehen ist.

Abbildung 10.7 ▶
Hier entsteht die Aufnahme der Pixel.

Klicken Sie nun, während Sie ⌊Alt⌋/⌊⌥⌋ gedrückt halten, einmal auf diese Stelle des Fotos. Damit ist der Aufnahmebereich definiert, und der Kopierstempel ist gewissermaßen »geladen«.

▋3 Reproduzieren

Nun setzen Sie den Kreis des Mauszeigers nach rechts. Dadurch, dass sich ein Overlay der geklonten Stelle zeigt, sind Sie nun imstande, die obere Begrenzung des Gerstenfeldes genau an das Bild anzupassen. Mit einem Mausklick reproduzieren Sie jetzt diesen Aufnahmepunkt. Dort, wo Sie hinklicken, wird der zuvor aufgenommene Bereich eingefügt.

◄ **Abbildung 10.8**
Die Grundposition des Klons wird festgelegt.

Da die Funktion Ausgerichtet aktiv ist, wird nun ein weiterer, etwas versetzter Mausklick bewirken, dass die Aufnahmestelle in derselben Richtung mitläuft.

◄ **Abbildung 10.9**
Hier »wächst« ein Baum.

Abbildung 10.10 ▼
Die finale Datei heißt »Feld_
fertig.tif«.

Sie können nun ganz entspannt stempeln, bis der zweite Baum fertig ist. Bewegen Sie die Maus dazu etwas nach oben, und lassen Sie dabei zahlreiche Mausklicks folgen.

10.1.4 Die Palette »Kopierquelle«

Photoshop hält eine interessante Palette bereit: das Kopierquelle-Bedienfeld. Dieses öffnen Sie entweder über FENSTER • KOPIER-QUELLE oder indem Sie das entsprechende Icon ❶ in der Optionsleiste des Stempel-Werkzeugs markieren.

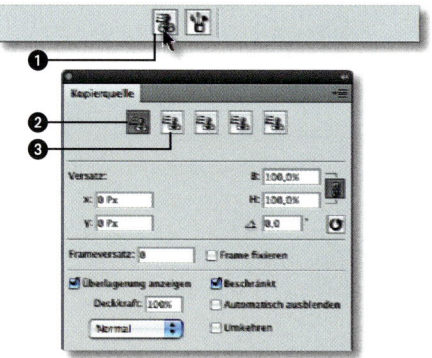

Abbildung 10.11 ▶
Ein interessantes Feature – die
Kopierquelle-Palette

Zunächst einmal haben Sie die Möglichkeit, mehrere unterschiedliche Kopierquellen zu definieren und die damit verbundenen Parameter an einen der fünf Buttons in der obersten Reihe zu übergeben. Sie können also die Pixelaufnahme jetzt von unterschiedlichen Aufnahmepositionen realisieren.

Das funktioniert übrigens sogar bildübergreifend, was bedeutet, dass Sie den Aufnahmebereich von Kopierstempel ❷ auf Bild

A legen, während Stempel ❸ seine Pixel aus Bild B bezieht. Das Ganze vervielfältigen Sie dann auf Bild C.

Und so funktioniert die Zuweisung der Kopierquelle: Aktivieren Sie in der Palette den Kopierquelle-Button, den Sie programmieren möchten. Danach klicken Sie mit Alt/⌥ an die Position, an der im Folgenden Pixel aufgenommen werden sollen. Aktivieren Sie jetzt den zweiten Kopierquelle-Button und klicken Sie (erneut mit Alt/⌥) auf die Aufnahmestelle des anderen Bildes. Danach können Sie beginnen, auf dem Zielbild zu stempeln. ∎

Die Kopierquelle-Palette kann innerhalb der Einzelbildbearbeitung sehr nützlich sein, jedoch wird das größte und effektivste Einsatzgebiet wohl im Bereich der Bearbeitung von Video- und Animationsframes liegen (nur Photoshop Extended).

Die Palette Kopierquelle ist aber noch mit weiteren interessanten Funktionen ausgestattet:

▶ Versatz: Mit den hier zur Verfügung stehenden Steuerelementen können Sie die Aufnahmestelle horizontal und vertikal zur Stempelstelle versetzen, skalieren oder drehen.

▶ Überlagerung anzeigen: Bei aktivierter Funktion können Sie das Quellbild während der Reproduktion leicht transparent anzeigen lassen (Overlay), wenn diese Funktion aktiviert ist. Kleiner Tipp: Auch bei inaktiver Funktion können Sie das Overlay-Bild kurzzeitig sichtbar machen, indem Sie Alt/⌥+⇧ gedrückt halten.

▶ Deckkraft: Bestimmen Sie, mit wie viel Deckkraft das Overlay-Bild (siehe Überlagerung anzeigen) dargestellt werden soll.

▶ Beschränkt: Die Overlays werden mit dieser in CS4 neuen Option auf den aktuell ausgewählten Pinsel beschränkt.

▶ Automatisch ausblenden: unterdrückt das Overlay-Bild, solange der Mauszeiger auf dem Zielbild gedrückt ist und der eigentliche Kopiervorgang stattfindet.

▶ Umkehren und Normal: kehrt die Farben des Overlay-Bildes um und erlaubt es, die Füllmethode für das Overlay-Bild zu ändern.

> **Kopierquellen auch für Reparatur-Pinsel**
>
> Die Funktionen der Kopierquellen sind nicht auf den eigentlichen Kopierstempel beschränkt. Die gleichen Möglichkeiten stehen Ihnen nämlich auch bei Nutzung des Reparatur-Pinsels zur Verfügung.

10.2 Einzelne Bereiche reparieren

10.2.1 Hautkorrekturen

Besonders in der Porträtretusche sollte dem Reparatur-Pinsel der Vorzug gegenüber dem Kopierstempel gegeben werden. Aufgrund der bereits erwähnten Vorteile, dass sich der aufgenommene Bereich besser an die Zielstelle anpasst, werden Hauttöne und Schattierungen besser interpretiert.

Schritt für Schritt: Die Haut glätten

Bilder/Portraet.tif

Die Datei »Portraet.tif« soll jetzt ein wenig aufgebessert werden.

Abbildung 10.12 ▶
Hier kann noch ein wenig verbessert werden.

1 Werkzeug einstellen

Zoomen Sie nun das Bild etwas auf, um die Stellen besser einsehen zu können, die bearbeitet werden sollen. Das sind vor allem die Regionen unterhalb der Augen. Bringen Sie den Durchmesser des Bereichsreparatur-Pinsels auf etwa 10 Px. Danach markieren Sie größere Sommersprossen mit einzelnen Mausklicks. Bitte retuschieren Sie aber nicht alles weg, da das Gesicht ansonsten zu statisch wirken würde.

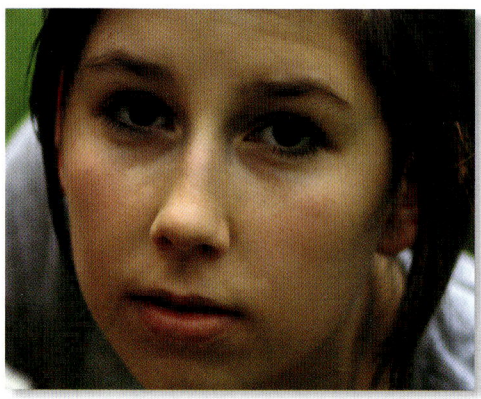

Abbildung 10.13 ▶
Damit sind die Reparaturpinsel-Arbeiten bereits abgeschlossen.

2   Neuen Kopierstempel wählen

Nun sind die Bereiche unter den Augen ein wenig zu dunkel. Das sollten Sie korrigieren. Aktivieren Sie dazu wieder den Kopierstempel, und öffnen Sie das Kopierquellen-Bedienfeld. Aktivieren Sie Pinsel Nummer 2. So können die Strukturen aus dem ersten Workshop erhalten bleiben. Zuletzt sollten Sie auch noch ÜBERLAGERUNG ANZEIGEN deaktivieren. Ein Overlay stört in den folgenden Schritten nur.

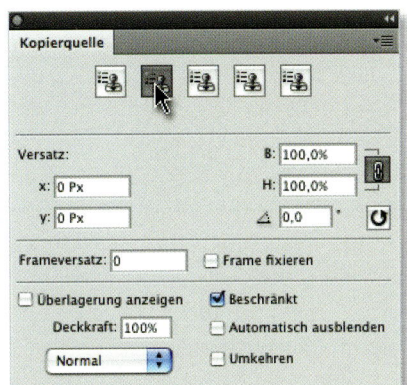

◄ **Abbildung 10.14**
Jetzt wird der zweite Kopierstempel eingesetzt.

3   Werkzeug einstellen

Wählen Sie in der Optionsleiste eine weiche Spitze mit einer GRÖSSE von etwa 40 Px. Allerdings sollten Sie den MODUS jetzt auf AUFHELLEN stellen. Das hat zur Folge, dass an der zu retuschierenden Stelle nur die Pixel ersetzt werden, die dunkler sind als die der Aufnahmestelle. So lassen sich die Strukturen prima erhalten und die Haut wird an dieser Position heller. Da das Tool aber sehr stark reagiert, müssen Sie jetzt noch die DECKKRAFT des Pinsels auf ca. »10%« herabsetzen. Wählen Sie zudem AUSGERICHTET ab, damit die Pixel immer von derselben Position aufgenommen werden.

> **Tipp zur Retusche**
>
> Bei der Retusche kleiner Stellen reicht ein einzelner Mausklick, um die aufgenommenen Pixel zu übertragen. Prinzipiell können Sie den Pinsel aber auch mit gedrückter Maustaste über einen größeren Bereich führen. Achten Sie jedoch darauf, dass die Strecke nicht zu lang wird, da ansonsten unschöne Pixelveränderungen auftreten können.

◄ **Abbildung 10.15**
So ist der Kopierstempel richtig eingestellt.

4   Hautstellen aufhellen

Klicken Sie jetzt, während Sie [Alt]/[⌥] gedrückt halten, einmal auf eine besonders helle Stelle des Gesichtes (z. B. ❶). Danach setzen Sie zahlreiche Mausklicks auf die Bereiche unterhalb des rechten Auges.

Abbildung 10.16 ▶
So entfernen Sie nach und nach
die dunklen Stellen.

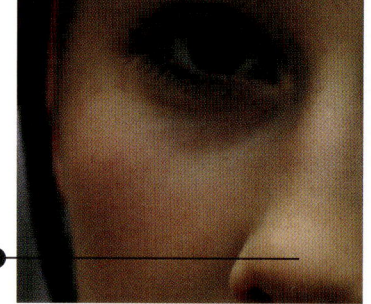

5 Hautstelle markieren

Grundsätzlich sollten Sie beide Augen auf die gleiche Art und
Weise korrigieren. Dennoch möchte ich ausnahmsweise für das
linke Auge eine andere Methode wählen. Sie sollen nämlich das
Ausbessern-Werkzeug kennenlernen, das für derart große Kor-
rekturstellen sehr geeignet ist. Aktivieren Sie es (es befindet sich
übrigens in einer Gruppe mit dem Bereichsreparatur-Pinsel), und
umfahren Sie die zu reparierenden Bereiche mit gedrückter Maustaste. Sobald Sie loslassen, wird eine Auswahl erzeugt.

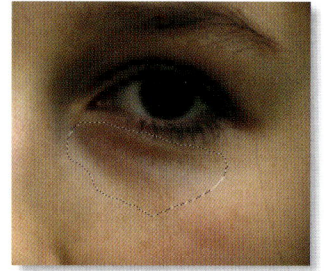

▲ **Abbildung 10.17**
Diese Stelle soll jetzt korrigiert
werden.

6 Hautstelle ausbessern

Wechseln Sie jetzt nicht das Werkzeug, sondern klicken Sie einmal
in die Auswahl hinein. Halten Sie dabei die Maustaste gedrückt,
und ziehen Sie die Maus langsam nach unten. Stoppen Sie, wenn
Sie sich mit der neuen Auswahl, die daraufhin erscheint, unterhalb der alten befinden. Jetzt dürfen Sie die Maustaste loslassen.

Abbildung 10.18 ▶
Ziehen Sie die Stelle nach
unten.

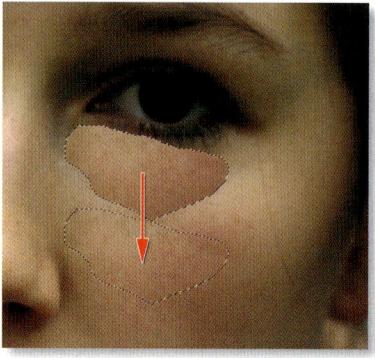

Sobald Sie loslassen, wird alles, was sich in der ursprünglichen
Auswahl befunden hat, von Photoshop automatisch ausgebes-
sert. Cool, oder?

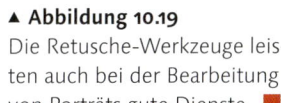

▲ **Abbildung 10.19**
Die Retusche-Werkzeuge leisten auch bei der Bearbeitung von Porträts gute Dienste.

10.2.2 Der Reparaturpinsel

Wie der Kopierstempel wird auch der Reparatur-Pinsel zuvor per Mausklick geladen. Die so aufgenommenen Pixel können anschließend auf der gewünschten Stelle mit einem einzelnen Klick reproduziert werden. Achten Sie aber bei diesem Werkzeug darauf, dass der Aufnahmebereich und die Kopierstelle möglichst dicht beieinanderliegen. Ein Mausklick reicht, um die reparaturbedürftigen Stellen auszugleichen. Prinzipiell eignet sich der Reparaturpinsel für größere Stellen. Kleiner Tipp: Versuchen Sie es zunächst mit dem Bereichsreparaturpinsel. Erst wenn das nicht gelingt, machen Sie den Schritt rückgängig und setzen den Reparaturpinsel ein.

10.2.3 Unerwünschte Musterbildung beheben

Nun können Sie auch alle weiteren Stellen korrigieren. Wenn Sie feststellen, dass Sie Bereiche klonen, die nicht übertragen werden sollen, machen Sie den letzten Schritt rückgängig und nehmen einen neuen Bereich in der Nähe auf (mit Alt / ⌥). So etwas passiert häufig, wenn Sie sich mit dem Werkzeug in Randbereichen befinden. Plötzlich liegt die Aufnahmestelle dann im Bereich der Haare oder im Hintergrund, und die Retuschestelle wird mit diesem Muster versehen.

Schritt für Schritt: Rote-Augen-Effekt korrigieren

Photoshop bringt auch ein sogenanntes Rote-Augen-Werkzeug mit. Der Name legt den Verdacht nahe, dass man damit wunder-

 Bilder/Augen.tif

© Marina Dyakova / fotolia

▲ **Abbildung 10.20**
Der Rote-Augen-Effekt soll entfernt werden.

schöne rote Augen erzeugen könnte. Das wäre aber recht albern, oder was meinen Sie? Für rote Augen sorgt nämlich der Kamerablitz – und zwar bereits zur Entstehungszeit des Fotos. Das Blitzlicht wird dabei von der Netzhaut reflektiert. Genau dieser Effekt kann aber korrigiert werden.

1   Pupillengröße einstellen

Nachdem Sie die Datei »Augen.tif« geöffnet haben, aktivieren Sie das Rote-Augen-Werkzeug J. In der Optionsleiste finden Sie nur zwei Steuerelemente. Mit der PUPILLENGRÖSSE legen Sie – wer hätte das gedacht? – die Größe der Pupille fest. Hier ist natürlich ein Schätzwert gefragt. Das Werkzeug wird jedoch in den allermeisten Fällen ein zufriedenstellendes Ergebnis liefern – auch wenn Sie diesen Wert nicht verändern. Justieren Sie erst nach, wenn das Ergebnis nicht Ihren Wünschen entspricht.

2   Verdunklungsbetrag einstellen

Der VERDUNKLUNGSBETRAG spielt hier schon eine wesentlich größere Rolle. Anstelle des Rotbereichs wird nach Anwendung des Tools nämlich ein neutrales Grau verwendet. Wie dunkel dieses Grau interpretiert wird, legen Sie über dieses Steuerelement fest. Ein Wert von 1 % liefert ein sehr helles Grau, während 100 % für Dunkelgrau sorgt.

Abbildung 10.21 ▼
Unterschiedliche Verdunklungsbeträge (links 1 %, rechts 100 %).

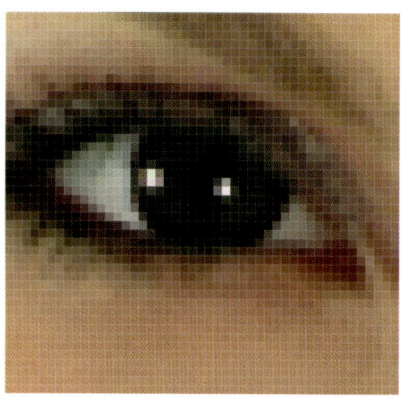
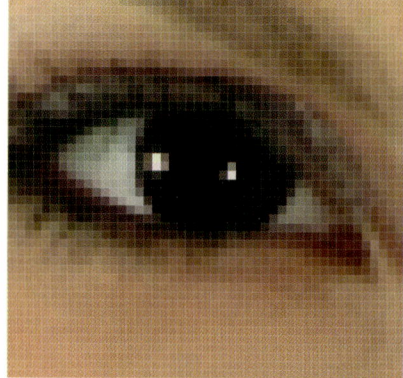

3   Werkzeug anwenden

Die Verwendung des Tools ist nun wirklich ganz einfach. Klicken Sie nur auf jede der rot gefärbten Pupillen, und der Rote-Augen-Effekt ist Geschichte.

◀ **Abbildung 10.22**
Das Ergebnis heißt
»Augen_fertig.tif«.

Möchten Sie noch wissen, nach welchem Muster das Tool arbeitet? Dann klicken Sie doch einfach einmal auf den roten Schal.

◀ **Abbildung 10.23**
Rote Bereiche im Foto werden
kreisrund entfärbt.

10.3   Rauschen aus Bildern entfernen

Einzelne, scheinbar willkürlich angeordnete Farbpixel innerhalb einer Digitalfotografie werden als Rauschen bzw. Bildrauschen bezeichnet. Diese Störungen treten vor allem dann auf, wenn die Lichtverhältnisse schwach gewesen sind. Die Korrekturmöglichkeiten sind begrenzt, aber geringfügige Verbesserungen lassen sich meist dennoch erzielen.

Schritt für Schritt: Störungen aus Bildern entfernen

Bilder/Rauschen.tif

Störungen innerhalb eines Bildes können unterschiedliche Ursachen haben. Allein die Tatsache, dass das Objekt nicht ausreichend beleuchtet gewesen ist, kann schon für unliebsames Farbrauschen verantwortlich sein. Der Filter RAUSCHEN REDUZIEREN vereint hier bewährte Techniken in einem Dialog. Anhand der Beispieldatei lässt sich das gut nachvollziehen.

Abbildung 10.24 ►
Hier kommt es zu unschönen Störungen.

© Leszek Schluter

1 **Störungen in Augenschein nehmen**
Zunächst einmal sollten Sie herauszufinden versuchen, welcher Art die vorliegenden Störungen sind. Das können Sie am besten, indem Sie das Bild auf 200 % vergrößern (Z und Klick). Stimmen Sie mir zu, dass es sich eindeutig um Farbrauschen handelt?

2 **Optional: Rauschen entfernen**
Öffnen Sie jetzt zunächst einmal den Dialog RAUSCHEN ENTFERNEN über FILTER • RAUSCHFILTER. Das Rauschen ist damit ein Stück weit eliminiert – aber längst nicht genug. Zudem hat das Foto derart an Schärfe verloren, dass es nicht mehr akzeptabel ist. Machen Sie deshalb den letzten Schritt über Strg / ⌘ + Z rückgängig.

Vorschau ansehen

Über die Checkbox VORSCHAU ❶ haben Sie die Möglichkeit, das Ergebnis Ihrer Korrektur gleich im Originalbild anzeigen zu lassen. Durch mehrmaliges Ein- und Ausschalten können die Änderungen sehr gut beurteilt werden.

3 **Rauschen reduzieren**
Beim RAUSCHEN ENTFERNEN überlassen Sie es der Anwendung, wie und in welchem Umfang die Störungen entfernt werden – ohne dass Sie selbst Einfluss nehmen können. Keine durchweg geeignete Methode also. Machen Sie den letzten Schritt rückgängig (Strg / ⌘ + Z), und stellen Sie FILTER • RAUSCHFILTER • RAUSCHEN REDUZIEREN EIN.

4   **Reduktion ausschalten**

Stellen Sie zunächst den Regler STÄRKE ❹ auf »0«. Er sagt aus, wie stark die Reduktion insgesamt angewendet werden soll. Wenn Sie jetzt auch noch die Regler FARBSTÖRUNG REDUZIEREN ❻ und DETAILS SCHARFZEICHNEN ❼ bis auf »0« zurückregeln, bedeutet das, dass am Bild prinzipiell keine Veränderungen vorgenommen werden. Aus dieser Position heraus lassen sich die Einstellungen jetzt besser begutachten.

5   **Details erhalten**

Stellen Sie jetzt die STÄRKE auf »9«. Je höher Sie danach DETAILS ERHALTEN ❺ einstellen, desto geringer fällt die Weichzeichnung aus. Leider werden dann aber auch die Störungen nicht so brillant reduziert. Die vorgegebenen 25 % sollten aber für einen guten Kompromiss in Sachen Restschärfe sorgen.

6   **Farbstörung reduzieren**

Die eigentliche Intensität der Reduktion regeln Sie jetzt über FARBSTÖRUNG REDUZIEREN. Das Bild hat eine erhebliche Aufwertung nötig, weshalb hier ein Wert von bis zu 90 % eingestellt werden sollte.

7   **Details scharfzeichnen**

Zuletzt sorgen Sie noch dafür, dass die Details im Bild nicht zu schwammig werden, indem Sie diese mit DETAILS SCHARFZEICHNEN etwas klarer konturieren. Legen Sie hier etwa 30 % fest.

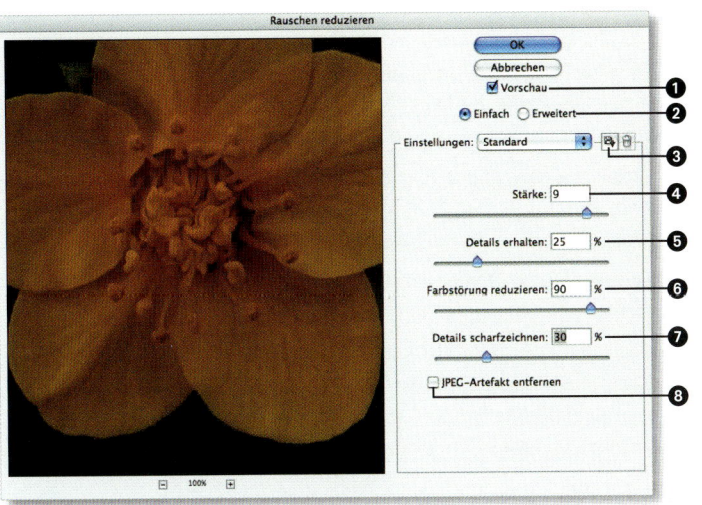

◀ **Abbildung 10.25**
Diese Parameter verhelfen dem Foto zu weniger Störungen.

8 **JPEG-Artefakt entfernen**

Bei der JPEG-Kompression von Bildern kommt es häufig zu sogenannten Artefakten. Diese unschönen, schwammigen Pixelan-
ordnungen können generell durch das Aktivieren der Checkbox
8 kompensiert werden. Im Bildbeispiel wollen wir jedoch darauf
verzichten, da es sich zum einen nicht um JPEG handelt und zum
anderen die Kompression des Original-JPEGs seinerzeit nicht sehr
drastisch ausgefallen ist.

9 **Optional: Einstellungen speichern**

Über den kleinen SPEICHERN-Button **3** ließen sich die aktuellen
Einstellungen für künftige Anwendungen sichern. Vergeben Sie
im folgenden Dialogfeld einen aussagekräftigen Namen, und
bestätigen Sie mit OK.

Abbildung 10.26 ▶
Die Einstellungen lassen sich
auch speichern.

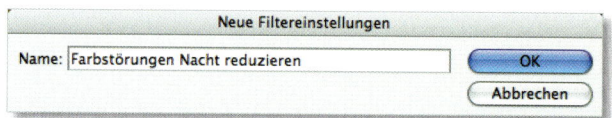

Im Flyout-Menü EINSTELLUNGEN wird der Eintrag fortan gelistet
und kann durch Selektion schnell auf andere Bilder übertragen
werden. ■

10.3.1 Rauschen kanalweise reduzieren

Wenn Sie im Dialog RAUSCHEN REDUZIEREN einmal den Radiobutton ERWEITERT **2** betätigen (siehe Abbildung 10.25), erscheinen
oberhalb der Schieberegler zwei Registerkarten.

Die erste Registerkarte (GESAMT) zeigt das Dialogfeld so, wie
Sie es im vorangegangenen Workshop vorgefunden haben. Wenn
Sie aber jetzt PRO KANAL anklicken, haben Sie Gelegenheit, die
einzelnen Farbkanäle (Rot, Grün und Blau) separiert voneinander zu reduzieren. Klicken Sie dazu im Pulldown-Menü KANAL
auf den Bereich, in dem Sie die meisten Störungen vermuten (im
Bildbeispiel ROT), und regeln Sie anschließend STÄRKE und DETAILS
nach Wunsch. Die Einstellungen wirken sich jetzt ausschließlich
auf den selektierten Farbkanal aus. Stellen Sie doch die Maus
anschließend einmal auf die Graustufen-Miniatur, und verschieben Sie diese leicht mit gehaltener Maustaste. Dann sehen Sie (so
lange, wie Sie die Maustaste festhalten), wie umfangreich die Störungen in diesem Kanal tatsächlich gewesen sind.

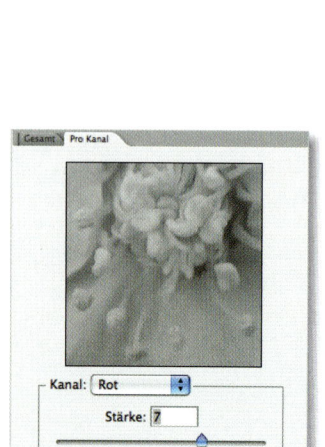

▲ **Abbildung 10.27**
Der Rot-Kanal wird noch einmal zusätzlich entstört.

Und noch etwas: Wenn Sie nicht ganz sicher sind, in welchem der drei Kanäle das größte Rauschen zu finden ist, schalten Sie alle drei Kanäle einmal nacheinander an. Die hellste Miniatur verrät zugleich: Hier sind die größten Anteile der jeweiligen Grundfarbe zu finden.

◄ **Abbildung 10.28**
Die Störungen auf den glatten Flächen sind weitgehend verschwunden.

10.3.2   Zu guter Letzt: Wenn nichts mehr geht

Wenn die Entstördienste der Anwendung nicht mehr greifen, hilft meist nur noch ein Weichzeichner weiter. Gerade stark verrauschte Fotos können so oft noch ganz gut geglättet werden. Dazu sollten Sie die Ebene zunächst duplizieren und im Anschluss einen Weichzeichner, wie z. B. MATTER MACHEN anwenden (FILTER • WEICHZEICHNUNGSFILTER). Dieser auch bei Porträts sehr beliebte Effekt kann noch eine Menge herausholen. Im Anschluss sollten Sie dann aber die weichgezeichnete Ebene und die darunter befindliche Original-Ebene aneinander angleichen. Und wie das funktioniert, wissen Sie ja: Setzen Sie einfach die Deckkraft der obersten Ebene im Ebenen-Bedienfeld entsprechend herab – fertig.

▲ **Abbildung 10.29**
Auch der Filter MATTER MACHEN kann zur Rauschreduzierung verwendet werden.

Kapitel 11

Transformieren

Spezielle Bearbeitungsmöglichkeiten

Sie werden lernen:

▶ Wie werden »stürzende Kanten« entzerrt?

▶ Wie kann ich ein Bild perspektivisch anordnen?

▶ Wie werden Bilder verkrümmt?

▶ Wie funktioniert das »Verflüssigen«?

▶ Wie kann ich Objekte effektvoll spiegeln?

▶ Wie wird mit Fluchtpunkten gearbeitet?

▶ Wie können Ebenen automatisch ausgerichtet werden?

11   Transformieren

Kompanie! ... Richt' euch! ... So leicht geht es, wenn der Haupt-feldwebel der Bundeswehr das Bedürfnis verspürt, die gesamte Kompanie in Nullkommanichts in eine geometrisch perfekte Aufstellung zu bringen. Aber Schreien bringt ja bekanntlich nichts; deshalb sollten Sie zur Verformung Ihrer Fotos lieber auf die zahlreichen Anwendungstools zurückgreifen, die für jedes Pixelproblem eine adäquate Lösung bieten.

11.1   Verzerren

11.1.1   Perspektive korrigieren

Ein markanter Schwachpunkt bei der Fotografie von Gebäuden ist die Perspektive. Was das menschliche Auge gar nicht mehr bewusst registriert, wird von der Kamera gnadenlos dargestellt – die stürzenden Kanten.

Bei Architekten und Maklern kommen daher häufig Objektive zum Einsatz, die dieses Manko ausgleichen. Doch solche technischen Errungenschaften sind nicht nur beeindruckend, sondern leider auch enorm teuer. Daher muss Photoshop es meist wieder richten.

Schritt für Schritt: Haltung annehmen – Wie ein Kirchturm zurechtgerückt wird

Bilder/Kirchturm.tif

Die Datei »Kirchturm.tif« zeigt ganz eindeutig, was für eine Kamera »normal« ist. In der Nähe Befindliches ist groß und weiter Entferntes logischerweise kleiner. So auch hier. Von unten nach oben geknipst, weist das Gebäude zwei klare Haltungsschäden auf. Es ist nicht nur nach oben hin verzerrt, sondern auch seitlich. Der Grund: Die Aufnahmeposition war nicht frontal zum Gebäude. Diese Schwachstellen wollen wir korrigieren.

© Robert Klaßen

◄ **Abbildung 11.1**
Ganz schön windschief, der
Kirchturm.

1 **Hintergrund umwandeln**

Die Bilddatei besteht nur aus einem Hintergrund, wie die Ebenen-
Palette zeigt. Hintergründe können aber nicht verzerrt werden,
so dass Sie diesen Hintergrund zunächst einmal in eine Ebene
wandeln müssen. Sie wissen schon: Der Doppelklick auf eine
freie Stelle zwischen Hintergrund und Schloss-Symbol reicht. Für
Menü-Fans: EBENE • NEU • EBENE AUS HINTERGRUND.

2 **Arbeitsumgebung vorbereiten**

Klicken Sie einmal mit der Lupe ⌴Z⌴ auf das Bild, wobei Sie ⌴Alt⌴ /
⌴⌂⌴ gedrückt halten. Für Aktionen wie die folgende benötigen
Sie Platz außerhalb des Bildes. Danach wird einmal ⌴F⌴ auf Ihrer
Tastatur betätigt, um für ausreichend Arbeitsfläche jenseits des
Bildes zu sorgen. Alternativ dazu schalten Sie in der Optionsleiste
um auf VOLLBILDMODUS MIT MENÜLEISTE.

Ps

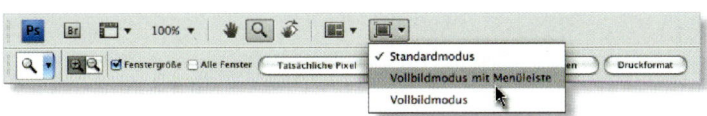

◄ **Abbildung 11.2**
Diese Einstellungen fügt
der Bildfläche einen Montagerahmen hinzu.

3 **Werkzeuge und Bedienfelder ausblenden**

Jetzt drücken Sie noch bitte ⌴⇆⌴. Das bewirkt, dass die alle
Bedienfelder nebst Toolbox ausgeblendet werden. Sie werden
vorerst nicht benötigt.

4 Verzerren

Über BEARBEITEN • TRANSFORMIEREN finden sich verschiedene Optionen, die Bildverzerrungen auf unterschiedliche Arten zulassen. Benutzen Sie zunächst die Option PERSPEKTIVISCH. Mit ihr werden im Gegensatz zu VERZERREN beide gegenüberliegenden Seiten in einem Arbeitsgang bewegt. Wenn der Auswahlrahmen sichtbar geworden ist, greifen Sie einen der quadratischen Anfasserpunkte oben rechts oder links ❶ und ziehen ihn mit gedrückter Maustaste nach außen.

Abbildung 11.3 ▶
Der Kirchturm kann oben in der Breite gedehnt werden.

5 Verzerrung abschließen

Mit dem mittleren Anfasser ❷ lässt sich das Bild komplett nach links und rechts neigen. Orientieren Sie sich beim Ausrichten des Bildes an den Senkrechten des unteren Gebäudeteils, und versuchen Sie, diese parallel zum Bildrand anzuordnen. Wenn Sie zufrieden sind, drücken Sie ⏎. Bitte lassen Sie derzeit noch außer Acht, dass das Bild nun vertikal »gestaucht« ist. Darum werden wir uns im Anschluss kümmern.

6 Optional: Verzerrung verwerfen

Sie sind nicht zufrieden mit dem Ergebnis und möchten lieber noch einmal von vorne beginnen? Dann drücken Sie Esc und wenden erneut BEARBEITEN • TRANSFORMIEREN • PERSPEKTIVISCH an. Das geht natürlich nur, solange Sie die Transformation noch nicht bestätigt haben.

7 Vertikal verzerren

Dass das Bild vertikal gestaucht worden ist, gleichen Sie so aus: Wählen Sie erneut BEARBEITEN • TRANSFORMIEREN, wobei Sie diesmal aber SKALIEREN einstellen. Ergreifen Sie den oberen mittleren Anfasser des Rahmens, und ziehen Sie ihn nach oben. Bei diesem Bild können Sie sich sehr gut an den Rundungen auf dem Kirchturm (z. B. der Uhr oder Rose) orientieren.

Der Platz reicht nicht? Sie müssten den Rahmen höher ziehen, was aber nicht mehr möglich ist? Dann lassen Sie den Rahmen kurz los und drücken `Strg`/`⌘` + `-` . Dann sollte es gehen. Wenn Sie der Meinung sind, das Bild sei nun auch vertikal »entzerrt«, drücken Sie erneut `↵` .

Ausrichten auf eine Richtung begrenzen

Wenn Sie einzelne Anfasserpunkte senkrecht verziehen, ergibt sich möglicherweise auch eine Änderung in der Waagerechten. Möchten Sie dies unterbinden, müssen Sie während des Verzerrens `⇧` drücken. So lassen sich die Bilder nur in eine Richtung ziehen.

◄ **Abbildung 11.4**
So wird der Turm gestreckt.

8 Einseitig verzerren

Irgendwie scheint die Kirche aber immer noch etwas linkslastig zu sein, finden Sie nicht auch? Also müssen wir ein drittes Mal Hand

anlegen. Richten Sie über BEARBEITEN • TRANSFORMIEREN • VERZER-
REN nun nur den Punkt oben rechts aus. Ziehen Sie ihn nach oben,
bis Ihnen die Proportionen gefallen. Drücken Sie erneut ⏎ .

Abbildung 11.5 ▶
Jetzt wird einseitig verzerrt.

9 Arbeitsumgebung wiederherstellen

Wenn Sie zufrieden sind (abgesehen davon, dass wir derzeit noch
den Verlust der Kirchturmspitze zu beklagen haben), drücken Sie
zweimal F und anschließend einmal ⇆ . Danach sollte Photoshop wieder in gewohnter Umgebung erscheinen.

10 Arbeitsfläche erweitern

Unser letzter Schritt ist das Erweitern der Arbeitsfläche. Sie wissen ja bereits, dass auch der außerhalb des Bildes liegende Teil
nicht verloren ist – noch nicht einmal dann, wenn Sie die Datei
speichern und schließen. Letzteres gilt allerdings nur, wenn sie als
TIFF oder PSD gespeichert wird. Wie dem auch sei: Wir wollen
vom Kirchturm natürlich alles sehen. Wählen Sie deshalb BILD •
ALLES EINBLENDEN.

◄ **Abbildung 11.6**
Jetzt wird auch der Rest des
Kirchturms eingeblendet.

11 Bild freistellen

Der Rest wäre eine normale Freistellung (C), die ja mittlerweile
Routine sein dürfte. Versuchen Sie auf diese Weise, die überflüssigen Ränder zu entfernen. Das Ergebnis kann sich sehen lassen,
oder?

◄ **Abbildung 11.7**
So macht das Gebäude etwas
her.

11.1.2 Gestalten mit Verzerrung

Das war der Korrekturteil zum Thema Verzerren – man könnte sagen: Das war das »Entzerren«. Ich möchte aber auf gar keinen Fall versäumen, Ihnen noch die Möglichkeit vorzustellen, Bilder absichtlich zu verzerren. Eigentlich macht ja erst so etwas eine wirkliche Verzerrung aus. Die Technik ist zwar vom Prinzip her ähnlich, erfordert jedoch eine andere Vorgehensweise, wie der folgende Workshop beweist.

Schritt für Schritt: Verzerren: Das künstliche Monitorbild

Bilder/Notebook.tif und Frau_mit_Schirm.tif

Mal ehrlich: Hätten Sie das neue Notebook auch dann gekauft, wenn die attraktive Dame nicht so charmant vom Monitor herunter gelächelt hätte? Bestimmt hätten Sie das. Da sich aber nicht jedermann so verhält, lässt sich die Werbeindustrie so einiges einfallen. Montagen sind da ganz hoch im Kurs.

© Miodrag Gajic / fotolia

▲ **Abbildung 11.8**
Diese freundliche junge Dame ...

© Leszek Schluter

▲ **Abbildung 11.9**
... soll auf dieses schlichte Notebook moniert werden.

1 Dateien bereitstellen

Zur Erzeugung eines künstlichen Monitorbildes benötigen Sie zunächst drei Dinge: 1. die Datei »Notbook.tif«, 2. die Datei »Frau_mit_Schirm.tif« und 3. diese beneidenswerte »Ja-ich-will«-Einstellung, die Sie schon das ganze Buch hindurch begleitet. Warum sage ich das? Keine Ahnung – vielleicht weil ich irgendwie das Gefühl nicht loswerde, dass Sie die Technik auch später noch einige Male anwenden werden: mit Ihren eigenen Bildern, bei zahlreichen Gelegenheiten und mit immer wieder neuer Begeisterung. Nicht weil es eine so irrsinnig überzeugende Technik ist, sondern weil es einfach irrsinnig viel Spaß macht, sie anzuwenden.

2 Bilder verbinden

Bringen Sie zunächst beide Bilder zusammen, indem Sie die Frau auf das Notebook-Foto ziehen – das machen Sie natürlich mit dem Verschieben-Tool ⟨V⟩ . Stellen Sie das Bild so groß wie möglich dar, indem Sie ⟨Strg⟩/⟨⌘⟩ + ⟨0⟩ drücken. Schließen Sie anschließend das Porträt-Foto.

◄ **Abbildung 11.10**
Beide Fotos sind bereits jetzt vereint.

3 Ebenendeckkraft reduzieren

Für den folgenden Schritt müssen Sie die gesamte Bildschirm-Fläche des Notebooks einsehen können. Daher empfiehlt es sich, die Deckkraft der oberen Ebene zu reduzieren; etwa »75 %« sind in Ordnung.

◄ **Abbildung 11.11**
Die oberste Ebene wird teiltransparent dargestellt.

4 Bild verzerren

Jetzt werden wir den eigentlichen Verzerrungsvorgang durchführen. Dazu stellen Sie BEARBEITEN • TRANSFORMIEREN • VERZERREN ein. Ziehen Sie die quadratischen Anfasser der Ecken (und nur die) nacheinander auf die Ecken des Laptop-Monitors. Die folgende Abbildung zeigt die Anpassung der Ecken oben links und oben rechts.

Abbildung 11.12 ▶
In diesem Arbeitsgang wird das Foto in Form gebracht.

Zoomen während des Verzerrens

Solange die Verzerrung noch nicht abgeschlossen ist, sind andere Tools und Funktionen inaktiv. Falls Sie dennoch das Bild währenddessen größer darstellen möchten, drücken Sie ⌷Strg⌷/⌷⌘⌷+⌷+⌷. Das Auszoomen gelingt über ⌷Strg⌷/⌷⌘⌷+⌷−⌷. Auch das Verschieben des Bildausschnittes per Hand (Leertaste) ist möglich. So sollte Ihnen die exakte Anordnung des Verzerrungsrahmens keine Probleme mehr bereiten.

Platzieren Sie die Ecken im ersten Arbeitsgang grob, danach noch einmal genauer. Bleiben Sie mit dem Begrenzungsrahmen etwas innerhalb der Monitorfläche. Drücken Sie anschließend ⌷↵⌷, oder klicken Sie auf das Häkchen (TRANSFORMIEREN BESTÄTIGEN) ganz rechts in der Optionsleiste. Danach setzen Sie die Deckkraft der Ebene wieder auf 100 %.

Abbildung 11.13 ▶
Die Geometrie stimmt bereits.

5 Effekt anwenden

Irgendwie fehlt der Montage aber noch der letzte Tick Realismus. Deshalb werden wir noch einen Effekt auf die oberste Ebene anwenden. Durch einen Schatten heben sich Fotografie und Laptop dann noch etwas mehr voneinander ab. Und das geht so:

Ebene • Ebenenstil • Schatten nach innen heißt die Zauberformel. Im Frame Struktur stellen Sie die Deckkraft auf 75 % und den Winkel auf 130°. Darüber hinaus soll der Schatten einen Abstand von 4 Px und eine Grösse von 9 Px aufweisen. Vergleichen Sie die weiteren Einstelloptionen mit der Abbildung, und bestätigen Sie mit OK.

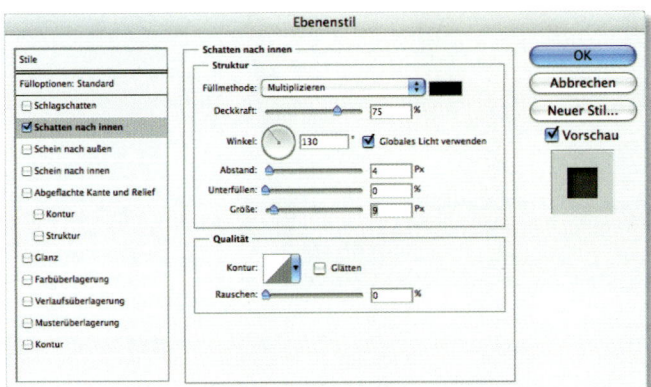

◀ **Abbildung 11.14**
So soll der Effekt eingestellt sein.

◀ **Abbildung 11.15**
Hier sehen Sie unser Notebook nach der Montage.

Checkliste: Bilder verbinden und verzerren

1. Ziehen Sie das Bild, das auf dem Monitor platziert werden soll, mit dem Verschieben-Werkzeug auf das Montagebild.
2. Reduzieren Sie die Deckkraft der neuen Ebene auf etwa 50 %.
3. Wählen Sie Bearbeiten • Transformieren • Verzerren, und platzieren Sie die Eckpunkte des Rahmens entsprechend.
4. Erhöhen Sie die Ebenendeckkraft wieder auf 100 %, und weisen Sie den Ebenenstil Schatten nach innen zu.

Auf eine Problematik bleibt noch hinzuweisen: Das Anordnen der Ecken kann nur einmal so komfortabel erfolgen wie im zurückliegenden Beispiel. Warum? Weil die erneute Aktivierung der Funktion einen Transformationsrahmen erzeugen würde, der mit den Ecken des Bildes nicht mehr übereinstimmt.

Abbildung 11.16 ▶
Es ist klar, dass sich die erneute Platzierung der Eckpunkte jetzt etwas schwieriger gestaltet. Achten Sie auf die Eckanfasser des Rahmens!

11.2 Verkrümmen

Beim Verzerren werden die Anfasser am Rahmen verstellt. Wenn es aber darum geht, plastische Verformungen zu erzeugen, kommen Sie mit dieser Funktion nicht weiter. Hier ist die Funktion »Verkrümmen« zu empfehlen. Auch wenn die Arbeit in diesem Modus etwas gewöhnungsbedürftig ist, liefert die Funktion doch tolle Ergebnisse.

Schritt für Schritt: Ein Bild im Buch erneuern

Bilder/Buch_01.tif
und Buch_02.tif

Gefallen Ihnen die Bilder eines bestimmten Buches nicht? Dann tauschen Sie diese doch einfach aus. Allein die Vorstellung, dass Sie sich dabei für genau dieses Buch entscheiden könnten, würden Verlag und Autor ziemlich bestürzen. Das einzig Beruhigende an diesem Gedanken ist, dass Sie dann die weiteren Schritte nicht mehr lesen könnten. Glück gehabt! Nehmen Sie also lieber ein anderes Buch. Und damit sich der Gedanke, das vorliegende Buch zu verwenden, endgültig verflüchtigt, sind sogar zwei adäquate Dateien beigelegt. »Buch _ 01.tif« und »Buch _ 02.tif« eignen sich nämlich ganz hervorragend.

© dimitri_designer / fotolia

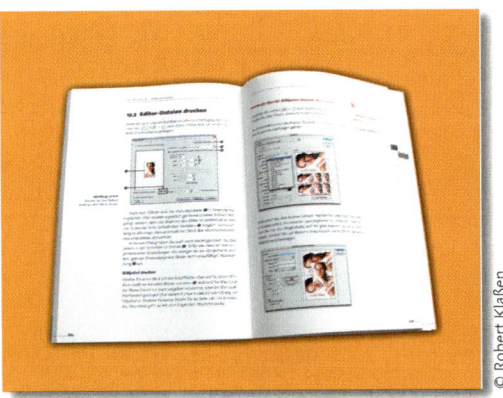

© Robert Klaßen

▲ **Abbildung 11.17**
Jetzt soll dieser freundliche junge Herr ...

▲ **Abbildung 11.18**
... auf dieses schöne Buch montiert werden.

Beginnen wir (wie immer) mit der Problemstellung: Das Porträtbild ist gerade; die Buchseiten sind es nicht. Also müsste das auszuwechselnde Foto die gebogene Form der Buchseiten annehmen. Und das geht so:

1 **Bilder vereinen und skalieren**

Zunächst ziehen Sie das Porträt mit dem Verschieben-Tool auf das Buch-Foto. Senken Sie danach die Deckkraft über das Ebenen-Bedienfeld wieder etwas ab (auf ca. 75 %). Schalten Sie TRANS-FORMATIONSSTEUERUNGEN in der Optionsleiste ein, und skalieren Sie das Porträt (halten Sie ⬧ gedrückt) an einer der Ecken so weit herunter, dass es etwas größer ist als das obere Bild der rechten Buchseite. Bestätigen Sie die Transformation über ⏎ .

Arbeitsgänge teilen

Nach der soeben durchgeführten Skalierung wäre es gleich möglich gewesen, ohne Bestätigung mit dem Verkrümmen zu beginnen. Es empfiehlt sich aber, die beiden Aktionen voneinander zu trennen. Falls Sie das Verkrümmen nämlich abbrechen, müssen Sie nicht erneut skalieren.

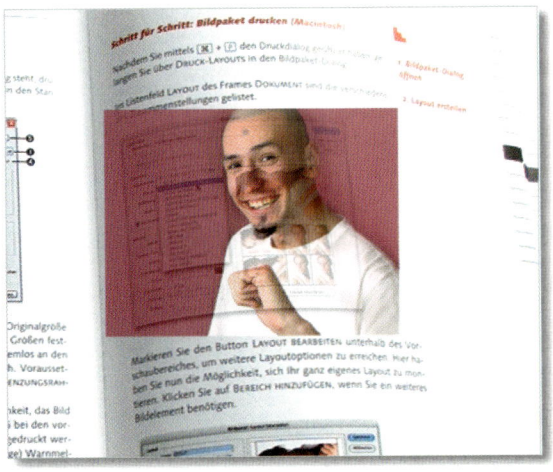

◀ **Abbildung 11.19**
Das überlagernde Foto ist proportional verkleinert worden.

2   Verkrümmen aktivieren

Stellen Sie den Mauszeiger nun irgendwo auf den Begrenzungsrahmen der Porträt-Ebene. (Denken Sie daran: Sie sehen die Linien nur, wenn die TRANSFORMATIONSSTEUERUNGEN des Verschieben-Werkzeugs aktiv bleiben.) Wenn Sie die richtige Position gefunden haben, wird der Mauszeiger zum Doppelpfeil. Ein Klick reicht, um die Optionsleiste des Verschieben-Tools komplett zu ändern. Vergleichen Sie die Leisten vor und nach dem Mausklick.

Abbildung 11.20 ▼
Die Optionsleiste sieht bei aktivierter Verzerrung anders aus.

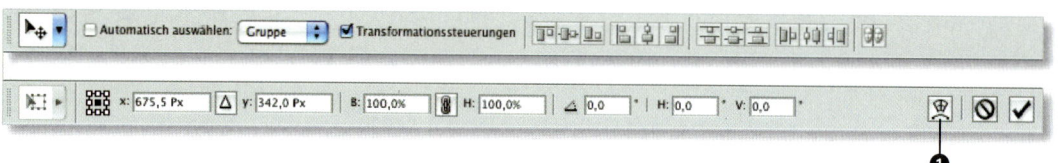

Anschließend reicht ein Klick auf den Button mit dem wunderschönen Namen ZWISCHEN DEN MODI ‚FREI TRANSFORMIEREN' UND ‚VERKRÜMMEN' WECHSELN ❶. Das Ergebnis: Der Begrenzungsrahmen wird in neun Rechtecke aufgeteilt.

Wenn Sie lieber das Menü benutzen, können Sie auch BEARBEITEN • TRANSFORMIEREN • VERKRÜMMEN wählen. Dann ersparen Sie sich sogar das vorherige Markieren des Rahmens und müssen noch nicht einmal die Transformationssteuerung aktiviert haben.

> **Nur einmal verkrümmen**
>
> Wie beim Verzerren gilt auch hier: Der Rahmen lässt sich nur einmal mit diesem Komfort bedienen. Bestätigen Sie die Verkrümmung nämlich und aktivieren diesen Modus anschließend erneut, stimmen die Umrisse nicht mehr mit dem Rahmen überein.

Abbildung 11.21 ▶
Mittlerweile ist ein Gitter zu sehen.

3   Eckpunkte anordnen

Zunächst geht es nun darum, die vier quadratischen Eckanfasser zu positionieren. Stellen Sie diese in etwa auf das Originalbild des Buches.

◄ **Abbildung 11.22**
Die Eckpunkte sind entsprechend positioniert worden.

4   Linke und rechte Seite angleichen

Die beiden Linien, die nun aus jedem der Eckpunkte herausragen,
sind dazu da, die Tangenten zu korrigieren. Was es genau damit
auf sich hat, erfahren Sie im folgenden Kapitel. Für die Verkrümmung ist lediglich wichtig, dass Sie die Anfasser, die nach links
und rechts heraussstehen, an den runden Endpunkten greifen und
mit gedrückter Maustaste an den Rahmen des Buch-Fotos heran-
schieben, und zwar so weit, bis das Gitter des Verkrümmungsrah-
mens links und rechts gerade ist. So kann die gewölbte Kante des
Originalbildes entsprechend nachempfunden werden.

◄ **Abbildung 11.23**
So richten Sie die Tangenten
aus.

5   Mitte korrigieren

Zuletzt müssen Sie noch die vier Fadenkreuze verschieben, die
sich im Inneren des Bildes befinden. Ziehen Sie die Punkte ❷ und
❸ etwas nach oben. Verfahren Sie entsprechend mit den Punkten

❹ und ❺. Orientieren Sie sich am Radius der oberen und unteren Begrenzung, und versuchen Sie, dieser Linie zu entsprechen.

Abbildung 11.24 ▶
Die mittleren Kreuze müssen ebenfalls noch in Form gebracht werden.

6 Punkte erneut korrigieren

Natürlich sind alle Punkte voneinander abhängig. Das bedeutet: Verschieben Sie einen Punkt, verändert sich auch der benachbarte etwas. Deshalb müssen Sie eventuell mehrfach nachkorrigieren. Besonders die zuerst veränderten Eckpunkte könnten sicher eine Nachbesserung vertragen, oder?

7 Verkrümmung bestätigen

Wenn Sie mit dem Verkrümmungsrahmen zufrieden sind, drücken Sie ⏎ . Stellen Sie danach die Deckkraft des Bildes wieder auf 100 %. Das Resultat ist in »Buch_fertig.tif« zu sehen.

Abbildung 11.25 ▶
So werden Bilder im Buch ausgetauscht.

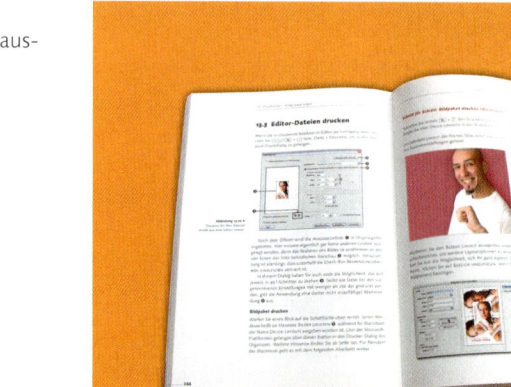

Checkliste: Verkrümmen im Schnelldurchgang

1. Verbinden Sie beide Bilder, indem Sie das Porträt mit dem Verschieben-Werkzeug auf die Buch-Datei ziehen.
2. Schalten Sie TRANSFORMATIONSSTEUERUNGEN ein, und skalieren Sie das Bild entsprechend.
3. Setzen Sie die DECKKRAFT so weit herunter, dass sich die untere Ebene gut sehen lässt.
4. Klicken Sie auf den Transformationsrahmen, und aktivieren Sie das Verkrümmen-Symbol in der Optionsleiste.
5. Bringen Sie die Ecken in Übereinstimmung zum Hintergrundbild.
6. Ziehen Sie die vier Anfasser, die links und rechts herausragen, in Richtung Bildmitte. Stoppen Sie, wenn die Seiten des Gitters mit denen des Hintergrunds übereinstimmen.
7. Formen Sie anhand der nach oben herausragenden Anfasser die Biegung nach.
8. Heben Sie die Fadenkreuze entsprechend der oberen und unteren Biegung an.
9. Bestätigen Sie mit ⏎ .
10. Setzen Sie die DECKKRAFT wieder herauf.

11.3 Verflüssigen

Mit den Verflüssigen-Funktionen sind Sie in der Lage, Bilder im wahrsten Sinne des Wortes zu verformen und Pixel zu modellieren. Schieben und ziehen Sie die Bildinhalte »in Form«, und legen Sie in Sachen Gestaltung noch einen Schritt zu.

Learning by doing heißt die Devise, weshalb wir auch gleich wieder mit einem Workshop einsteigen wollen.

Schritt für Schritt: Am Anfang war das Feuer – brennende Lettern

Bilder/Feuer.tif

Dieser Workshop ist wirklich »heiß«! Setzen Sie Ihre Lettern unter Feuer. Sie benötigen keine Beispieldateien, sondern werden das Bild komplett in Photoshop erzeugen. Das hört sich doch gut an, oder?

Falls Sie mit der Erstellung von Texten lieber warten, bis das Text-Kapitel an der Reihe ist, benutzen Sie jetzt die Datei »Feuer.

tif« als Ausgangsmaterial. Dort sind die ersten Schritte schon vorbereitet. Fahren Sie in diesem Fall mit dem Schritt »Ebene duplizieren« fort. Wer es sich nicht nehmen lassen möchte, von Anfang an alles selbst zu erledigen, beginnt natürlich gleich hier.

1 **Farben einstellen**

Drücken Sie zunächst D, um die Standardfarben für Vordergrund und Hintergrund einzustellen (Schwarz und Weiß). Danach drücken Sie X, um beide Farben miteinander zu vertauschen (Schwarz im Hintergrund).

2 **Datei erstellen**

Erzeugen Sie eine neue Datei (DATEI • NEU bzw. Strg/⌘ + N), und wählen Sie unter VORGABE den Eintrag WEB aus. Im Pulldown-Menü GRÖSSE entscheiden Sie sich anschließend für 800 × 600. Die Auflösung soll bei 72 ppi im Modus RGB liegen. Als HINTERGRUNDINHALT wird HINTERGRUNDFARBE eingestellt.

> **Ebeneninhalte umkehren**
>
> Sollten Sie zuvor Schwarz und Weiß nicht miteinander vertauscht haben, lässt sich das mit einer Tastenkombination ruck, zuck nachholen. Mit Strg/⌘ + I wandeln Sie schwarze Inhalte einer Ebene in weiße und weiße in schwarze um.

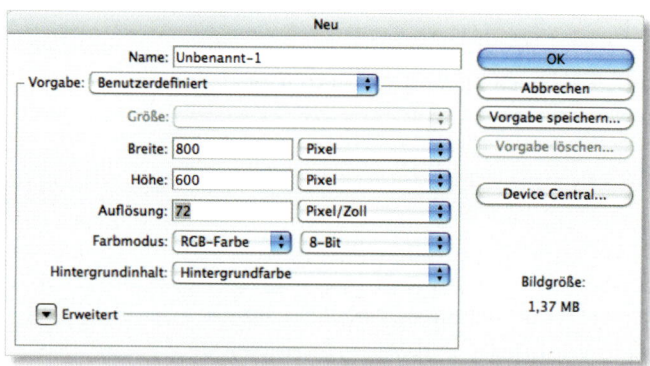

Abbildung 11.26 ▶
Verwenden Sie diese Einstellungen, um die neue Datei anzulegen.

3 **Ebene umwandeln**

Wandeln Sie den Hintergrund in eine Ebene um (Doppelklick auf die Ebene in der Ebenen-Palette).

4 **Text eingeben**

Danach wechseln Sie auf das HORIZONTALE TEXT-WERKZEUG T und schreiben »FEUER«. Wählen Sie eine Serifen-Schrift wie z.B. Times. Drücken Sie, nachdem Sie mit ↵ bestätigt haben, auf Ihrer Tastatur V, und schalten Sie über die Optionsleiste die Funktion TRANSFORMATIONSSTEUERUNGEN ein. Skalieren Sie den Text entsprechend Abbildung 11.27. Der Text selbst sollte in der Mitte des Bildes platziert sein.

▲ **Abbildung 11.27**
So sieht die Datei »Feuer.tif« aus.

5 **Ebene duplizieren**

Anschließend duplizieren Sie die Textebene ([Strg] / [⌘] + [J]), schalten die oberste Ebene über das Auge-Symbol der Ebenen-Palette aus und markieren die darunter befindliche Ebene.

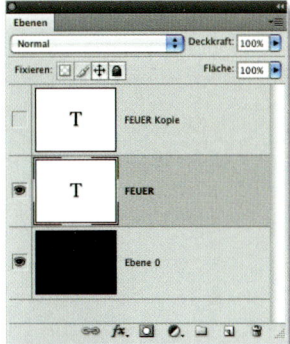

◄ **Abbildung 11.28**
Die mittlere Ebene muss markiert werden.

6 **Arbeitsfläche drehen**

Nun muss die Arbeitsfläche um 90° gedreht werden. Wählen Sie BILD • BILDDREHUNG • 90° IM UZS. Warum das? Sind Sie damit einverstanden, dass ich die Erklärung für diesen Schritt nachliefere?

7 **Ebene reduzieren**

Reduzieren Sie diese Textebene, indem Sie im Bedienfeld-Menü des Ebenen-Bedienfelds den Eintrag MIT DARUNTER LIEGENDER AUF EINE EBENE REDUZIEREN (alternativ: [Strg] / [⌘] + [E]) wählen ■. Damit ersparen Sie sich auch das Rastern des Textes. Was aber viel entscheidender für diesen Schritt ist: Wir benötigen auch jenseits der Schrift die schwarzen Pixel der untersten Ebene, um den folgenden Filter wirkungsvoll anbringen zu können.

> **Alternative zur Reduzierung**
>
> Es soll nicht verschwiegen werden, dass SICHTBARE AUF EINE EBENE REDUZIEREN (bzw. [Strg] / [⌘] + [⇧] + [E]) das gleiche Ergebnis brächte, da die oberste Ebene ja ausgeblendet ist. Einziger Unterschied: Die Ebene trüge dann nicht mehr den Namen EBENE 0, sondern FEUER.

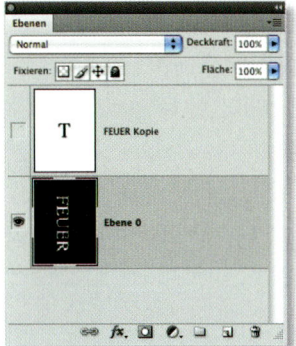

◄ **Abbildung 11.29**
Die untere Textebene ist mit dem schwarzen Hintergrund verschmolzen.

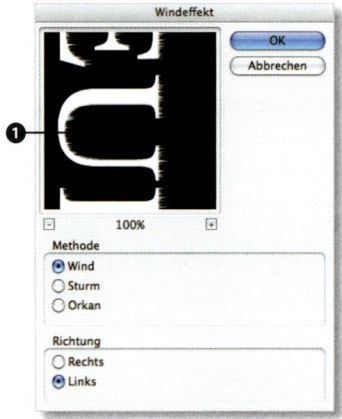

▲ **Abbildung 11.30**
Ganz schön windig – einer der zahlreichen Photoshop-Effekte.

8 Windeffekt-Filter anwenden

Ohne Sauerstoff gibt es kein Feuer! Sorgen wir also für ausreichend Luft. Stellen Sie FILTER • STILISIERUNGSFILTER • WINDEFFEKT ein. Kontrollieren Sie, ob die METHODE: WIND und die RICHTUNG mit LINKS angegeben ist. Falls nicht, ändern Sie das entsprechend.

▲ **Abbildung 11.31**
Jetzt wirkt der Windeffekt sogar vertikal.

Das einmalige Zuweisen des Effekts ist aber noch nicht genug. Wiederholen Sie den Windeffekt noch dreimal ■. Danach stellen Sie BILD • BILDDREHUNG • 90° GEGEN UZS ein, und das Bild ist wieder korrekt eingestellt.

Ach ja: Ich schulde Ihnen ja noch die Erklärung für das Drehen der Arbeitsfläche. Aber sicher wissen Sie es schon: Der Windeffekt lässt sich ausschließlich in horizontaler Richtung anwenden. Dies machte das vorherige Drehen der Textebene erforderlich.

9 Weichzeichnen

Im nächsten Schritt soll die Ebene weicher werden. Die erreichen Sie über FILTER • WEICHZEICHNUNGSFILTER • GAUSSSCHER WEICHZEICHNER. Verstellen Sie den Schieber, bis ein RADIUS von etwa 5,0 Pixel angezeigt wird, und bestätigen Sie mit OK.

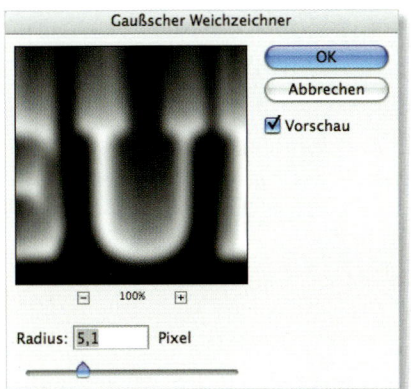

10 Färben

Mit BILD • KORREKTUREN • FARBTON/SÄTTIGUNG aktivieren Sie
zunächst das Ankreuzkästchen FÄRBEN, ehe Sie den FARBTON auf
»40« sowie die SÄTTIGUNG auf »100« stellen. Bestätigen Sie auch
hier mit OK ■.

Flammenfarbe verändern

Wünschen Sie eher rötliche
Flammen, dann sollten Sie
den Schieber FARBTON noch
weiter nach links stellen.

◄ **Abbildung 11.33**
Jetzt bringen Sie Farbe ins
Spiel.

11 Ebene erneut duplizieren

Duplizieren Sie die Ebene ($\boxed{\text{Strg}}$/$\boxed{\text{⌘}}$ + $\boxed{\text{J}}$), und stellen Sie für
das Duplikat in der Ebenen-Palette die Füllmethode FARBIG
ABWEDELN ein.

12 Ebenen verbinden

Reduzieren Sie die Deckkraft der aktiven Ebene (EBENE 0 KOPIE)
über die Ebenen-Palette auf 75 %, und verschmelzen Sie diese
Ebene mit der darunterliegenden ($\boxed{\text{Strg}}$/$\boxed{\text{⌘}}$ + $\boxed{\text{E}}$). Danach
erfolgt dann der individuell kreative Teil dieser Übung. Es geht
darum, die Flammen zu modellieren.

Abbildung 11.34 ▶
So sieht die Datei an dieser
Stelle des Workshops aus.

Pinseldruck einstellen

Je höher der Pinseldruck
eingestellt ist, desto mehr
Auswirkungen haben die
Mausbewegungen auch auf
die Verformung der Elemente. Wenn Sie also nur Nuan-
cen bearbeiten möchten,
regeln Sie den Druck zuvor
entsprechend herunter.

---

13 Verflüssigen

Über FILTER • VERFLÜSSIGEN erreichen Sie ein wirklich beeindru-
ckendes Dialogfenster. Rechts finden Sie die Werkzeugoptionen.
Stellen Sie dort eine PINSELGRÖSSE von ca. »50« und einen PINSEL-
DRUCK ■ von etwa »80« ein.

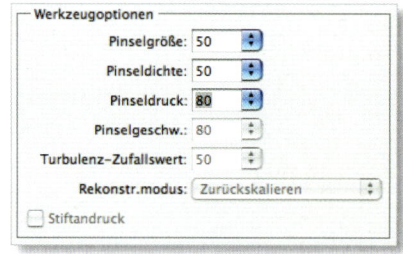

Abbildung 11.35 ▶
Das Werkzeug wird auf der
rechten Seite eingestellt.

Die Tools an der linken Seite sind ja zum größten Teil schon alte
Bekannte für Sie. Erforderlichenfalls wechseln Sie zwischenzeitlich auf das Zoomwerkzeug, um die Schrift näher heranzuholen.

Aktivieren Sie danach auf jeden Fall wieder das Vorwärts-krüm-
men-Werkzeug 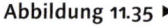 (das oberste in der Toolbox des Dialogs). Ziehen Sie mit gedrückter Maustaste von den Lettern aus nach oben,
wobei Sie die Maus leicht hin und her bewegen. »Modellieren«
Sie auf diese Weise die Flammen. Wenn Sie mit Ihrem Ergebnis
zufrieden sind, klicken Sie auf OK.

Abbildung 11.36 ▶
Die Flammen werden nach
Wunsch geformt.

14 Textfarbe ändern

Markieren Sie die oberste Textebene innerhalb der Ebenen-Palette, und machen Sie diese sichtbar, indem Sie das vorange-stellte Auge (jetzt noch unsichtbar) wieder einschalten. Markie-ren Sie die Ebene zudem im Ebenen-Bedienfeld. Färben Sie die Lettern schwarz. Und das geht so:

▸ Möglichkeit 1: Wählen Sie BEARBEITEN • FLÄCHE FÜLLEN, nach-dem Sie EBENE • RASTERN • TEXT eingestellt haben. Achten Sie aber darauf, dass Sie TRANSPARENTE BEREICHE SCHÜTZEN, da ansonsten die komplette Ebene geschwärzt würde.

▸ Möglichkeit 2: Drücken Sie ⊤, um das TEXT-WERKZEUG zu aktivieren, und stellen Sie die TEXTFARBE auf SCHWARZ. Dazu müssen Sie ja lediglich auf die Farbfläche in der Optionsleiste klicken und den Farbwähler entsprechend einstellen.

◂ **Abbildung 11.37**
Mittlerweile ist auch die schwarze Schrift wieder sicht-bar.

Duplizieren Sie die Feuer-Ebene, indem Sie Strg / ⌘ + J drü-cken (vergessen Sie nicht, vorher die Ebene in der Ebenen-Palette zu markieren!), und stellen Sie die Kopie an die oberste Stelle innerhalb der Ebenen-Palette. Danach erzeugen Sie im Masken-Bedienfeld eine Ebenenmaske, indem Sie den Button PIXELMASKE HINZUFÜGEN anklicken.

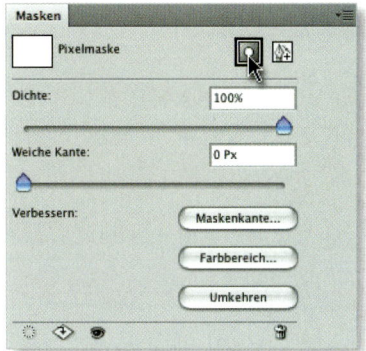

◂ **Abbildung 11.38**
In diesem Schritt wird eine Ebenenmaske erstellt.

Aktivieren Sie den Pinsel B, und versehen Sie ihn mit einer weichen Spitze in der Größe von etwa 45 Px. Übermalen Sie nun den unteren Bereich der Ebene, und ziehen Sie den Pinsel an den Stegen der Buchstaben etwas nach oben. Die Textebene wird dadurch am Fuß der Schrift wieder sichtbar.

Abbildung 11.39 ▶
Die Ebenenmaske sorgt für eine stellenweise Freilegung der Text-Ebene.

Falls Sie es wünschen, können Sie am Schluss noch auf die mittlere Textebene umschalten und diese nach Aktivierung des Verschieben-Werkzeugs mit den Pfeiltasten etwas nach unten bewegen. So verschwinden die gelben Flammen unterhalb der Buchstaben. Das sieht dann noch etwas realistischer aus.

Abbildung 11.40 ▶
Damit ist der erste Teil des Workshops beendet. Sie finden die Datei im Ergebnisse-Ordner unter »Feuer_fertig.tif«.

Falls Sie es wünschen, verfeinern Sie doch das Bild ein wenig. Es bringt einen zusätzlichen Effekt, wenn Sie die oberste Ebene abermals verflüssigen. Ziehen Sie die weißen Bereiche noch etwas herauf.

Das war das ganze Geheimnis in Sachen Feuermachen. Wenn Sie Spaß daran gefunden haben und nun den Effekt noch etwas erweitern möchten, ist der folgende Workshop ebenfalls dringend zu empfehlen.

Schritt für Schritt: Effektvolle Textspiegelung realisieren

Wie wäre es, wenn sich die brennenden Buchstaben im Boden spiegeln würden? Das ist keine große Kunst, sondern ein ganz schnell realisierter Effekt.

Bilder/Ergebnisse/
Feuer_fertig.tif

1 Ebenen reduzieren

Stellen Sie SICHTBARE AUF EINE EBENE REDUZIEREN ein. Natürlich verwenden Sie für solche Kleinigkeiten Tastaturkürzel: [Strg]/ [⌘]+[⇧]+[E].

2 Auswahl anlegen

Ziehen Sie eine Rechteckauswahl über den oberen Teil des Bildes. Lassen Sie die Auswahl geringfügig unterhalb der Buchstaben enden, und achten Sie darauf, dass alle relevanten Bildinhalte eingeschlossen sind.

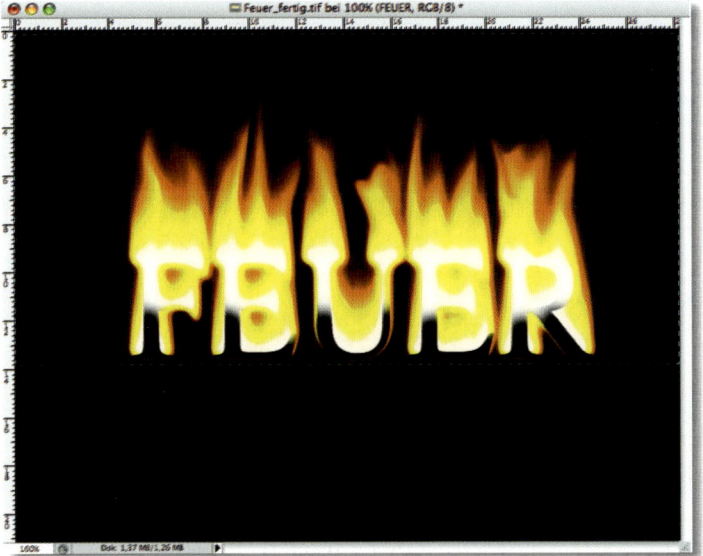

◀ **Abbildung 11.41**
So sollte die Auswahl »sitzen«.

3 Auswahl duplizieren

Duplizieren Sie die Ebene über [Strg]/[⌘]+[J]. Verwenden Sie hier auf keinen Fall die Option EBENE • EBENE DUPLIZIEREN, da Sie ansonsten die komplette Ebene und nicht nur den zuvor ausgewählten Bereich duplizieren würden. Die Alternative über das Menü wäre: EBENE • NEU • EBENE DURCH KOPIE.

4 Ebene spiegeln

Nun muss die Ebene noch gespiegelt werden. BEARBEITEN • TRANS-FORMIEREN • VERTIKAL SPIEGELN sorgt dafür, dass unser Duplikat im wahrsten Sinne des Wortes Kopf steht.

Abbildung 11.42 ▶
Einen Moment noch; der »Kopfstand« wird gleich korrigiert.

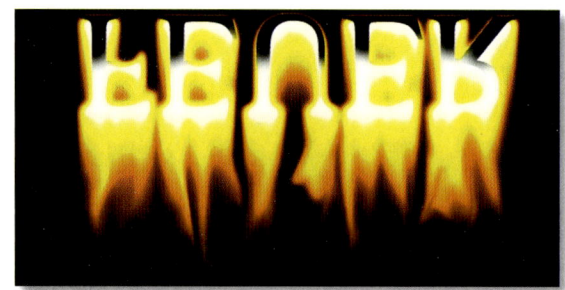

Ziehen Sie die Spiegelung nun noch mit dem Verschieben-Tool an die richtige Position (halten Sie ⇧ gedrückt, damit Sie die Ebene nicht horizontal verschieben), und fertig ist das gute Stück. Oder wollen Sie die Deckkraft noch etwas reduzieren? 30 % sollten auf jeden Fall reichen, was meinen Sie?

▲ **Abbildung 11.43**
Das Endergebnis nennt sich »Feuer_gespiegelt.tif«.

Optionen verwerfen

Wie in allen Dialogfenstern gilt auch hier: Um zur Ausgangsposition zurückzukehren und bisher vorgenommene Änderungen zu verwerfen, halten Sie Alt/⌥ gedrückt. Die ABBRECHEN-Schaltfläche wird dadurch zum ZURÜCKSETZEN-Button. Ein Klick genügt, und die ursprüngliche Pixelanordnung ist wiederhergestellt, ohne dass der Dialog verlassen werden muss. Dabei ist besonders zu beachten, dass alle Werkzeugeinstellungen ebenfalls zurückgesetzt werden.

11.3.1 Mehr zum Thema Verflüssigen

Mit dem VERFLÜSSIGEN-Dialog steht dem Photoshop-User ein derart leistungsstarkes Tool zur Verfügung, dass es sich lohnt, auf die einzelnen Optionen näher einzugehen. Was könnte sich da eher anbieten als ein Workshop?

Schritt für Schritt: Die Verflüssigen-Optionen kennenlernen

Das Ziel dieser Übung ist es nicht, eine gelungene Montage zu bauen, sondern die Optionen und deren Einsatz kennenzulernen.

Für diese Übung wird die Datei »Bass.tif« benötigt. Duplizieren Sie die Ebene zunächst (Strg / ⌘ + J). Anschließend wählen Sie FILTER • VERFLÜSSIGEN.

 Bilder/Bass.tif

1 Strudeln

Aktivieren Sie links in der Werkzeugleiste das Strudel-Werkzeug bzw. drücken Sie C auf Ihrer Tastatur.

Stellen Sie anschließend in den Werkzeugoptionen (rechts) die PINSELSPITZE auf etwa 800 Px, und klicken Sie mitten auf das Bild. Halten Sie die Maustaste lange gedrückt. So drehen sich die Pixel innerhalb der Werkzeugspitze langsam um den Mittelpunkt.

▲ **Abbildung 11.44**
Mit dieser Datei probieren wir die Verflüssigen-Optionen aus.

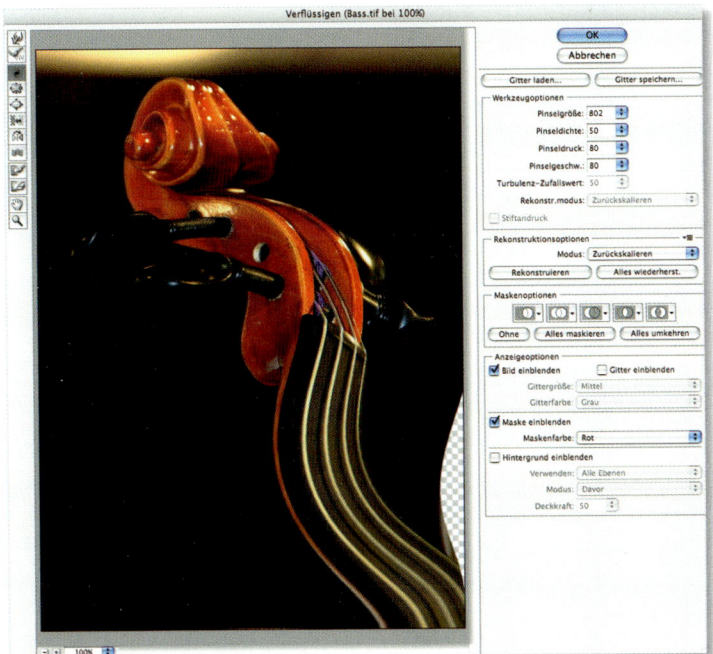

◄ **Abbildung 11.45**
Es entsteht ein Strudel in der Bildmitte.

2 Zusammenziehen

Drücken Sie S (das aktiviert das Zusammenziehen-Werkzeug), verringern Sie die Größe der Pinselspitze auf ca. 200 Px, und klicken Sie damit auf die untere rechte Ecke des Bildes. Halten Sie die Taste einen Moment lang gedrückt.

Abbildung 11.46 ▶
Die untere rechte Ecke wird zusammengezogen.

Häufig werden Sie aber nur bestimmte Bildinhalte verformen wollen und nicht ständig den gesamten Bereich, der innerhalb der Pinselspitze liegt. Auch das ist kein Problem. Es wäre durchaus denkbar (und sieht, wie ich meine, sogar noch ganz gut aus), den Korpus des Musikinstruments zu verformen und den Bereich um die Saiten zu erhalten. Dazu gehen Sie wie folgt vor:

3 Schritte verwerfen
Verwerfen Sie die bisherigen Schritte, damit Sie noch einmal von vorne beginnen können. Dazu müssen Sie den Dialog übrigens nicht abbrechen und anschließend wieder erneut öffnen. Halten Sie stattdessen Alt/⌥ gedrückt, und betätigen Sie die Abbrechen-Schaltfläche, die zum Button RÜCKGÄNGIG wird, solange Sie Alt/⌥ gedrückt halten.

Pinseldichte einstellen

Wenn Sie eine härtere (und somit glattere) Pinselkante bevorzugen, erhöhen Sie die Pinseldichte entsprechend. Je geringer der Wert ist, desto geringer ist nämlich auch die Kantenschärfe des Pinsels.

4 Bildbereiche maskieren
Maskieren Sie den Bereich der Saiten. Dadurch wird dieser vor Verflüssigen-Aktionen geschützt. Aktivieren Sie das Fixierungsmaske-Werkzeug, oder drücken Sie F. Stellen Sie die Spitze auf etwa 100 Px ein, und übermalen Sie den Bereich gemäß der folgenden Abbildung.

◀ **Abbildung 11.47**
Schützen Sie den Steg.

5 Maskenfarbe ändern

Standardmäßig wird die Maskenfarbe in Rot dargestellt. Für unser Bild ist das leider nicht optimal. Stellen Sie daher am besten im Frame ANZEIGEOPTIONEN die MASKENFARBE auf GELB. Dann hebt sich der maskierte Bereich besser vom Foto ab.

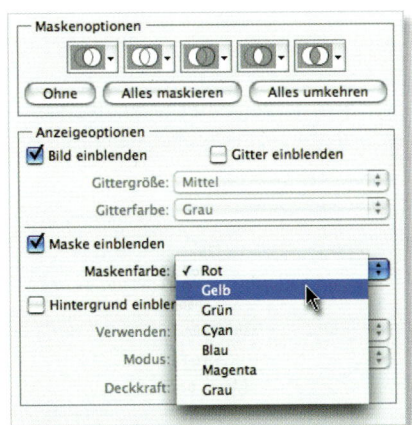

◀ **Abbildung 11.48**
Die Maskenfarbe kann geändert werden.

6 Maske korrigieren

Nur für den Fall, dass Sie Bereiche der Maske entfernen möchten: Stellen Sie jetzt das Maske-lösen-Werkzeug [🖌] [D] ein, und überzeichnen Sie alle Bereiche, in denen die Maske über die gewünschten Bereiche hinausragt.

Abbildung 11.49 ▶
Hier wird die Maskierung
gerade korrigiert.

7 Strudeln

Drücken Sie ⓒ, und setzen Sie abermals eine Spitze um 800 Px
ein. Verformen Sie das Bild auf die zuvor beschriebene Weise.
Halten Sie die Maustaste etwa zwei Sekunden lang gedrückt. Klicken Sie anschließend noch nicht auf den OK-Button!

8 Rekonstruieren

Eine tolle Möglichkeit bietet jetzt das Rekonstruieren-Werkzeug
🖊 Ⓡ. Mit seiner Hilfe lassen sich nun Teile des Bildes wieder in
den Urzustand zurückversetzen. Zeichnen Sie mit einer kleineren
Spitze (etwa 150 Px) über den Bereich, der unter dem Steg sichtbar geworden ist. Wenn Sie einen Moment lang darüber wischen,
bildet sich dieser vollkommen zurück. Danach dürfen Sie mit OK
bestätigen.

Maske bleibt aktiv

Beachten Sie auch bei dieser
Aktion, dass die Maske noch
immer aktiv ist. Um diese zu
deaktivieren, klicken Sie auf
den Button OHNE im Frame
MASKENOPTIONEN. Die But-
tons oberhalb dieser Schaltfläche sind funktionsgleich
mit den bereits bekannten
Werkzeugmenü-Optionen
des Auswahl-Werkzeugs.

Abbildung 11.50 ▶
Durch die Rekonstruktion lässt
sich Unerwünschtes wieder
»zurückbiegen«.

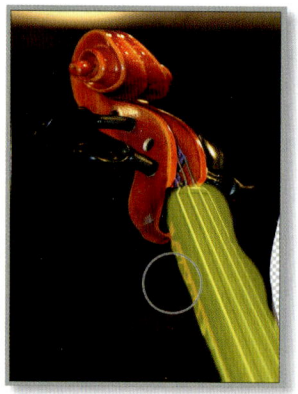

◄ **Abbildung 11.51**
Durch den Schutz sind die Saiten nicht mit verformt worden.

Und hier noch zwei weitere Funktionen:

▶ Gitter einblenden: Mitunter ist am Bild selbst nicht gut zu erkennen, wo bereits eine Verformung stattgefunden hat und wo nicht. Aktivieren Sie in diesem Fall die Checkbox Gitter einblenden ❶ im Frame Anzeigeoptionen.

▶ Ebenen einblenden: Ebenfalls kann es durchaus hilfreich sein, die anderen Ebenen des Bildes (falls vorhanden) sichtbar zu schalten. Das machen Sie über Hintergrund einblenden ❷. Regeln Sie über Deckkraft ❸ die Stärke.

▼ **Abbildung 11.52**
Verformungen werden auch durch die Gitterstruktur angezeigt.

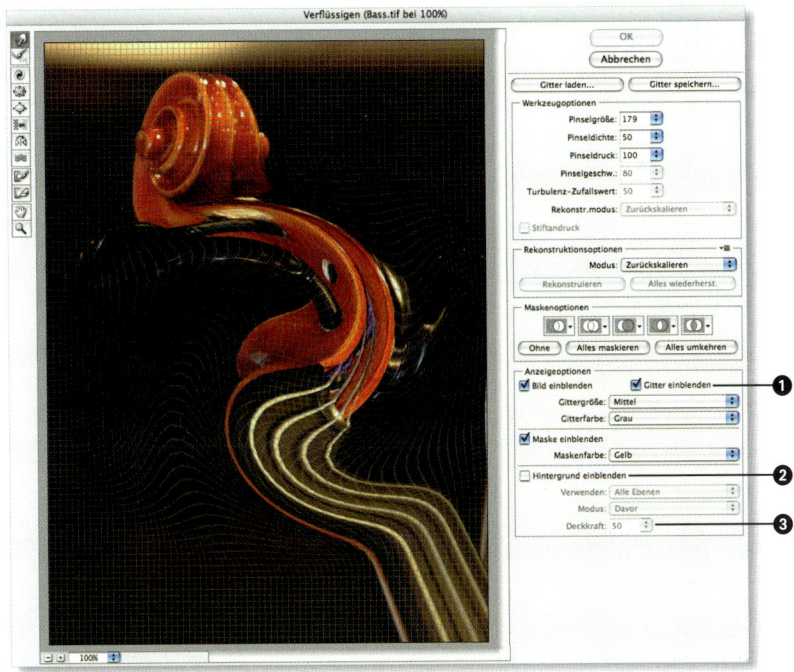

11.4 Ebenen automatisch ausrichten

Eine ebenfalls interessante Form der Bildmanipulation wird mit »Ebenen automatisch ausrichten« erreicht. Mithilfe dieser Vorgehensweise gelingt es jetzt nämlich mit wenigen Handgriffen, aus zwei Fotos eines zu machen – und dabei auch noch den interessantesten Ausschnitten aus beiden Fotos den Vorzug zu geben. Aber bevor ich ins Schwärmen gerate: Wie wäre es, wenn Sie sich das gleich einmal anhand eines Beispiels ansehen würden?

Schritt für Schritt: Gesichter austauschen

Bilder/Ausrichten_Ebene. tif und Ausrichten_Ziel.tif

Jetzt wird's magisch! Öffnen Sie die beiden Beispielfotos, und stellen Sie sie nebeneinander. Das rechte Foto ist, wie ich finde, insgesamt etwas besser gelungen. Das mache ich daran fest, dass das Mädchen sich ein wenig entspannter zurücklehnt und dass der Teller durch die fast senkrechte Anordnung besser ausgeleuchtet ist.

Abbildung 11.53 ▶
Zwei ähnliche Fotos sollen zu einem verschmolzen werden.

© Rainer Sturm / PIXELIO

Dafür ist aber das Gesicht auf dem linken Foto besser getroffen. Ach, man müsste beides miteinander kombinieren können. Aber wie sollen wir die Gesichter deckungsgleich übereinander bekommen? Das ist wirklich keine leichte Aufgabe – oder doch? »Schaun mer mal ...«

1 **Bilder verbinden**
Als Grundlage soll die Datei »Ausrichten_Ziel.tif« herhalten. Ziehen Sie deshalb »Ausrichten_Ebene.tif« mit dem Verschieben-Werkzeug [V] herüber. Dazu müssen Sie ja nichts weiter tun, als

das erste Bild anzuklicken und mit gedrückter Maustaste auf das andere zu ziehen. Dort lassen Sie es fallen. Wo genau das überlagernde Bild liegt, ist wirklich »schnurzpiepegal«.

◀ **Abbildung 11.54**
Beide Fotos liegen jetzt irgendwie übereinander.

2 Ebenen markieren

Danach können Sie »Ausrichten_Ebene.tif« bereits wieder schließen. Nun sollte Ihre volle Aufmerksamkeit der Ebenen-Palette gelten. Sie müssen jetzt nämlich beide Ebenen gemeinsam auswählen. Aktuell ist aber nur die oberste Ebene markiert, weshalb Sie jetzt ⌂ gedrückt halten und auf die Ebene HINTERGRUND klicken. Daraufhin werden beide Ebenen grau hinterlegt angezeigt.

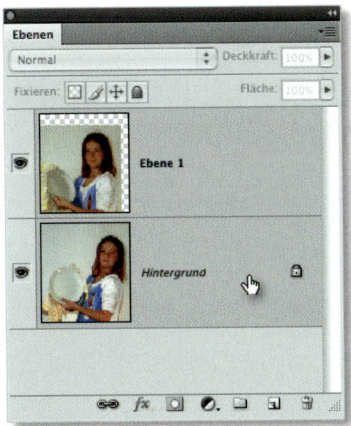

◀ **Abbildung 11.55**
Für den nächsten Schritt müssen unbedingt beide Ebenen markiert sein.

3 Ebenen ausrichten

Das eigentliche Ausrichten der Ebenen, also die Suche nach identischen Strukturen in beiden Ebenen, übernimmt Photoshop für Sie. Gehen Sie in das Menü BEARBEITEN, und entscheiden Sie sich dort für den Eintrag EBENEN AUTOMATISCH AUSRICHTEN ■. Im

Weitere Projektionsmöglichkeiten

Grundsätzlich lässt sich EBENEN AUTOMATISCH AUSRICHTEN auch für Panorama-Fotos und ähnliche Bilder verwenden. Dabei benötigen Sie Fotos, die sich zum Teil überschneiden. Verwenden Sie PERSPEKTIVISCH, um eine Wölbung nach innen zu erzeugen, während ZYLINDRISCH für eine Wölbung nach außen sorgt. Und REPOSITIONIEREN beispielsweise bringt die verwendeten Fotos lediglich zusammen, ohne eine Verformung zu erzeugen.

Folgedialog müssen Sie zunächst sicherstellen, dass AUTO aktiv ist. Ganz wichtig ist aber noch, dass Sie die beiden Checkboxen VIGNETTIERUNGSENTFERNUNG und GEOMETRISCHE VERZERRUNG im Bereich OBJEKTIVKORREKTUR anhaken. Bleiben die Checkboxen leer, funktioniert das Anordnen nicht wunschgemäß. Schließen Sie die Aktion mit einem Klick auf OK ab.

Abbildung 11.56 ▶
Lassen Sie die angebotenen Objektivkorrekturen zu.

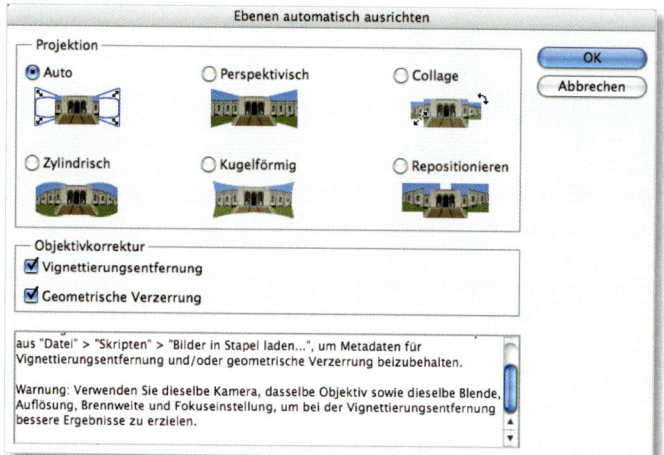

Nach kurzer Zeit ist das »Wunder« schon geschehen. Photoshop hat die Gemeinsamkeiten in beiden Ebenen erkannt und diese übereinander angeordnet. Dabei ist auch gleich die Arbeitsfläche erweitert worden, was Sie am Karomuster (Transparenz im Hintergrund) erkennen können. Durch mehrmaliges Ein- und Ausschalten der obersten Ebene (Augen-Symbol im Ebenen-Bedienfeld) können Sie sich nun davon überzeugen, dass die Gesichter tatsächlich übereinanderliegen.

Abbildung 11.57 ▶
Die Ebenen sind aneinander ausgerichtet worden.

4 **Ebenenmaskierung einrichten**

Der Rest ist Masken-Arbeit. Fügen Sie der oberen Ebene eine Maske hinzu. Dazu müssen Sie diese aber noch einmal innerhalb des Ebenen-Bedienfelds markieren, damit die Hintergrundebene (sie heißt jetzt EBENE 0) abgewählt wird. EBENE 1 ist jetzt alleine grau markiert, was es nun auch möglich macht, das Symbol EBE-NENMASKE ERSTELLEN in der Fußleiste zu markieren.

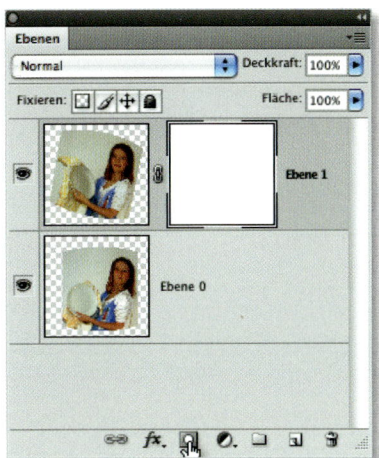

◄ **Abbildung 11.58**
Die oberste Ebene muss maskiert werden.

5 **Obere Ebene maskieren**

Drücken Sie zunächst ⌷Strg⌷/⌷⌘⌷ + ⌷I⌷. Das hat zur Folge, dass die komplette obere Ebene maskiert wird (unsichtbar). Nun drücken Sie ⌷D⌷. Sie wissen ja längst, dass Sie damit Weiß als Vordergrundfarbe (und Schwarz als Hintergrundfarbe) definieren. Jetzt nehmen Sie einen Pinsel ⌷B⌷ mit weicher Spitze und einer GRÖSSE von etwa 250 Px im MODUS • NORMAL bei 100 % DECKKRAFT und FLUSS.

Danach beginnen Sie, über das Gesicht des Mädchens zu wischen und damit nach und nach die obere Ebene zu demaskieren. Wischen Sie auch über die Haare, da ansonsten die Verzerrung auffällt. Achten Sie aber besonders auf die Übergänge zwischen Haaren und Schultern. Am besten wird sein, Sie verkleinern die Spitze und demaskieren bei starker Vergrößerung.

▲ **Abbildung 11.59**
So fällt die kleine Montage gar nicht auf.

6 **Bild freistellen**

Zuletzt müssen Sie das Foto noch freistellen ⌷C⌷. Dabei sorgen Sie natürlich dafür, dass sämtliche transparenten Pixel ausgegrenzt werden. Fertig ist die Fotomontage.

Abbildung 11.60 ▲
Einen Vorher-nachher-Vergleich erhalten Sie, wenn Sie die oberste Ebene kurzzeitig aus- und wieder einschalten.

11.5 Mit Fluchtpunkten arbeiten

Diese Errungenschaft, die seinerzeit mit Photoshop CS2 ins Leben gerufen wurde, hat schon bei ihrer ersten offiziellen Präsentation für reichlich Begeisterung (und viel Applaus) gesorgt. Zu Recht – denn mit den Fluchtpunkt-Optionen realisieren Sie binnen Sekunden, was zuvor oft Stunden gedauert hat. Glauben Sie mir – es macht richtig Laune, damit zu arbeiten. Und jetzt kann es passieren, dass Sie »eben schnell« noch ein Objekt mit Fluchtpunkten ausstatten wollen ... und dann noch eins ... und noch eins ... und noch eins ...

 Schritt für Schritt: Perspektive erzeugen

Bilder/Fenster.tif und Wuerfel.tif

Einer unserer Kunden möchte für seine Produktpräsentation ein Foto auf einem Würfel platziert haben – und zwar perspektivisch angeordnet. Die in Wirklichkeit zweidimensionalen Dateien stehen uns natürlich zur Verfügung. Auf geht's ...

Abbildung 11.61 ▶
Foto und Grafik sollen perspektivisch vereint werden.

© Michael Jurman / PIXELIO

1 Eine neue Ebene erstellen

Zunächst sollten Sie auf der Datei »Wuerfel.tif« eine neue, leere Ebene erstellen. Diese ist zwar zur Erzeugung einer Perspektive nicht unbedingt erforderlich, gibt Ihnen aber letztendlich noch die Möglichkeit, kleinere geometrische Korrekturen vorzunehmen. Außerdem ließe sich bei Bedarf noch die Füllmethode ändern. Würden Sie keine Ebene verwenden, lägen das Foto und der Würfel auf einer Ebene und wären somit nicht mehr editierbar. Klicken Sie also auf den Button NEUE EBENE ERSTELLEN in der Fußleiste der Ebenen-Palette.

2 Bild in die Zwischenablage kopieren

Wenn später der Perspektiv-Dialog geöffnet ist, kann die Standardoberfläche von Photoshop nicht mehr bedient werden. Deshalb müssen wir bereits jetzt die Zwischenablage mit dem Fenster-Bild füllen. Markieren Sie daher das Foto, und drücken Sie [Strg]/[⌘] + [A], um den gesamten Bildinhalt zu markieren. Alternativ könnten Sie sich auch für AUSWAHL • ALLES AUSWÄHLEN entscheiden.

Drücken Sie jetzt [Strg]/[⌘] + [C], oder entscheiden Sie sich für BEARBEITEN • KOPIEREN. Danach können Sie das Foto schließen.

> **Warum sollten Sie eine Auswahl erstellen?**
>
> In Photoshop können nur ausgewählte Bereiche an die Zwischenablage übergeben werden. Wenn Sie keine Auswahl erstellen, steht der Kopierbefehl nicht zur Verfügung.

3 Fluchtpunkt-Dialog öffnen

Markieren Sie nun die Datei »Wuerfel.tif«, und wählen Sie FILTER • FLUCHTPUNKT. Dass Adobes Programmierer alternativ auch gleich ein Tastaturkürzel vergeben haben, ist wirklich ein Genuss ;-) ([Strg] + [Alt] + [V] bzw. [⌘] + [⌥] + [V]).

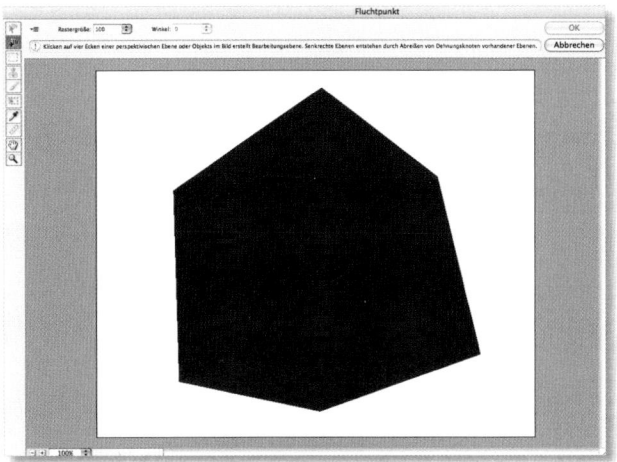

◄ **Abbildung 11.62**
Der Fluchtpunkt-Dialog wartet auf Ihre Aktionen.

■4 **Perspektivraster erzeugen**

Standardmäßig ist das Ebene-erstellen-Werkzeug ▣ Ⓒ aktiv. Damit müssen Sie jetzt zunächst das Raster erstellen. So geben Sie Photoshop an, wie die erste Perspektive auszusehen hat.

Eine solche Perspektive wird stets von vier Punkten bestimmt. Setzen Sie nacheinander die Punkte ❶, ❷, ❸ und ❺. Sobald Sie den vierten Punkt gesetzt haben, sollte der Rahmen sich aus mehreren Rauten zusammensetzen. Jetzt können Sie die Eckpunkte noch durch Ziehen mit der Maus bewegen. Achten Sie darauf, die Punkte so anzuordnen, dass sich am Schluss ein blauer Rahmen zeigt. Das ist ein Indiz dafür, dass die Winkel stimmen.

Abbildung 11.63 ▶
Das erste Raster ist fertig.

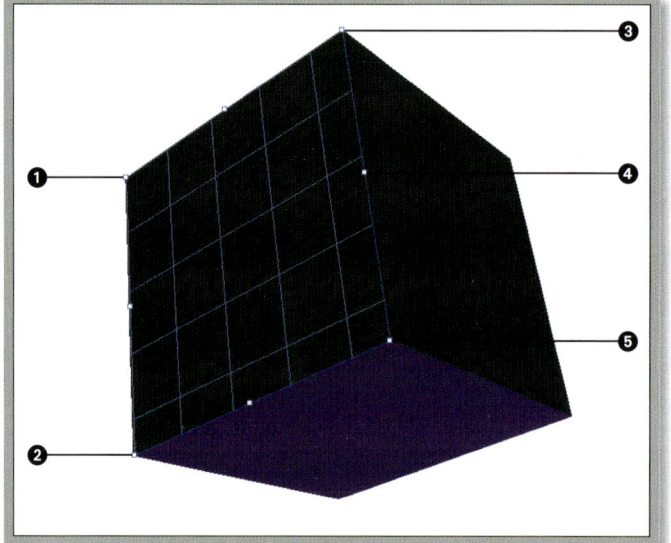

■5 **Perspektivraster erweitern**

Im nächsten Schritt soll das Raster »um die Ecke« gezogen werden. Halten Sie ⌈Strg⌉/⌈⌘⌉ gedrückt, und fassen Sie den mittleren Anfasser auf der rechten Seite des Perspektivrasters ❹ an. Ziehen Sie das Raster heraus, und führen Sie es bis an den Rand der rechten Würfel-Seite (siehe Abbildung 11.64). Anschließend lassen Sie los.

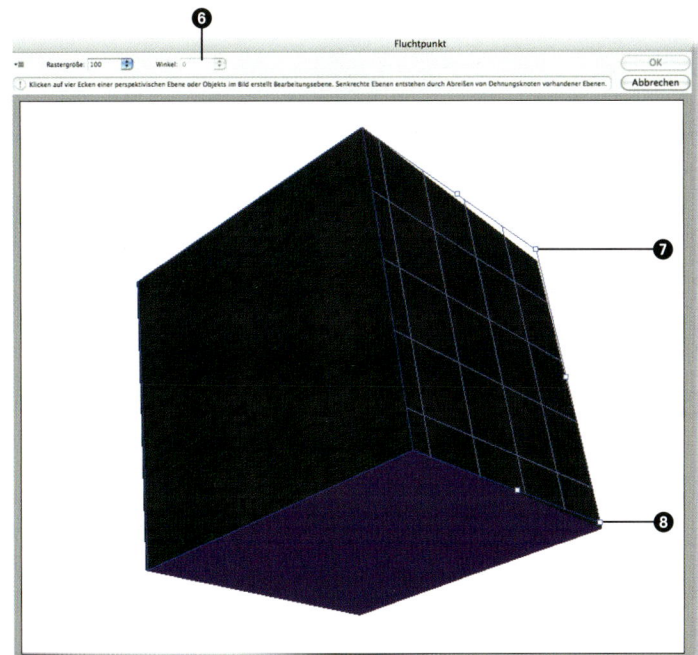

◄ **Abbildung 11.64**
Das Raster erstreckt sich jetzt über die zweite Fläche.

6 Raster korrigieren

Jetzt könnten Sie das Steuerelement WINKEL ❻ bedienen und die Winkelung des zweiten Rasters nach Wunsch verstellen. Das dürfte aber bei der doch recht symmetrischen Anordnung der Würfel-Flächen nicht erforderlich sein. Sie sollten aber die beiden Ecken (❼ und ❽) noch kontrollieren und diese gegebenenfalls an den Würfel heranführen. ∎

Raster neu aufnehmen

Beim Ausrichten der Eckpunkte kann es leicht passieren, dass Sie einmal danebenklicken. Das hat aber zur Folge, dass das Raster abgewählt wird und sich die Punkte nicht mehr verschieben lassen. In diesem Fall klicken Sie einfach mitten auf die Position, an der sich normalerweise das Raster befindet. Damit wird es wieder angewählt. Entsprechendes gilt, wenn Sie später das erste Raster noch einmal nachjustieren wollen.

◄ **Abbildung 11.65**
Zuletzt müssen die Eckpunkte des zweiten Rasters korrigiert werden.

Perspektivisch messen

Photoshop macht es auch möglich, ein Raster perspektivisch auszumessen. Dazu schalten Sie auf das Messwerkzeug ⌞R⌟ um, und ziehen mit gedrückter Maustaste eine Linie über die zu messende Strecke. Sobald Sie die Maustaste loslassen, werden die Länge in der Mitte der Linie und der Winkel am Linienanfang ausgewiesen.

Falls Sie weitere Korrekturen am Raster vornehmen wollen, müssen Sie das Werkzeug wechseln. Aktivieren Sie das Ebene-bearbeiten-Werkzeug ⌞▦⌟ ⌞V⌟, und klicken Sie zunächst auf das Raster, das Sie nachbearbeiten wollen. Sie könnten jetzt sogar weitere Raster produzieren, die unabhängig von den ersten beiden sind – eine komplett neue Rasterebene also. Dazu müssen Sie aber dann vorab auf das Ebene-erstellen-Werkzeug ⌞▦⌟ ⌞C⌟ umschalten. Aber das alles ist für unseren Workshop gar nicht erforderlich. ■

7 Foto einfügen und skalieren

Wenn das Raster fertig ist, fügen Sie das Foto ein. Da dieses sich ja noch in der Zwischenablage befindet, drücken Sie einfach ⌞Strg⌟/ ⌞⌘⌟+⌞V⌟. Danach sollten Sie auf das Transformieren-Werkzeug ⌞T⌟ umschalten und das Foto noch etwas verkleinern. Halten Sie dazu ⌞⇧⌟ gedrückt, damit das Bild nicht unproportional verzerrt werden kann, und ziehen Sie an einem der Eckanfasser.

Abbildung 11.66 ▶
So hat das Foto die richtige Größe.

8 Foto positionieren

Klicken Sie jetzt auf das Foto, und ziehen Sie es mit gedrückter Maustaste auf die linke Seitenfläche des Würfels. Ordnen Sie es nach Wunsch an. Auch hier können Sie übrigens noch skalieren und verschieben, wie Sie wollen. So sollte sich das Bild auf jeden Fall ohne Probleme anordnen lassen.

◄ **Abbildung 11.67**
Das erste Foto »sitzt«.

9 Foto kopieren

Wenn Sie bereits jetzt von diesem Tool mächtig beeindruckt sind,
warten Sie noch einen Moment. Es kommt nämlich noch viel besser. Halten Sie [Alt]/[⌥] gedrückt, und klicken Sie auf das soeben
platzierte Foto. Halten Sie auch die Maustaste gedrückt, und ziehen Sie eine Kopie auf die rechte Seite des Rasters. Jetzt gleicht
Photoshop nämlich sofort die Winkelung an. Genial – finden Sie
nicht auch? Lassen Sie zuerst die Maustaste und danach [Alt]/
[⌥] los. Wenn alles passt, bestätigen Sie mit OK.

◄ **Abbildung 11.68**
Das zweite Bild wird perspektivisch korrekt angeordnet.

335

10 **Optional: Foto nachbearbeiten**

Schauen Sie sich noch an, warum es interessant gewesen ist, zuvor eine Ebene zu erzeugen. Jetzt könnten Sie das Ganze nämlich noch individuell nachbearbeiten. Diese Option stände nicht zur Verfügung, wenn das Foto nicht aus zwei Ebenen bestehen würde.

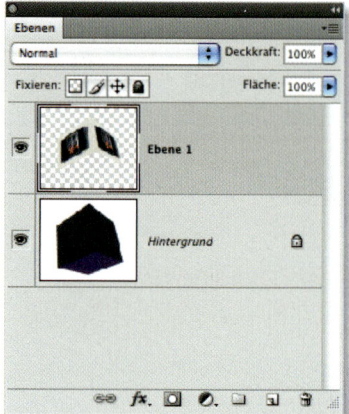

Abbildung 11.69 ▶
Die zweite Ebene lässt eine individuelle Bearbeitung auch nach der Fluchtpunkt-Anwendung zu.

Abbildung 11.70 ▶
Damit ist das Foto auf beiden Flächen perspektivisch gewinkelt.

Checkliste: Perspektive korrigieren mittels Fluchtpunkt

1. Erzeugen Sie auf dem Zielbild eine neue Ebene.
2. Kopieren Sie den Inhalt des Bildes, das Sie einfügen wollen, mit `Strg`/`⌘`+`C` in die Zwischenablage.

3. Öffnen Sie den Fluchtpunkt-Dialog (FILTER • FLUCHTPUNKT).

4. Fertigen Sie eine Rasterseite an, indem Sie vier Eckpunkte setzen, und ziehen Sie anschließend (sofern eine zweite Fluchtpunktseite erzeugt werden soll) einen der mittleren Anfasser mit Strg / ⌘ heraus. Damit erzeugen Sie die zweite Seite.

5. Korrigieren Sie den Winkel und die Rastergröße mit den Reglern oberhalb der Montagefläche bzw. durch Verschieben der Eckpunkte.

6. Drücken Sie Strg / ⌘ + V , um den Inhalt der Zwischenablage einzufügen.

7. Ziehen Sie das Objekt mit dem Auswahl- oder Transformieren-Werkzeug auf das Raster.

8. Optional: Duplizieren Sie das Objekt, indem Sie es mit gedrückter Taste Alt / ⌥ auf das zweite Perspektivraster ziehen.

9. Bestätigen Sie mit OK, und bearbeiten Sie die oberste Ebene nach, falls hier noch Änderungen vorgenommen werden sollen.

▶ **Video-Training**

Wie Sie die Perspektive mit dem Fluchtpunkt-Werkzeug korrigieren können, erfahren Sie auch auf der Buch-DVD in Lektion 2.2.

Kapitel 12

Pfade

Die Zeichenwerkzeuge

Sie werden lernen:

▸ Wie wird ein Pfad erstellt?

▸ Wie wird eine Grafik aus Pfaden erstellt?

▸ Was sind Formebenen?

12 Pfade

Zeichenwerkzeuge bieten außerordentlichen Komfort bei der Erstellung von Masken und Auswahlen. Durch die Erzeugung vektorbasierter Linien und Tangenten sind wesentlich genauere, zugleich aber auch flexiblere Arbeiten möglich. Kein Zweifel – die Technik ist gewöhnungsbedürftig. Aber wenn Sie den Dreh erst einmal heraushaben, werden Sie die Arbeit damit genießen – garantiert.

12.1 Pfade erstellen

In der Werkzeugleiste warten insgesamt fünf Zeichenstift-Tools auf ihren Einsatz. Nur die obersten beiden sind mit Shortcuts P ausgestattet; zur Aktivierung der übrigen ist der Mausklick vonnöten. Das ist auch nicht weiter schlimm, da Sie diese während Ihrer allgemeinen Photoshop-Arbeiten doch eher selten benutzen werden.

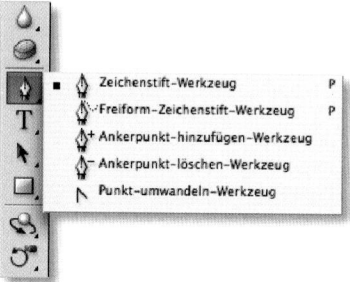

Abbildung 12.1 ▶
Fünf leistungsfähige Zeichenstifte erlauben die Erstellung und Bearbeitung von Vektoren.

Schritt für Schritt: Einen einfachen Pfad zeichnen

Wollen wir erste Zeichenversuche wagen? Zunächst wollen wir es bei einer einfachen Kurve belassen, da der Umgang mit den Zeichenwerkzeugen doch etwas gewöhnungsbedürftig ist.

1 Neue Datei erstellen

Erstellen Sie eine neue Datei. Die Größe spielt eigentlich keine besondere Rolle. Achten Sie lediglich darauf, dass der Hintergrund weiß ist. Erzeugen Sie anschließend eine neue Ebene (über den Button NEUE EBENE ERSTELLEN innerhalb der Ebenen-Palette oder im Menü über EBENE • NEU • EBENE).

2 Eine Gerade erzeugen

Aktivieren Sie das Zeichenstift-Werkzeug , indem Sie ⓟ drücken. Setzen Sie irgendwo auf Ihre Arbeitsfläche einen Punkt. Dies ist dann die erste Koordinate. Fügen Sie einen zweiten Punkt etwas weiter entfernt ein. Zwischen beiden Punkten wird eine Gerade gezogen.

3 Eine Kurve erzeugen

Wenn Sie nun etwas weiter entfernt den dritten Punkt setzen, lassen Sie die Maustaste noch nicht los, sondern ziehen das Zeigegerät etwas vom Koordinatenpunkt weg. Erst wenn Sie sich etwas vom Punkt weg bewegt haben, lassen Sie los. Sie ziehen nun eine Kurve. Wie Sie sehen, können so auch ganz einfach gerundete Formen erzeugt werden.

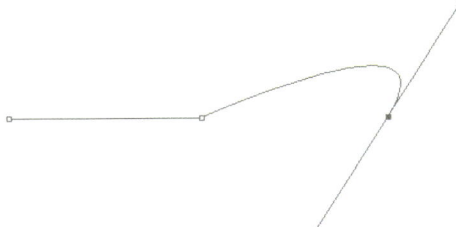

◀ **Abbildung 12.2**
Die Kurve wird mit gedrückter Maustaste erzeugt.

Die beiden geraden Linien, die nun aus dem Punkt herausragen, sind die sogenannten »Anfasser«. Mit ihnen können Sie Form und Radius Ihrer Kurve später noch verändern. Das gesamte Gebilde, das Sie nun erzeugt haben, wird als »Pfad« bezeichnet.

4 Den Pfad schließen

Setzen Sie auf diese Art und Weise zusätzliche Punkte. Den letzten Mausklick führen Sie jedoch auf dem Ausgangspunkt aus (das ist der Punkt, den Sie zuerst gesetzt haben). Diese Vorgehensweise nennt sich »Pfad schließen«. Die Zeichenfeder wird, sobald Sie sich nahe genug am ersten Punkt befinden, um ein kleines

Kreissymbol erweitert. Dadurch zeigt Photoshop an, dass der Pfad geschlossen werden kann.

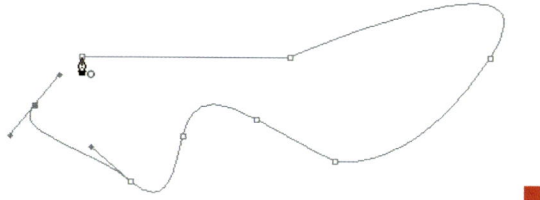

12.1.1 Pfadrichtung festlegen

> **Punkte in einer Linie anordnen**
>
> Mit gedrückter ⌂-Taste lässt sich der jeweils nächste Punkt exakt auf einer Linie (horizontal, vertikal oder diagonal) zum vorangegangenen anordnen. Lassen Sie die Taste erst dann los, wenn der Punkt gesetzt wurde.

Bestimmt haben Sie während der ersten Zeichenversuche bereits festgestellt, dass der Anfasser in Konturrichtung »vor« dem Ankerpunkt die Richtung der gezeichneten Kontur angibt. Solange die Maustaste noch gedrückt bleibt, formen Sie ja die »dahinter« liegende Tangente. Um nun bereits die nächste Richtung vorzugeben und somit auch Richtungswechsel zu ermöglichen, halten Sie die Taste ⎇/⌥ gedrückt. Nun kann der vordere Anfasser allein bewegt werden und gibt die Richtung der nächsten Kurve vor. Dabei gilt auch: Je länger der Anfasser ist, desto größer ist der Kurvenradius. Schieben Sie ihn also bei Bedarf wieder »in den Punkt hinein«, um einen kleineren Radius zu ziehen.

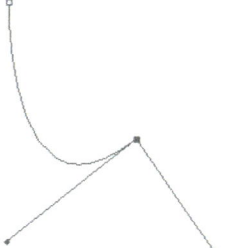

12.1.2 Pfade korrigieren

> **Letzten Punkt löschen**
>
> Wollen Sie den zuletzt gezeichneten Punkt löschen, benutzen Sie einfach die Rückgängig-Palette oder drücken Strg/⌘+Z.

Die gezeichneten Linien und Punkte lassen sich, solange der Pfad noch nicht geschlossen ist, prima korrigieren. Klicken Sie einfach (ohne Werkzeugwechsel) auf einen vorhandenen Punkt, um diesen zu entfernen ■. Die Zeichenfeder wird dabei um ein Minus-Symbol erweitert. Das funktioniert bei allen Punkten mit Ausnahme des zuletzt gezeichneten Punktes und des Startpunktes.

Möchten Sie Punkte hinzufügen, klicken Sie (ebenfalls ohne das Werkzeug zu wechseln) auf eine Linie und fügen mittels Maus-klick dort einen Punkt ein. Das Zeichenfeder-Symbol wird auf einer Linie um ein Plus-Symbol erweitert.

12.1.3 Punkte umwandeln

Sie haben ja bereits erfahren, dass Sie mit gedrückter Maus-taste die Anfasser (Tangenten) aus einem Punkt herausziehen und somit aus einer Geraden eine Kurvenlinie zeichnen können. Man spricht in diesem Fall von einem **Kurvenpunkt**. Wenn Sie keine Anfasser herausziehen, erzeugen Sie einen **Eckpunkt**. Nun kann es durchaus vorkommen, dass Sie aus einem Kurven- einen Eckpunkt machen möchten. Halten Sie dazu einfach ⌈Alt⌉/⌈⌥⌉ gedrückt, und klicken Sie den Punkt anschließend an.

Auf diese Weise wird ein Kurvenpunkt in einen Eckpunkt umgewandelt. Wollen Sie aus einem Eckpunkt einen Kurven-punkt machen? Dann klicken Sie den Punkt ebenfalls an, halten die Maustaste aber gedrückt und ziehen die Tangenten aus dem Punkt heraus.

▲ **Abbildung 12.5**
Der unten befindliche Kurven-punkt wurde in einen Eckpunkt umgewandelt.

◀ **Abbildung 12.6**
Aus dem Eckpunkt wurde anschließend wieder ein Kur-venpunkt geformt.

12.1.4 Punkte verschieben

Nun kann es sein, dass Sie während des Zeichnens feststellen, dass ein Punkt nicht an der richtigen Position ist. Unterbrechen Sie einfach Ihre Arbeit, und markieren Sie den gewünschten Punkt mit ⌈Strg⌉/⌈⌘⌉ . Sofort verändert der Mauszeiger sein Aus-sehen und lässt das »Markieren« eines Punktes zu ■. Wenn Sie nun abermals auf den Punkt klicken, wobei Sie die Maustaste gedrückt halten, können Sie den Punkt in sämtliche Richtungen verschieben.

Markierte und nicht markierte Punkte

Wenn ein Punkt markiert (also bearbeitbar) ist, wird er gefüllt dargestellt. Nicht markierte Punkte werden mit weißem Inhalt angezeigt. Grundsätzlich können nur markierte Punkte bearbeitet werden.

Sie ahnen es schon: Mit Strg / ⌘ und unter Zuhilfenahme von
⇧ lassen sich auch noch mehrere Punkte gemeinsam anwählen.
Nachdem verschiedene Punkte markiert sind, lassen Sie ⇧ los
und klicken erneut auf einen dieser Punkte. Schon verschieben
sich alle anderen (markierten) Punkte entsprechend Ihrer Maus-
bewegung mit.

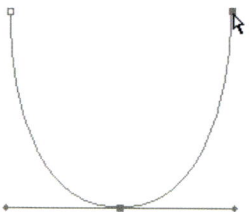

Abbildung 12.7 ▶
Die Punkte unten und oben
rechts sind markiert. Mit Verschieben eines Punktes wandert der andere entsprechend
mit.

Schritt für Schritt: Ein Herz für Vektoren

Sie haben lange genug Theorie gepaukt, oder? Wie wäre es mit
einer kleinen Übung? Wir wollen ein Herz zeichnen. Das »Herz« ist
eine gute Einsteigerübung. Aber ich möchte Sie vorwarnen, denn
die meisten Illustrationsdebütanten bewerkstelligen diese auf den
ersten Blick »simple« Form nicht auf Anhieb. Lassen Sie sich daher
nicht entmutigen, wenn der erste Versuch danebengeht. Oftmals
erinnern die »Einsteiger-Herzen« an zertretene Cola-Dosen, und
die Rückgängig-Funktionen stehen hoch im Kurs. Dennoch darf
ich Ihnen »aus vollem Herzen« viel Spaß dabei wünschen.

▲ **Abbildung 12.8**
Eine Übung mit Herz

1   **Datei vorbereiten**
Wählen Sie eine nicht zu kleine Arbeitsfläche (z. B. 600 × 600 px
mit 72 ppi Auflösung), deren Hintergrund Sie mit Weiß festlegen.
Aktivieren Sie das Zeichenstift-Werkzeug P . Machen Sie sich
zum gegenwärtigen Zeitpunkt bitte noch keine Gedanken über
die Füllung. Dazu kommen wir später. Wichtig ist zunächst, dass
Sie die Kontur hinbekommen.

2   **Das Herz ohne Anleitung zeichnen**
Wollen Sie es vorab einmal ohne Anleitung probieren? Dazu rate
ich Ihnen, denn Sie lernen so die Tücken der Pfaderstellung prima
kennen. Versuchen Sie, die Kontur zu finden und die Tangenten
entsprechend ihrer Radien auszugestalten. Ich bin überzeugt,

dass Sie Ihren Spaß daran haben werden. Lesen Sie erst dann weiter, wenn Sie glauben, dass es ohne Anleitung nicht geht.

3 Das Herz mit Anleitung zeichnen – Pfad anlegen

Es existieren zahllose Möglichkeiten, dieses Herz zu gestalten. Die einfachste ist wohl folgende: Setzen Sie im oberen linken Drittel des Bildes einen Punkt. Halten Sie ⬆ gedrückt, und setzen Sie etwa in der Bildmitte einen zweiten Punkt. Platzieren Sie noch etwas weiter rechts (mit immer noch gehaltener ⬆-Taste) den dritten. Insgesamt sollten zwischen den Punkten in etwa die gleichen Abstände bestehen. Die Punkte befinden sich (bedingt durch das Halten der Taste) alle auf einer Höhe.

◄ **Abbildung 12.9**
Es beginnt mit einer Geraden.

Lassen Sie ⬆ los, und ziehen Sie im Lot zum mittleren Punkt einen weiteren Punkt etwas tiefer.

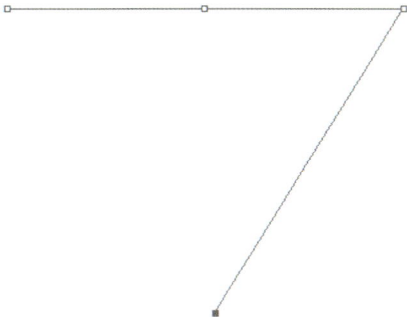

◄ **Abbildung 12.10**
Richtungsänderung

Schließen Sie den Pfad, indem Sie nun erneut auf den ersten Punkt klicken.

4 Pfad bearbeiten

Da es sich bei diesem dreieckigen Gebilde nicht im Entferntesten um ein Herz handelt, werden wir die Punkte (alle vier sind ja Eckpunkte) umwandeln und deren Tangenten entsprechend bearbeiten. Der Einfachheit halber wählen Sie zunächst das Punktumwandeln-Werkzeug aus der Werkzeugleiste.

Klicken Sie jetzt irgendwo auf den Pfad, damit alle Eckpunkte angezeigt werden. Markieren Sie den oberen, mittleren Punkt, halten Sie die Maustaste gedrückt, und ziehen Sie die Anfasser zur Seite heraus. Wenn Sie zusätzlich noch ⟨⬦⟩ drücken, verziehen Sie auch die Anfasser nur horizontal. Stoppen Sie, wenn sich die Köpfe der Anfasser etwa in der Mitte zwischen zwei Punkten befinden.

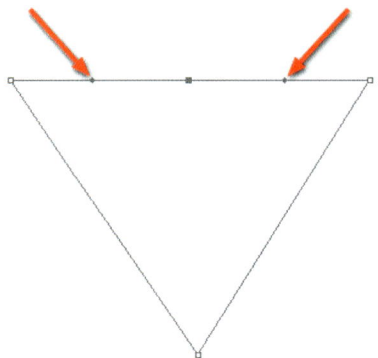

Abbildung 12.11 ▶
Diese Anfasser sind sehr wichtig.

Greifen Sie nun jeden der beiden Anfasser-Köpfe, und ziehen Sie sie senkrecht nach oben bis an den oberen Bildrand.

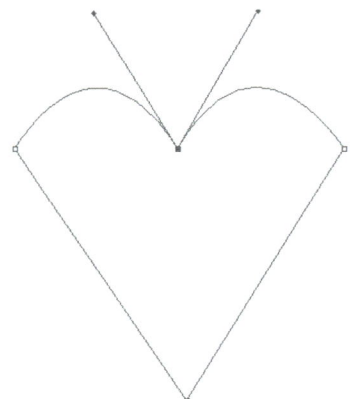

Abbildung 12.12 ▶
Langsam ist zu erkennen, was es werden soll.

Die beiden seitlichen Punkte müssen nun ebenfalls durch Anklicken und Herausziehen der Tangenten in Kurvenpunkte umgewandelt werden. Sollte der Pfad eine Schleife bilden, kehren Sie die Zugrichtung (ohne die Maustaste loszulassen) um 180° um. Halten Sie dabei ebenfalls ⟨⬦⟩ gedrückt, damit die Tangenten nur in vertikaler Richtung verschoben werden können.

5 **Punkte verschieben**

Möglicherweise werden Sie den unteren Punkt noch verschieben wollen. Halten Sie Strg/⌘ gedrückt, und korrigieren Sie dessen Position mit gedrückter Maustaste – fertig!

6 **Gesamte Zeichnung verschieben**

Möchten Sie das gesamte Herz auf die Mitte der Arbeitsfläche verschieben? Dann ziehen Sie nun mit gedrückter Maustaste einen Rahmen um das gesamte Herz. Danach klicken Sie auf den Pfad und positionieren die gesamte Zeichnung neu.

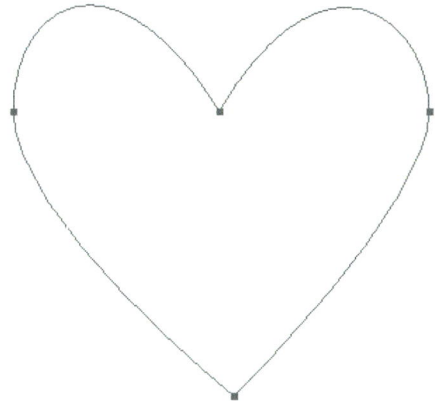

◄ **Abbildung 12.13**
Wer hätte gedacht, dass diese Form zuvor eckig gewesen ist?

So kann das Herz doch gut geformt werden, oder? Wenn Sie versuchen, Punkte zu setzen und gleich auch die Tangenten zu bearbeiten, werden Sie in den seltensten Fällen zum gewünschten Resultat kommen. ■

12.2 Auswahl aus einem Pfad erzeugen

Ein Pfad lässt sich zwar in Photoshop bearbeiten, doch zum Füllen der Fläche oder der Kontur bedarf es einer Auswahl. Für diesen Zweck stehen entsprechende Möglichkeiten zur Verfügung, um Pfade in Auswahlen umwandeln zu können. Die folgenden Schritte sollen Ihnen diese grundlegende und im Prinzip immer gleiche Technik näherbringen.

Schritt für Schritt: Pfad und Kontur mit Farbe füllen

Nun wollen Sie das Herz ja sicherlich auch farbig gestalten. Das geht in Photoshop schnell und unkompliziert. Stellen Sie zunächst in der Werkzeugleiste als Vordergrundfarbe Rot ein. Dazu klicken Sie auf das Farbfeld VORDERGRUNDFARBE in der Toolbox und bestimmen den gewünschten Ton.

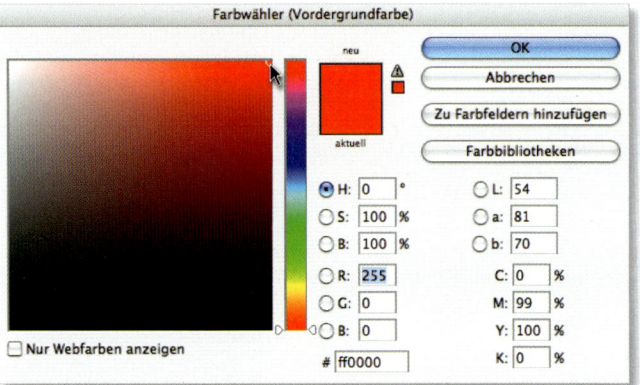

Abbildung 12.14 ▶
Sattes Rot soll es sein.

▲ **Abbildung 12.15**
Aus Pfaden können Auswahl-kanten erzeugt werden.

1 Pfad umwandeln

Danach gilt es, den Pfad in eine Auswahl umzuwandeln. Stellen Sie in der Ebenen-Palette die Registerkarte PFADE nach vorne. Alternativ wählen Sie PFADE aus dem Menü FENSTER. Klicken Sie auf den Button PFAD ALS AUSWAHL LADEN.

2 Fläche füllen

Wählen Sie BEARBEITEN • FLÄCHE FÜLLEN, und stellen Sie im Listenfeld FÜLLEN MIT den Wert VORDERGRUNDFARBE ein. Wählen Sie als FÜLLMETHODE den MODUS NORMAL und eine DECKKRAFT von 100%.

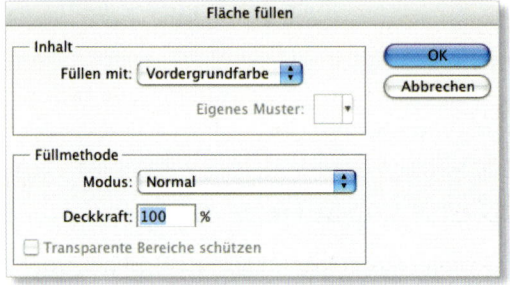

Abbildung 12.16 ▶
Der FLÄCHE FÜLLEN-Dialog

3   **Kontur füllen**

Jetzt geht es an die Kontur. Wählen Sie erneut das Menü BEARBEI-TEN, wobei Sie sich dort aber nun nicht für FLÄCHE FÜLLEN, sondern für KONTUR FÜLLEN entscheiden. Die BREITE soll »8 Px« betragen. Klicken Sie auf das Feld FARBE, und wählen Sie im Folgedialog SCHWARZ, gefolgt von OK. Zuletzt stellen Sie die POSITION auf MITTE. Kontrollieren Sie, ob alle weiteren Angaben der folgenden Abbildung entsprechen. Drücken Sie dann OK oder ⏎ .

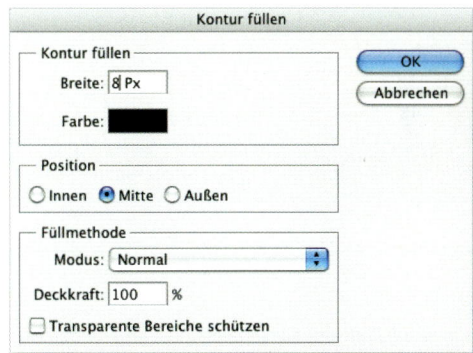

◄ **Abbildung 12.17**
Zum Schluss muss die Kontur mit Farbe versehen werden.

4   **Auswahl aufheben**

Heben Sie nun noch die Auswahl auf, indem Sie ⟨Strg⟩/⟨⌘⟩+⟨D⟩ drücken oder im Menü AUSWAHL • AUSWAHL AUFHEBEN betätigen.

◄ **Abbildung 12.18**
Das gefüllte Herz

12.2.1   Zu guter Letzt: Formebenen vs. Pfade

Achten Sie darauf, welche Option in der Optionsleiste eingestellt ist. Falls Sie nämlich einen Pfad zeichnen möchten, müssen Sie

zuvor Pfade ❷ in der Optionsleiste anwählen. Sollte dort Formebene ❶ aktiv sein, werden Sie eine Form erstellen, deren Inhalt
sich mit der aktuellen Vordergrundfarbe füllt.

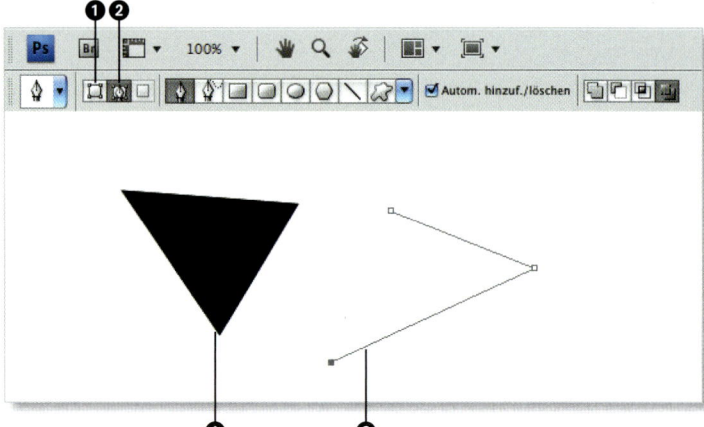

Abbildung 12.19 ▶
Links: So sieht es aus, wenn die
Funktion Form angewählt ist.
Der Inhalt wird mit der Vorder-
grundfarbe (Schwarz) gefüllt.

Kapitel 13

Text im Bild

Effektive Textbearbeitung

Sie werden lernen:

▶ Wie werden die Text-Werkzeuge angewendet?

▶ Wie kann ich Text verkrümmen?

▶ Wie erzeuge ich in Holz eingelassenen Text?

▶ Wie erzeuge ich eigene Texturmuster?

▶ Wie wende ich einen Chromeffekt auf meine Schrift an?

▶ Wie schütze ich meine Bilder vor »Grabbing«?

13 Text im Bild

Solange es Schrift gibt, existiert auch der Wunsch, ausdrucksstarke Mittel zu ihrer Präsentation einzusetzen. In Gutenbergs Bibel war jedes Initial ein Kunstwerk – und auch im Zeitalter von Publishing, Post-Script und PDF ist die Visualisierung von Schrift ungebrochen attraktiv.

13.1 Text-Werkzeuge und Textoptionen

Photoshop hält verschiedene Text-Werkzeuge bereit. Mit Anwahl eines der beiden ersten Tools verändern Sie lediglich die Anordnung der Buchstaben (horizontal oder vertikal). Diese Unterscheidung wird auch bei den Textmaskierungswerkzeugen vorgenommen, wobei hier besonders zu erwähnen ist, dass Sie anstelle von Lettern gleich eine Auswahl anlegen.

Das am häufigsten verwendete Tool dürfte das Werkzeug für horizontalen Text sein. Markieren Sie es durch Anklicken in der Werkzeugleiste oder über die Taste T.

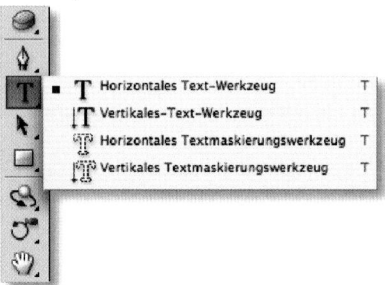

Abbildung 13.1 ▶
Die Text-Werkzeuge

Wenn ein anderes als das Horizontale Text-Werkzeug eingestellt ist, halten Sie ⇧ gedrückt und betätigen so lange die T-Taste, bis das richtige Instrument in der Werkzeugleiste angezeigt wird.

Betrachten wir nun die Optionsleiste der Text-Werkzeuge. Sie verändert sich nicht, wenn Sie auf irgendein anderes Text-Werkzeug umschalten. Ganz links wird das derzeit aktive Werkzeug ❶ präsentiert. Über die kleine Dreieck-Schaltfläche ❷ lässt sich das Tool auch hier wechseln.

▼ **Abbildung 13.2**
Die Optionsleiste für Text-Werkzeuge

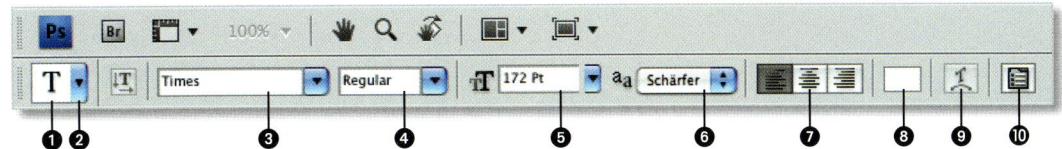

13.1.1 Schrift festlegen (Schriftschnitt)

Im Menü SCHRIFTFAMILIE EINSTELLEN ❸ stellen Sie die Schriftart ein. Einige Schriften bieten lediglich einen einzigen Satz an, andere wiederum erlauben den Zugriff auf abgewandelte Zeichensätze, die in der nächsten Combo-Box SCHRIFTSCHNITT EINSTELLEN ❹ bestimmt werden können. Das sind also die sogenannten **Schriftschnitte**.

Anhand der Schrift Frutiger in Abbildung 13.3 werden die Unterschiede recht deutlich

Der normale Schnitt einer Schrift wird als **Roman** bezeichnet, während **Italic** eine Kursivschrift ist. **Bold** wiederum ist eine Fettschrift, in der sich die Lettern ausgeprägter darstellen, als dies bei der Roman der Fall ist. Der Schriftschnitt **Light** setzt sich aus sehr feinen Buchstaben zusammen. Bei einer **Condensed** sind letztendlich die Breiten der Lettern verringert worden.

Light Condensed
Condensed
Bold Condensed
Light
Light Italic
Roman
Bold
Bold Italic
Black

▲ **Abbildung 13.3**
Die Frutiger bietet hier acht verschiedene Schriftschnitte an.

13.1.2 Schriftgrad

Die Größe der Schrift ❺ wird in *Punkt* (pt) angegeben. Dabei entspricht ein Punkt der Größe von 0,35275 mm. In Layoutprogrammen wie zum Beispiel Adobe InDesign oder QuarkXPress werden Sie oft auf das Maß 4,233 mm stoßen. Damit ist ein Maß in der Größe von 12 pt gemeint.

13.1.3 Glätten

Beim Glätten ❻ werden Übergänge in den Randbereichen der Schrift erzeugt. Wie Sie vielleicht wissen, besteht ein Bild aus Pixeln, während Schriften stets Vektorgrafiken sind (siehe auch Kapitel 16, »Fachkunde«). Diese Grafiken werden beim Konvertieren in ein Bildformat wie z. B. JPEG, TIFF oder BMP »gepixelt«. Beim Glätten werden nun die Kanten der Buchstaben weicher gestaltet. Je nach Verwendungszweck kann die Glättung bessere,

Glätten
Glätten

▲ **Abbildung 13.4**
Schrift ohne Glättung (oben) wirkt zwar »pixeliger«, ist aber in der Kontur schärfer als geglätteter Text (unten).

leider aber auch schlechtere Ergebnisse bringen. Photoshop bietet hier verschiedene Glättungsoptionen an. Im Einzelfall kommen Sie an einer Prüfung nicht vorbei.

13.1.4 Ausrichtung

Legen Sie fest, ob der Text linksbündig, zentriert oder rechtsbündig ausgerichtet werden soll ❼.

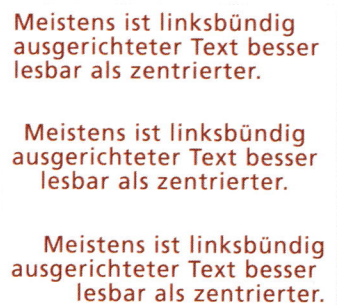

Abbildung 13.5 ▶
Textausrichtung linksbündig (oben), zentriert (Mitte) und rechtsbündig (unten)

13.1.5 Weitere Funktionen

Ändern Sie die Zeichenfarbe durch einen Klick auf das Farbfeld ❽. Hierüber wechseln Sie in den Farbwähler.

Zur Verkrümmen-Funktion ❾ kommen wir im Folgenden. Der Button steht im Übrigen nur dann zur Verfügung, wenn bereits Text erzeugt worden ist.

Photoshop hält eine Zeichen- und eine Absatz-Palette bereit, mit deren Hilfe Sie schnell auf die unterschiedlichsten Funktionen zugreifen können ❿.

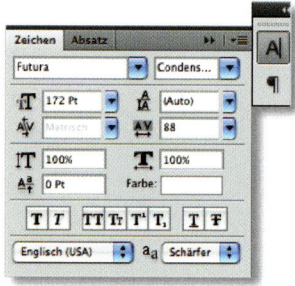

▲ Abbildung 13.6
Die Zeichenpalette mit den wichtigsten Optionen

▲ Abbildung 13.7
Die Ausrichtungsoptionen werden zugänglich, wenn Sie das Register ABSATZ nach vorne stellen.

Neben einem Klick auf das Häkchen in der Symbolleiste werden Eingaben aller Art ja auch mit ⏎ bestätigt. Eine Ausnahme bilden hier nur die Text-Werkzeuge. Das Drücken der Eingabetaste hätte hier lediglich eine Zeilenschaltung zur Folge. Wenn Sie dennoch die Bestätigung über die Tastatur bevorzugen, drücken Sie Strg/⌘ + ⏎ ■.

13.1.6 Text verkrümmen

Mit der Eingabe und Farbänderungen ist aber das Ende der Fahnenstange noch lange nicht erreicht. Nach der Erstellung und Übergabe an die Anwendung geht es meist erst richtig los. Um die Möglichkeiten gleich umzusetzen, bietet sich hier ein kleiner Workshop an.

Schritt für Schritt: Textaussage visualisieren

Verleihen Sie Ihrem Text durch Formgebung mehr Individualität. Die Lettern werden für den Betrachter interessanter, wenn Formen das wiedergeben, was die Schrift aussagen soll.

1 **Dokument anlegen**

Erzeugen Sie im Editor eine Neue Datei mit Strg/⌘ + N, und übertragen Sie die folgenden Werte. Aus der Liste Vorgabe selektieren Sie dazu Web und aus dem Pulldown-Menü Grösse 800×600. Im Anschluss setzen Sie dann aber die Auflösung herauf, denn zu geringe Auflösungen bringen meist schlechtere Resultate. Wie wäre es mit 300 Pixel/Zoll für eine professionelle Druckvorbereitung? Bestätigen Sie mit OK.

> **Allgemeine Änderungen**
>
> Wenn Sie Textattribute verändern möchten, machen Sie dies bitte entweder vor der Eingabe des Textes oder nachdem Sie diese mit dem Häkchen in der Optionsleiste bestätigt haben. Änderungen während der Texteingabe hätten lediglich zur Folge, dass der Text ab der aktuellen Cursorposition geändert würde.

◄ **Abbildung 13.8**
Diese Parameter sollten Sie an die neue Datei übergeben.

2 **Schrift einstellen**

Stellen Sie eine Fettschrift ein. ARIAL BLACK REGULAR eignet sich hier sehr gut. Die Schriftgröße soll 24 Pt betragen; als Ausrichtung wählen Sie ZENTRIERT. Verwenden Sie eine prägnante Schriftfarbe (weder Weiß noch Schwarz). Für welche Farbe Sie sich entscheiden, spielt keine Rolle.

3 **Laufweite ändern**

Blenden Sie die Zeichen-Palette ein, und vergeben Sie eine Laufweite von »50«. Damit werden die Abstände zwischen den einzelnen Lettern vergrößert. ■

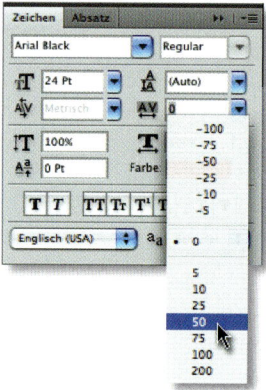

Abbildung 13.9 ▶
Die 50er-Laufweite erhöht die Buchstaben-Zwischenräume.

4 **Text schreiben**

Klicken Sie mit dem Horizontalen Text-Werkzeug in die Mitte der Arbeitsfläche, und schreiben Sie in Versalien (Großbuchstaben) das Wort »AUFWÄRTS«. Richten Sie es so aus, dass es im oberen Drittel des Dokuments liegt.

Abbildung 13.10 ▶
Achten Sie auf die Positionierung des Textes.

5 Ebenenkopie erstellen

Duplizieren Sie die Ebene entweder in der Ebenen-Palette oder über das Menü EBENE • EBENE DUPLIZIEREN. Den Dialog bestätigen Sie einfach mit OK ■. Alternativ drücken Sie ⌊Strg⌋/⌊⌘⌋ + ⌊J⌋. Wählen Sie das Verschieben-Werkzeug ⌊V⌋, und schalten Sie in der Optionsleiste GRUPPEN AUTOMATISCH WÄHLEN ab. Dadurch ist gewährleistet, dass Sie zum Verschieben nicht genau den Textbereich markieren müssen. Klicken Sie auf das Dokument, und halten Sie die Maustaste gedrückt. Nun halten Sie zusätzlich noch ⌊⇧⌋ gedrückt und ziehen die kopierte Ebene nach unten.

> **Namen für Textebenen**
>
> Es ist nicht erforderlich, beim Duplizieren von Textebenen Namen zu vergeben. Wenn der Inhalt geändert wird, überträgt sich dies auch auf den Namen der Ebene.

◀ **Abbildung 13.11**
Gleich unterhalb entsteht ein Duplikat.

6 Text ändern

Aktivieren Sie erneut das Horizontale Text-Werkzeug und markieren Sie mit gedrückt gehaltener Maustaste den kompletten Text. Er ist jetzt schattiert dargestellt. Sobald Sie nun eine neue Eingabe machen, wird der alte Text gelöscht.

◀ **Abbildung 13.12**
Der untere Text ist markiert.

7 Laufweite erneut ändern

Schreiben Sie »BEWEGUNG«. Markieren Sie erneut die komplette zweite Zeile, und ändern Sie die Laufweite über die Zeichenpalette auf »0«. Dadurch passt sich der Inhalt der zweiten Zeile optisch an die Breite der ersten an.

Klicken Sie auf den Button VERKRÜMMTEN TEXT ERSTELLEN in der Optionsleiste. Nun öffnen Sie das Flyout-Menü STIL und stellen dort ANSTEIGEND ein ■. Verlassen Sie den Dialog noch nicht!

Abbildung 13.13 ▶
Der Text soll ansteigend verkrümmt werden.

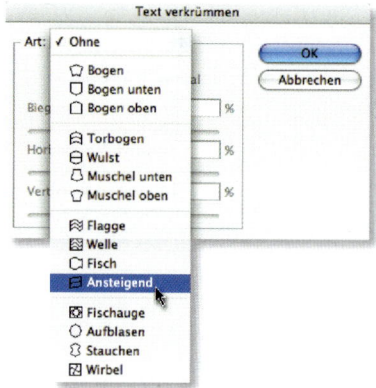

Verkrümmen-Wirkungen

Testen Sie bei Gelegenheit doch einmal die verschiedenen Wirkungen des Text-verkrümmen-Effekts. Beachten Sie auch die Symbole vor den jeweiligen Namen, die in groben Zügen die Verformung wiedergeben. Die endgültige Verkrümmung legen Sie anschließend über die Schieber fest.

8 Verkrümmungen einstellen

Sobald diese Option angewählt worden ist, schließt sich das Menü wieder. Nun werden die Einstellparameter verändert. Die BIEGUNG steht standardmäßig auf +50%. Sollte dort ein anderer Wert stehen, ändern Sie dies bitte. Bewegen Sie den mittleren Schieber mit dem Namen HORIZONTALE VERZERRUNG nach rechts, bis ein Wert um 90% erreicht wird. Die VERTIKALE VERZERRUNG belassen Sie bei 0%. Nun können Sie beherzt auf OK klicken ■.

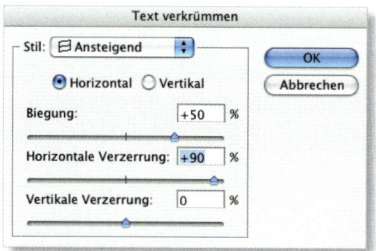

▲ **Abbildung 13.14**
Legen Sie die horizontale Verzerrung fest.

Einstellungen widerrufen

Wenn Sie [Alt]/[⌥] gedrückt halten, während das Dialogfenster noch geöffnet ist, wird die ABBRECHEN-Schaltfläche zum ZURÜCK-Button. Klicken Sie ihn an, um die vorgenommenen Einstellungen zu widerrufen und von vorne zu beginnen, ohne das Dialogfeld verlassen zu müssen.

Markieren Sie nun die Ebene AUFWÄRTS in der Ebenen-Palette, und öffnen Sie erneut den Dialog VERKRÜMMEN.

Unter STIL selektieren Sie erneut ANSTEIGEND. Nun müssen Sie lediglich noch die HORIZONTALE VERZERRUNG auf –90% setzen und mit OK bestätigen. Die fertige Datei finden Sie auch auf der Buch-DVD im Ordner ERGEBNISSE unter dem Titel »Aufwaerts.psd«.

Der Verkrümmen-Dialog hält natürlich noch eine Fülle weiterer Optionen für Sie bereit. Experimentieren Sie ein wenig mit den verschiedenen Optionen, und entdecken Sie die Möglichkeiten der Textgestaltung. ■

13.2 Texte und Texturen: Holz, Metall, Chrom

Texturen und Muster machen ein Bild erst so richtig lebendig. Im ersten Teil dieses Abschnittes wollen wir eine vorhandene Textur verwenden, im zweiten werden Sie dann selbst eine effektvolle Textur erstellen. Natürlich steht auch hier alles unter dem Gesichtspunkt »Text ins rechte Licht gerückt«.

Schritt für Schritt: Text in Holz stanzen

Eigentlich ist »stanzen« lediglich die offizielle Umschreibung für das, was jetzt realisiert werden soll. Genauer gesagt, werden wir nämlich Text in Holz einlassen.

1 Datei erstellen

Stellen Sie zunächst eine neue Datei mit den Seitenmaßen 800 × 600 Pixel und 220 ppi im RGB-Modus zur Verfügung. Die Hintergrundfarbe spielt keine Rolle.

2 Textur anfügen

Bevor es darum geht, die Datei mit Text zu versehen, wollen wir zunächst ein Muster erzeugen. Dazu drücken Sie ⌜⇧⌝ + ⌜F5⌝ oder wählen BEARBEITEN • FLÄCHE FÜLLEN. Im Feld VERWENDEN stellen

Sie MUSTER ein. Unterhalb dieses Steuerelements befindet sich die Option EIGENES MUSTER. Klicken Sie auf die kleine Dreieck-Schaltfläche ❶, und wählen Sie im Flyout-Menü den kreisrunden Button ❷ aus. Wählen Sie zudem in der Liste den Eintrag MUSTER ❸ aus, und beantworten Sie den Folge-Dialog mit ANFÜGEN. Dadurch werden diese Muster den bereits vorhandenen in der Liste hinzugefügt.

Abbildung 13.16 ▶
Es müssen noch weitere Muster geladen werden.

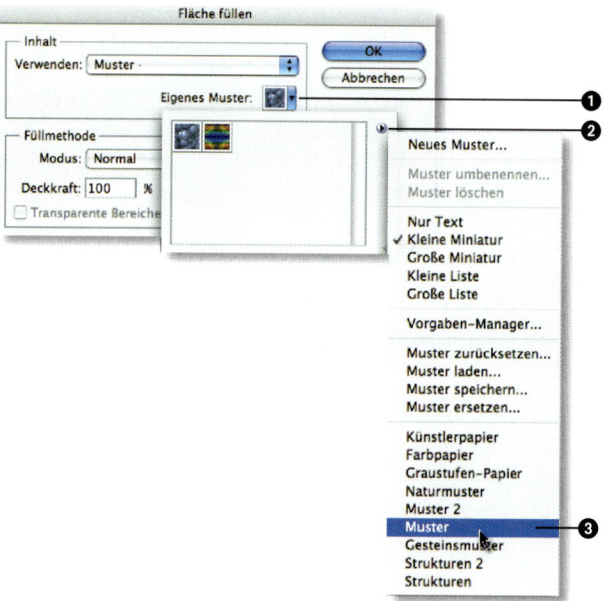

🔳 Fläche mit dem Muster füllen

Daraufhin wird die bis dahin noch spärliche Liste weiter gefüllt. Wählen Sie jetzt den Button HOLZ (64 × 64 PIXEL, RGB-MODUS) aus, den Sie ziemlich in der Mitte der zweiten Zeile finden dürften.

Abbildung 13.17 ▶
Jetzt wird das Muster zugewiesen.

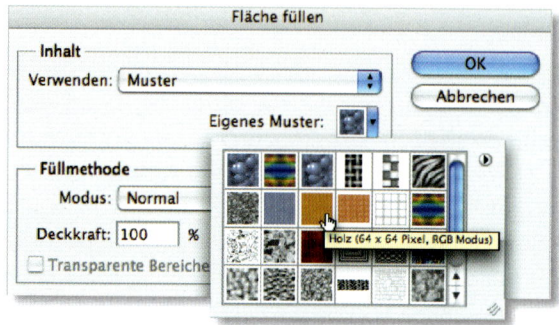

4 **Ebene duplizieren**

Damit ist das komplette Bild mit dem Holzmuster versehen. Duplizieren Sie die Ebene (Strg / ⌘ + J).

5 **Hilfslinien ziehen**

Stellen Sie zunächst sicher, dass am Bildrahmen oben und links Millimeterskalen angezeigt werden. Sollte das nicht der Fall sein, drücken Sie Strg / ⌘ + R oder wählen ANSICHT • LINEALE. Klicken Sie anschließend auf die linke (vertikale) Skala, und ziehen Sie mit gedrückter Maustaste eine Linie in das Bild hinein. Lassen Sie los, wenn Sie auf der oberen (horizontalen) Skala bei etwa 1,5 angekommen sind ■.

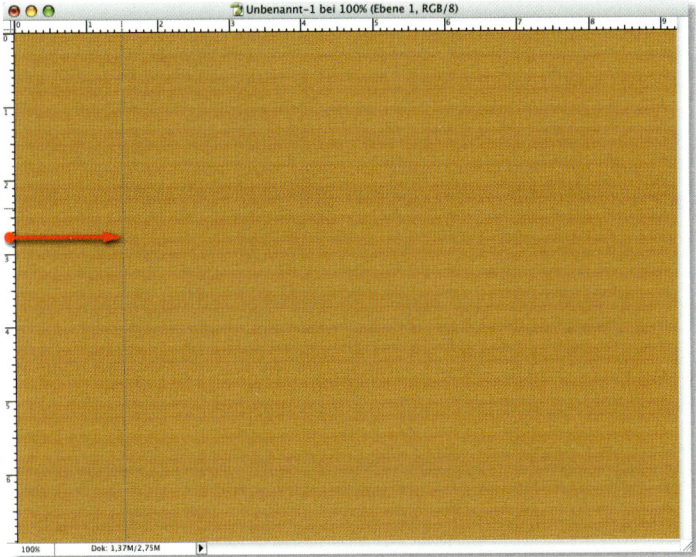

Im Anschluss wiederholen Sie den Vorgang und setzen die zweite Linie auf etwa 7,5. Die Hilfslinien werden benötigt, um den folgenden Text exakt ausrichten zu können.

6 **Text erzeugen**

Wechseln Sie auf das Horizontale Text-Werkzeug, und stellen Sie eine Times in 48 Pt Größe ein. Schreiben Sie einen Text Ihrer Wahl. Bestätigen Sie mit OK, und erzeugen Sie weiter unten abermals eine Textzeile. Achten Sie aber darauf, dass beide Texte auf einer separaten Ebene angeordnet sind. Das ist nötig, weil beide Zeilen einzeln ausgerichtet werden müssen.

Hilfslinien-Handling

Hilfslinien können über ANSICHT • NEUE HILFSLINIE exakt positioniert werden. Entscheiden Sie dort, ob die Linie horizontal oder vertikal angelegt werden soll. Die üblichen Maßeinheiten (mm, px usw.) können auch hier mit eingegeben werden. Mit dem Verschieben-Werkzeug lassen sich die Linien auch per Drag & Drop neu positionieren. Dabei wird der Mauszeiger zum Doppelpfeil. Schützen Sie die Hilfslinien gegen unbeabsichtigtes Verschieben, indem Sie ANSICHT • HILFSLINIEN FIXIEREN einstellen. Wählen Sie diese Funktion abermals, um fixierte Linien wieder zu lösen.

◄ **Abbildung 13.18**
Eine Hilfslinie soll platziert werden.

Abbildung 13.19 ▸
Erstellen Sie einen zweizeiligen Text, und legen Sie jede Zeile auf eine eigene Ebene.

7 Text ausrichten

Schalten Sie auf das Verschieben-Werkzeug um, und wählen Sie TRANSFORMATIONSSTEUERUNGEN an. Ergreifen Sie nacheinander eine der Ecken beider Textebenen, und richten Sie, während Sie ⬆ gedrückt halten, beide Texte so aus, dass sie sich zwischen beiden Hilfslinien befinden. So werden beide Zeilen gleich lang. Die Umschalttaste sorgt ja dafür, dass der Text nicht unproportional verzerrt werden kann.

Abbildung 13.20 ▸
Ziehen Sie den zweiten Text etwas auseinander.

8 Hilfslinien löschen

Nun ist der Zeitpunkt gekommen, sich von den Hilfslinien zu verabschieden. Ob Sie diese nun mit dem Verschieben-Tool einfach aus dem Bild herausziehen oder ANSICHT • HILFSLINIEN LÖSCHEN wählen, bleibt natürlich Ihnen überlassen.

9 Schrift löschen

Jetzt wird es spannend! Aktivieren Sie Ebene 1 (die Kopie des Holzmusters) in der Ebenen-Palette, und klicken Sie, während Sie `Strg`/`⌘` gedrückt halten, auf die Vorschauminiatur der obersten Ebene (Michel). Dadurch wird dieser Bereich zur Auswahl.

Klicken Sie nun mit `Strg`/`⌘` und `⇧` auf die zweite Textebene (Holz). Jetzt sind beide Textebenen als Auswahlen markiert. Drücken Sie `Entf`, oder wählen Sie BEARBEITEN • LÖSCHEN ■.

Heben Sie die Auswahl über `Strg`+`D` (bzw. AUSWAHL • AUSWAHL AUFHEBEN) auf. Die Textebenen werden jetzt nicht mehr benötigt und können ebenfalls gelöscht werden.

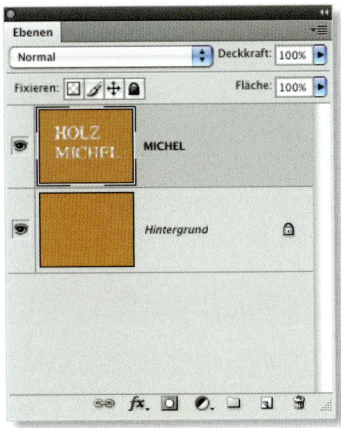

Der Rest ist nur noch Effektarbeit. Mit EBENE • EBENENSTIL • FÜLLOPTIONEN (oder einem Doppelklick auf die obere Ebene in der Ebenen-Palette) soll das nun realisiert werden.

10 Abgeflachte Kante und Relief einstellen

Klicken Sie links in der Liste ABGEFLACHTE KANTE UND RELIEF an (nicht die Checkbox, sondern die Schrift selbst, da sich sonst das zugehörige Menü auf der rechten Seite nicht öffnet), und stellen Sie rechts im Frame STRUKTUR den STIL auf ABGEFLACHTE KANTE AUSSEN. Verwenden Sie WEICH MEISSELN ■ als TECHNIK, und erhö-

---

Keine Veränderungen?

Lassen Sie sich bitte nicht davon irritieren, dass das Bild jetzt so aussieht wie vorher. Bedenken Sie, dass zwei identische Musterebenen übereinanderliegen. Durch die Öffnungen der Schrift sehen Sie jetzt genau das, was auf der oberen Ebene noch fehlt. Wünschen Sie dennoch eine Ansicht des Ausschnittes, schalten Sie einfach kurzzeitig über das Augen-Symbol den Hintergrund aus.

◄ **Abbildung 13.21**
Die obere Ebene ist löchrig geworden.

Technik-Variationen

Die Funktion WEICH MEISSELN sorgt für eine nicht sonderlich glatte Kante. Dadurch sieht die Struktur etwas natürlicher aus. Wenn Sie glatte (mechanisch wirkende) Reliefs bevorzugen, können Sie durchaus auch HART MEISSELN einstellen oder den Schieber WEICHZEICHNEN etwas nach rechts bewegen. Experimentieren Sie mit diesen Funktionen, da fast jede Einstellung ein deutlich verändertes Ergebnis liefert.

hen Sie die (Farb-)TIEFE auf 100 %. Die GRÖSSE soll 4 Px betragen.
Klicken Sie noch nicht auf OK!

Abbildung 13.22 ▶
Lassen Sie den Dialog noch
geöffnet!

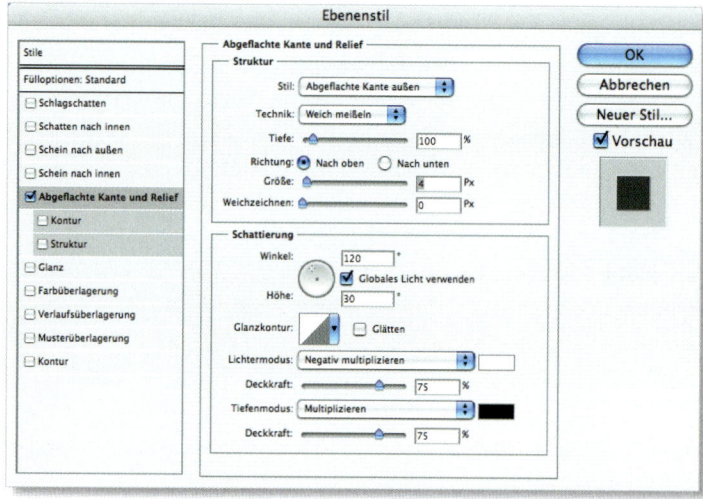

11 **Schlagschatten einstellen**

Klicken Sie auf SCHLAGSCHATTEN (auch hier direkt auf den Text,
da ansonsten rechts die zugehörigen Steuerelemente nicht eingeblendet werden). Wählen Sie als FÜLLMETHODE • MULTIPLIZIEREN,
und setzen Sie die DECKKRAFT auf 30 %. Der WINKEL sollte ca.
120° betragen und die DISTANZ bei 2 Px liegen. Vergleichen Sie
sämtliche Einstellungen, und klicken Sie danach auf OK.

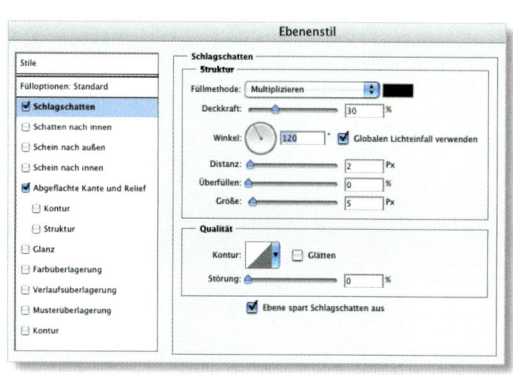

▲ **Abbildung 13.23**
Am Schluss gibt es noch einen Schlagschatten.

▲ **Abbildung 13.24**
»Text_Holz_fertig.tif« liegt zum Vergleich im Ordner
ERGEBNISSE. ■

Schritt für Schritt: Einen Chromeffekt erzeugen

Wissen Sie, warum Sie sich diesen Workshop unbedingt noch aufmerksam ansehen sollten? Zum einen natürlich, weil es sich bei diesem Effekt um einen Klassiker handelt, zum anderen aber, weil er deutlich macht, wie unterschiedlich eine Schattenwirkung ausfallen kann. Da Sie die Techniken selbst schon aus den vorangegangenen Workshops bestens kennen, werden die Erklärungen hier etwas abgekürzt.

1 **Neue Datei erzeugen**
Erzeugen Sie eine neue Datei im RGB-Modus mit 220 ppi, und verwenden Sie die Abmessungen 800×600 Pixel. Der Hintergrund soll weiß sein.

2 **Schrift erzeugen**
Schreiben Sie den gewünschten Text, und skalieren Sie ihn entsprechend auf (hier wurde COPPERPLATE GOTHIC (BOLD) mit einer Größe von 36 Pt verwendet).

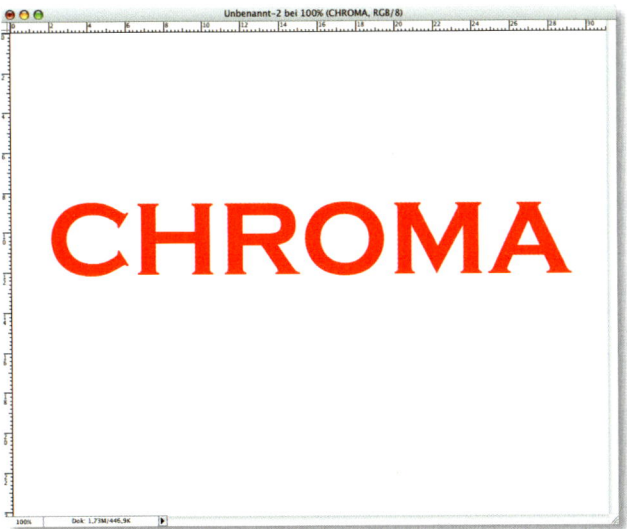

◀ **Abbildung 13.25**
So sollte Ihr Text ungefähr aussehen.

3 **Text rastern**
Rastern Sie den Text, wobei ich Ihnen hier gern eine Alternative zu den bisher vorgestellten Möglichkeiten anbieten möchte. Klicken Sie mit der rechten Maustaste direkt im Bild auf den Text, und selektieren Sie den Eintrag TEXT RASTERN im Kontextmenü.

4 Verlauf einstellen

Aktivieren Sie das Verlaufswerkzeug G, und drücken Sie ↵. In der daraufhin präsentierten Auswahlliste an der Toolbox entscheiden Sie sich für den Button CHROM.

Abbildung 13.26 ▶
So schnell kann man die vorhandenen Verläufe erreichen.

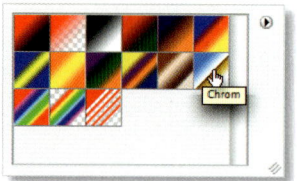

5 Verlauf bearbeiten

Der Verlauf beinhaltet bereits alle Farben, die für diesen Workshop benötigt werden. Ein Makel bleibt aber dennoch. Finden Sie nicht auch, dass der Übergang von Weiß nach Braun etwas hart ist? Öffnen Sie daher das Dialogfenster VERLÄUFE BEARBEITEN (Klicken Sie auf die Verlaufsfläche in der Optionsleiste), und ziehen Sie die weiße Farbunterbrechung ❶ etwas nach links. Gleich rechts daneben wird nun auch der Farbmittelpunkt ❷ sichtbar. Diesen schieben Sie etwas nach rechts. Das sieht doch schon wesentlich harmonischer aus, oder? Wenn Sie möchten, speichern Sie den neuen Verlauf unter einem anderen Namen.

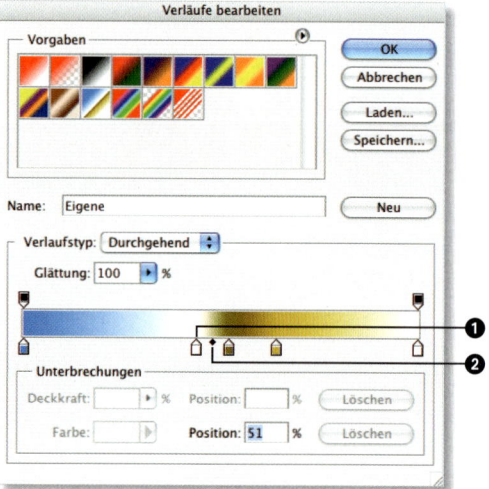

Abbildung 13.27 ▶
Anspruchsvolle Verläufe sollten gespeichert werden.

6 Verlauf anwenden

Bevor Sie nun den Verlauf zuweisen, aktivieren Sie in der Ebenen-Palette noch die Funktion TRANSPARENTE PIXEL FIXIEREN. Schließlich soll ja nur die Schrift und nicht die komplette Ebene einen Verlauf erhalten. Danach ziehen Sie mit gedrückter ⌾-Taste von oben nach unten eine Linie über das mittlere Drittel der Lettern. Sobald Sie loslassen, wird der Verlauf aufgezogen. Heben Sie TRANSPARENTE PIXEL FIXIEREN anschließend wieder auf.

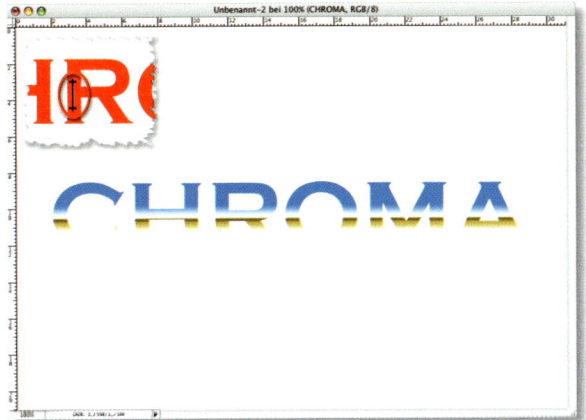

◀ **Abbildung 13.28**
Der Verlauf erstreckt sich jetzt nur auf die Lettern.

7 Effekte zuweisen

Sie kennen das ja schon. Der Rest ist die Zuweisung von Effekt-Parametern, obwohl es diesmal etwas mehr ist. Öffnen Sie zunächst ABGEFLACHTE KANTE UND RELIEF, und entnehmen Sie die Werte für den Frame STRUKTUR der folgenden Abbildung. Danach aktivieren Sie RING im Flyout-Menü GLANZKONTUR. Bestätigen Sie Ihre Auswahl noch nicht mit OK!

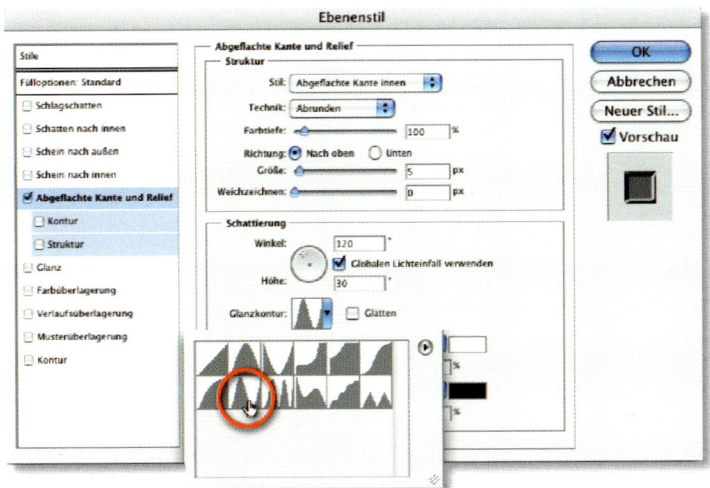

◀ **Abbildung 13.29**
Diese Kontur soll es sein.

Gleich unterhalb von ABGEFLACHTE KANTE UND RELIEF (linker Frame des Dialogs) klicken Sie nun auf den Schriftzug KONTUR. Öffnen Sie rechts das Flyout-Menü KONTUR, und legen Sie RUNDE STUFEN fest.

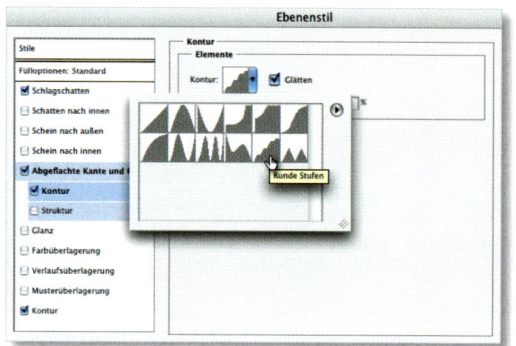

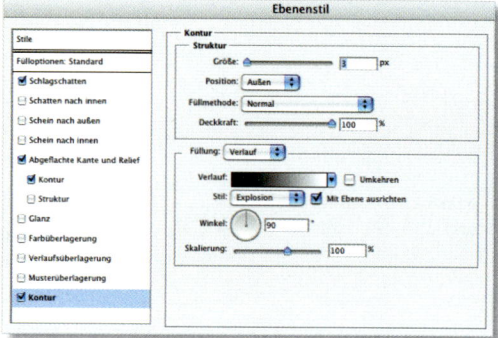

▲ **Abbildung 13.30**
Runde Stufen? So etwas taugt natürlich nur für Ebenenstile.

▲ **Abbildung 13.31**
Die Größe der Struktur sollte 3 px betragen.

Stil speichern

Bei solch aufwendigen Einstellungen empfiehlt es sich, den Stil abzuspeichern. Klicken Sie dazu auf STIL SPEICHERN, und vergeben Sie einen aussagekräftigen Namen. Soll der Effekt erneut angewendet werden, finden sich alle Einstellungen in Form eines Buttons in der Palette STILE wieder. Klicken Sie einfach diesen Button an, oder ziehen Sie ihn auf die Zielebene.

Klicken Sie ganz unten in der Liste auf der linken Seite nun noch KONTUR an, und vergeben Sie die folgenden Parameter.

Zuletzt kommt der Schlagschatten. Wie bei allen zuvor genannten Optionen müssen Sie auch hier das Wort (nicht die Checkbox!) anklicken und die Steuerelemente gemäß folgender Abbildung einstellen. Beachten Sie, dass der Schieberegler STÖRUNG letztendlich für die gesprenkelte Darstellung des Schattens verantwortlich ist. Bestätigen Sie mit OK.

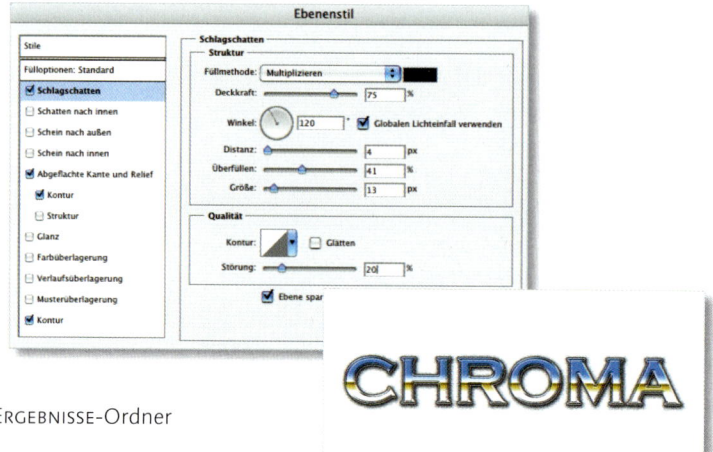

Abbildung 13.32 ▶
Damit wäre auch der letzte Schritt erledigt.

Abbildung 13.33 ▶
Die fertige Datei wartet auf Sie im ERGEBNISSE-Ordner und heißt »Text_Chrom_fertig.tif«.

13.2.1 Effekte auf andere Dateien anwenden

Wenn Sie erst einmal einen aufwendigen Effekt erzeugt haben, müssen Sie ihn nicht für jedes Bild neu einstellen. Speichern Sie sowohl den Verlauf als auch die Ebenenstile auf die zuvor beschriebene Art.

Stile lassen sich zwar auf Texte anwenden, Verläufe jedoch nicht. Daher ist das Rastern der Textebene erforderlich. So gehen Sie vor, um wiederkehrende Effekte auf andere Schriften anzuwenden:

1. Erzeugen Sie die Datei, und erstellen Sie den Text.
2. Rastern Sie die Textebene, und fixieren Sie transparente Pixel.
3. Weisen Sie den gespeicherten Verlauf durch Ziehen einer Linie mit dem Verlaufswerkzeug zu.
4. Weisen Sie den gespeicherten Stil zu, indem Sie den Button in der Palette STILE markieren.

13.2.2 Copyright für Ihre Bilder: Das Wasserzeichen

Wenn Sie Fotos weitergeben, vielleicht sogar ins Netz stellen, kann es sinnvoll sein, diese entsprechend zu schützen. Gerade im Internet sind viele unliebsame Zeitgenossen unterwegs, die so ziemlich alles kopieren, was irgendwie nach Foto aussieht. Die Lösung: Ein Logo auf dem Bild weist Sie als Urheber aus. Im folgenden Workshop wollen wir dazu nun ein Sonderzeichen effektvoll einsetzen.

Schritt für Schritt: Schutz gegen Grabber

Wenn schon, denn schon! Setzen Sie der Bilder-Piraterie ein Ende, und lassen Sie Ihr Logo, Ihren Text oder Ihr Zeichen mit einfließen. Wenn Sie zunächst einmal üben möchten, bevor Sie eigene Dateien aufbereiten, öffnen Sie »Copyright.tif«.

 Copyright.tif

1 **Sonderzeichen einstellen**

Wählen Sie das Eigene-Form-Werkzeug aus. Es befindet sich mit dem Linienzeichner in einer Gruppe und kann über mehrmaliges Drücken von `Strg`/`⌘`+`U` eingestellt werden. Stellen Sie im Flyout-Menü FORM der Optionsleiste das Symbol VERBOTSSCHILD ein. Das ist ein Kreis mit diagonalem Querstrich.

© Leszek Schluter

▲ **Abbildung 13.34**
Das Foto soll geschützt werden.

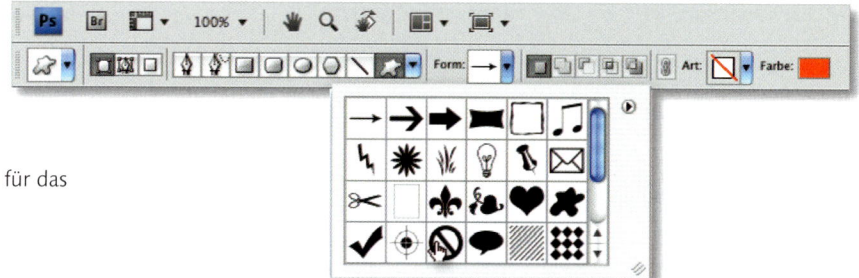

Abbildung 13.35 ▲
Entscheiden Sie sich für das Verbotsschild.

Ziehen Sie an gewünschter Stelle mit ⟨⬆⟩ einen Rahmen über dem Bild auf. Die Umschalttaste sorgt für eine proportionale Skalierung.

2 Form in eine Auswahl umwandeln
Aktivieren Sie in der Ebenen-Palette das Register PFADE, und markieren Sie PFAD ALS AUSWAHL LADEN in der Fußleiste.

Abbildung 13.36 ▶
Das ist genau die richtige Position für ein Verbotsschild.

3 Ebene duplizieren
Kehren Sie anschließend zum Ebenen-Register zurück, und duplizieren Sie den Hintergrund, indem Sie EBENE • NEU • EBENE DURCH KOPIE wählen oder ⟨Strg⟩/⟨⌘⟩+⟨J⟩ drücken. Damit wird nur jener Ausschnitt kopiert, der innerhalb der Auswahl liegt.

Damit Sie die folgenden Schritte besser sehen können, blenden Sie den Hintergrund über das Auge in der Ebenen-Palette aus.

◄ **Abbildung 13.37**
Derzeit sind die Bildinhalte nur
noch innerhalb des Zeichens
vorhanden.

4 **Textmaskierung einfügen**

Aktivieren Sie das Horizontale Textmaskierungswerkzeug, und
stellen Sie eine serifenlose Fettschrift (z. B. Arial Black) mit einer
Größe von 48 Punkt ein. Die Ausrichtung stellen Sie auf ZEN-
TRIERT. Setzen Sie die Textmaske genau unterhalb des Verbots-
schildes an.

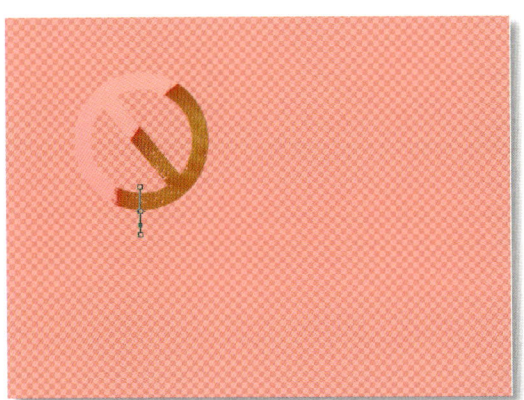

◄ **Abbildung 13.38**
Hier beginnen Sie mit dem
Text.

5 **Text erzeugen und verkrümmen**

Schreiben Sie einen Text Ihrer Wahl. Wie wär es mit Ihrem Nach-
namen oder dem Namen Ihres Unternehmens? Bestätigen Sie die
Texteingabe bitte noch nicht, sondern klicken Sie in der Optionsleiste auf VERKRÜMMTEN TEXT ERSTELLEN.

Im Feld STIL des Dialogfensters stellen Sie BOGEN ein. Wie weit
nun die BIEGUNG eingestellt werden muss, hängt von Ihrem Text
ab. In jedem Fall müssen Sie aber in den Minusbereich gehen, um
eine Wölbung nach unten zu realisieren.

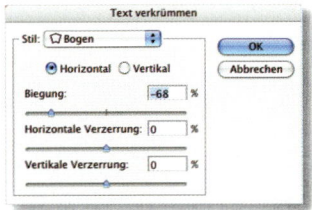

▲ **Abbildung 13.39**
Der Text sollte jetzt noch im
Bogen verzerrt werden.

Im Anschluss klicken Sie auf OK und bestätigen auch die Texteingabe über das Häkchen in der Optionsleiste.

6 Auswahl verschieben

Stellen Sie eines der Auswahlwerkzeuge ein (Auswahlrechteck
oder Auswahlellipse), und korrigieren Sie die Position der Auswahl mit den Pfeiltasten. Sollten Sie versehentlich ein anderes
Tool aktiviert haben, findet die Anwendung Grund zu meckern.

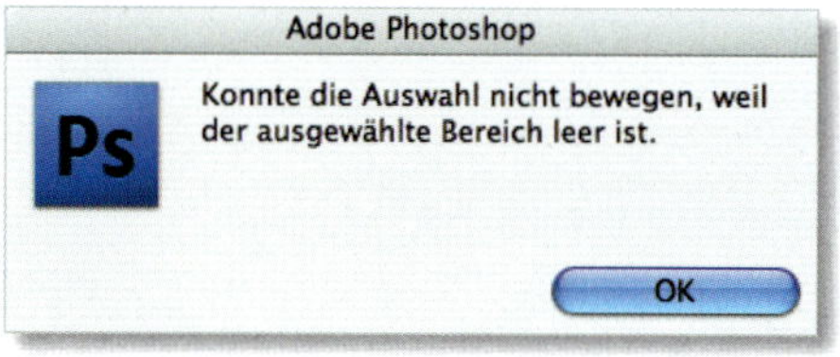

Abbildung 13.40 ▶
Leere Bereiche können nicht
verschoben werden.

7 Ebene erneut duplizieren

Aktivieren Sie den Hintergrund, ohne diesen wieder über das
Augen-Symbol sichtbar zu machen, und drücken Sie abermals
`Strg`/`⌘`+`J`, um auch aus diesem Ausschnitt eine Ebene zu
erzeugen. Damit dürfte die mittlere (neue) Ebene markiert sein.

8 Ebenen verbinden

Der Hintergrund sollte auf jeden Fall noch immer ausgeblendet
sein. Schalten Sie ihn erst dann wieder sichtbar, wenn Sie im
Fenstermenü SICHTBARE AUF EINE EBENE REDUZIEREN eingestellt
haben. Alternativ reicht auch das Drücken der Tastenkombination
`Strg`/`⌘`+`⇧`+`E`.

Abbildung 13.41 ▶
Jetzt ist auch die Schrift einge-
fasst.

9 Stil zuweisen

Sorgen Sie dafür, dass die Hintergrundebene sichtbar wird. Jetzt
kommt das spannende Finale: Mit aktivierter oberer Ebene wäh-

len Sie EBENE • EBENENSTIL • ABGEFLACHTE KANTE UND RELIEF. Übernehmen Sie die Werte der Abbildung, und bestätigen Sie mit OK.

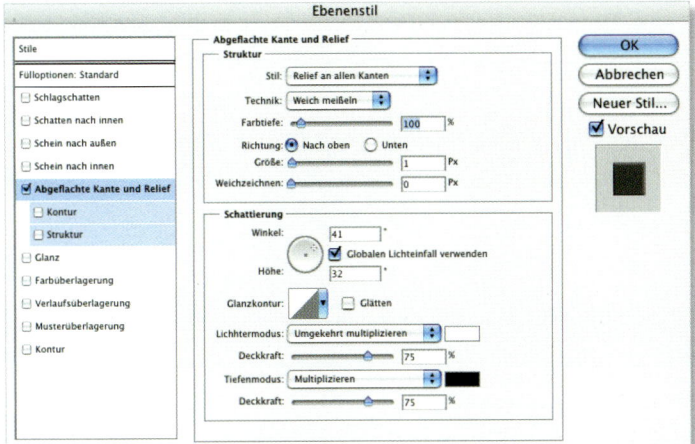

◂ **Abbildung 13.43**
Die ABGEFLACHTE KANTE macht das Zeichen auffälliger.

◂ **Abbildung 13.44**
Das auf den Hintergrund reduzierte Ergebnis finden Sie unter »Copyright_fertig.tif«.

Dateiinformationen

An dieser Stelle sei noch Folgendes erwähnt: Über DATEI • DATEIINFORMATIONEN erreichen Sie ein Fenster, das Ihnen die Angabe weiterer Hinweise in Bezug auf die Urheberschaft ermöglicht. Ein kleiner Makel bleibt allerdings: Wenn Sie die Datei über den Dialog FÜR WEB UND GERÄTE SPEICHERN (nähere Hinweise dazu finden Sie in Kapitel 15, »Ausgabe«) in ein JPEG oder GIF umwandeln, werden diese Einstellungen nicht mit übernommen.

13.2.3 Zu guter Letzt: Mengentext und Schrift

Für Mengentext, bei dem der Betrachter viel zu lesen hat, ist noch lange nicht jede Schrift geeignet. Gerade serifenlose Fonts sind mit Bedacht zu wählen. Im Zweifelsfall verwenden Sie lieber eine Serifenschrift (Times ist immer noch ein Klassiker) und setzen die Headlines serifenlos (z. B. Helvetica, Arial, Verdana). Das ist freundlich fürs Auge und fördert den Lesefluss.

Kapitel 14

Automatisierung

Alles läuft von selbst

Sie werden lernen:

- ▶ Wie wird ein Panoramafoto erzeugt?
- ▶ Wie kann ich mehrere Befehle auf viele Dateien anwenden?
- ▶ Wie bringe ich meinen Namen auf die Bilder?
- ▶ Was ist ein Droplet?
- ▶ Was ist eine »bedingte Modusänderung«, und wie wende ich sie an?
- ▶ Wie kann ich Fotos automatisch freistellen und gerade ausrichten?

14 Automatisierung

Ganz sicher: Es wird Ihnen mächtig Spaß bereiten, sich nach getaner Arbeit genüsslich zurückzulehnen und der Anwendung dabei zuzusehen, wie sie in kürzester Zeit Unmengen von Arbeitsschritten für Sie erledigt. Photoshop führt in wenigen Minuten Aufgaben aus, für die Sie manuell etliche Stunden nötig hätten. Wenn Sie auf die Automatisieren-Funktionen verzichten, könnten Sie genauso gut den Motor Ihres Wagens aus lassen – weil Sie heute ja eh nur ins Tal fahren wollen ...

14.1 Photomerge: Panoramafotos erzeugen

Video-Training

Wie Sie Panoramen mit Photomerge erstellen, erfahren Sie auch auf der Buch-DVD (Video-Lektion 2.3).

Panoramabilder erfreuen sich schon seit Langem großer Beliebtheit. Mittlerweile lassen sich derartige Montagen bereits als Postkarten, Poster oder Kalender erstehen. Sogar auf Webseiten hält das Panorama mehr und mehr Einzug. Um ein Panorama zu erzeugen, werden mehrere überlappende Fotomotive nachträglich zu einem breitformatigen Bild verschmolzen. Photomerge heißt diese nicht mehr ganz neue, aber dennoch wirkungsvolle Technik.

14.1.1 Aufnahmebedingungen

Vorab muss ganz klar Folgendes gesagt werden: Wenn die Voraussetzungen nicht gegeben sind, wird es einfach nichts mit dem Panorama-Genuss. Deshalb müssen Sie schon zur Entstehungszeit auf eine ordnungsgemäße Aufnahmetechnik achten. Beherzigen Sie unbedingt folgende Hinweise:

▶ Fotografieren Sie immer vom Stativ aus.
▶ Verändern Sie zwischen den Aufnahmen niemals die Position des Stativs.
▶ Drehen Sie den Stativkopf in horizontaler, nicht jedoch in vertikaler Richtung.

- Fertigen Sie die Einzelaufnahmen zügig hintereinander an. Bereits minimale Unterschiede der Lichtverhältnisse werden später sichtbar.
- Achten Sie darauf, dass sich die Bildbereiche um 15–40% überlappen.
- Verändern Sie nicht die Brennweite (Zoom).
- Schalten Sie automatische Belichtungsfunktionen zuvor aus.
- Verwenden Sie keine Verzerrungslinsen.

Schritt für Schritt: Ein Panorama erstellen I

Sie werden in diesem Workshop insgesamt sechs Bilder aneinandermontieren. Beobachten Sie genüsslich, wie Photoshop für Sie »ackert«.

Bilder/Panorama 01/ 001.tif bis 006.tif

1 Layout wählen
Bei der Panorama-Erzeugung müssen Sie noch nicht einmal Bilder vorab öffnen. Gehen Sie direkt auf den entsprehenden Menü-Befehl Datei • Automatisieren • Photomerge. Auf der linken Seite (Layout) sollte der Radiobutton Auto aktiv sein. In diesem Fall entscheidet Photoshop nämlich selbstständig, wie das Panorama ausgerichtet wird – je nachdem, was besser passt. (Weitere Hinweise hierzu finden Sie im Anschluss an diesen Workshop.) Klicken Sie noch nicht auf OK!

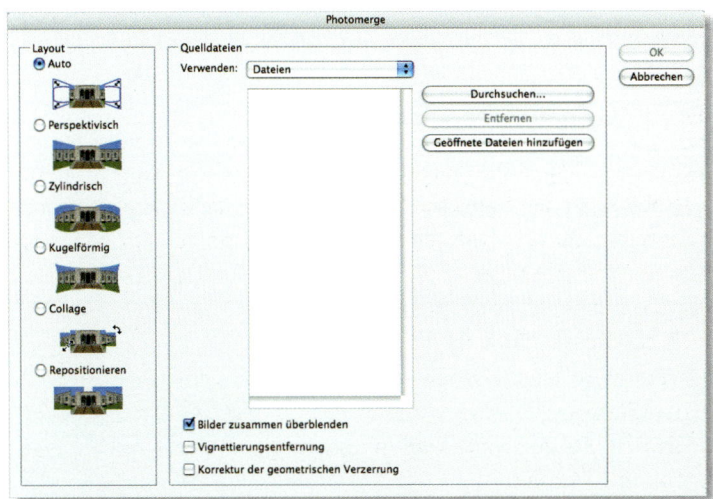

◀ **Abbildung 14.1**
Entscheiden Sie sich für das Layout Auto.

2 Fotos hinzufügen

Klicken Sie jetzt auf die Schaltfläche DURCHSUCHEN, und navigieren Sie zum Ordner PANORAMA 01, den Sie in den Beispieldateien finden. Selektieren Sie alle sechs enthaltenen Fotos, und klicken Sie auf den ÖFFNEN-Button. Daraufhin sollten die Bilder »001.tif« bis »006.tif« in der Dialog-Mitte aufgelistet werden.

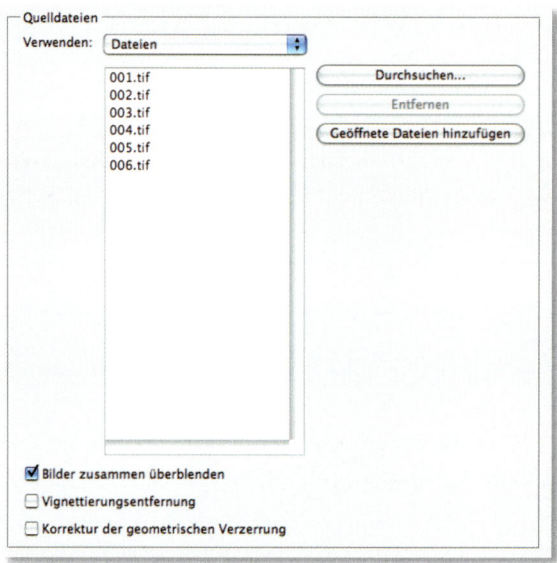

Abbildung 14.2 ▶
Die Fotos sind namentlich aufgeführt.

3 Weitere Optionen festlegen

Schauen Sie einmal auf die Checkboxen weiter unten. Hier sollte auf jeden Fall BILDER ZUSAMMEN ÜBERBLENDEN angewählt sein. Die beiden anderen Schaltflächen können Sie inaktiv lassen. (Weitere Hinweise hierzu finden Sie im Anschluss an diesen Workshop.) Danach bestätigen Sie mit OK. Jetzt müssen Sie die Anwendung ein wenig rechnen lassen, ehe das zusammengesetzte Breitformat-Foto präsentiert wird. Hierbei handelt es sich übrigens um eine Perspektive (LAYOUT).

Abbildung 14.3 ▼
Das Panorama ist bereits nach kurzer »Entwicklungszeit« fertiggestellt.

© Robert Klaßen

4 Foto freistellen

Im letzten Schritt wäre das Foto noch freizustellen. Immerhin sind durch die neue Anordnung der Einzelbilder transparente Bereiche am Rand entstanden. Die sollten Sie noch abschneiden. Da Sie allerdings mit dem Freistellungswerkzeug ⌷C⌷ ziemlich dicht an die Ränder heran müssen, gibt es ein Problem: Der Freistellungsrahmen wird nämlich »magisch« an den Rahmen herangezogen – »Snapping« nennt sich diese Technik. Wenn dadurch die Erzeugung des Freistellungsrahmens schwierig wird, schalten Sie diese Funktion kurz aus, indem Sie ANSICHT • AUSRICHTEN AN • DOKUMENTBEGRENZUNGEN wählen. Danach lässt sich der Freistellungsrahmen auch dicht am Bildrahmen noch frei positionieren. Denken Sie nur daran, dass Sie das ansonsten sehr nützliche Snapping am Schluss wieder aktivieren. Dazu wählen Sie einfach noch einmal den zuletzt beschriebenen Menü-Eintrag.

▼ **Abbildung 14.4**
Das auf den Hintergrund reduzierte Ergebnis finden Sie im ERGEBNISSE-Ordner (Panorama_01.tif).

Checkliste: Panoramafoto erzeugen

1. Aktivieren Sie PHOTOMERGE über DATEI • AUTOMATISIEREN.
2. Stellen Sie AUTO im Bereich LAYOUT ein.
3. Klicken Sie DURCHSUCHEN an, und selektieren Sie anschließend alle Bilder, aus denen ein Panorama erzeugt werden soll.
4. Klicken Sie den OK-Button.
5. Stellen Sie das Foto anschließend noch frei.

14.1.2 Die Photomerge-Layouts

Wie Sie gesehen haben, werden im Photomerge-Dialog verschiedene Optionen angeboten:

▶ AUTO: Hier überlassen Sie es Photoshop, zu entscheiden, ob ein Panorama perspektivisch, zylindrisch oder kugelförmig angeordnet wird. Entscheidend dafür ist das bessere Kompositionsergebnis nach einer entsprechenden Analyse der Einzelbilder.

▸ PERSPEKTIVISCH: Eines der in der Mitte liegenden Einzelbilder wird als Referenzfoto verwendet. Alle anderen Fotos werden entsprechend verzerrt und positioniert.

▸ ZYLINDRISCH: Die Fotos sehen so aus, als seien sie auf einen Zylinder aufgebracht (siehe dazu auch den folgenden Workshop).

▸ KUGELFÖRMIG: Die Fotos wirken, als seien sie auf der Innenseite einer Kugel angebracht. Diese Methode ist vor allem für 360°-Panoramen geeignet.

▸ COLLAGE: Die Einzelbilder werden aneinander ausgerichtet, wobei aber nur »eines« der Fotos als Quellbild angesehen und auch nur dieses transformiert wird.

▸ REPOSITIONIEREN: Die Fotos werden aneinander ausgerichtet, ohne dass es zu Transformationen kommt.

14.1.3 Die Photomerge-Quelldatei-Optionen

Im neuesten Release, Photoshop CS4, werden zudem noch drei Quelldatei-Optionen angeboten:

▸ BILDER ZUSAMMEN ÜBERBLENDEN: Die Übergänge zwischen den Einzelfotos werden individuell anhand der Bildinformationen erzeugt (individuelle Ebenenmasken). Zudem werden die Bilder farblich aufeinander abgestimmt.

▸ VIGNETTIERUNGSENTFERNUNG: Falls die Ecken der Fotos dunkler sind (Vignettierung), wird dies bei der Panorama-Erstellung automatisch korrigiert.

▸ KORREKTUR DER GEOMETRISCHEN VERZERRUNG: Tonnen-, Kissen- und Fischaugen-Verzerrungen werden automatisch korrigiert.

Schritt für Schritt: Ein Panorama erstellen II

Auch diesmal werden wieder sechs Fotos aneinandermontiert. Diesmal werden Sie allerdings sehen, wie Photoshop automatisch für eine zylindrische Ausrichtung sorgt. Das ist nämlich gerade bei Fassaden wie auf unseren Beispielfotos sehr interessant.

Bilder/Panorama 02/
001.jpg bis 006.jpg

1 **Photomerge starten**
Entscheiden Sie sich wieder für DATEI • AUTOMATISIEREN • PHOTO-MERGE. Belassen Sie das LAYOUT auf AUTO, und stellen Sie diesmal unter VERWENDEN den Eintrag ORDNER ein. Navigieren Sie

zum Beispielordner PANORAMA 02. Markieren Sie diesen Ordner. Anschließend klicken Sie auf AUSWÄHLEN. Danach müsssen Sie nur noch den OK-Button betätigen.

▼ **Abbildung 14.5**
Auch das zweite Panorama wird im Layout AUTO erzeugt.

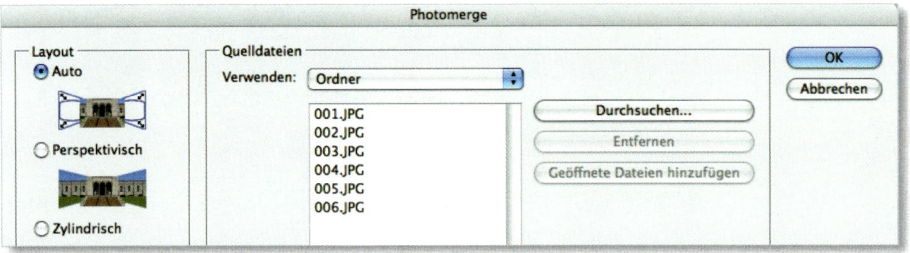

2 Panorama erzeugen

Hier müssen Sie der Anwendung einen Moment mehr Zeit geben, da die Fotos größer und vielleicht auch schwieriger auszurichten sind. Photoshop meldet sich insgesamt zweimal mit Fortschrittsbalken.

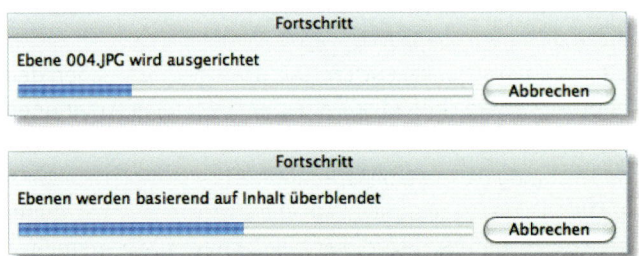

◄ **Abbildung 14.6**
Haben Sie einen Moment Geduld, …

◄ **Abbildung 14.7**
… gleich ist es soweit.

© Robert Klaßen

3 Ansicht optimieren

Stellen Sie das Foto am Ende noch frei, und reduzieren Sie alle Ebenen auf Hintergrund (EBENE • AUF HINTERGRUNDEBENE REDUZIEREN). Wenn Sie jetzt stark einzoomen und den Bildausschnitt mit dem Hand-Werkzeug verschieben, sehen Sie, was das Besondere an der zylindrischen Verzerrung ist. Das Foto wirkt an jeder Position plastisch.

▲ **Abbildung 14.8**
Hier sehen Sie sehr gut die zylindrische Verzerrung.

▲ **Abbildung 14.9**
Verschieben Sie den Bildausschnitt.

Abbildung 14.10 ▲
Hier ist das Foto in der gesamten Breite zu sehen. ■

14.2 Stapelverarbeitung und Aktionen

Ein praxisnahes Beispiel: Sie möchten Ihre Dateien an potenzielle Kunden weitergeben. Da Sie aber auf die Anbringung Ihres Namens nicht verzichten möchten, müssen Sie alle Bilder entsprechend nachbearbeiten. Wenn Sie nun aber die einzelnen Schritte, die dazu erforderlich sind, einige hundert Mal wiederholen müssten, wären sicher etliche Stunden vergangen – ganz zu schweigen davon, dass schwindende Konzentrationsfähigkeit mit der Zeit für zusätzliche Fehler sorgen würde. In solchen Fällen sollten Sie auf die Stapelverarbeitung vertrauen.

Schritt für Schritt: Namen mit der Stapelverarbeitung einfügen

Bilder/Panorama 01/
001.tif bis 006.tif

Ihr Name soll teiltransparent im unteren Bereich des Bildes auftauchen. Um dies etliche Male zu realisieren, müssen wir Photoshop einmal »vormachen«, wie es geht, und danach eine Stapelverarbeitung einleiten. So soll dann das Endergebnis auf verschiedenen Bildern aussehen:

◀ **Abbildung 14.11**
Der Schriftzug soll auf zahlreichen Fotos erscheinen.

1   Die Schritte im Überblick

Bevor wir uns an die Arbeit machen, wollen wir einmal die einzelnen Schritte auflisten, die für eine entsprechende Signierung der Bilder erforderlich sind ■:

- ▸ Text einfügen
- ▸ Auswahl vom Text erstellen
- ▸ Textebene löschen
- ▸ Hintergrundebene auf die Auswahl beschränkt duplizieren (Strg / ⌘ + ⇧ + J)
- ▸ Ebenenstil zuweisen (Abgeflachte Kante und Relief)
- ▸ Ebenen auf Hintergrund reduzieren

Optionale Schritte

Die nebenstehenden Schritte sind optional. Wählen Sie andere Funktionen, sofern Ihnen diese mehr zusagen. Der Zusammenstellung von Aktionen sind prinzipiell keine Grenzen gesetzt.

2   Aktion vorbereiten

Um für diesen Workshop nun nicht Hunderte von Dateien berechnen zu lassen, empfiehlt es sich, einige Dateien zur Simulation zu kopieren. Kopieren Sie doch den Ordner Panorama 01 auf dem Desktop, und geben Sie ihm den Namen Stapel. Das geht ja prima über die Zwischenablage (Strg / ⌘ + C – Strg / ⌘ + V). Anschließend öffnen Sie das Bild »001.tif« in Photoshop.

3   Aktion einleiten

Die einzelnen Schritte müssen Photoshop nun vorgegeben werden. Dazu werden sogenannte Aktionen aufgezeichnet. Öffnen Sie das Bedienfeld Aktionen (Fenster • Aktionen). In der Fußzeile der Anwendung verbirgt sich ein Button mit dem Namen Neue Aktion erstellen.

▲ **Abbildung 14.12**
Zunächst wird eine neue Aktion ins Leben gerufen.

Aktionsdatei

Zur Aufzeichnung der Aktion ist es nicht erforderlich, eines der Bilder zu verwenden, die als Stapel verarbeitet werden sollen. Da der Vorgang nur zur Aufzeichnung der einzelnen Aktionen dient, kann auch jede andere Datei dazu herangezogen werden.

4 Aktion benennen

Im folgenden Dialogfeld benennen Sie bitte die Aktion logisch. Wie wäre es mit »Namen transparent«? Klicken Sie auf AUFZEICH-NEN.

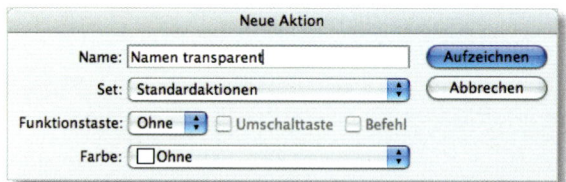

▲ **Abbildung 14.13**
Der Aktion wird ein Name gegeben.

Nachdem Sie alle Schritte nacheinander ausgeführt haben, die wiederkehrend auf alle Bilder angewendet werden sollen, klicken Sie auf AUSFÜHREN/AUFZEICHNUNG BEENDEN ❶. Damit hat das geöffnete Bild seinen Dienst verrichtet und kann geschlossen werden. Die Abfrage, ob Sie die Änderungen übernehmen wollen, beantworten Sie mit NICHT SPEICHERN.

Abbildung 14.14 ▶
Damit ist die Aufzeichnung beendet.

5 Stapelverarbeitung einleiten

Damit sind alle Vorarbeiten geleistet – Sie haben Photoshop »vorgemacht«, was zu tun ist, wenn die Stapelverarbeitung NAMEN TRANSPARENT aktiviert wird. Über DATEI • AUTOMATISIEREN • STA-PELVERARBEITUNG erreichen Sie den betreffenden Dialog.

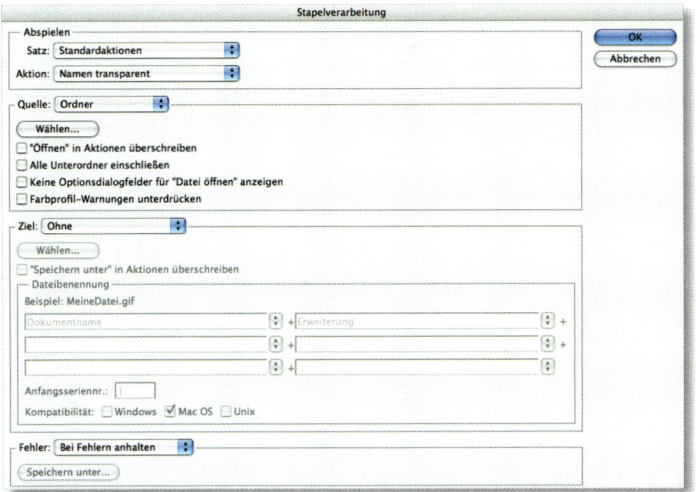

◄ **Abbildung 14.15**
In diesem Dialog stellen Sie die Optionen zur Stapelverarbeitung ein.

6   Aktion wählen

Sie sehen schon – ein mächtiges Fenster wartet auf Ihre Eingaben. Wichtig ist vor allem, dass im Flyout-Menü Aktion jetzt auch Namen transparent eingestellt ist ❷ (siehe Abb. auf der Folgeseite). Über dieses Steuerelement ließe sich übrigens auch jede andere in Photoshop integrierte Aktion aktivieren. Photoshop verfügt über eine Fülle vordefinierter Arbeitsreihenfolgen.

7   Quellordner festlegen

Im Frame Quelle ❸ sollte Ordner eingestellt sein, da die kopierten Dateien ja zuvor in einem Ordner auf dem Desktop abgelegt worden sind. Über den Button Wählen gelangen Sie zum Dialog Ordner für Stapelverarbeitung wählen, über den Sie den Pfad zum Quellordner (Stapel) festlegen. Bestätigen Sie mit Auswählen.

8   Zielordner festlegen

Im Frame Ziel ❹ stellen Sie abermals Ordner ein und klicken auch hier auf Wählen. Hier erstellen Sie nun bitte einen Neuen Ordner (ebenfalls auf dem Desktop), den Sie mit Stapel fertig betiteln. Danach reicht auch hier ein Klick auf Auswählen, und der Zielordner ist definiert.

9   Fehlerdatei erzeugen

Beachten Sie noch den untersten Frame, Fehler ❺. Photoshop kann nämlich von der Stapelverarbeitung ein Protokoll anferti-

Abbildung 14.16 ▼
Am Schluss sollte der Dialog so
aussehen.

gen. Die ganze Aktion sollte aber nicht bei einem Fehler anhalten, sondern lediglich FEHLER IN PROTOKOLLDATEI schreiben. Klicken Sie auf SPEICHERN UNTER, und geben Sie einen logischen Namen an. Legen Sie als Speicherort ebenfalls den Desktop fest.

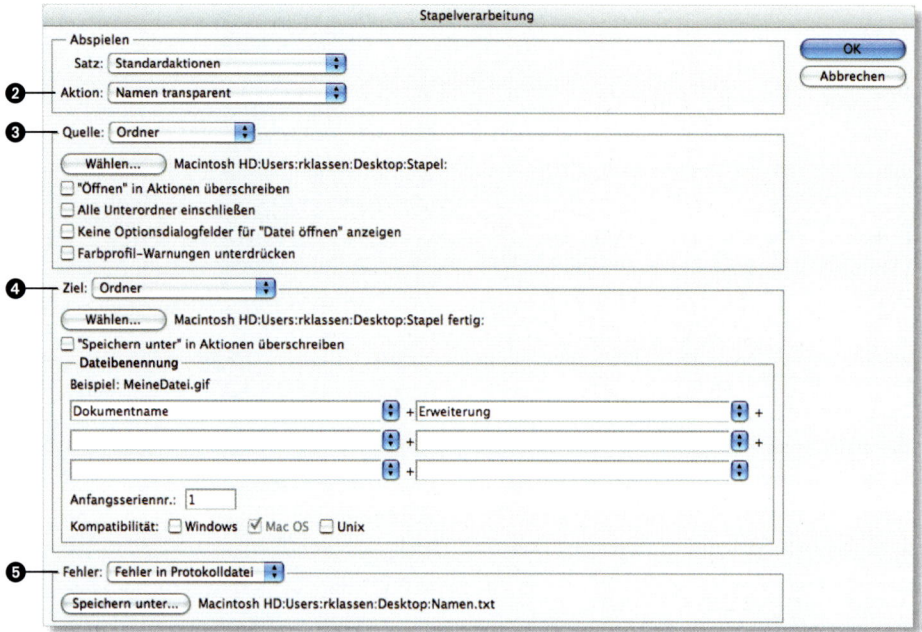

10 Stapelverarbeitung starten

Klicken Sie auf OK, und genießen Sie, mit welcher Geschwindigkeit und Präzision Ihr virtueller Kollege die Dateien nach und nach abarbeitet – eine Augenweide, oder?

11 Abschlusskontrollen durchführen

Öffnen Sie den Ordner STAPEL FERTIG, und kontrollieren Sie die Dateien. Anschließend können Sie auch noch die Protokolldatei ansehen. Wenn alles glatt gelaufen ist, dürfte sich die Textdatei so darstellen:

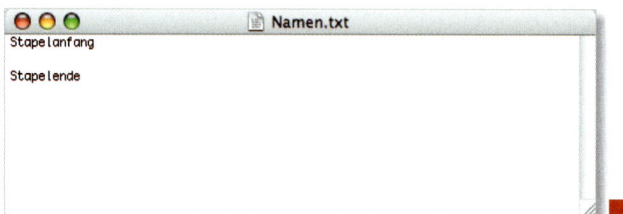

Abbildung 14.17 ▶
Hier ist alles ohne Probleme
abgelaufen.

Checkliste: Stapelverarbeitung

1. Starten Sie die Aufzeichnung einer Aktion über den Button Neue Aktion im Aktionen-Bedienfeld.
2. Geben Sie der Aktion im folgenden Dialog einen logischen Namen.
3. Führen Sie alle gewünschten Schritte an einer Musterdatei durch.
4. Beenden Sie die Aufzeichnung über den Button Ausführen/ Aufzeichnung beenden.
5. Leiten Sie die Stapelverarbeitung über Datei • Automatisieren ein, und stellen Sie die gewünschten Parameter ein.
6. Kontrollieren Sie die Zieldateien.

14.3 Weitere Automatisierungsfunktionen

Die Stapelverarbeitung ist die vielleicht wichtigste und am häufigsten benutzte Automatisierungsart. Aber es gibt noch einige weitere Funktionen, die an dieser Stelle noch kurz Erwähnung finden sollen.

14.3.1 Droplet erstellen

Droplets sind ausführbare Programmdateien, die sich mittels Drag & Drop bedienen lassen. Die zuvor festgelegten Optionen werden in dem Moment ausgeführt, in dem Sie eine Bilddatei auf einem entsprechenden Droplet fallen lassen. Das ist ganz einfach und zugleich äußerst effektiv – wie Sie gleich sehen werden...

Schritt für Schritt: Droplet erstellen

Stellen Sie sich ein Droplet als Erweiterung zur Stapelverarbeitung vor. Legen Sie, wie in Abschnitt 14.2, »Stapelverarbeitung und Aktionen«, beschrieben, eine Aktion an, und öffnen Sie anschließend den Droplet-Dialog.

1 **Speicherort definieren**
Betätigen Sie zunächst ganz oben den Button Wählen, und legen Sie den Speicherort für Ihr Droplet fest. Wie wäre es mit dem Desktop? Vergeben Sie einen Namen, und klicken Sie auf Speichern.

2 Abspielart einstellen

Im Frame ABSPIELEN legen Sie die Aktion fest, die mit diesem Droplet verbunden werden soll (im Beispiel: NAMEN TRANSPARENT aus dem vorangegangenen Workshop).

3 Ziel festlegen

Zwar ist gegen die Verwendung eines Ordners als Ziel nichts einzuwenden – doch werden Sie ein Droplet meist verwenden, um Zeit zu sparen und einzelne Dateien schnell zu bearbeiten. Deshalb bietet sich im Frame ZIEL der Parameter SPEICHERN UND SCHLIESSEN geradezu an. Das bedeutet: Wenn Sie später ein Bild auf das Droplet ziehen, wird die Aktion ausgeführt, die Änderungen werden gespeichert, und die Datei wird anschließend geschlossen – schnell eben, wie ein Droplet sein sollte.

Abbildung 14.18 ▼
Die Droplet-Parameter sind erstellt.

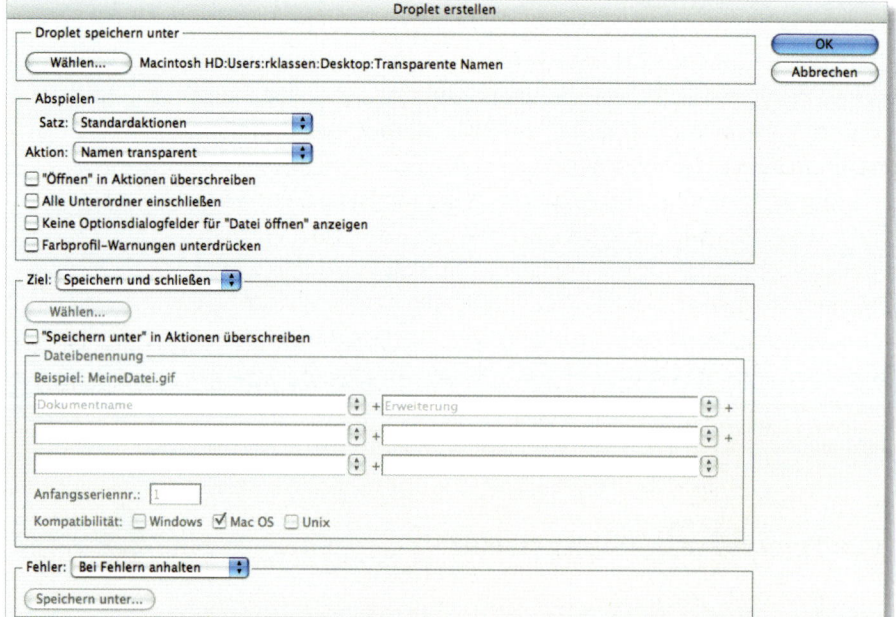

▲ **Abbildung 14.19**
Das fertige Droplet-Icon liegt auf dem Desktop.

4 Droplet ausführen

Nachdem Sie mit OK bestätigt haben, wird sich nicht allzu viel tun – außer dass Ihr Desktop um ein Icon für das Droplet erweitert worden ist.

Dies ist jedoch nun der Schlüssel für alle weiteren Bearbeitungen. Wenn Sie nun nämlich die zuvor festgelegte Aktion auf eines Ihrer Bilder anwenden möchten, ziehen Sie das Bild einfach auf das Icon und lassen es dort fallen. So könnten Sie dann manuell jedes Bild, das Sie später noch z. B. mit Ihrem Namen transparent versehen möchten, in Windeseile und mit nur einer einzigen Drag&Drop-Aktion umwandeln – genial, oder?

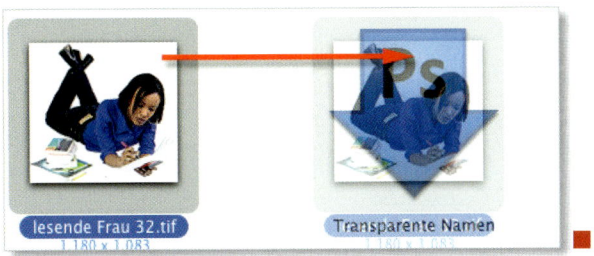

◄ **Abbildung 14.20**
Fotos, die gemäß Droplet-Aktion bearbeitet werden sollen, müssen jetzt nur noch auf das Icon gezogen werden.

14.3.2 Fotos freistellen und gerade ausrichten

Der Name dieser Automatisierungsfunktion spricht für sich. Bilder werden ausgerichtet und Ränder entsprechend abgeschnitten. Wenn Sie mit einem Bild arbeiten, das über mehrere Ebenen verfügt, ist jedoch ausschlaggebend, welche der Ebenen innerhalb des Ebenen-Bedienfelds markiert ist.

Somit ist also zu beachten, dass stets die markierte Ebene den Bildausschnitt bestimmt. Doch was passiert, wenn mehrere Bildebenen übereinanderliegen? Im folgenden Beispiel sind zwei Bildebenen enthalten.

◄ **Abbildung 14.21**
Die obere Ebene sorgt für den Bildausschnitt.

▲ Abbildung 14.22
Die untere Ebene bestimmt
den Ausschnitt, erhält aber
einen Teil der oberen Ebene.

Wenn die oberste Ebene (Frau mit Lippenstift) markiert ist, wird diese Ebene begradigt und entsprechend der Abmessungen dieser Ebene freigestellt. Die untere Ebene bleibt in der Kopie des Bildes als Fragment erhalten. Doch was passiert, wenn die untere der beiden Fotoebenen markiert wird? Das Ergebnis sehen Sie in der folgenden Abbildung. Die obere Bildebene bleibt innerhalb der Abmessungen der unteren Ebene erhalten.

14.3.3 Bedingte Modusänderung

Bei der bedingten Modusänderung werden Dateien umgewandelt, wenn sie einem vorgegebenen Kriterium entsprechen – und anderenfalls nicht. Dazu ein Beispiel: Stellen Sie sich vor, Sie müssen aus RGB-Bildern CMYK-Dateien (zur Weitergabe an die Druckerei) erzeugen. Natürlich könnten Sie alle Bilder über die Stapelverarbeitung umwandeln. Das Problem ist aber: Wären in diesen Ordnern auch Graustufenbilder, würden in der Stapelverarbeitung auch diese in den Modus CMYK konvertiert – und das ist natürlich nicht gewünscht.

Sie müssen Photoshop also sagen: »Schau dir den Bildordner an, und wandle alle RGB-Dateien in CMYK-Dateien um. Solltest du aber auf ein Graustufenbild stoßen, lass die Finger davon!«

Anders ausgedrückt bedeutet das: Wenn die Voraussetzung erfüllt ist, dass es sich um eine RGB-Datei handelt, dann wird sie umgewandelt. Ist die Voraussetzung nicht erfüllt, passiert gar nichts. Die Voraussetzung selbst wird im Frame QUELLMODUS festgelegt. Hier entscheiden Sie sich für mindestens eine Bedingung, die gegeben sein muss, damit eine Modusänderung stattfindet.

Abbildung 14.23 ▶
Legen Sie die Bedingungen fest,
die für eine Modusänderung
erfüllt sein müssen.

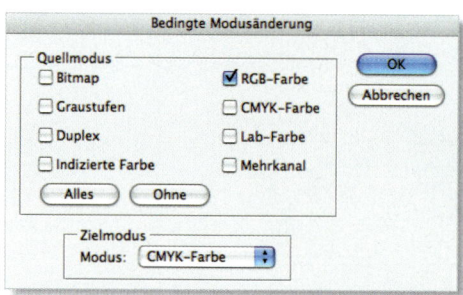

Photoshop wendet jetzt den Schritt auf alle Dateien an, die im RGB-Modus vorliegen. Stößt das Programm jedoch auf andere

Modi (z. B. ein Graustufenbild), wird die Modusänderung nicht ausgeführt.

14.3.4 Bild einpassen

Wählen Sie innerhalb einer Aktionsaufzeichnung DATEI • AUTOMA-TISIEREN • BILD EINPASSEN, und geben Sie das Maß ein, in das die Bilder einer Stapelverarbeitung eingepasst werden sollen. Besonders zu erwähnen ist, dass dabei keine proportionale Veränderung stattfindet, sondern die durch BILD EINPASSEN zur Verfügung gestellte Fläche optimal ausgenutzt wird.

Dazu ein Beispiel: Sie veranlassen über BILD EINPASSEN eine Abmessung von 400×400 Pixeln. Wenn nun ein Bild mit den Abmessungen 600×300 geöffnet wird, skaliert Photoshop die größte Seite auf 400 und reduziert die kürzere Seite entsprechend proportional. Das Bild hätte nach dem Stapeldurchlauf die Abmessungen 400×200.

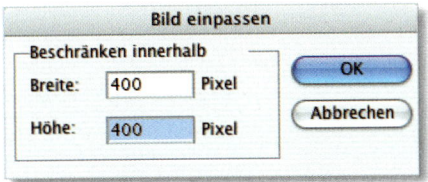

Zu HDR zusammenfügen

Mit der Funktion Zu HDR ZUSAMMENFÜGEN lassen sich inhaltlich gleiche oder zumindest annähernd gleiche Fotos mit unterschiedlichen Belichtungsverhältnissen zu einem dynamischen HDR-Foto (**H**igh **D**ynamic **R**ange) zusammenfügen. Wie Sie dabei vorgehen, erfahren Sie im BuchUpdate unter *http://www.galileo-design.de/1865*.

◄ **Abbildung 14.24**
Dadurch, dass keine festen Maße, sondern »Beschränkungen« festgelegt werden, wird eine unproportionale Verzerrung ausgeschlossen.

Kapitel 15

Ausgabe

Dateien drucken und für das Web vorbereiten

Sie werden lernen:

▶ Wie werden Bilder auf dem Tintenstrahldrucker ausgegeben?

▶ Wie setze ich die Farbumfang-Warnung ein?

▶ Wie werden meine Bilder für die Verwendung im Internet vorbereitet?

▶ Wie halte ich GIF-Dateien möglichst klein?

▶ Wie können große Bilddateien für das Internet vorbereitet werden?

15 Ausgabe

Raus damit! – Klar, dass Sie nach allen Strapazen der modernen Bildbearbeitung Ihr Endprodukt individuell ausgeben wollen. Wenn Sie Ihren Dateien einen Platz im World Wide Web gönnen, geht kein Weg am Dialog Für Web speichern vorbei. Nach wie vor attraktiv sind aber auch die klassischen Papierabzüge. »Da hat man wenigstens etwas in der Hand«, ist man geneigt zu sagen. Damit aber am Ende Ihre Photoshop-Arbeiten würdig repräsentiert werden, muss auch beim Druck alles stimmen. Alles andere hieße sonst »Endstation Papierkorb«.

15.1 Dateien mit dem Tintenstrahldrucker ausgeben

CMYK-Bilder drucken

Wenn Sie Ihre Bilder bereits in Photoshop in das CMYK-Format umwandeln, ist zu erwarten, dass der Druck wesentlich schlechter wird. Natürlich gilt das nur für den Druck am heimischen Tintenstrahl- bzw. Farblaserdrucker. In der professionellen Druckvorbereitung ist die Umwandlung in CMYK ein Muss – es sei denn, Ihre Druckerei kümmert sich selbst um die Druckvorbereitung des Fotos.

Für die Ausgabe von Druckdateien mit dem heimischen Tintenstrahl- oder Farblaserdrucker sollten Sie Ihre Farbbilder grundsätzlich in RGB belassen. Zwar verwendet der Drucker ebenfalls das CMYK-Farbmodell (immerhin wird auch dort mit Cyan, Magenta, Gelb und Schwarz gearbeitet), doch sollten Sie das Farbmanagement lieber Ihrem Drucker überlassen ■. Der macht das nämlich ganz von selbst und kann das nebenbei auch noch richtig gut.

15.1.1 Papierformat einstellen

Über DATEI • SEITE EINRICHTEN legen Sie fest, welches Ausgabemedium, also welches Papierformat Sie benutzen wollen. Nehmen Sie hier Veränderungen vor, wenn Sie nicht mit DIN-A4-Druckbögen arbeiten.

Sollten Sie nicht mit DIN-Bögen arbeiten, werden Sie im Pulldown-Menü PAPIERFORMAT (unter Windows: GRÖSSE) sicher fündig werden. Falls Sie generell querformatige Fotos ausdrucken wollen, sollten Sie den zweiten oder dritten Button im Bereich

AUSRICHTUNG aktivieren (unter Windows: QUERFORMAT). Das erspart Ihnen das vorherige manuelle Drehen des Bildes. Bedenken Sie aber, dass Sie das auch später noch im Druckdialog ändern können.

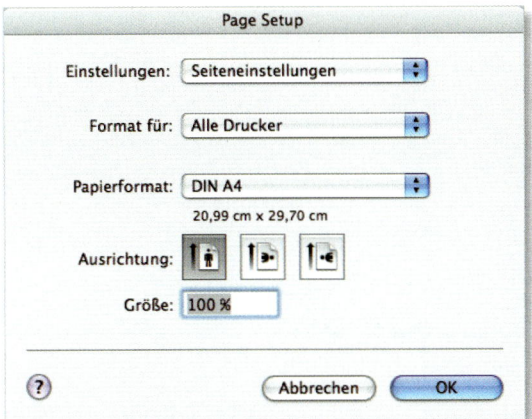

◄ **Abbildung 15.1**
Die Papierformat-Einstellungen in Photoshop (hier am Mac)

15.1.2 Schnell drucken

Wenn Sie keine Einstellungen vornehmen, sondern nur drucken wollen, entscheiden Sie sich für DATEI • DRUCKEN (alternativ: [Strg]/[⌘]+[P]), gefolgt von [↵]. Damit geben Sie die Datei gemäß Ihren Drucker-Voreinstellungen aus, ohne sich um weitere Definitionen kümmern zu müssen. Sollte Ihre Ausgabedatei aber von den Abmessungen her nicht auf einem DIN-A4-Bogen unterzubringen sein, meldet sich Photoshop entsprechend. Jetzt haben Sie zwei Möglichkeiten: Entweder Sie klicken auf ABBRECHEN und verkleinern das Bild anschließend manuell in Photoshop, oder Sie nehmen in Kauf, dass die Ränder abgeschnitten werden, wenn Sie auf FORTFAHREN drücken.

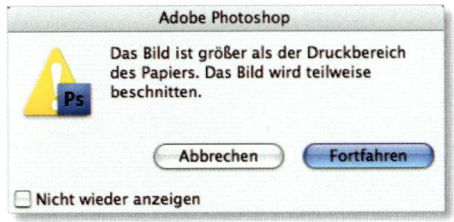

◄ **Abbildung 15.2**
Keine Optionen – Hier können Sie die Beschneidung des Bildes nur akzeptieren oder den Druckauftrag stoppen.

15.1.3 Der Drucken-Dialog

Der eigentliche Druckdialog ist in Photoshop CS4 ein weiteres Mal überarbeitet worden. Man kann sicher sagen, dass er noch einmal effizienter und intuitiver geworden ist.

Schritt für Schritt: Dateien mit Photoshop-Dialog drucken

 Bilder/Druck.tif

Falls Sie die hier erwähnten Schritte eins zu eins nachvollziehen möchten, verwenden Sie bitte die Datei »Druck.tif« aus dem Ordner BILDER. Über DATEI • DRUCKEN bzw. die Tastenkombination ⌷Strg⌷/⌘ + P öffnen Sie den Druckdialog.

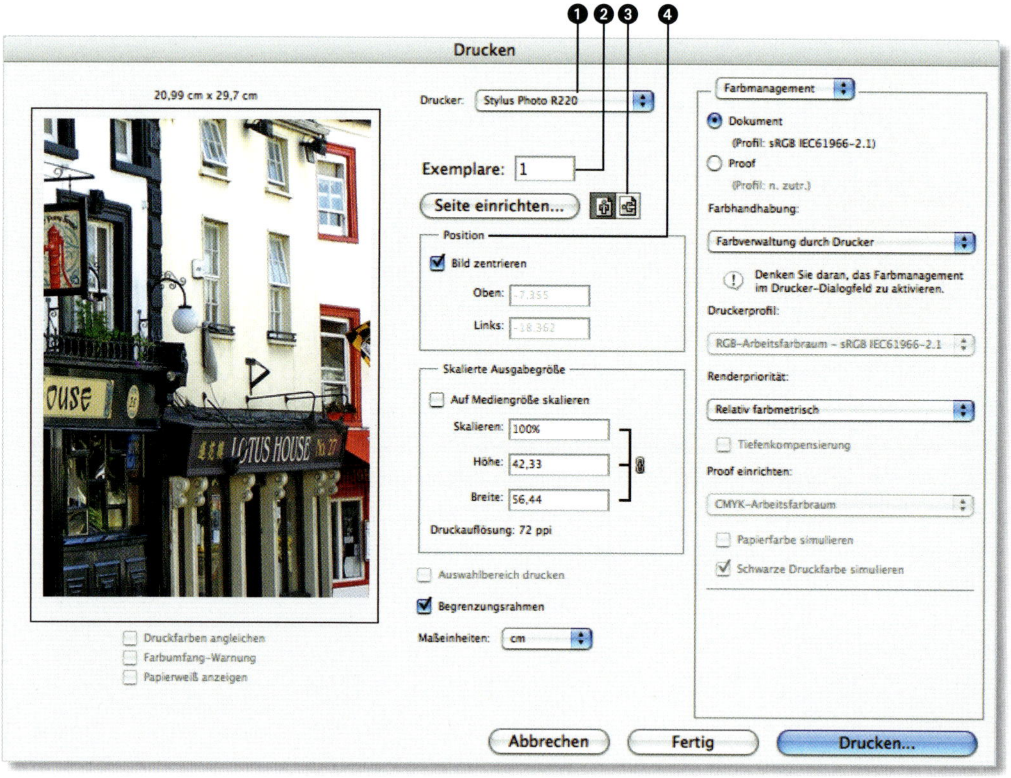

Abbildung 15.3 ▲
Der DRUCKEN-Dialog wirkt in CS4 noch einmal übersichtlicher.

© Dieter Schütz / PIXELIO

1 **Drucker auswählen**

Photoshop wird im obersten Pulldown-Menü ❶ standardmäßig den installierten Drucker anbieten. Wenn dem System aber mehrere Drucker zur Verfügung stehen, können Sie hier den geeigneten auswählen. Gleich unterhalb wird dann die Anzahl der Ausdrucke festgelegt (EXEMPLARE) ❷.

▣ 2 Seite einrichten

Möchten Sie wie in unserem Beispiel nur ein einziges Mal auf Querformat umstellen, benutzen Sie den rechten der beiden Buttons, die sich neben der Schaltfläche SEITE EINRICHTEN zeigen ❸, um die Anordnung des Druckmediums entsprechend zu ändern. Wie Sie mehrere Dokumente querformatig drucken, haben Sie ja bereits im Abschnitt »Papierformat einstellen« gesehen. Sobald Sie den rechten Button anklicken, wird auch die Vorschau auf der linken Seite entsprehend geändert.

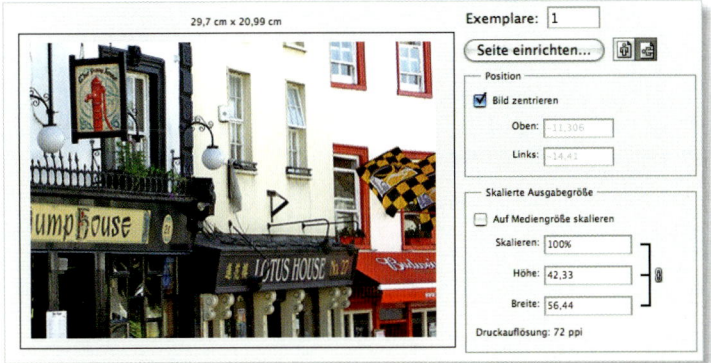

◄ **Abbildung 15.4**
Die Ansicht ist gedreht worden und zeigt sich nun im Querformat.

▣ 3 Zentrierung aufheben

Etwas darunter befindet sich der Frame POSITION ❹. Hier können Sie die Anwendung veranlassen, die automatische Zentrierung des Ausdrucks auf dem Druckbogen aufzuheben. Wenn Sie das Häkchen aus der Checkbox BILD ZENTRIEREN entfernen, werden die Steuerelemente darunter anwählbar. Im Anschluss daran können Sie die gewünschte Position angeben, indem Sie auf das Eingabefeld OBEN doppelklicken, den gewünschten Wert eingeben und anschließend mit ⇥ in das Feld LINKS springen ■.

Achten Sie aber darauf, dass Sie für den nicht druckbaren Bereich direkt am Rand etwas Platz einhalten – sofern Sie nicht randlos drucken wollen. Entscheiden wir uns doch in beiden Fällen für 2 cm. Die Druckbogen-Voransicht wird dabei laufend aktualisiert.

Achten Sie auf negative Vorzeichen!

Achten Sie darauf, dass beide Zahlen im Beispiel negative Vorzeichen haben. Das liegt daran, dass das Bild derzeit noch viel zu groß ist, um auf DIN A4 ausgedruckt werden zu können. Wenn Sie auf die Eingabefelder HÖHE und BREITE doppelklicken, werden jetzt lediglich die Ziffern und Kommata markiert, nicht jedoch die Minuszeichen. Um auch die Vorzeichen zu selektieren, müssen Sie dreifach klicken.

4 Auf Mediengröße skalieren

Falls Sie sich jetzt fragen, warum wir uns nicht stattdessen für die Funktion darunter, AUF MEDIENGRÖSSE SKALIEREN, entschieden haben (immerhin würde das Bild doch dann an den Druckbogen angepasst), lassen Sie mich so argumentieren: Zum einen sollten Sie das nur dann machen, wenn Sie randlos drucken wollen (Sie können nämlich dann keinen Rand mehr definieren), zum anderen würde das Bild nur mit einer Druckauflösung von 154 ppi gedruckt.

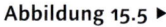

Abbildung 15.5 ▶
Bei der automatischen Skalierung auf Mediengröße wird das Foto nur mit 154 ppi ausgegeben.

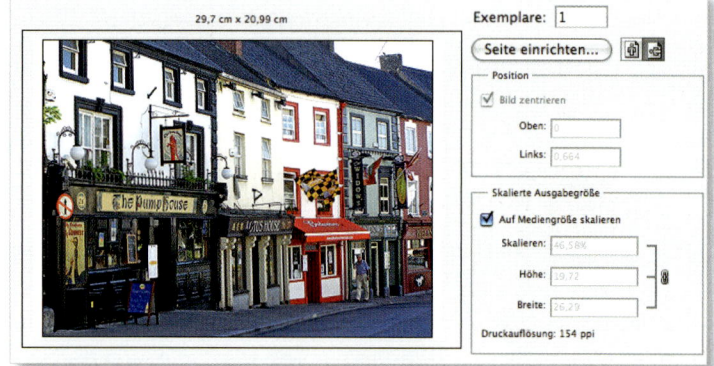

Das können Sie kontrollieren, indem Sie AUF MEDIENGRÖSSE SKALIEREN anwählen und dann unterhalb die Auflösung ablesen. (Beachten Sie dazu bitte die Hinweise in Kapitel 16, »Fachkunde«.) Anschließend müssen Sie die Checkbox AUF MEDIENGRÖSSE SKALIEREN leider wieder abwählen und den Wert bei SKALIEREN ändern. Legen Sie doch hier zunächst einmal »40%« fest.

Abbildung 15.6 ▶
Zum ersten Mal ist das Foto kleiner als der Druckbogen.

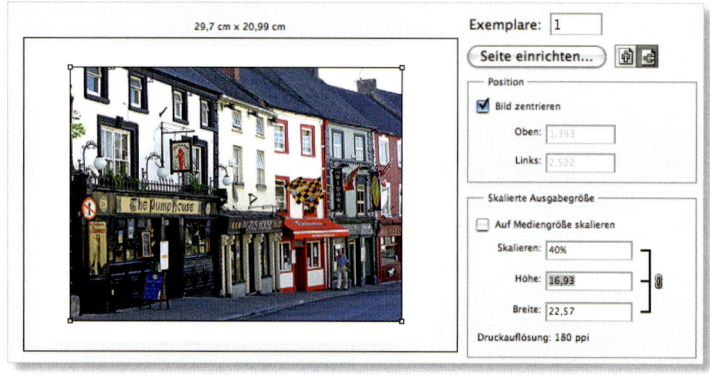

Nun ergibt sich, dass 40 % immer noch zu groß ist, um das Foto qualitativ hochwertig auszugeben. Immerhin benötigen Sie für einen anständigen Druck auf Fotopapier mindestens 220 ppi. Damit Sie das Bild an diese Anforderung anpassen können, sollten Sie einen der Eckanfasser in der Vorschauminiatur bewegen und so das Bild nach und nach von Hand skalieren ■, bis die Druckauflösung mit mindestens 220 ppi angegeben ist. Das dürfte bei rund 32,6 % der Fall sein.

> **Begrenzungsrahmen**
>
> Die Skalierung von Hand ist nur dann möglich, wenn weiter unten BEGRENZUNGS-RAHMEN angewählt ist. Dies ist standardmäßig auch der Fall. Sollten jedoch keine Rahmen angezeigt werden, kontrollieren Sie, ob die Checkbox aktiv ist.

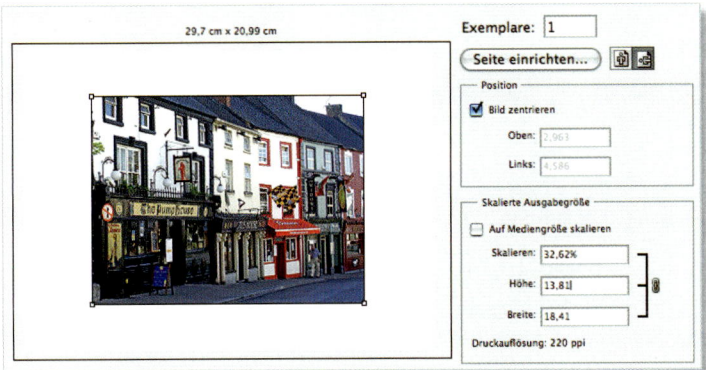

◄ **Abbildung 15.7**
Damit sind die Mindestanforderungen für den Foto-Druck erreicht.

5 **Optional: Foto umpositionieren**

Sie könnten übrigens das Foto auch auf dem Druckbogen umpositionieren, indem Sie die Maus auf die Bildminiatur stellen und diese per Drag & Drop verschieben. Das geht natürlich nur, wenn zuvor BILD SKALIEREN deaktiviert worden ist.

6 **Farbmanagement festlegen**

Für den Ausdruck auf dem Tintenstrahler gilt: Lassen Sie die Farbverwaltung vom Drucker übernehmen! Der kann das wirklich gut. Widmen Sie sich deshalb dem rechten Frame, und lassen Sie im Pulldown-Menü FARBHANDHABUNG den Eintrag FARBVERWALTUNG DURCH DRUCKER stehen. (Achten Sie aber auch später im Dialogfeld des Druckers darauf, dass die Farbverwaltung dort aktiviert ist.)

Wenn Sie im Flyout-Menü RENDERPRIORITÄT den Wert RELATIV FARBMETRISCH stehen lassen, wird ein Weißabgleich durchgeführt, der die Farben geringfügig verschieben kann. Damit ist die Farbverbindlichkeit zwar nicht mehr absolut gegeben, doch sind die Ergebnisse absolut zufriedenstellend. Sie sollten diese Einstellung beibehalten.

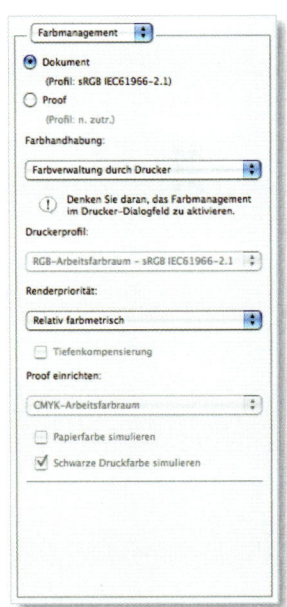

▲ **Abbildung 15.8**
Überlassen Sie das Farbmanagement dem Drucker.

7 **Optional: Marken drucken**

Wenn Sie zusätzlich noch Schnittmarken, Passermarken oder Ähnliches mit auf den Druckbogen bringen wollen, schalten Sie das Pulldown-Menü oben rechts auf AUSGABE um. Die Objekte, die Sie im Anschluss mithilfe der Checkboxen zuweisen, werden in der Druckbogenminiatur auch gleich mit angezeigt.

Abbildung 15.9 ▶
In der rechten Spalte lässt sich anhaken, was mit ausgegeben werden soll.

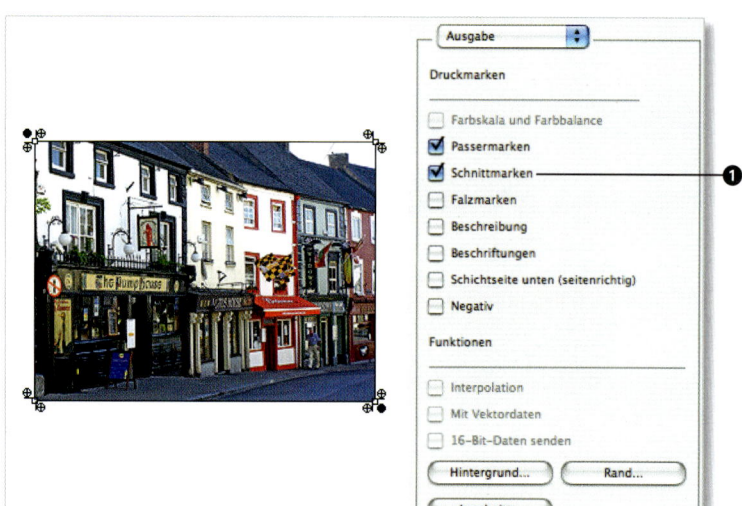

8 **Optional: Anschnitt definieren**

Prinzipiell werden Sie derartige Funktionen beim Tintenstrahl-Ausdruck vernachlässigen, da diese doch eher in die Rubrik der professionellen Druckvorbereitung fallen. Dennoch könnten zumindest die Schnittmarken interessant werden, falls Sie nämlich später ein Foto auf dem Schneidebrett ausschneiden wollen. In diesem Fall aktivieren Sie SCHNITTMARKEN ❶ und klicken anschließend auf den Button ANSCHNITT. Über den Dialog können Sie jetzt festlegen, wie weit die Schnittmarken vom Bildrand aus nach innen gerückt werden sollen. ■ Jetzt müssen Sie nur noch auf DRUCKEN klicken, und der perfekte Druck beginnt!

Keine Randdefinition

Wenn Sie jetzt die naheliegende Vermutung hegen, im Dialog ANSCHNITT einfach einen negativen Wert eingeben zu können, um die Schnittmarken so weit nach außen zu setzen, dass um das Foto herum ein hübscher Rand entsteht, der später beim Schneiden erhalten bleibt, muss ich Sie leider enttäuschen. Minuszeichen nimmt Photoshop hier leider nicht an. So etwas sollten Sie deshalb über die Taste RAND definieren.

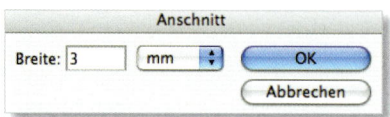

▲ **Abbildung 15.10**
Durch diese Einstellungen werden die Schnittmarken um 3 mm nach innen versetzt. ■

15.2 Dateien für den professionellen Druck vorbereiten

Wenn Sie Dateien erzeugen möchten, die auf einer Druckmaschine ausgegeben werden sollen, ist es sinnvoll, einige grundlegende Vorgehensweisen zu beherzigen. Nun soll und kann an dieser Stelle kein komplettes Druckvorbereitungsmanagement erläutert werden. Einige markante Eckpunkte sollen dennoch Erwähnung finden.

Schritt für Schritt: Professionelle Druckvorbereitung

Stellen Sie zunächst die Beispieldatei »Druck.tif« in Photoshop zur Verfügung. Falls der Drucken-Dialog aus dem vorangegangenen Workshop noch geöffnet ist, brechen Sie ihn bitte ab.

 Bilder/Druck.tif

1 **Farbumfang prüfen**
Zunächst einmal sollten Sie sich ansehen, wo sich in Ihrem Bild mögliche Probleme beim Vierfarbdruck ergeben könnten. Es sind nämlich längst nicht alle Farben druckbar, die im RGB-Modus angezeigt werden können. Die Anzeige schalten Sie über ANSICHT • FARBUMFANG-WARNUNG oder über Strg/⌘ + ⇧ + Y ein. Jetzt werden im Zielbild alle Bereiche grau angezeigt, in denen es beim Konvertieren Farbabweichungen geben wird. Diese Anzeige hat folgende Bewandtnis: Sie sehen damit, welche Farben nach einer Umwandlung in CMYK nicht mehr so aussehen werden wie zuvor. Aber dazu später mehr.

◀ **Abbildung 15.11**
Hier sind zwei markante Punkte, die bei aktivierter Farbumfang-Warnung bemängelt werden.

2 **Andere Farbe einstellen**

Je nach Quellbild ist Grau als Warnfarbe möglicherweise nicht so gut geeignet. Ändern Sie in diesem Fall die Farbe für die Farbumfang-Warnung. Gehen Sie dazu über BEARBEITEN/PHOTOSHOP • VOREINSTELLUNGEN • TRANSPARENZ & FARBUMFANG-WARNUNG. Klicken Sie auf das Farbfeld im Frame FARBUMFANG-WARNUNG, und ändern Sie die Farbe wunschgemäß über den sich öffnenden Farbwähler.

Abbildung 15.12 ▶
Hier können Sie die Farbe einstellen, die zur Farbumfang-Warnung angezeigt werden soll.

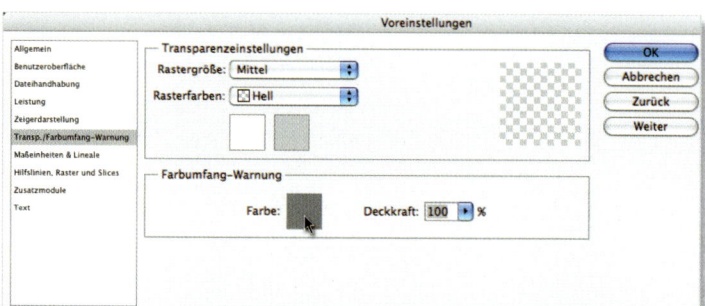

3 **Farbeinstellungen ändern**

Spätestens jetzt sollten Sie sich um die grundsätzlichen Farbeinstellungen innerhalb von Photoshop kümmern. Gehen Sie dazu auf BEARBEITEN • FARBEINSTELLUNGEN. Öffnen Sie das oberste Pulldown-Menü, und legen Sie hier EUROPA, UNIVERSELLE ANWENDUNGEN 2 fest; es sei denn, Ihre Druckerei gibt hier etwas anderes vor. Bestätigen Sie mit OK.

Abbildung 15.13 ▶
Wählen Sie einen für den europäischen Raum gültigen Eintrag.

4   **Bild umwandeln**

Danach muss über BILD • MODUS • CMYK-FARBE eine Umwandlung in den CMYK-Farbraum erfolgen, sofern das Belichtungsstudio oder die Druckerei keine RGB-Daten bevorzugt. Dass es sich um ein Vierfarbfoto handelt, sehen Sie zum einen an der Kopfleiste, zum anderen am Kanäle-Bedienfeld (FENSTER • KANÄLE). Hier gibt es jetzt nämlich kein RGB mehr, sondern CMYK.

▲ **Abbildung 15.14**
Das Foto ist konvertiert worden, ...

▲ **Abbildung 15.15**
... und verfügt jetzt über andere Farbkanäle.

5   **Platten-Vorschau anzeigen**

Über ANSICHT • PROOF EINRICHTEN • [X]-PLATTE ARBEITSFARBRAUM können Sie sich nun eine Vorschau der einzelnen Druckplatten anzeigen lassen. Entsprechendes geht aber auch, wenn Sie kurzzeitig nur eines der vier Augen-Symbole im Kanäle-Bedienfeld aktivieren.

◄ **Abbildung 15.16**
Dort, wo schwarze Bildelemente vorhanden sind, kommt es in der jeweiligen Farbe zum Farbauftrag Cyan (oben links), Magenta (oben rehts), Yellow (unten links) und Schwarz (unten rechts).

6 **Farbauftrag begutachten**

Für den Farbauftrag gibt es Grenzwerte, die generell nicht überschritten werden sollen. So ist es zum Beispiel nicht sinnvoll, eine Farbe zu 100 % aufzutragen. Wie viel maximal aufgetragen werden darf, ist nicht zuletzt auch vom Bedruckstoff abhängig. Gestrichenes (beschichtetes) Papier verträgt gewöhnlich viel mehr Farbe als Zeitungspapier. Ihre Druckerei wird Ihnen hier entsprechende Informationen geben.

Damit Sie aber bereits im Vorfeld selbst prüfen können, ob es an problematischen Bildstellen zu hohen Farbaufträgen kommt, sollten Sie das Bedienfeld INFO einmal öffnen. Sie finden einen entsprechenden Eintrag im Menü FENSTER. Jetzt stellen Sie die Maus auf das Foto (beispielsweise auf das blaue Schild) und lesen die Werte ab, die in der Info-Palette gezeigt werden. In diesem Fall ist zu erwägen, ob Sie die Farben entsprehend nachbearbeiten (z. B. über die Gradationskurven).

Abbildung 15.17 ▶
Hier kommt es sowohl im Cyan- als auch im Magenta-Kanal zu jeweils 100 % Farbauftrag.

15.3 Dateien für das Web speichern

Auch im Zeitalter von DSL gilt: Webbilder müssen klein sein. Denn je kleiner ein Bild ist, desto weniger Ladezeit wird benötigt. Auch heute noch müssen Sie an Modem-User denken. Wenn Ihre Homepage-Besucher warten müssen, weil die Bilddateien zu groß sind, surfen sie weiter, ehe sich Ihre Seite aufgebaut hat.

Schritt für Schritt: Ein Bild für den Internet-Einsatz vorbereiten

Die JPEG-Kompression macht schon einiges möglich. Dateien werden richtig schön klein, und der Qualitätsverlust hält sich in Grenzen. Trotzdem ist an der Beispieldatei »Druck.tif« noch einiges zu verbessern, denn das Original ist immerhin knapp 5,5 MB groß (im Modus RGB). Das können Sie übrigens gut im Fuß des Bildfensters oder im Bildgröße-Dialog ablesen. Falls Sie den vorigen Workshop nachvollzogen haben, machen Sie jetzt bitte alle Schritte wieder rückgängig (insbesondere die Konvertierung in CMYK).

 Bilder/Druck.tif

1 Web-Dialog öffnen

Wählen Sie DATEI • FÜR WEB UND GERÄTE SPEICHERN, oder entscheiden Sie sich für die Tastenkombination Strg + Alt + ⇧ + S bzw. auf dem Mac ⌘ + ⌥ + ⇧ + S. Dieses Kürzel verlangt Ihnen besonders am Mac die Akrobatik einer asiatischen Fingertänzerin ab. Bitte passen Sie auf Ihre Sehnen auf!

▼ **Abbildung 15.18**
Das Foto wird im Web-Dialog dargestellt.

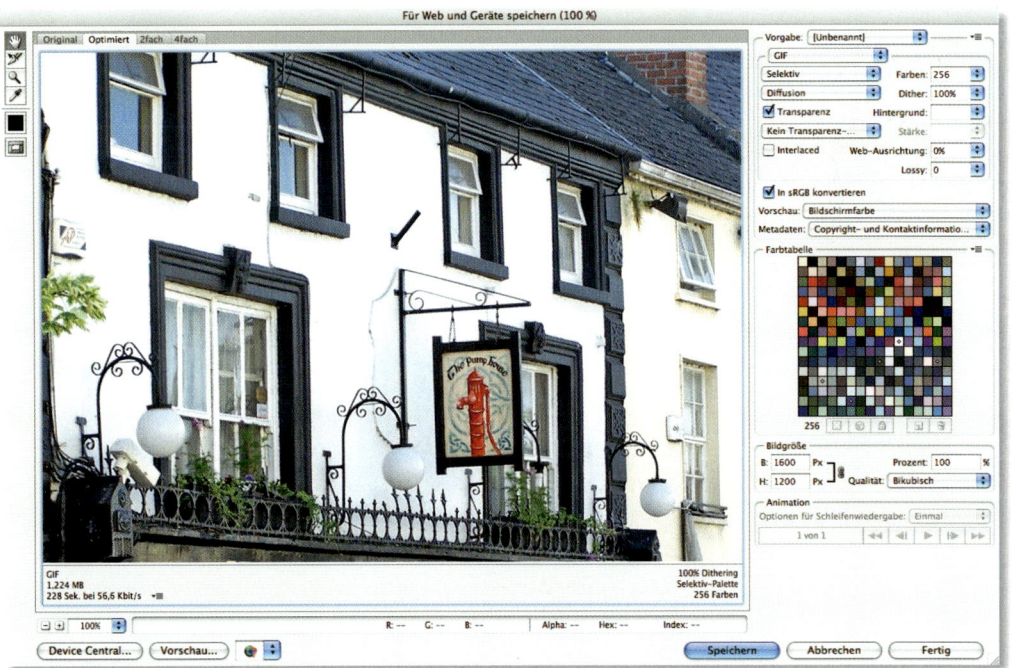

Der Dialog sieht doch gar nicht sonderlich spektakulär aus, oder was meinen Sie? Das wird sich aber gleich ändern ;-).

2 Format wählen

Öffnen Sie zunächst das oberste Pulldown-Menü, VORGABE, und stellen Sie das Format JPEG HOCH ein. Dies ist das geeignete Format für Bilder. Wenn Sie hingegen mit Grafiken arbeiten, die aus ebenmäßigen Flächen bestehen, sollten Sie hier GIF wählen ■.

3 Ansicht ändern

Wenn Sie ganz oben links auf die Registerkarte 4FACH ❶ klicken, werden Ihnen vier Vergleichsalternativen angeboten. Unterhalb der Bilder lassen sich dann auch gleich die Dateigrößen ❷ ablesen. Vergleichen Sie das Original mit dem JPEG (oben rechts). Die Datei ist also in diesem Format schon wesentlich kleiner.

> **PNG-Format**
>
> Das Format PNG ist ein ähnlich leistungsstarkes Kompressionsverfahren wie JPEG oder GIF. Dabei ist PNG-8 prinzipiell vergleichbar mit GIF, während PNG-24 eine Alternative zu JPEG darstellt.

Abbildung 15.19 ►
Die Dateigröße schrumpft bei Verwendung der JPEG-Kompression beträchtlich.

4 Ladezeitanzeige ändern

In der dritten Zeile werden die Ladezeiten angezeigt, die das Bild benötigen würde. Ausgehend von einem 56,6-kBit/s-Modem betrüge diese also satte 101 Sekunden.

Derartige Modems sind durchaus noch im Umlauf, weshalb es sinnvoll ist, sich an diesem Wert zu orientieren. Sollten Sie allerdings wissen, dass Ihre Besucher über DSL verfügen, können Sie die Ladezeiten-Anzeige entsprechend ändern. Klicken Sie dazu auf die kleine Listen-Schaltfläche rechts neben diesem Wert.

◄ **Abbildung 15.20**
Falls es erwünscht ist, lässt sich
die Ladezeit-Vorgabe ändern.

5   Bildgröße verändern

Jetzt sollten Sie sich auf die BILDGRÖSSE ❸ konzentrieren. Hier
sollten Sie die Abmessung ändern, da das Foto ja für die Darstellung auf einer Webseite viel zu groß ist. Für die schlichte Darstellung wäre unser Bild mit einer Breite von 400 px ausreichend
groß. Wenn Sie dieses Maß eingeben, verändert sich die Höhe
proportional mit ■.

Im Anschluss müssen Sie den Wert aber explizit an Photoshop
übergeben. Drücken Sie dazu ⟨⇥⟩, um das Eingabefeld zu verlassen. Die Anwendung reagiert sofort.

**Abmessungen unproportio-
nal verändern**

Wenn Sie ein Maß ändern,
verändert sich das andere
Maß proportional mit. Eine
unproportionale Verände-
rung würden Sie nur dann
einstellen können, wenn Sie
zuvor auf das kleine Kettensymbol klicken würden.

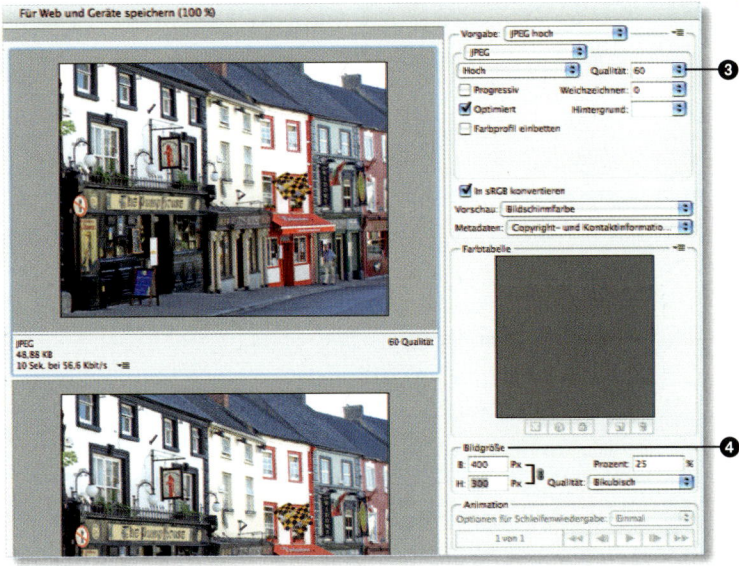

◄ **Abbildung 15.21**
Das Foto wird sofort kleiner
dargestellt, und die Dateigröße
ist enorm geschrumpft.

Sie sehen, dass das Bild jetzt nur noch ca. 48,9 KB groß wäre und dass die Ladezeit mit dem gewählten Modem nur noch 10 Sekunden betrüge.

6 Qualität reduzieren

Nun sollten Sie noch versuchen, die QUALITÄT ❹ zu reduzieren. Wenn Sie auf »0« gehen, haben Sie zwar die kleinstmögliche Dateigröße erreicht, die JPEG-Artefakte werden allerdings nicht gerade ein zufriedenstellendes Ergebnis liefern. Schalten Sie oben links einmal auf 2FACH um, und zoomen Sie mit der Lupe auf der linken Seite etwas ein. Erhöhen Sie jetzt den Wert QUALITÄT langsam, bis Ihnen die Darstellung gefällt. Mit einer Qualitätseinstellung um »30« sollte ein noch akzeptables Resultat erzielt werden.

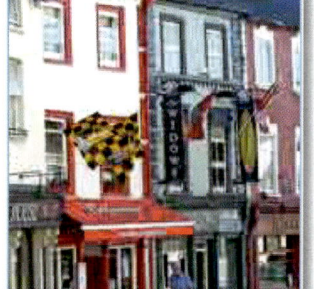

▲ **Abbildung 15.22**
Hier ist von Qualität keine
Rede mehr!

Abbildung 15.23 ▶
Das kann man gelten lassen.

7 Browser einrichten

Wenn Sie vorab begutachten möchten, wie sich Ihre Datei im Standardbrowser macht, müssen Sie diesen zunächst einrichten. Klicken Sie dazu unten rechts im Fenster auf die kleine Dreieck-Schaltfläche (neben der Weltkugel mit dem Fragezeichen). In der Liste entscheiden Sie sich für LISTE BEARBEITEN.

Im nächsten Dialog klicken Sie auf HINZUFÜGEN und stellen dort den Browser ein, dem Sie den Vorzug geben möchten. Mit ÖFFNEN wird dieser hinzugefügt. Bevor Sie nun mit OK bestätigen, klicken Sie auf ALS STANDARD FESTLEGEN.

8 Foto erzeugen

Danach können Sie das Ganze einmal in Ihrem Standard-Browser ansehen, wenn Sie unten links auf VORSCHAU klicken. Photoshop präsentiert dann gleich auch noch einige Zusatzinformationen nebst Quellcode.

```
Format: JPEG
Maße: 400B x 300H
Größe: 26,27 KB
Einstellungen: Qualität ist 30, Ein Durchgang, Optimiert Ein

<html>
<head>
<title>Druck</title>
<meta http-equiv="Content-Type" content="text/html; charset=iso-8859-1">
</head>
<body bgcolor="#FFFFFF" leftmargin="0" topmargin="0" marginwidth="0" marginheight="0">
<!-- Save for Web Slices (Druck.tif) -->
<img src="BrowserPreview.jpg" width="400" height="300" alt="">
<!-- End Save for Web Slices -->
</body>
</html>
```

◄ **Abbildung 15.24**
So wird das Foto im Standard-Browser dargestellt.

Zum Schluss klicken Sie auf die Speichern-Schaltfläche. Das Resultat der Kompression heißt »Web.jpg« und weist eine Dateigröße von unter 30 KB auf. Und noch etwas: Sie haben jetzt eine komplett neue Datei aus einem TIF-Bild erzeugt. Denken Sie daran, dass das soeben gewonnene JPEG und die Originaldatei nichts gemeinsam haben. Die Originaldatei bleibt nämlich vollkommen unverändert. ■

15.3.1   Grafiken im Format GIF speichern

Wenn Sie ein Bild erzeugt haben, in dem hauptsächlich farbige Flächen oder Texte vorkommen (z. B. ein Logo), dann bietet sich das Format GIF an. Hier lassen sich die Dateien vor allem über Verringerung der verwendeten Farben verkleinern. Markieren Sie dazu eine Farbe, die Sie entfernen wollen, und klicken Sie anschließend auf das Papierkorb-Symbol. Die Dateigröße schrumpft mit jeder Farbe, die Sie entfernen.

Wenn Sie oben statt Selektiv entweder Adaptiv oder Restriktiv einstellen, werden unterschiedliche Farbtabellen verwendet, die mitunter zu erheblichen Änderungen der Dateigröße bei (fast) gleich bleibender Qualität sorgen.

▲ **Abbildung 15.25**
Die Farbtabelle einer GIF-Datei

15.4 Zoomify

Wo wir gerade beim Thema »großformatige Bilder« sind – wenn Sie Fotos ins Internet stellen wollen, müssen diese ja eher klein sein. Was tun Sie aber nun, wenn Sie nicht bereit sind, von der Originalgröße des Fotos abzuweichen? Gerade bei Produktpräsentationen, Landkarten oder Zeichnungen ist das ja sehr oft der Fall. In diesen Fällen können Sie Ihren Internet-Besuchern frei wählbare Teilausschnitte präsentieren.

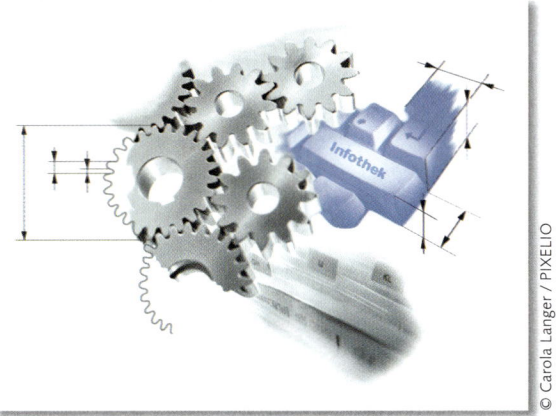

© Carola Langer / PIXELIO

Abbildung 15.26 ▶
Diese Zeichnung soll Webnutzern mit allen Details zur Verfügung stehen, darf also nicht einfach verkleinert werden.

Schritt für Schritt: Ein Webfoto mit Zoomify ausgeben

Bilder/Zeichnung.jpg

Wenn Sie eine Zeichnung ins Internet stellen wollen, können Sie das Bild natürlich in der Originalgröße auf Ihrem Webserver ablegen. Das Bild ist aber mit knapp 2 400 Pixeln Breite natürlich viel zu groß. Und verkleinern? Das geht zwar, womit Sie Ihren Homepage-Besuchern aber die Chance genommen hätten, die Details der Zeichnung in Originalgröße zu betrachten.

Also muss eine andere Lösung her. Und diese hat sogar noch den Vorteil der Interaktivität – eine Tatsache, die heutzutage bei keinem Internetauftritt fehlen sollte. Behalten Sie also die Größe bei, lassen Sie Ihre Besucher die Bildausschnitte selbst wählen, und sparen Sie zudem noch mächtig Speicherplatz.

1 Ordner anlegen

Bevor Sie sich an die Arbeit mit Photoshop machen, legen Sie doch noch schnell einen Ordner an. Dann müssen Sie das nicht gleich während Ihrer Arbeit mit Zoomify machen. Benennen Sie den Ordner der Aufgabe entsprechend (im Beispiel ZEICHNUNG), und kehren Sie zu Photoshop zurück.

◾2 Zoomify starten

Entscheiden Sie sich nach dem Öffnen der Beispieldatei für DATEI • EXPORTIEREN • ZOOMIFY. (Sie müssen jetzt ganz stark sein: Es gibt kein Tastaturkürzel dafür. Aber Sie können ja eines einrichten, falls Sie Zoomify öfter benötigen.)

◾3 Vorlage wählen

Öffnen Sie das Pulldown-Menü VORLAGE. Hier finden Sie sechs verschiedene Einträge, von denen die obersten drei ohne Navigator sind. Was es damit auf sich hat, werden Sie gleich erfahren. Für unsere Zeichnung wählen Sie ZOOMIFY VIEWER MIT NAVIGATOR (SCHWARZER HINTERGRUND).

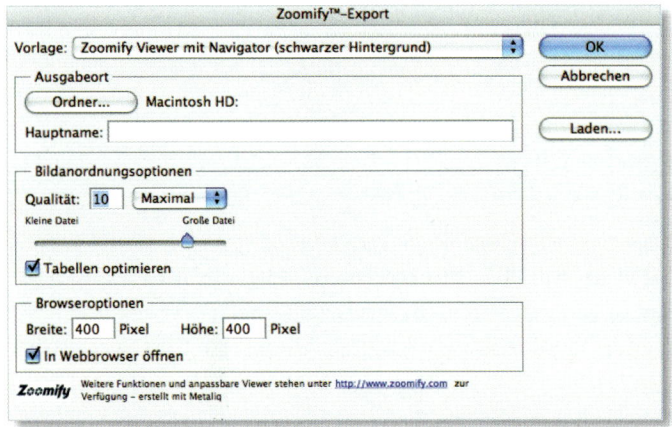

◀ **Abbildung 15.27**
Hier geht es zum »zerschnittenen« Export.

◾4 Pfad festlegen

Zunächst einmal sollten Sie der Anwendung verraten, wo denn die zu erzeugenden Dateien abgelegt werden sollen. Klicken Sie dazu im Frame AUSGABEORT auf ORDNER, und navigieren Sie zum Ordner, den Sie zuvor angelegt hatten. Vergeben Sie, so Sie es denn wünschen, über das Eingabefeld HAUPTNAME für Ihre Datei noch eine andere Bezeichnung als die angebotene.

◾5 Bildqualität festlegen

Im nächsten Teilbereich geht es um die Qualität, die natürlich möglichst hoch, im Gegenzug aber nicht für zu lange Ladezeiten verantwortlich sein sollte. Mit einer QUALITÄT von »6« sind Sie bei diesem Bild gut beraten.

Im untersten Frame könnten Sie jetzt noch die Breite und Höhe des Ausschnitts angeben, der dem User gezeigt werden soll. Die standardmäßig vorgegebenen 400 × 400 Pixel sind aber in Ordnung, weshalb Sie auf OK klicken können.

Abbildung 15.28 ▶
Damit wären die Voreinstellungen abgeschlossen.

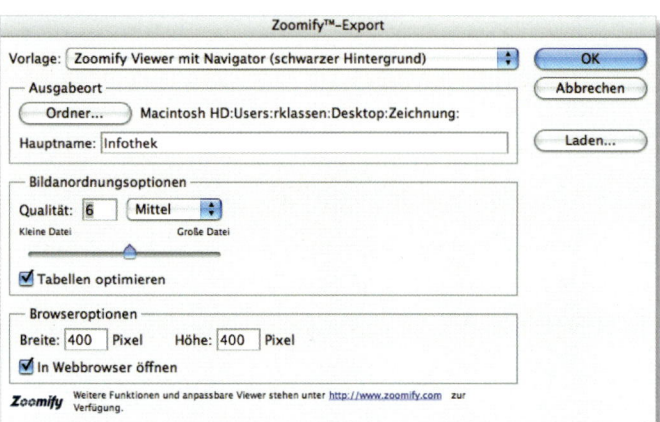

6 Animation bedienen

Falls Sie das Häkchen vor IN WEBBROWSER ÖFFNEN aktiv gelassen haben, wird jetzt das Ergebnis in Ihrem Standard-Browser präsentiert. Ist das nicht der Fall, gehen Sie in den Zielordner und doppelklicken auf die dort enthaltene HTML-Datei.

Abbildung 15.29 ▶
So erscheint das Bild zunächst im Browser.

7 Zoomify bedienen

Die Bilddarstellung lässt sich nun über den Schieberegler in der Fußleiste bzw. mit beiden Tasten links und rechts neben ihm vergrößern und verkleinern. Die Tasten weiter rechts dienen zur Navigation innerhalb der Teilausschnitte. Das lässt sich aber viel intuitiver über den Navigator oben links bewerkstelligen. Zoomen Sie etwas in das Bild hinein, und verschieben Sie den blauen Rahmen per Drag & Drop.

◄ **Abbildung 15.30**
Der Ausschnitt kann oben links verschoben werden.

8 Dateien weiterverarbeiten

Die Dateien, die sich im Ordner befinden, müssen Sie jetzt noch mit einer geeigneten FTP-Anwendung auf Ihren Server übertragen bzw. in Ihre Homepage einpflegen.

Obwohl sich das Ergebnis aus 96 einzelnen Bilddateien, einem XML- und einem SWF-File sowie der bereits erwähnten HTML-Datei zusammensetzt, ist die Dateigröße vergleichsweise gering – und die Interaktivität hat einen mächtigen Schub bekommen. Das ist doch ein Argument, oder? Ach ja, bevor ich es vergesse: Der potenzielle User und begeisterte Anhänger Ihres Internetauftritts muss natürlich über den Flash-Player verfügen – aber den gibt es ja zum kostenlosen Download auf der Adobe-Website. ■

Kapitel 16

Fachkunde

Hinter den Kulissen (nichts ist, wie es scheint)

Sie werden lernen:

- ▸ Welche wichtigen Voreinstellungen gibt es?
- ▸ Welche unterschiedlichen Farbsysteme gibt es?
- ▸ Was ist Farbseparation?
- ▸ Was bedeuten »dpi« und »ppi«?
- ▸ Wie werden Bilder optimal skaliert?
- ▸ Welche Dateiformate sind wichtig?

16   Fachkunde

Nicht nur im Bereich der Voreinstellungen ist Hintergrundwissen gefragt. Etwas Fachkunde erleichtert nämlich ebenfalls den täglichen Umgang mit Photoshop. Haben Sie keine Angst vor der Theorie – Sie werden sehen, dass auch dieser Bereich ganz interessant sein kann. Hier erfahren Sie, was es mit Farbräumen, Interpolationsmethoden & Co. auf sich hat.

16.1   Voreinstellungen – die Schaltzentrale in der Bildbearbeitung

Um die Voreinstellungen bedienbar zu machen, muss nicht, wie sonst üblich, ein Bild geöffnet sein, damit Dialogboxen erreichbar sind. Die Voreinstellungen betreffen allesamt das Programm selbst und können folglich auch direkt nach dessen Start aktiviert werden.

Wir wollen uns die wichtigsten Voreinstellungen ansehen. Während Windows-Anwender über BEARBEITEN zu den VOREINSTELLUNGEN gelangen, wählen Macintosh-Benutzer das Menü PHOTOSHOP.

16.1.1   Allgemeine Voreinstellungen

Wählen Sie im folgenden Dialog zunächst ALLGEMEINE. Falls Sie Tastaturbefehle bevorzugen, erreichen Sie die allgemeinen Voreinstellungen auch über [Strg]/[⌘]+[K]. Das ist auch die einzige Möglichkeit, per Tastatur einen der zahlreichen Voreinstellungsdialoge aufzurufen. Für alle anderen Bereiche ist Durchblättern angesagt. Dazu dienen die Buttons VORHERIGE und NÄCHSTE rechts im Dialogfenster.

Erinnern Sie sich an die Skalierung von Fotos? Sie haben dort erfahren, dass bei der flächenmäßigen Vergrößerung einer Bilddatei Pixel hinzugefügt werden. Grundsätzlich haben Sie im Dialog BILD • BILDGRÖSSE die Möglichkeit, eine der hier angebotenen Optionen zu wählen. Welche dieser Optionen Ihnen aber beim Öffnen des Dialogfensters standardmäßig angeboten werden, legen Sie unter BILDINTERPOLATION fest.

▼ **Abbildung 16.1**
Standardmäßig ist die Interpolationsmethode BIKUBISCH voreingestellt.

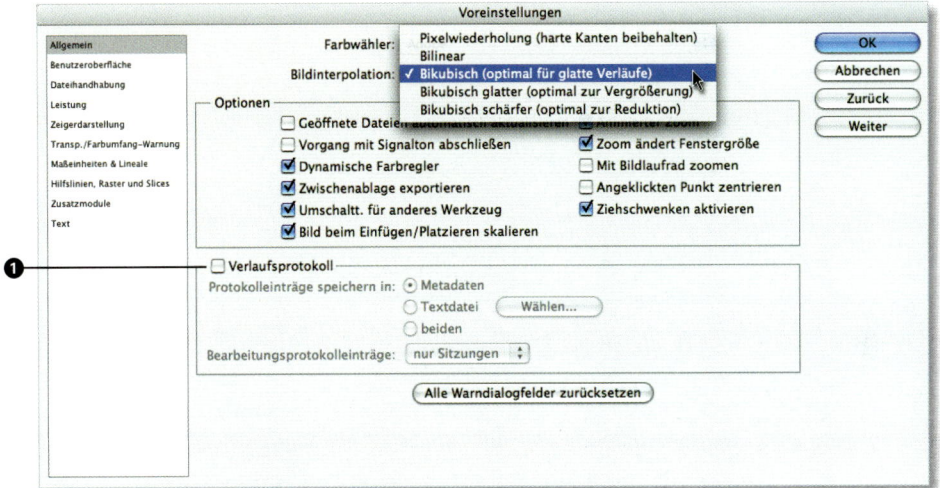

Auf alle Steuerelemente im Frame OPTIONEN gesondert einzugehen, ist sicher müßig, da die Erklärungen in den Quick-Infos zur Funktionsbeschreibung durchaus ausreichen. Lassen Sie die Maus kurz auf einem der Elemente verweilen, um einen entsprechenden Erklärungstext zu sehen.

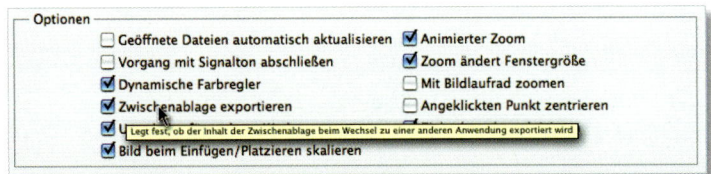

◄ **Abbildung 16.2**
Zeigen Sie kurz auf einen der Einträge, um eine Quick-Info anzeigen zu lassen.

Sie benötigen eine Dokumentation all Ihrer Arbeiten in Photoshop? Setzen Sie zunächst das Häkchen bei VERLAUFSPROTOKOLL ❶, und vergeben Sie anschließend über WÄHLEN einen Namen und Speicherort für die Protokolldatei.

Mit BEARBEITUNGSPROTOKOLLEINTRÄGE lassen sich auch detaillierte Aktionen aufzeichnen. Es ist ja durchaus möglich, dass Ihr Auftraggeber anhand einer solchen Liste Ihren tatsächlichen Arbeitsaufwand protokolliert haben möchte.

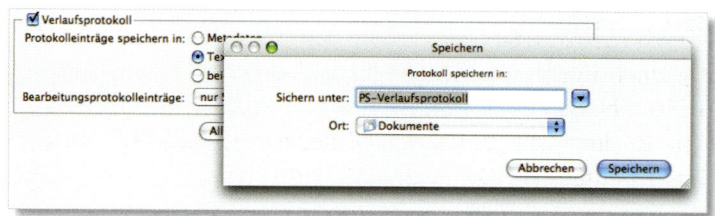

Abbildung 16.3 ▶
Vergeben Sie einen Namen für das Protokoll.

Abbildung 16.4 ▶
Photoshop glänzt durch akribisch angelegte Protokolle.

Als Sie (um ein Beispiel zu nennen) Ihr erstes TIFF-Dokument gespeichert haben, das Ebenen enthielt, gab die Anwendung einen Hinweis aus. Sie wurden darauf hingewiesen, dass die Datei größer wird, wenn Ebenen gespeichert werden. In diesem Dialogfeld war ein Steuerelement vorhanden, das NICHT MEHR ANZEIGEN hieß. Wenn Sie es aktiviert hatten, blieb diese Meldung fortan aus.

Wenn Sie nun mit dem untersten Button ALLE WARNDIALOGFELDER ZURÜCKSETZEN die Hinweise in ihre Ausgangsposition zurückversetzen, werden diese ab sofort wieder angezeigt – zumindest so lange, bis Sie sie abermals von der Bildfläche verbannen. Diese Funktion ist dann nützlich, wenn Sie einmal »versehentlich« eine der Meldungen eliminiert haben, die eigentlich doch besser angezeigt werden sollte.

16.1.2 Bedienfelder und Dokumente

Im zweiten Voreinstellungsfenster, BENUTZEROBERFLÄCHE, ist besonders BEDIENFELDPOSITIONEN SPEICHERN interessant: Diese Funktion sollten Sie nur dann abwählen, wenn Sie bei jedem Neustart der Anwendung wieder alle Bedienfelder in der Grundposition vorfinden möchten. Meistens wird das jedoch nicht gewünscht sein, da wohl jeder User seine eigene, ganz persönliche Photoshop-Oberfläche erhalten möchte.

16.1.3 Leistung

Kommen wir nun zu den Protokollobjekten auf der Seite Leistung. Photoshop gibt unter Verlauf und Cache vor, dass 20 Schritte innerhalb des Protokoll-Bedienfelds abgelegt werden. Das bedeutet auch: Die letzten 20 Schritte lassen sich nachträglich noch editieren. Ihr Bildbearbeitungsprogramm ist prinzipiell auch bereit, weit mehr Schritte aufzuzeichnen. Dabei sollten Sie aber berücksichtigen, dass Ihr System bei längeren Bearbeitungsroutinen unweigerlich in die Knie gehen wird. 20 Schritte sind zwar eine ganze Menge; wenn jedoch feststeht, dass Sie ausschließlich geringe Dateigrößen bearbeiten (z. B. Bilder für das Internet), ist gegen die Erhöhung prinzipiell nichts einzuwenden, falls Sie über ein System verfügen, das up to date ist – und Sie nicht gleichzeitig noch zehn weitere Programme aktiviert haben.

16.1.4 Zeigerdarstellungen

Standardmäßig werden von Photoshop die Pinselspitzen in Form eines Kreises dargestellt, der den Durchmesser der Pinselspitze repräsentiert. Falls Sie jedoch lieber mit einem Fadenkreuz arbeiten, können Sie das hier einstellen. Auch die Werkzeuge lassen sich hier als Fadenkreuz darstellen.

▼ **Abbildung 16.5**
Tool oder Fadenkreuz?
Hier stellen Sie es ein.

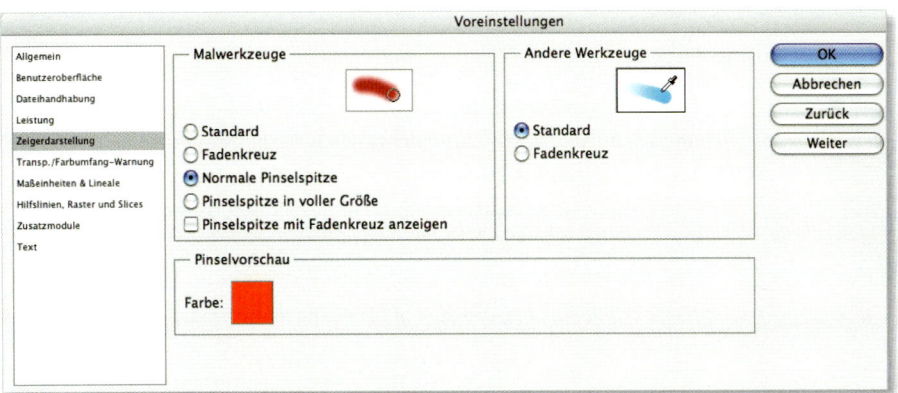

16.1.5 Maßeinheiten und Lineale

Besonders zu erwähnen ist, dass die Einheiten in den Dialogfenstern umgestellt werden können. Im ursprünglichen Zustand verwendet Photoshop für die Lineale Zentimeter. Wären Ihnen andere Maße lieber?

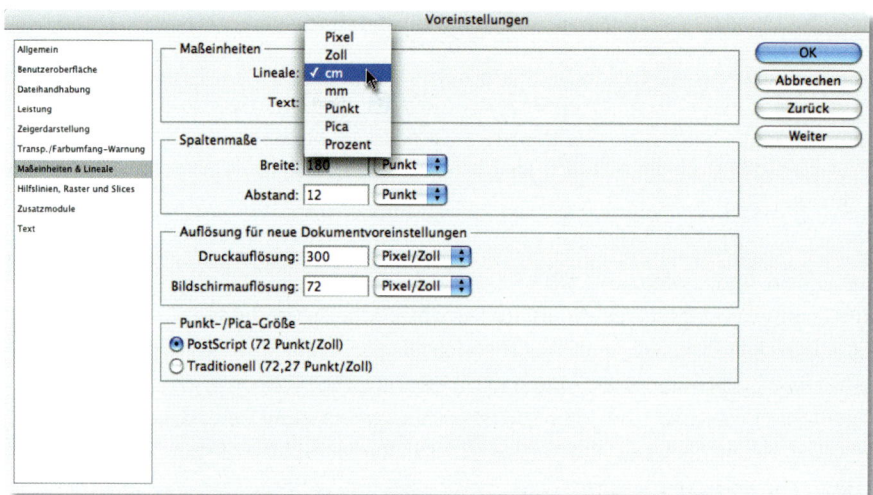

16.2   Farbe

Allein der Bereich Farbmanagement ist derart gewaltig, dass ganze Regale von Büchern damit gefüllt sind. Selbstverständlich kann es hier nicht gelingen, die Materie komplett darzustellen. Dennoch dürfte ein kleiner Exkurs in die Welt der Farben lohnend sein.

16.2.1   Das additive Farbsystem und RGB

▲ **Abbildung 16.7**
Die Grundfarben Rot, Grün und Blau bilden den additiven Farbkreis.

Am Monitor und in der Digitalfotografie kommt stets der **RGB**-Modus zum Tragen. Das Bild setzt sich dort aus Anteilen von Rot, Grün und Blau zusammen. Jede einzelne dieser drei Grundfarben stellt einen **Farbkanal** dar. Nun kann wiederum jeder der drei Kanäle mit unterschiedlicher Intensität vorhanden sein. Bei einem Wert von 0 ist die jeweilige Farbe nicht existent. Der Maximalwert eines Kanals beträgt 255, wobei in diesem Fall die Farbe voll vorhanden ist. Daraus ist abzuleiten, dass jeder Kanal in 256 unterschiedlichen Farbabstufungen dargestellt werden kann (255 plus Farbe nicht vorhanden = 256 Möglichkeiten).

Jetzt wird es mathematisch: Da drei Kanäle vorhanden sind (Rot, Grün und Blau), gibt es $256 \times 256 \times 256$ (also 16 777 216) mögliche Werte.

Alle drei additiven Grundfarben ergeben zusammen reines Weiß. Ist keine der drei Farben vorhanden, liegt reines Schwarz vor.

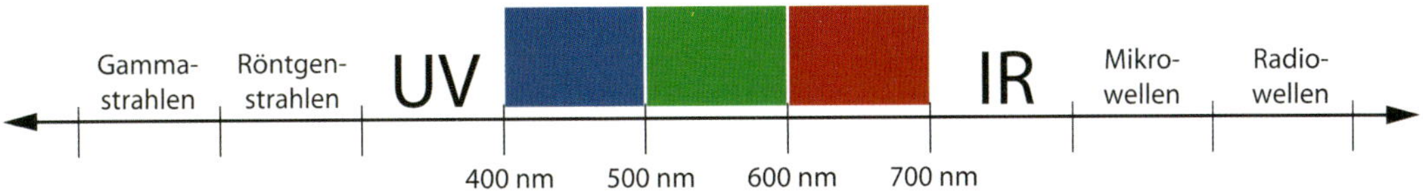

Gamma-
strahlen

Röntgen-
strahlen

UV

IR

Mikro-
wellen

Radio-
wellen

400 nm   500 nm   600 nm   700 nm

▲ **Abbildung 16.8**
Das Spektrum der Additivfarben

Am besten wird es sein, Sie öffnen den Farbwähler in Photoshop und versuchen, die Gegebenheiten einmal nachzuvollziehen. Markieren Sie wie gewohnt eine der Farbflächen in der Werkzeugleiste, und stellen Sie Farbwerte im Bereich RGB ein.

Geben Sie für alle drei RGB-Farben 0 ein, erhalten Sie reines Schwarz; der Maximalwert (255) für alle drei Farben ergibt Weiß. Jeder nur erdenkliche Wert, bei dem alle drei Grundfarben in gleicher Intensität vorliegen, ergibt Grau. Der einzige Unterschied: Niedrige Werte ergeben ein dunkles, hohe ein helles Grau. Achten Sie darauf, dass die Funktion NUR WEBFARBEN ANZEIGEN nicht aktiv ist, da Photoshop ansonsten Ihre Eingaben selbstständig auf Farben begrenzt, deren Darstellung im Internet möglich ist.

> **Licht**
>
> Praktisch, gar wissenschaftlich gesehen, liegt jede der drei Grundfarben, auch *Spektralfarben* genannt, im Bereich bestimmter elektromagnetischer Wellenlängen. Kommen alle drei Spektralfarben in höchster Intensität vor, ist ein Maximum an Licht vorhanden; die Lichtfarbe ist Weiß. Die soeben erwähnten elektromagnetischen Wellen werden vom Menschen unterschiedlich wahrgenommen. Das Auge erfasst dabei nur einen verhältnismäßig geringen Teil als Farbe, nämlich einen Bereich von etwa 400–700 nm (nm = 1 Millionstel Millimeter). Die Voraussetzung für die Wahrnehmbarkeit von Farben ist Licht! Ohne Licht gibt es keine Farbe.

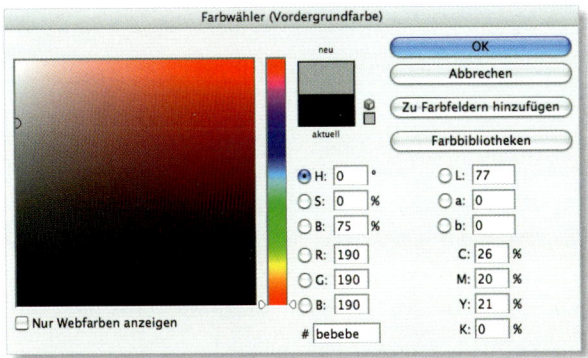

▲ **Abbildung 16.9**
Je höher der Wert ist, desto heller ist das Grau.

16.2.2   Das subtraktive Farbsystem und CMYK

Im Druckbereich wird das subtraktive Farbsystem verwendet. Die Farben, die mithilfe eines Druckkopfes oder etwas Ähnlichem auf den *Bedruckstoff* (meist Papier) aufgetragen werden, sind lasierend (durchsichtig). Je mehr Licht nun von einem Bedruckstoff zurückgegeben (reflektiert) werden kann, desto heller wird die Farbe wahrgenommen.

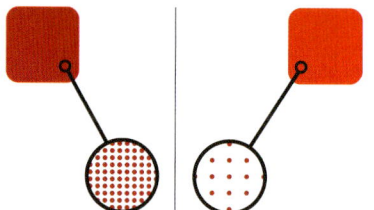

Abbildung 16.10 ▶
Je dunkler die Farbe ist, desto dichter liegen die Punkte beieinander.

Was bedeutet CMYK?

Die aus dem Englischen stammende Abkürzung bezeichnet die drei subtraktiven Grundfarben C = Cyan, M = Magenta, Y = Yellow sowie Schwarz als K = Key.

Wertebereich im CMYK-Modus

Während sich die Angaben bei RGB über einen Wertebereich von 0 bis 255 ziehen, werden die Intensitäten der einzelnen Farben im CMYK-Farbkreis in Prozent von 0 bis 100 angegeben.

Optisch erscheint die Farbe heller, je weiter die Punkte auseinanderstehen. Die Punkte selbst haben dabei exakt die gleiche Farbe. Je konzentrierter das Punktraster auftritt, desto dunkler wirkt der Ton. Das subtraktive Farbsystem setzt sich aus den Grundfarben Cyan, Magenta und Gelb zusammen – ergänzt durch Schwarz.

Als Grundfarben werden hier aber nur die drei erstgenannten bezeichnet (ohne Schwarz). Im Gegensatz zum additiven Farbsystem ergibt sich hier reines Weiß, wenn keine Farbe aufgetragen wird. Liegen alle drei Grundfarben zu 100 % an, ergibt sich – zumindest in der Theorie – reines Schwarz.

Weil die drei Grundfarben aber leider nur »theoretisch« Schwarz ergeben, kommt in der Praxis als vierte Farbe Schwarz hinzu. Der Fachbegriff für diese Abweichung von Theorie und Praxis lautet *Spektralmängel*. In der Praxis kommt bei allen drei Farben gemeinsam allenfalls ein schmutzig wirkendes Braun heraus.

Starten Sie doch in Photoshop einmal diesen Test, indem Sie eines der Farbfelder innerhalb der Werkzeugleiste doppelklicken und über die RGB-Eingabefelder Schwarz festlegen (R+G+B = 0). Bestätigen Sie mit OK, und schließen Sie den Farbwähler, ehe Sie ihn mit einem Doppelklick auf das nun schwarze Feld der Werkzeugleiste erneut öffnen. Legen Sie jetzt für C, M und Y jeweils 100 % fest, und stellen Sie den Wert K auf »0«. Betrachten Sie das Ergebnis, und vergleichen Sie es mit Schwarz.

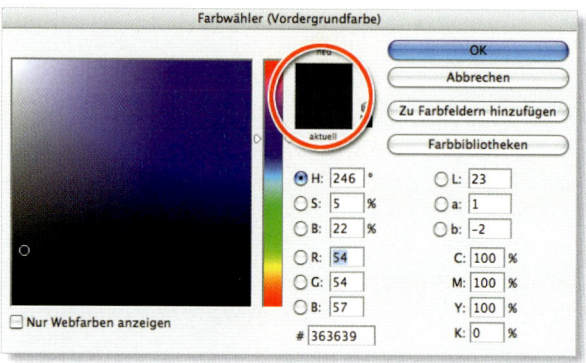

Abbildung 16.11 ▶
Mit Cyan, Magenta und Gelb erhalten Sie kein Schwarz.

Rein technisch ist außerdem ein Farbauftrag von jeweils 100% im Druck nicht möglich. Das subtraktive Farbsystem ist also stark eingeschränkt, und in der Praxis lässt sich nur ein verschwindend geringer Teil des RGB-Farbraumes drucktechnisch wirklich darstellen.

16.2.3 RGB-Dateien in CMYK umwandeln

Zum Druck werden RGB-Bilder in das CMYK-Format umgewandelt. Photoshop realisiert dies über BILD • MODUS • CMYK-FARBE. Sollte die Datei aus mehreren Ebenen bestehen, wird eine Zwischenabfrage gestartet. Wenn Sie anschließend keine Änderungen an einzelnen Ebenen mehr vornehmen möchten, wählen Sie REDUZIEREN – anderenfalls NICHT REDUZIEREN. Ersteres hält die Dateigrößen merklich kleiner ■.

Deaktivierte Ebenen

Falls Sie Ebenen über das Augen-Symbol deaktiviert haben, stellt die Anwendung die Frage, ob die verborgenen Ebenen gelöscht werden sollen. Betrachten Sie anschließend erneut das Kanäle-Bedienfeld, und schalten Sie auch hier wieder einzelne Kanäle ein und aus, um die Unterschiede erkennbar werden zu lassen.

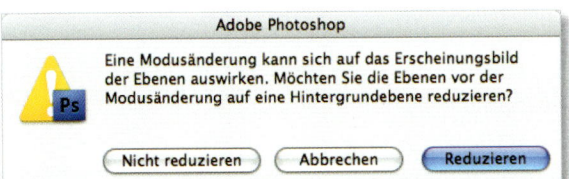

◄ **Abbildung 16.12**
Mit der Modusänderung lassen sich alle Ebenen auf eine reduzieren.

16.2.4 Volltonfarben

Vielleicht sind Ihnen schon die teils herben Farbverluste aufgefallen, die eine Umwandlung von RGB in CMYK nach sich zieht. Bestes Beispiel: Das satte Rot bricht glatt zusammen, und heraus kommt ein Schleier, vor dem uns die Waschmittel-Werbung allzu häufig warnt. In solchen Situationen ist die Zeit gekommen, Volltonfarben einzusetzen. Im Gegensatz zu den Prozessfarben (C, M, Y) handelt es sich dabei um vordefinierte Farben, die anhand einer Farbnummer identifiziert werden.

Die Hersteller sorgen für eine gleichbleibende Qualität und geben anhand von (teils sündhaft teuren) Farbfächern und Farbmusterkarten vor, wie die Farbe aussehen wird. Auch Photoshop unterstützt natürlich die Einbindung von Volltonfarben. Klicken Sie im Farbwähler auf den Button FARBBIBLIOTHEKEN (bis Photoshop CS: EIGENE), um an die Spezialfarben heranzukommen.

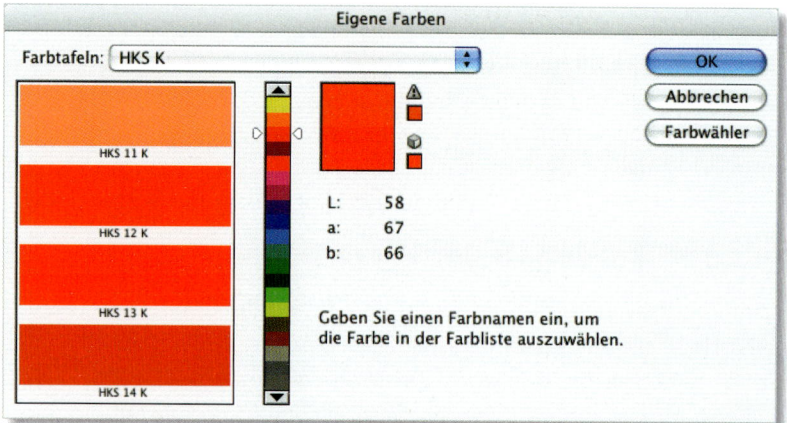

Im hiesigen Raum kursieren vorwiegend *HKS* und *Pantone*. Bei der Auswahl der Farbe müssen Sie allerdings unbedingt darauf achten, dass der richtige Bedruckstoff ausgewählt ist. Je nach Papierqualität schwanken nämlich auch hier die Bezeichnungen. So sagt beispielsweise der letzte Buchstabe einer HKS-Farbe etwas über diesen Bedruckstoff aus.

▸ HKS E = Endlospapier
▸ HKS K = Kunstdruckpapier (gestrichene Papiere)
▸ HKS N = Normalpapier (ungestrichene Papiere)
▸ HKS Z = Zeitungspapier

Das Problem: Sie müssen vorab wissen, auf welchem Bedruckstoff Ihre Schmuckfarbe landen soll. Vielfach werden aufwendige Drucke (z. B. Lebensmittelverpackungen) also über den normalen *Vierfarbdruck* hinaus noch mit einer fünften und sechsten Farbe versehen. Das soll unter anderem gewährleisten, dass die »lila Kuh« auch immer »gleich« lila bleibt. Sie können sich vorstellen, dass so etwas natürlich die Druckkosten beträchtlich erhöht.

Unter bestimmten Voraussetzungen können jedoch gerade wirtschaftliche Faktoren den Einsatz von Sonderfarben interessant machen. Denken Sie nur an Briefbögen. Hier kann der Druck mit Schwarz und einer Volltonfarbe durchaus günstiger sein als ein Drei- oder gar Vierfarbdruck. Bleiben wir beim Lila. Die Farbe ist (wenn überhaupt) nur mit einem Gemisch aus Cyan, Magenta und Gelb zu Papier zu bringen. Mit der vierten Farbe (Schwarz) werden die Texte gedruckt. Nehmen Sie stattdessen Schwarz und eine Volltonfarbe (beispielsweise HKS 37), wird der Geldbeutel des Auftraggebers merklich entlastet.

16.2.5 Die Farbseparation

Damit nun die Farben einer CMYK-Datei in den jeweiligen Druckwerken der Druckmaschine einzeln aufgetragen werden können, müssen Farben »separiert« werden. Dabei wird im Prinzip nichts anderes gemacht, als die vier Farben Cyan, Magenta, Gelb und Schwarz voneinander zu trennen. Kämen zusätzlich Volltonfarben zum Einsatz, würde auch dafür ein eigener Kanal erzeugt.

Doch bleiben wir beim Vierfarbdruck. Bei einer RGB-Vorlage werden die additiven Grundfarben Rot, Grün und Blau in Cyan, Magenta, Gelb und Schwarz aufgeteilt. Die Ergebnisse liefern dann die Vorlagen für die jeweiligen Druckplatten. Mit diesen Platten werden die Grundfarben nacheinander auf den Bedruckstoff aufgetragen, wodurch sich am Schluss wieder das farbige Gesamtbild ergibt.

▲ **Abbildung 16.14**
Das Originalbild in CMYK

◄ **Abbildung 16.15**
Die einzelnen Farbkanäle Cyan, Magenta, Gelb und Schwarz

Jede Platte symbolisiert also: Wo Schwarz ist, kommt die jeweilige Farbe zum Einsatz; wo Weiß ist, wird keine Farbe verwendet. Vereinfacht gesagt, sind die Platten so beschaffen, dass sie an schwarzen Stellen Farbe annehmen, während sie in weißen Bereichen »farbabweisend« wirken.

Keine farbigen Druckplatten?

Sie wundern sich, warum die einzelnen Kanäle nicht farbig dargestellt werden? – Weil das für den Druckprozess selbst nicht mehr relevant ist. Welche Farbe mit der jeweiligen Platte aufgetragen wird, erkennt der Drucker an Zusatzinformationen, die auf der Platte vermerkt sind. Und die separierten Kanäle haben ja keine andere Aufgabe, als zu zeigen, wo eine bestimmte Farbe aufgetragen wird und wo nicht.

Zu den Sonderfarben: Sollte eine fünfte Farbe benutzt werden, muss natürlich auch eine fünfte Druckplatte angefertigt werden. Photoshop zeigt übrigens alle **Kanäle** im gleichnamigen Bedienfeld an.

Abbildung 16.16 ▶
Durch Anklicken des Kanals im Bedienfeld lassen sich einzelne Kanäle auch im Foto betrachten.

16.2.6 Der Lab-Farbraum

Der Lab-Farbraum umfasst den gesamten RGB- und CMYK-Farbraum und alle existierenden Gerätefarbräume; er wird daher als *geräteunabhängiger Farbmodus* bezeichnet. Die Farben werden durch einen Kanal für die Helligkeit (L für *Lightness*) und zwei Buntheitskomponenten (Kanal a von Grün bis Magenta und Kanal b von Blau bis Gelb) dargestellt. Im Farbwähler können Werte zwischen +127 und -128 eingestellt werden. Der dritte Wert »L« macht diesen Farbraum besonders interessant für kanalweise Bildkorrekturen. Die Änderung erfolgt über BILD • MODUS • LAB-FARBE.

16.3   Auflösung

16.3.1 dpi und ppi

dpi? ppi? Wo ist der Unterschied? Es gibt keinen! Na, das ist natürlich nur die halbe Wahrheit. Greifen wir zunächst den Begriff ppi auf. Der in *pixels per inch* angegebene Wert bestimmt, wie viele Pixel auf einer Strecke von einem Inch angeordnet sind. Ein *Inch* wiederum entspricht 2,54 cm, also einem Zoll.

Beim Maß dpi, *dots per inch*, verhält es sich genauso. Allerdings liegt der Unterschied im ersten Wort. Bei Monitor, Scanner und Kamera setzt sich das Bild aus Pixeln zusammen, während der Drucker Dots ausgibt. Wenn Sie also ein Bild verwenden, das über eine Auflösung von 72 ppi verfügt, werden auch 72 Dots pro Inch ausgedruckt, sofern die Seitenverhältnisse nicht geändert werden.

▲ **Abbildung 16.17**
Wie viele Pixel erstrecken sich über einen Bereich von 2,54 cm?

16.3.2 Neuberechnung

Nun sind 72 ppi absolut ausreichend, wenn es um die Darstellung am Monitor geht. Der Druck würde aber in dieser Auflösung eher mäßig ausfallen. Deshalb muss das Bild für diesen Zweck neu berechnet werden. Diese Neuberechnung geht aber leider nicht verlustfrei vonstatten.

Stellen Sie sich vor, Sie verdoppeln die Auflösung (von 72 auf 144 ppi). Dann macht die Software nichts anderes, als zwischen vorhandenen Pixeln weitere einzufügen. Dazu arbeitet beispielsweise die *bilineare Wiederholung* mit einem Mittelwert, der aus beiden Pixeln errechnet wird. Bei glatten, einfarbigen Flächen stellt uns das nicht vor ein Problem. Aber wie sieht das an kontrastierenden Kanten aus? Betrachten Sie zwei aneinander angrenzende Flächen.

◀ **Abbildung 16.18**
Links: die angrenzenden Flächen in der Original-Auflösung. Rechts: die Kanten nach der Hinzurechnung von Pixeln.

Wenn nun an einer kontrastierenden Kante Pixel hinzugerechnet werden, wird das Ergebnis zwangsläufig an Schärfe verlieren. Die Kante hebt sich nicht mehr so eindeutig vom Hintergrund ab.

Eine Möglichkeit ist aber, bei Erhöhung der Auflösung im gleichen Maße die Abmessungen des Bildes herunterzurechnen. Der Erfolg: Die Anzahl der Pixel bleibt gleich, und der Verlust ist nichtig.

Nehmen Sie eine qualitativ hochwertige Digitalfotografie. Hier liegt ein Seitenverhältnis von etwa 80 cm × 60 cm vor – mit einer Auflösung von 72 ppi. Wenn Sie nun einen professionellen Druck dieses Bildes anfertigen wollen, dann benötigen Sie eine Auflösung von 300 dpi. Man kann also sagen, dass die Auflösung etwa viermal so hoch sein muss wie beim Originalfoto. Wenn Sie jetzt gleichzeitig die Abmessungen des Bildes auf ein Viertel reduzieren, werden Sie ein optimales Ergebnis präsentieren können. Das Bild wäre jetzt noch 20 × 15 cm groß und könnte mit 300 dpi gedruckt werden.

Damit aber die neuen Werte keine Schätzergebnisse liefern, bedienen wir uns einer Formel:

$$\text{Neue Seite} = \frac{\text{Seite} \quad \bullet \quad \text{Vorhandene Auflösung}}{\text{Gewünschte Auflösung}}$$

Im vorliegenden Beispiel bedeutet das: Sie nehmen eine Seite des Bildes, multiplizieren diesen Wert mit der aktuellen Größe und dividieren anschließend durch die Zielgröße. Damit hätten Sie das neue Maß für die berechnete Seite.

Schritt für Schritt: Die Druckauflösung für ein Digitalfoto einstellen

Berechnen wir die Dateigröße eines Digitalfotos (80 cm × 60 cm, 72 ppi), das auf dem heimischen Tintenstrahldrucker ausgegeben werden soll. Sie wissen ja, dass hier 220 dpi absolut ausreichend sind. Wie groß kann das Bild ausgegeben werden?

1 **Ausgangswerte ermitteln**
Zunächst einmal müssen die Werte über BILD • BILDGRÖSSE ermittelt werden. Nehmen Sie vorzugsweise die längere Seite. Das ist das Breitenmaß von 80 cm. (Die Rundungstoleranzen sind zu vernachlässigen.)

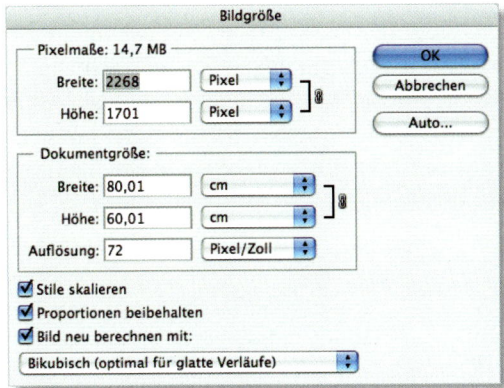

◀ **Abbildung 16.19**
Die Breite ist hier das größere
Maß.

2   **Formel erstellen**

$$\text{Neue Seite} = \frac{80 \bullet 72}{220}$$

3   **Neue Werte übergeben**

Demnach ergibt sich eine neue Breite von knapp 26,2 cm. Aber
das müssen Sie selbst gar nicht ausrechnen, denn das erledigt Photoshop für Sie. Wir wollen lediglich kontrollieren, ob das auch zu
unserer Zufriedenheit erledigt wird. Zunächst müssen Sie sicherstellen, dass BILD NEU BERECHNEN MIT abgewählt ist, denn nur das
ermöglicht eine Erhöhung der Auflösung bei gleichzeitiger Verringerung der Bildgröße. Tragen Sie anschließend den Wert von
»220« in das Feld AUFLÖSUNG ein, und verlassen Sie den Dialog
mit OK. Immerhin könnten Sie dieses Foto noch fast in A4-Größe
ausgeben. Zudem ist der von Photoshop errechnete Wert für die
Breite mit unserem identisch.

◀ **Abbildung 16.20**
Das Foto ist in der Auflösung
erhöht worden.

16.3.3 Interpolation

Und wenn dennoch eine Größenänderung unumgänglich ist? Dieses Problem stellt sich ja, wenn Sie kleine Bilder haben, die höher aufgelöst werden müssen. Dann sollten Sie sich für die jeweilige Interpolation entscheiden. Hier muss allerdings dann BILD NEU BERECHNEN MIT angewählt sein.

Abbildung 16.21 ▶
Wählen Sie die geeignete Interpolationsmethode.

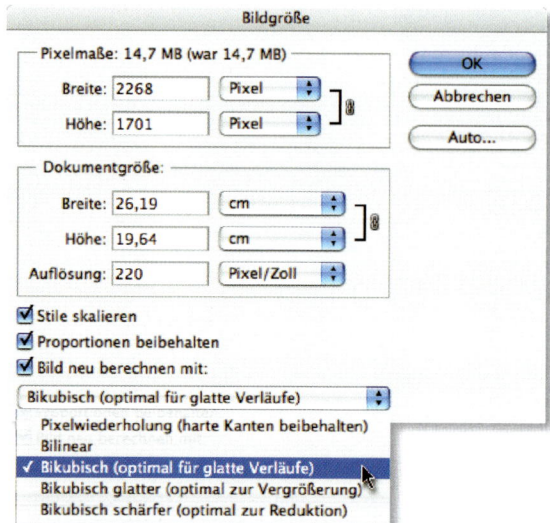

▶ PIXELWIEDERHOLUNG – Die Pixel werden dupliziert. Es kommt dabei zur Treppenbildung und zu gezackten Linien. Die Methode ist nicht sehr präzise und eignet sich lediglich für Grafiken.

▶ BILINEAR – Bei der Hinzurechnung von Pixeln werden Durchschnittswerte hinzugefügt. Das Ergebnis ist mit einem Schärfeverlust behaftet.

▶ BIKUBISCH – Die Werte benachbarter Pixel werden analysiert und mit weichen Farb- bzw. Tonwertabstufungen versehen.

▶ BIKUBISCH GLATTER – Hier werden die Übergänge zusätzlich glatter. Diese Art der Interpolation ist auch zur Vergrößerung geeignet.

▶ BIKUBISCH SCHÄRFER – Diese Methode eignet sich vor allem zur Verkleinerung von Bildern, bei der zwangsläufig Pixel herausgerechnet werden müssen. Auch das Herausrechnen führt zum Schärfeverlust, der jedoch häufig durch die bikubische Schärfung kompensiert werden kann.

16.4 Pixel vs. Vektoren

Photoshop ist seit jeher eine pixelorientierte Anwendung. Ein **Pixel** ist der kleinste Teil einer Bilddatei und im Normalfall quadratisch. Die Einheit ppi (= pixels per inch) regelt, wie viele dieser Pixel auf einer Fläche von 2,54 cm × 2,54 cm (2,54 cm = 1 Inch) vorhanden sind. Man spricht hier von der *Auflösung* bzw. *Bildauflösung*. Daraus lässt sich Folgendes ableiten: Je höher die Auflösung ist (also je mehr Pixel auf einem Inch vorhanden sind), desto größer ist der Detailreichtum des Bildes.

Da Pixel aber im Bereich der Bildbearbeitung normalerweise quadratisch sind ■, werden sie natürlich bei starker Auflösung sichtbar. Die in normaler Auflösung rund erscheinenden Kanten offenbaren nun ein unschönes Treppenmuster – schließlich handelt es sich bei Pixeln ja wie erwähnt um Quadrate.

Rechteckige Pixel

Dass Pixel quadratisch sind, trifft auf die Bildbearbeitung zu. Sollten Sie sich im Bereich Videoschnitt betätigen, werden Sie es jedoch auch mit rechteckigen Pixeln zu tun bekommen. Wenn Sie eine neue Datei erzeugen (Datei • Neu) und auf den Button Erweitert klicken, kann im Menü Pixel-Seiten-verhältnis seit Photoshop CS die gewünschte Form der Pixel festgelegt werden.

◀ **Abbildung 16.22**
Bei geringer Auflösung bleiben die Pixelbildungen nicht verborgen.

Um den Unterschied zwischen Pixeln und Vektoren klar herauszustellen, müssen wir noch einen Schritt weiter gehen, indem wir uns Gedanken über die Art und Weise machen, mit der *Pixeldateien* gespeichert werden. Prinzipiell wird hierbei für jede dieser quadratischen Flächen eine x- und eine y-Koordinate gespeichert. Damit weiß der Rechner etwas über die Position des Pixels. Damit auch die Farbe dieses Pixels wiedergegeben werden kann, müssen noch die Kanalinformationen hinzugefügt werden. Bei einem RGB-Bild wird also zusätzlich noch der Farbwert für Rot, Grün und Blau mit gespeichert.

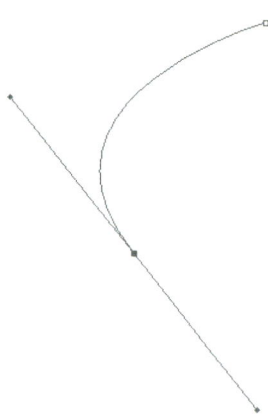

▲ Abbildung 16.23
Eine Vektorenlinie in Photoshop

▲ Abbildung 16.24
Links: Pixeldatei (auf 1 600 %
vergrößert). Rechts: Vektordatei (mit einem Vergrößerungsfaktor von 6 400 %).

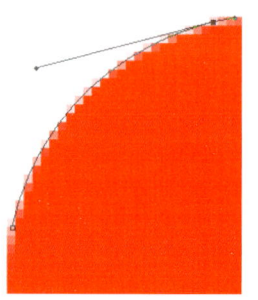

▲ Abbildung 16.25
Vektorkurve, angeordnet auf
einer Pixeldatei

Bei **Vektoren** sieht das komplett anders aus. Hier werden bei einer normalen Kurve die Positionen von Start- und Endpunkt sowie Informationen über die Tangenten festgehalten.

Das bedeutet: Auch bei maximaler Vergrößerung einer Vektordatei wird deren Rundung immer glatt sein. Daraus ergibt sich ein klarer Vorteil zugunsten der Vektordatei: Sie kann ohne Qualitätsverlust beliebig skaliert werden. Und das heißt auch: Mit zunehmender Bildgröße bleibt die Vektordatei dennoch immer gleich groß. Bei Pixelbildern wächst hingegen mit zunehmender Bildgröße auch die Dateigröße gewaltig an.

Noch deutlicher wird der Unterschied zwischen Pixeln und Vektoren, wenn eine Vektorkurve über die Pixeldatei gelegt wird. Während die Pixel ihre Treppen erkennen lassen, bleibt die Vektorenform stets rund.

Selbst bei maximaler Vergrößerung kommt es nicht zur Treppenbildung. Wenn Sie in einer vektororientierten Illustrationsanwendung (z. B. Adobe Illustrator) arbeiten, wird es zu keinerlei Treppenbildungen in den Vektor-Tangenten kommen. Wenn Sie dennoch den Eindruck gewinnen, bei Maximalzoom Abstufungen zu erkennen, darf ich Sie beruhigen. Für diese Ungenauigkeiten ist einzig und allein Ihr Monitor verantwortlich. Nicht einmal der ist nämlich imstande, Vektoren mit hundertprozentiger Genauigkeit wiederzugeben. Ihre Grafik jedoch ist garantiert richtig schön rund.

16.5 Dateiformate

Photoshop stellt zum Speichern von Dateien eine Fülle von Formaten zur Verfügung. Weitere Dateiformate lassen sich in Form von Plug-ins hinzufügen. Im Folgenden finden Sie eine Übersicht über einige Formate (alphabetisch) und deren Eigenschaften:

BMP | *Bitmap*. Hierbei handelt es sich um ein Windows-Standardformat, das aber normalerweise auch unter Macintosh OS verarbeitet werden kann. Dieses Format eignet sich besonders für Desktop-Bilder und dergleichen.

DNG | *Adobe Digital Negative*. DNG ist ein Dateiformat, das Rohdaten der Digitalkamera enthält. Dieses Verfahren wurde entwickelt, um die Kompatibilität der unterschiedlichen Camera

Raw-Formate zu erhöhen. Sie können Ihre Raw-Dateien aus dem Camera Raw-Dialog heraus als DNG speichern.

EPS | *Encapsulated PostScript*. In diesem Format können Vektordaten verarbeitet werden. Es eignet sich bestens für die Weitergabe an Druckereien. Nachteil: Um PostScript-Dateien drucken zu können, benötigen Sie auch ein PostScript-fähiges Ausgabegerät. Drucken Sie die Datei dennoch, wird eine niedrig auflösende Datei wiedergegeben.

GIF | *Graphics Interchange Format*. In diesem Format speichern Sie Grafiken für die Verwendung im World Wide Web. In GIF-Dateien können Transparenzen erhalten werden.

JPEG | *Joint Photographic Experts Group*. Dabei handelt es sich um das gängige Dateiformat zur Ansicht von Fotos im Internet. Das Verfahren zeichnet sich besonders durch seine geringen Datcigrößen aus, ist jedoch verlustbehaftet.

JPEG 2000 | JPEG 2000 bringt grundsätzlich bessere Ergebnisse als JPEG. Es ist zum gegenwärtigen Zeitpunkt jedoch nur mit Einschränkungen zu empfehlen, da das Plug-in im Browser des Betrachters installiert sein muss, damit der Browser JPEG 2000-Dateien anzeigen kann.

PDF | *Portable Document Format*. Dieses Format zeichnet sich vor allem dadurch aus, dass es plattformunabhängig ist. Die Dateien können mit Adobe Reader angezeigt werden. Beim PDF-Format handelt es sich um eine sogenannte Seitenbeschreibungssprache, die auf PostScript beruht. Schriften, Grafiken und Layouts bleiben erhalten. Der Hersteller Adobe verbessert die Interaktivität der Bedienelemente von Version zu Version auf recht umfangreiche und beeindruckende Art und Weise. Schon allein deshalb ist es zu empfehlen, stets die neueste Version des kostenlosen Readers auf seinem Rechner bereitzuhalten.

Photoshop 2.0 | (Für Macintosh). In diesem Dateiformat werden Ebeneninformationen verworfen.

Photoshop DSC 1.0 und 2.0 | *Desktop Color Separations*. Photoshop DSC entspricht weitgehend dem EPS-Format. Es ist möglich, Farbseparationen von CMYK-Bildern zu speichern. DCS 2.0 unterstützt Kanäle mit Volltonfarben. Die Ausgabe dieser Dateien erfordert einen PostScript-Drucker.

PNG | *Portable Network Graphics.* Dieses patentfreie Format stellt eine Alternative zu GIF (PNG-8) bzw. JPEG (PNG-24) dar.

PSD | Das ist das »hauseigene« Photoshop-Format. Es unterstützt Ebenen und Transparenzen und zeigt seine Stärken hauptsächlich im Workflow mit der *Creative Suite.* Photoshop-Dateien lassen sich in die Anwendungen dieses Bundles problemlos integrieren. Ebenfalls sehr wichtig ist, dass sich die Kompatibilität über einen Dialog maximieren lässt. Damit kann das Dokument dann auch in älteren Versionen von Photoshop verwendet werden.

TIFF | *Tagged-Image File Format.* TIFF ist ein verlustfreies Kompressionsverfahren, das im Allgemeinen auch Ebenen und Transparenzen unterstützt. Darüber hinaus eignet es sich besonders zum Austausch von Dateien zwischen unterschiedlichen Programmen und Plattformen. Bei Verwendung in bestimmten Anwendungen kann die Ebenenfunktion jedoch verloren gehen. Ansonsten ist dieses Format zur Weitergabe qualitativ hochwertiger Dateien das beste.

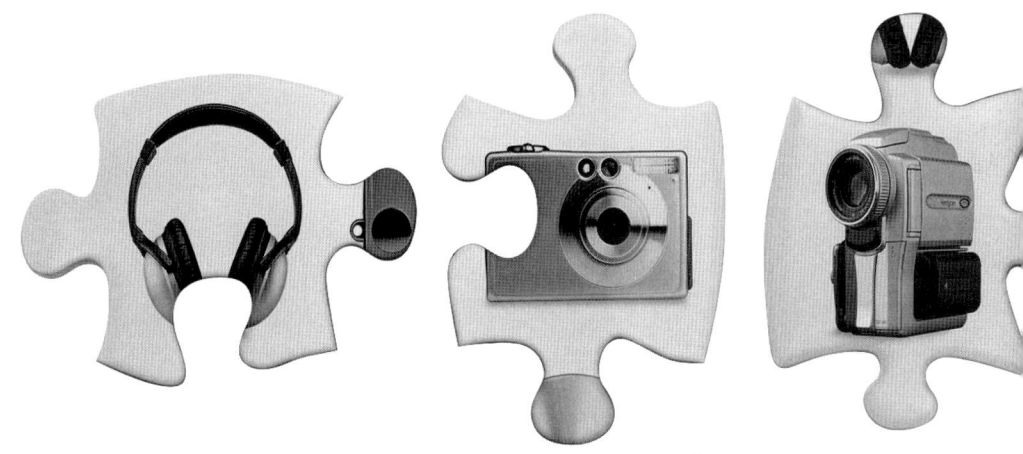

A   Anhang

Sie finden hier:

▶ Häufig verwendete Begriffe

▶ Ein umfangreiches Glossar

A   Anhang

A.1   Häufig verwendete Begriffe

▶ **Bedienfeldmenü** – An der oberen rechten Ecke jedes Bedienfeldes (vormals Palette genannt) befindet sich eine Listen-Schaltfläche. Klicken Sie darauf, um ein Flyout-Menü anzeigen zu lassen, das je nach aktivierter Registerkarte individuelle Menüeinträge bereithält.

▶ **Button** – Eine Schaltfläche, durch deren Betätigung eine Anweisung an den Rechner übergeben wird.

▶ **Checkbox** – Ein Steuerelement, das optisch ein Ankreuzkästchen darstellt. Der Wert einer Checkbox kann 1 (zutreffend) oder 0 (nicht zutreffend) sein. Zutreffende Argumente werden mit einem Häkchen symbolisiert. Im Gegensatz zum Radiobutton können einzelne, mehrere, alle oder keine der Checkboxen einer Gruppe den Wert 1 annehmen.

▶ **Combo-Box** – Ein Menü, das mehrere Einträge beinhaltet. Nach dem Öffnen des Menüs (meist über ein kleines Dreieck) werden Listeneinträge zur Verfügung gestellt, die als Schaltflächen funktionieren.

▶ **Drag & Drop** – Ziehen und fallen lassen. Ein Objekt wird mit der linken Maustaste angeklickt, wobei die Taste gedrückt bleibt. Nun kann das Objekt auf der Arbeitsoberfläche des Computers verschoben (transportiert) werden. Dort, wo die Maustaste losgelassen wird, bleibt das Objekt liegen.

▶ **Eingabefeld** – Box zur Eingabe von Werten über die Tastatur.

▶ **Flyout-Menü** – Siehe Combo-Box.

▶ **Font** – Schriftart, Schriftschnitt. Die Fonts werden in sogenannte Schriftenfamilien unterteilt.

▶ **Frame** – 1. Bedeutung: Einzelnes Bild einer Animation (in diesem Buch eher nicht gemeint); 2. Bedeutung: Zusammengehörender Bereich eines Bedienfensters, bei dem die eingestellten Werte häufig voneinander abhängig sind.

▶ **Histogramm** – Grafische Veranschaulichung unterschiedlicher Werte und Ergebnisse.

▶ **Icon** – Als Symbol dargestellte Schaltfläche, die eine Anweisung oder Anwendung zur Ausführung bringt.

▶ **Kontextmenü** – Liste von möglichen Anweisungen, die durch einen Rechtsklick zugänglich gemacht wird. Das Kontextmenü ist je nach Werkzeugwahl und Ort der Aktivierung unterschiedlich bestückt.

▶ **Palettenmenü** – Siehe Bedienfeldmenü

▶ **Peripherie** – An den Computer angeschlossene externe Geräte, wie z. B. Drucker, Scanner, Digitalkamera oder Camcorder.

▶ **Popup-Menü** – Siehe Combo-Box.

▶ **Pulldown-Menü** – Siehe Combo-Box.

▶ **Optionsleiste** – Leiste unterhalb der Menüleiste. Die Optionsleiste ändert ihren Inhalt je nach gewähltem Werkzeug.

▶ **Quick-Info** – Informationstext, der dadurch angezeigt wird, dass der Mauszeiger kurzzeitig auf einem Objekt verweilt.

▶ **Radiobutton** – Eine Optionsschaltfläche, die entweder den Wert 1 (zutreffend) oder 0 (nicht zutreffend) annehmen kann. In einer zusammengehörenden Gruppe von Radiobuttons kann im Gegensatz zur Checkbox immer nur »ein« Element den Wert 1 annehmen, wodurch alle anderen auf 0 gesetzt werden.

▶ **Shortcut** – Ein Tastaturkürzel (eine Taste oder Tastenkombinationen), das eine Anweisung auslöst.

▶ **Steuerelement** – Jedes Element auf einer Arbeitsoberfläche, das imstande ist, Werte entgegenzunehmen oder eine Anweisung auszuführen.

▶ **Suffix** – Dateiendung, die durch einen Punkt vom Dateinamen getrennt ist. Sie weist auf das Format einer Datei hin, z. B. *psd* für ein Photoshop-Dokument.

▶ **Tool** – Ein Werkzeug, mit dem bestimmte Arbeiten ausgeführt werden können. Meist sind die Tools in einer Werkzeugleiste angeordnet.

▶ **Zoom** – Vergrößerung und Verkleinerung eines Inhaltes auf der Oberfläche der Anwendung.

A.2 Glossar

Additive Farbmischung Auf den additiven Grundfarben Rot, Grün und Blau basierendes Farbsystem. In der Mischung ergeben die Grundfarben Weiß. Das Verfahren lässt sich am besten durch die Mischung von Lichtfarben veranschaulichen. Fernseher und Computermonitore basieren auf der additiven Farbmischung.

Airbrush Werkzeug für die Grafikbearbeitung, mit dem Farbe in einem Farb-Luft-Gemisch aufgetragen wird. Da die Farbmenge und die Farbdichte auf diese Weise in unendlich vielen Variationen aufgetragen werden können, ist dieses Werkzeug äußerst vielseitig einsetzbar. Die Funktion des Airbrushs wird durch ein computergestütztes Retuschiersystem simuliert.

Aktion Aktionen sind mitgeschnittene und gespeicherte Befehlsfolgen, die sich immer wieder abspielen und so auf andere Bilder anwenden lassen.

Alphakanal Ein 8-Bit-Kanal, der von einigen Bildverarbeitungsprogrammen für die Bildmaskierung oder für zusätzliche Farbinformationen reserviert wird. Er wird ebenfalls verwendet, um einen bestimmten Transparenzgrad eines Bildes zu definieren, so dass ein anderes Bild durch das darüberliegende durchscheinen kann. Der Alphawert oder Alphakanal bestimmt die Transparenz eines Objekts.

Ankerpunkt Eine Bézierkurve wird immer durch die Koordinaten von vier Punkten definiert, wobei zwei davon als sogenannte *Stützpunkte* den Beginn und das Ende des jeweiligen Kurvenzuges festlegen. Diese Punkte müssen dementsprechend immer auf der Kurve liegen. Die beiden anderen nennt man *Ankerpunkte*; sie können auch außerhalb der Kurve liegen und bestimmen als Tangenten auf dem zugeordneten Stützpunkt den Verlauf.

Artefakt Eine unschöne, schwammige Pixelanordnung oder ein Viereckmuster, die bei zu starker JPEG-Kompression auftreten.

ASCII-Zeichensatz Standardzeichensatz jedes Computers. Jedem Zeichen ist eine Ziffer, der ASCII-Code, zugeordnet. So entspricht die 66 zum Beispiel einem großen <B>.

Auflösung Die Auflösung legt fest, wie viele Bildpunkte sich auf der Strecke von einem Inch befinden. Bezeichnet wird die Auflösung mit **ppi** – *Pixel per Inch* – und **dpi** – *Dots per Inch*. Mit der Angabe »ppi« soll die Auflösung von Bilddateien benannt werden, der Wert meint also die in einer Bilddatei zur Verfügung stehende Informationsmenge. »dpi« bezeichnet eigentlich die Auflösung von Eingabe- und Ausgabegeräten, also von Scannern, digitalen Kameras oder Druckern. In der Praxis werden die Begriffe nicht mehr so sauber getrennt – »dpi« hat sich längst als universale Maßeinheit eingeschlichen.

Auswahl Mit Auswahlen ist es möglich, nicht das gesamte Bild oder die gesamte Ebene zu bearbeiten, sondern nur einen Bildausschnitt.

Bézierkurve Als Vektoren definierte Kurvenzüge zur Anlage von Pfaden (Linien oder Flächenbegrenzungen) mit Zeichenprogrammen, hauptsächlich im DTP-Bereich. Eine Bézierkurve wird immer durch die Koordinaten von vier Punkten definiert, wobei zwei davon als sogenannte *Stützpunkte* das Beginn und den Ende des jeweiligen Kurvenzuges festlegen. Diese Punkte müssen dementsprechend immer auf der Kurve liegen. Die beiden anderen nennt man *Ankerpunkte*; sie können auch außerhalb der Kurve liegen und bestimmen als Tangenten auf dem zugeordneten Stützpunkt den Verlauf. Die Bézierkurven erhielten ihren Namen von ihrem gleichnamigen Erfinder, dem französischen Ingenieur *Pierre Bézier*, der sie für Zwecke des Karosseriedesigns im Automobilbau entwickelte.

Bildformat Bilddaten können in unterschiedlichen Dateiformaten gespeichert werden. Die gebräuchlichsten Dateiformate für Bilder sind TIFF, EPS, JPEG, PCX, BMP und PICT.

Bildgröße Die Anzahl der Bildpunkte eines digitalen Bildes. Aus der Auflösung und der Bildgröße ergibt sich die maximale Größe, in der ein Bild ohne Qualitätsverluste gedruckt werden kann.

Bildschirmauflösung Die Bildschirmauflösung bezieht sich im Allgemeinen auf die Auflösung eines üblichen Computerbildschirms. Der gängige Durchschnitt ist 72 dpi, bei größeren Bildschirmen werden Sie gelegentlich aber auch eine Auflösung von 96 dpi haben.

Bindung Gefalzte Druckbogen werden durch verschiedene Verfahren zusammengefasst: Fadenheften, Klebebinden, Klammerheften.

Bitmap Auch *Pixelgrafik* genannt. Bitmaps sind aus farbigen Flächen bestehende Bilder, jede Fläche entspricht einem Pixel und ist in einem gedachten Raster angeordnet. Pixelgrafiken wirken natürlicher als Vektorgrafiken, ihr Dateivolumen ist aber auch deutlich größer.

Blendenkorrektur Der Filter BLENDENKORREKTUR ist ein Spezialist für Fotografen: Er korrigiert häufige Bildfehler, die abhängig von verwendeten Objektiven und Brennweiten entstehen können. Auch perspektivische Verzerrungen lassen sich gut mit diesem Filter korrigieren.

BMP Hierbei handelt es sich um ein Windows-Dateiformat, das aber normalerweise auch unter Mac OS verarbeitet werden kann. Dieses Format eignet sich besonders für Desktop-Bilder und dergleichen.

Camera Raw Bei diesem Verfahren werden Rohdaten (englisch raw = roh) aus der Digitalkamera an Photoshop geliefert. Zwar sind diese Formate wesentlich speicherintensiver als das standardisierte JPEG, doch findet hier keinerlei Kompression statt. Die Bildinformationen liegen in voller Güte vor – so wie das Objektiv der Kamera sie »eingefangen« hat.

CCD Bei Scannern häufig verwendete elektronische Bausteine mit optoelektronischen Sensoren. Die nebeneinander angeordneten CCDs tasten die Vorlage zeilenweise fotografisch ab. Die Größe der CCDs und der Zeilenvorschub bestimmen die optische Auflösung des Scanners.

Chrominanz Der Farbanteil eines Signals, der sich auf den Farbton und die Farbsättigung, nicht jedoch auf die Helligkeit (Luminanz) bezieht. Neutrale Farben (Grautöne) besitzen keine Chrominanz. Jede Farbe besteht jedoch aus einer Kombination von Luminanz und Chrominanz.

CMYK Die vier Druckfarben Cyan, Magenta, Gelb (Yellow) und Schwarz (Key) des Vierfarbdrucks. Die drei farbigen Komponenten CMY ermöglichen die Darstellung von Farben durch subtraktive Farbmischung, wobei jedoch das hundertprozentige Übereinanderdrucken der drei Farben kein reines Schwarz ergibt, so dass zusätzlich als vierte Druckfarbe Schwarz verwendet wird.

ColorSync Apples Implementierung des Farbmanagements, das auf den Standards des *International Color Consortiums* (ICC) basiert. Die ICC-Farbprofile sorgen für eine standardisierte Darstellung und Wiedergabe von Farben auf verschiedenen Plattformen und in verschiedenen Programmen.

Composite-Datei Druckdatei, bei der im Gegensatz zur separierten Ausgabe mit Farbauszügen die Farben nicht seitenweise voneinander in die Prozessfarben aufgeteilt sind, sondern alle Farben einer Seite als Einheit behandelt werden. Der Ausdruck auf Farbdruckern erfolgt beispielsweise immer als Composite-Datei, die Aufteilung auf die Druckfarben erfolgt dann erst im Gerät.

Dateiformat Festlegung, wie Daten von Texten, Bildern usw. abgelegt werden. Je nach Dateiformat können bei Bildern auch Alphakanäle mitgespeichert werden. Zudem komprimieren manche Formate die Bilddatenmenge (→ Komprimierung).

Datenkomprimierung Das Reduzieren der Datenmenge, mit der ein Bild dargestellt wird. Für die Datenkomprimierung stehen zahlreiche Techniken zur Verfügung, wobei generell gilt, dass eine geringe Komprimierung weitgehend ohne Qualitätsverlust vorgenommen werden kann, eine starke Komprimierung jedoch Verluste zur Folge haben kann.

Deckkraft Die Transparenz einer Ebene. Bei 100 % sind die Pixel deckend, bei 0 % durchsichtig.

Digitalproof Hochwertiger Farbdruck ohne vorherige Herstellung der Filmvorlagen, der das spätere Druckergebnis simuliert. Der Nachteil des Digitalproofs gegenüber den herkömmlichen Proofverfahren oder einem Andruck ist, dass Fehler durch falsche Rasterung der Filme nicht erkannt werden können.

Dithering Bei geringer Farbauflösung können zusätzliche Farben durch Verwendung eines Punktmusters simuliert werden. Wenn dieses Punktmuster ausreichend klein ist, nimmt das menschliche Auge die einzelnen Farbpunkte als Zwischenfarben wahr.

DNG Adobe *Digital Negative*. DNG ist ein Dateiformat, das Rohdaten der Digitalkamera enthält. Dieses Verfahren wurde entwickelt, um die Kompatibilität der unterschiedlichen → Camera Raw-Formate zu erhöhen. Sie können Ihre Raw-Dateien aus dem Camera Raw-Dialog heraus als DNG speichern.

dpi Dots per Inch. Maßeinheit für die Auflösung eines Druckers, Monitors oder Scanners sowie eines Pixelbildes.

Droplet Droplets sind kleine Java-Programme, die Sie mit Photoshop erzeugen. Sie können dann Dateien oder ganze Ordner auf diese EXE-Datei ziehen – der Rest läuft automatisch ab. Droplets eignen sich besonders gut für → Aktionen, bei denen Sie wenig Kontrolle brauchen und die Sie routinemäßig auf größere Bildmengen anwenden.

Druckfarbe Die farbigen Substanzen, die beim Druckprozess verwendet werden. Als *Prozessfarben* für den Farbdruck werden normalerweise Cyan, Magenta, Gelb und Schwarz verwendet. Diese Farben werden durch internationale Standards definiert. In einigen Fällen können auch spezielle Farben gedruckt werden.

DTP Gestalten und Produzieren von Druckprodukten am Personal-Computer.

Duplex Graustufenbild, dem man eine zweite Farbe zur Verstärkung der Zeichnung und zum Erzielen einer gewissen Farbigkeit zuweist. Wird vor allem bei Druckaufträgen verwendet, die nur Schwarz und eine Sonderfarbe oder Schwarz und eine weitere Prozessfarbe einsetzen.

Ebenen Übereinanderliegende Bilder, die einander nicht zerschneiden. Sie können auch Flash-Filme in verschiedenen Ebenen übereinander laden.

Ebenenkomposition Mit Ebenenkompositionen können Sie mehrere Bildversionen in einer Datei abspeichern. Jede dieser Bildversionen können Sie nachträglich wieder aktivieren, um daran Änderungen vorzunehmen. Das unterscheidet sie von den einfachen Schnappschüssen in der Protokoll-Palette.

Ebenenmaske → Maske

Einstellungsebene Eine Einstellungsebene wirkt wie ein korrigierender Filter, durch den die darunterliegende Ebene angezeigt wird. Einstellungsebenen ermöglichen es, verschiedene Korrekturen an einer einzigen Datei bequem durchzuspielen, zu speichern und zu überarbeiten, ohne dass die Pixel des Bildes tatsächlich verändert werden. Mit ihrer Hilfe können Tonwertkorrekturen und jede andere Bildkorrektur vorgenommen werden. Sie lassen sich in beliebiger Anzahl in einer Datei kombinieren, werden mitge-

speichert (sofern das Dateiformat Ebenen unterstützt), können aber jederzeit verändert, gelöscht oder ausgeblendet werden.

EXIF EXIF bedeutet *Exchangeable Image File Format* und ist ein Standard, in dem moderne Digitalkameras die Kamerainformationen in den Headern der Bilddateien mitspeichern. Auf diese Weise können Informationen z. B. über Datum und Uhrzeit, Belichtungszeit, Blendeneinstellung oder die Lichtempfindlichkeit gesichert werden.

Farbkalibrierung Damit das Druckergebnis von Farbbildern mit der Bildschirmanzeige und dem Farbausdruck übereinstimmt, müssen alle Geräte aufeinander abgestimmt sein. Den Vorgang der Abstimmung nennt man Kalibrierung. Farben mit gleichen Anteilen der vier Druckfarben Cyan, Magenta, Gelb und Schwarz müssen auf jedem Ausgabegerät gleich erscheinen.

Farbkanal Farbkanäle speichern die Farbinformationen von Bildern. Für jede Grundfarbe eines jeweiligen Farbformats (RGB, CMYK, Lab etc.) wird ein Farbkanal benötigt.

Farbmanagementsystem Software zur Anpassung der Farben beim Scannen, bei der Bildschirmanzeige und beim Drucken, so dass geräteabhängige Farbverfälschungen softwareseitig ausgeglichen werden.

Farbmodus Die Farben von Bildern können in unterschiedlichen Farbsystemen (Farbmodi) dargestellt werden, denen jeweils ein anderer Farbraum zugrunde liegt. Die gebräuchlichsten Farbmodi sind RGB, CMYK, Lab, indizierte Farben, Graustufen und Bitmap.

Farbraum Gedankliche dreidimensionale Modelle, die sämtliche Farben des sichtbaren Lichts in einer bestimmten, logischen und geordneten Form enthalten. Es gibt verschiedene Farbräume und -modelle: RGB, CMY, CMYK, Lab, HSL usw.

Farbsättigung Die Menge von Grau in einer Farbe. Je höher der Grauanteil, desto niedriger die Farbsättigung.

Farbstich Abweichung der vorgegebenen Farbigkeit eines Bildes durch einen zu hohen oder zu geringen Farbanteil einer der Farben.

Farbtiefe Die Anzahl von Bits, mit der die Farbinformation eines Pixels beschrieben wird.

Farbton Die Wellenlänge des Lichts einer Farbe in absoluter Farbreinheit (ohne Zusatz von Weiß oder Schwarz).

Farbumfang Ein Wert, der die Farbfähigkeit eines Gerätes beschreibt, d. h. die Farben, die es anzeigen oder drucken kann.

Farbwert Farben lassen sich in jedem Farbmodell bestimmen, indem man sie mithilfe ihres numerischen Werts auswählt. So hat Schwarz z. B. den RGB-Farbwert 0, 0, 0.

Filter Softwarefunktionen zur Veränderung bestimmter Bild-

eigenschaften (Scharfzeichnen, Weichzeichnen, Verzerren usw.).

Fluss Die Option FLUSS (z. B. BEI WERKZEUGEN WIE PINSEL, ABWEDLER UND NACHBELICHTER) gibt an, wie schnell Pixel aufgetragen werden – Sie können also einstellen, wie »dünnflüssig« oder »zäh« die virtuell aufgetragene Farbe bzw. die Wirkung sein soll. Je kleiner der Wert ist, desto geringer ist die Werkzeugwirkung.

Formebene Eine Formebene erstellt eine Form in einer separaten Ebene. Sie enthält (wie Textebenen) auch Vektorinformationen, ist stufenlos verlustfrei skalierbar und beim Drucken auf einem PostScript-Drucker immer scharf. Sie legen neue Formebenen mit den Zeichenstift-Werkzeugen oder den Form-Werkzeugen an. Formebenen bestehen aus zwei Komponenten: der eigentlichen Form, die mit einer Vektormaske definiert ist, und der Füllung, der Füllebene.

Fotofilter Der Fotofilter legt digital einen Farbfilter vor das Kameraobjektiv und verändert so die Farbbalance und die Farbtemperatur des Fotos.

Freisteller Ein in einem Bild angelegter Pfad oder eine Maske, die bestimmte Bildbereiche ausblenden, so dass nur noch ein Teil des Motivs zu sehen ist und gedruckt wird.

Füllmethode Die Bildpixel zweier Ebenen liegen nicht immer nur simpel übereinander – sie können auch auf unterschiedliche Weise miteinander verrechnet werden, indem Sie die Füllme-

thode ändern. Die Füllmethode bezieht sich immer auf das Verhältnis zweier direkt übereinanderliegender Ebenen oder Pixel. In der Regel ist es die Einstellung für die obere Ebene oder die oberen Pixel, die geändert werden muss.

Gamma Der Gamma-Wert bestimmt die mittlere Helligkeit in einem Bild. Bei der → Gammakorrektur verteilen Sie die Tonwerte zwischen Schwarz- und Weißpunkt neu. Die Korrektur wirkt sich hauptsächlich in den Mitteltönen aus, der gesamte Tonwertumfang wird nicht verändert.

Gammakorrektur Das Verdichten oder Erweitern von Bereichen mit dunklen oder hellen Farbtönen in einem Bild.

GIF *Graphics Interchange Format*. Ein weitverbreitetes Bildformat im Internet, das maximal 256 Farben darstellen kann. Es komprimiert die Daten mit dem → LZW-Verfahren. Eine Besonderheit sind animierte GIFs, bei denen mehrere Varianten einer Abbildung in einer Datei gespeichert sind, die dann wie in einem Daumenkino nacheinander auf der Webseite dargestellt werden.

Gradation Charakteristisches Schwärzungsverhalten eines lichtempfindlichen Materials, ausgedrückt in einer → Gradationskurve. Diese Kurven gibt es auch in Photoshop.

Gradationskurve Korrekturfunktion in Bildbearbeitungs- und Scanprogrammen zur Änderung von Helligkeit, Kontrast und Gamma. Die Gradation lässt sich auch in einzelnen Farbkanälen

ändern, um Farbstiche auszugleichen.

Graustufen Helligkeitswerte
eines Bildes. Im Rasterdruck
ergibt sich die Anzahl der Graustufen aus dem Zusammenhang
(dpi : lpi) × 2 : lpi = Anzahl der
darstellbaren Graustufen (maximal 256 bei 8 Bit).

Grundfarben Farben, durch
deren Mischung alle anderen Farben des jeweiligen Farbsystem abgedeckten Farbspektrums
dargestellt werden können.

Helligkeit Ein Maß für das
gesamte von einem Objekt aus-
gesendete, durchgelassene oder
reflektierte Licht. In der Natur-
wissenschaft wird dieser Wert in
Candela gemessen.

Hexadezimal Zahlensystem, das
auf der Basis 16 aufbaut. Es wird
mit den Ziffern 0 bis 9 und den
Buchstaben A bis F dargestellt. Es
ist im Computerbereich weit ver-
breitet, da die Werte eines Bytes
(2 hoch 8) auch mit exakt zwei
Hexadezimalziffern (2 × 2 hoch 4)
geschrieben werden können.

High Dynamic Range (HDR) Ein
HDR-Bild ist ein Foto mit einem
hohen Kontrastumfang. Bei HDR-
Aufnahmen liegen die meisten
Tonwerte im Bereich der → Mitteltöne und weisen somit auch
eine hohe Sättigung auf.

High-Key-Aufnahmen Bei diesen
speziellen Aufnahmen befinden
sich fast alle Tonwerte im Bereich
der → Lichter.

Hintergrundebene In Photoshop ist die Hintergrundebene ist

immer die unterste Ebene einer
Datei. Hintergrundebenen unter-
scheiden sich in einigen Details
von normalen Bildebenen: Sie
können nicht transparent sein,
und nicht alle Arbeitstechniken
sind auf sie anwendbar. Gedacht
sind Hintergrundebenen als eine
Art »Mal-Leinwand«; es ist jedoch
auch möglich, Bilder ganz ohne
Hintergrundebene, ausschließlich
mit anderen Ebenentypen, zu
erstellen.

Histogramm Darstellung der
Tonwertverteilung in einem Bild.
Für jede der 256 Stufen in einem
8-Bit-Bild oder -Kanal wird die
Zahl der Bildpunkte ermittelt, die
diesen Wert repräsentiert.

HLS Ein Farbmodell, das auf drei
Koordinaten basiert: dem Farbton
(Hue), der Helligkeit (Luminanz)
und der Farbsättigung (Saturation).

HSB Farbsystem mit den Parametern Hue, Saturation, Bright-
ness; verwandte Systeme: HSV
(Hue, Saturation, Value) und HSL
(Hue, Saturation, Lightness).

ICC-Standard Standard des
International Color Consortium für
ein geräteunabhängiges, aber
auch programm- und plattform-
unabhängiges Farbmanagement.
Geräte und ihre Farbräume
werden über ICC-Farbprofile
beschrieben und mit einem Color-
Management-Modul (CMM)
ineinander umgerechnet. Refe-
renzfarbraum ist der geräteunab-
hängige Lab-Farbraum. Das ICC-
Farbmanagement ist mit *ColorSync*
(Mac OS) bzw. *ICM* (Windows)
fester Bestandteil der Betriebs-
systeme.

Indizierte Farben Farbmodus
für Bilder, die nur eine begrenzte
Anzahl von Farben enthalten.
Im 8-Bit-Modus sind dies 256
Farben, bei einer geringeren Farbtiefe entsprechend weniger. Verwendung findet dieser Farbmodus
besonders bei Bildern, die für die
Darstellung auf Bildschirmen mit
geringer Farbtiefe vorgesehen
sind.

Interpolation Das Verändern der
Pixelanzahl, um fehlende Informationen aufzufüllen. In Photoshop
stehen drei verschiedene Verfahren zur Verfügung: *bikubisch*,
bilinear und *Pixelwiederholung*.
Bei der bikubischen Interpolation
geschieht die Neuberechnung
durch die Bildung von Mittelwer-
ten aus den umgebenden Pixeln.
Bei der Pixelwiederholung werden
die vorhandenen Pixel mehrfach
nebeneinander platziert und
dadurch vergrößert. Die ilineare
Interpolation könnte als Mischung
der beiden Verfahren bezeichnet
werden.

JPEG Nach seiner Entwickler-
gruppe, der *Joint Photographic
Experts Group*, benanntes, nicht
verlustfreies Kompressionsverfahren für Farb- und Graustufenbilder. Niedrige Kompressionsstufen
führen jedoch zu keinem sichtbaren Qualitätsverlust im Ausdruck.

JPEG 2000 JPEG 2000 bringt
grundsätzlich bessere Ergebnisse
als JPEG. Es ist zum gegenwärtigen Zeitpunkt jedoch nur mit
Einschränkungen zu empfehlen,
da ein Plug-in im Browser des
Betrachters installiert sein muss,
damit dieser JPEG 2000-Dateien
anzeigen kann.

Kalibrierung   Das Eichen von Geräten auf Standardmaße, um zuverlässige Ergebnisse zu produzieren. Ein Beispiel sind auf bestimmte Standardeinstellungen kalibrierte Farbmonitore.

Kantenglättung   Eine Technik, um die zackigen Grenzlinien zu vermindern, die bei Bitmap-Bildern auftreten. Dies geschieht gewöhnlich durch das Einfügen von Pixeln, die die Farben an den Übergängen zwischen benachbarten Farben vermischen.

Komprimierung   Reduktion der Datenmenge, um Speicherplatz oder Übertragungszeiten zu sparen. Bekannte Standards sind JPEG oder MPEG. Das grundsätzliche Verfahren: Bei der Komprimierung eines Bildes werden je nach Grad der Komprimierung Pixel mit gleichen oder ähnlichen Tonwerten zusammengefasst. Die Komprimierung kann so gewählt werden, dass entweder die gesamte Bildinformation erhalten bleibt (wobei der Grad der Komprimierung zwangsläufig geringer ist) oder auf Kosten der Qualität stärker komprimiert wird.

Kontaktabzug   Kontaktabzüge bilden eine Auswahl mehrerer Bilder verkleinert auf einer Seite ab.

Kontrast   Das Verhältnis zwischen den hellsten und den dunkelsten Bereichen eines Bildes.

Kurvenpunkt   Bei der Pfaderstellung ein aktiver → Ankerpunkt. Er hat eine Grifflinie und kann dadurch Kurvenschwünge definieren (→ auch Bézierkurve).

Lab   Ein geräteunabhängiger Farbmodus, bei dem Farben durch einen Kanal für die Helligkeit (L für Lightness) und zwei Buntheitskomponenten (Kanal a von Grün bis Magenta und Kanal b von Blau bis Gelb) dargestellt werden. Der Lab-Farbraum ist größer als der RGB-Farbraum, lässt sich aber ebenfalls mit 24 Bit kodieren. Er umfasst das gesamte Spektrum der sichtbaren Farben.

Lichter   Lichter sind die hellen Bereiche eines Bildes.

Luminanz   Die Helligkeitskomponente einer Farbe, die von der Farbe selbst unabhängig ist. Ein Schwarzweiß-Foto besteht aus einem Luminanzmuster der Szene, die auf dem Film festgehalten wurde. Es ist möglich, die Luminanz ohne Chrominanz (Farbkomponenten) anzuzeigen. Es ist jedoch nicht möglich, Farbe ohne Luminanz zu zeigen.

LZW   Nach seinen Entwicklern Lempel-Ziv-Welch benanntes verlustfreies Kompressionsverfahren, das von den Bildformaten TIFF und GIF verwendet wird. Man erreicht damit ein Kompressionsverhältnis von rund 2:1.

Maske   In einem Bild angelegter Bereich, der Bildteile vor der Bearbeitung schützt. Eine Maske kann auch dazu benutzt werden, um Bildteile vom Rest des Bildes freizustellen.

Maskierungsmodus   Auch *Quick Mask* genannt. Der Maskierungsmodus ist eine temporär angelegte Maske und funktioniert auf der Basis von Alphakanälen.

Metadaten   In den Metadaten von Fotos speichern Sie Dateieigenschaften oder Kameradaten zum Zeitpunkt der Aufnahme, um so Ihre Bilder besser katalogisieren zu können.

Mitteltöne   Die neutralen Bildbereiche (zwischen Tiefen und Lichtern) werden als Mitteltöne bezeichnet.

Modus   Der Begriff *Modus* taucht in Photoshop wiederholt auf: zum Beispiel als Ansichtsmodus für Bildvorschauen, als Modus der Pixelverrechnung bei Mal- und Füllwerkzeugen oder als Bildmodus. Bezeichnet werden damit ganz unterschiedliche Dinge!

Moiré   Beim Farbdruck entstehendes Muster, das durch die Überlagerung der Raster der einzelnen Druckfarben entstehen kann. Die Moirébildung wird dadurch weitgehend vermieden, dass die Farben mit versetzten Rasterwinkeln gedruckt werden.

Monitorkalibrierung   Der Vorgang, bei dem die Farbberechnungseinheiten eines Monitors so korrigiert werden, dass sie den gewählten Farben des Ausdrucks so nahe wie möglich kommen.

Offsetdruck   Ein Druckverfahren, das ein Zwischenmedium verwendet, um das Bild von der Druckplatte auf das Papier zu übertragen. Hierzu werden beispielsweise Gummitücher verwendet, die einen Zylinder umgeben.

PDF   *Portable Document Format*. Ein von Adobe auf der Basis von PostScript entwickeltes Dateiformat, das den plattformübergreifenden Austausch von

Dokumenten bei gleichzeitiger Beibehaltung aller Gestaltungsmerkmale erleichtern soll. Das wird unter anderem durch die Einbettung der Schriften möglich. PDF-Dateien sind durch die Komprimierungsmöglichkeiten für Bilder und Schriften vergleichsweise klein. Ursprünglich nicht mit Blick auf die Druckindustrie entwickelt, ist PDF inzwischen zu einem Standardaustauschformat in der Druckvorstufe geworden.

Pfad   Ein Pfad setzt sich nicht aus einzelnen Pixeln, sondern aus Kurvenzügen zusammen (→ Bézierkurve). Die wesentlichen Bestandteile eines Pfads sind die → Ankerpunkte, durch die er geformt wird. Der Teil eines Pfads zwischen zwei Punkten wird Pfadsegment genannt. Geschlossene Pfade schließen einen Raum komplett ein, bei offenen Pfaden fehlt ein Pfadsegment. Die beiden nicht verbundenen Punkte an den Enden eines offenen Pfades werden als Endpunkte bezeichnet. Es gibt zwei Typen von Ankerpunkten: Eckpunkte, an denen der Pfad seine Richtung abrupt ändert, also eine Ecke ausbildet, und Übergangspunkte, an denen der Pfad kontinuierlich ins benachbarte Pfadsegment übergeht. Solche Punkte sind auch als → Kurvenpunkte bekannt. Den Kurvenverlauf zwischen den Ankerpunkten bestimmen Kurventangenten, die Grifflinien, deren Länge und Ausrichtung dadurch beeinflusst werden kann, dass man die Griffpunkte an ihrem Ende bewegt.

Photomerge   Mit der Funktion PHOTOMERGE können Sie in Photoshop aus einzelnen Fotos Panoramabilder montieren. Je besser die Ausgangsfotos sind, desto besser kann auch Photomerge arbeiten.

Pica-Point   Englisches typografisches Maß; ein Pica hat 12 Pica-Points (4,233 mm); 6 Pica-Points ergeben rund 1 Zoll.

Pixel   Pixel ist die Kurzform von *Picture Element* und bezeichnet die Punkte einer digital gespeicherten Grafik. Jeder dieser Punkte ist bei der Darstellung auf dem Computermonitor quadratisch und hat einen eindeutig definierten Farbwert. Ein Pixel ist die kleinste Informationseinheit einer Bitmap und nicht weiter unterteilbar.

Pixelgrafik   Auch *Bitmap* genannt. Aus farbigen Flächen bestehende Bilder. Jede Fläche entspricht einem Pixel und ist in einem gedachten Raster angeordnet. Pixelgrafiken wirken natürlicher als Vektorgrafiken, ihr Dateivolumen ist aber auch deutlich größer.

Pixel-Seitenverhältnis   Dass Pixel quadratisch sind, trifft für die Bildbearbeitung zu. Sollten Sie sich im Bereich Videoschnitt betätigen, werden Sie es jedoch auch mit rechteckigen Pixeln zu tun bekommen. Wenn Sie in Photoshop eine neue Datei erzeugen und auf den Button ERWEITERT klicken, kann im Menü PIXEL-SEITENVERHÄLTNIS seit Photoshop CS die gewünschte Form der Pixel festgelegt werden.

PNG   *Portable Network Graphics*: ein Bildformat für das Web, das als lizenzfreier Nachfolger für GIF entwickelt wurde. Es kann sowohl Abbildungen mit indizierten Farben als auch Vollfarbbilder darstellen und verfügt über eine verlustfreie Kompression.

PPI   Die Einheit ppi (= Pixels per Inch) regelt, wie viele Pixel auf einer Fläche von 2,54 cm × 2,54 cm (2,54 cm = 1 Inch/Zoll) vorhanden sind. Man spricht hier von der → Auflösung. Je höher die Auflösung ist (also je mehr Pixel auf einem Inch vorhanden sind), desto feiner (also hochwertiger) ist die Auflösung des Bildes.

Proof   Testdrucke, anhand derer die Druckqualität farbverbindlich festgelegt wird. Analoge Proofs wie *Cromalin* und *Matchprint* werden auf der Basis der belichteten Filme erstellt, bei digitalen Proofs werden die Originaldaten (Layouts, Bilder) direkt auf einem Ausgabegerät ausgegeben.

Prozessfarben   Die vier Farben Cyan, Magenta, Gelb und Schwarz (CMYK), aus denen im Vierfarbdruck alle anderen Farben erzeugt werden. Es gibt auch den Sechsfarbendruck, bei dem als zusätzliche Prozessfarben noch Grün und Orange hinzukommen.

Quick Mask   → Maskierungsmodus

Raster   Da Druckmaschinen keine unterschiedlich großen Punkte drucken können, wird eine Anzahl von Maschinenpunkten (Dots) zu Rasterzellen zusammengefasst. Je nachdem, wie viele dieser Punkte gedruckt werden, erscheint die Rasterzelle größer oder kleiner. Dadurch entsteht für das Auge der Eindruck von helleren und dunkleren Farben.

Retuschieren Das Ändern der Menge oder des Wertes von Farbe in einem Bildausschnitt.

RGB Farbmodus, der im Zusammenhang mit Lichtfarben und → additiver Farbmischung eingesetzt wird, also zum Beispiel auf Bildschirmen, bei Scannern und Digicams. Das Bild setzt sich dort aus Anteilen von Rot, Grün und Blau zusammen. Alle drei additiven Grundfarben ergeben zusammen reines Weiß. Ist keine der drei Farben vorhanden, liegt reines Schwarz vor.

Scanauflösung Die Auflösung (Anzahl der Pixel pro Längeneinheit), mit der ein Bild vom Scanner erfasst wird. Üblich ist die Maßeinheit → dpi.

Scannen Das Erfassen von Bildern mithilfe eines Scanners und das anschließende Speichern der Daten als digitales Bild.

Scharfzeichnen Mit UMS oder Scharfzeichnen wird eine Technik beschrieben, bei der die Konturen in einem Bild durch helle oder dunkle Linien an den Übergangsstellen hervorgehoben werden. Auf diese Weise wird das Bild konturenschärfer. Der Vorgang kann elektronisch während des Scanvorgangs in einem Fotosetzsystem oder fototechnisch vorgenommen werden.

Schnittmaske In Photoshop ist bei vielen Gelegenheiten das Anordnen von Ebenen zu sogenannten Schnittmasken hilfreich. Es kommt zur Anwendung, wenn

Sie in Ihrer Palette mehr als zwei Ebenen haben und bewirken wollen, dass sich eine Ebene nur auf die *direkt* unter ihr liegende Ebene bezieht – nicht auf die anderen Ebenen darunter. Mit anderen Worten: Mit der unten liegenden Ebene wird die darüberliegende Ebene maskiert.

Schwarzpunkt und Weißpunkt
Die Punkte auf einer Gradationskurve oder im Histogramm, die einem 100%igen Schwarz bzw. Weiß entsprechen. Durch Setzen von Schwarz- und Weißpunkt lassen sich die vorhandenen Tonwerte auf die gesamte zur Verfügung stehende Grauskala optimal verteilen.

Schwellenwert Tonwertgrenze bei der Umwandlung von Graustufenbildern in den Bitmap-Modus: Dunklere Töne werden schwarz, hellere weiß.

Smartfilter Smartfilter sind Filter in Photoshop, die Sie nichtdestruktiv auf eine Smart-Objekt-Ebene anwenden können. Sie erscheinen in der Ebenen-Palette und können jederzeit bearbeitet, entfernt oder ausgeblendet werden.

Smart-Objekte Smart-Objekte sind in Photoshop eigentlich gar keine richtigen Ebenen, sondern »Container«, in die Sie Pixel- oder Vektordaten aus einer anderen Datei (z. B. Photoshop- oder Adobe Illustrator- Datei) einbetten können. Smart-Objekte werden aber in der Ebenen-Palette und natürlich auch im Bild selbst angezeigt. Nicht alle, aber einige Arbeitstechniken sind auf Smart-Objekte anwendbar. Erzeugt

werden Smart-Objekte, indem Sie Dateien platzieren oder Adobe-Illustrator-Dateien per Kopie in eine Photoshop-Datei einfügen.

Sonderfarben Sonderfarben werden auch als *Schmuckfarben* oder *Volltonfarben* bezeichnet. Diese Farben werden beim Drucken als gesonderte, vorgemischte Farben über ein separates Farbwerk aufgetragen. Man benötigt sie zum Drucken von Farben, die sich nicht durch die → Prozessfarben darstellen lassen. Es gibt standardisierte Sonderfarbensysteme wie *HKS* und *Pantone*.

Subtraktive Farbmischung
Farbaufbau bei Reflexion von Licht. Der → Vierfarbdruck (CMYK-System) basiert auf subtraktiver Farbmischung. Durch das Auftragen einer Druckfarbe auf weißes Papier werden aus dem Farbspektrum des reflektierenden Lichtes alle übrigen Farben subtrahiert. Alle Druckfarben zusammen ergeben Schwarz.

Tiefen Tiefen sind die dunklen Bildbereiche.

TIFF *Tagged Image File Format*. Ein Dateiformat für Pixelbilder. TIFF ist plattformübergreifend einsetzbar und wird von fast allen Programmen importiert. Es kommt mit Ausnahme von Duplex mit allen Farbräumen sowie mit Pfaden und Masken zurecht und kann in der Variante *Layered TIFF* auch Ebenen speichern. Eine Kompression ist über → LZW möglich. Die Kompression mit → JPEG ist auch möglich; diese Dateien werden aber nur von wenigen Programmen verarbeitet.

Tonwert Helligkeitswert eines Pixels in einem Graustufenbild bzw. Farbkanal eines RGB- oder CMYK-Bildes. Die Tonwertskala reicht von 0 (Schwarz) bis 255 (Weiß).

Tonwertkorrektur Verfahren zur Anpassung von Helligkeit und Kontrast. In einzelnen Farbkanälen durchgeführt, dient die Tonwertkorrektur zur Kompensation von Farbstichen.

Tonwertumfang Der Bereich der Tonwerte eines Bildes, der die tatsächliche Zeichnung enthält. Bei einem normal durchgezeichneten Bild sollte der Tonwertumfang in Deckung gebracht werden, damit es einen maximalen Kontrast erhält.

Tonwertzuwachs Die Verdunklung eines gerasterten Farbtones, die durch Farbquetschung, Diffundierung der Druckfarbe in die Papierstruktur und vor allem durch den optischen Effekt des Lichtfangs (Unterstrahlung eines Rasterpunkts) hervorgerufen wird. Der Tonwertzuwachs muss bei der Separation oder Belichtung durch eine invertierte Berechnung (Aufhellung) kompensiert werden, damit der Druck die Tonwerte in der vorgesehenen Helligkeit und Farbe wiedergibt.

Überblenden Ein weicher Übergang zweier Farben, der keine wahrnehmbare Linie an der Übergangsstelle aufweist.

Unscharfmaskierung Verfahren zur Scharfzeichnung eines Bildes. Seine Qualität hängt von der Güte des verwendeten Algorithmus ab.

Vektor Ein Vektor wird durch eine Linie beschrieben, die durch Farbe, Start- und Endpunkt definiert ist. Vektoren werden daher im Normalfall bei der Erstellung von Strichvorlagen, typografischen Zeichen und Farbverläufen verwendet.

Vektorgrafik Vektorgrafiken sind anhand von mathematischen Formeln beschriebene Bilder. Programme wie Flash und Illustrator sind auf Vektorgrafiken basierende Zeichen- bzw. Animationsprogramme. (→ auch Pixelgrafik)

Vektormaske Eine → Maske, deren Form nicht durch Pixel, sondern durch Vektorinformationen definiert wird. Damit sparen Sie einerseits Speicherplatz und können frei skalieren, andererseits sind bei Vektormasken keine weichen Übergänge zwischen »maskiert« und »nicht maskiert« möglich.

Vierfarbdruck Allgemein übliches Druckverfahren für farbige Druckprodukte mit den Grundfarben Cyan, Magenta, Gelb und Schwarz.

Websichere Farben Auch *Web-safe Colors* genannt. Farben, die von allen Browsern gleich angezeigt werden. In jedem Farbkanal (Rot, Grün und Blau) muss entwe-

der eine 0 oder ein durch 51 teilbarer Betrag eingetragen sein.

Weiche Kante Für eine weiche Kante werden die Pixel an einer Auswahlkante weichgezeichnet. Auf diese Weise wird ein fließender Übergang zwischen Pixeln und Umgebung hergestellt.

Weichzeichnen Beim Weichzeichnen wird die Bildschärfe reduziert. Zum Weichzeichnen gibt es in Photoshop Filter und das WEICHZEICHNER-WERKZEUG.

Weißpunkt → Schwarzpunkt und Weißpunkt

Wischen Ein Vorgang, der mit der digitalen Bildverarbeitung sehr einfach zu realisieren ist. Hierbei kann ein Bild so bearbeitet werden, dass es aussieht, als wäre die Tinte oder Farbe noch feucht. Das ist nützlich, um Bewegungsunschärfen darzustellen, um den Eindruck zu erwecken, dass Flüssigkeit aus einer Flasche fließt, oder um andere künstlerische oder kreative Effekte zu erzeugen.

Zoomify Verfahren, mit dem hochauflösende Bilder im Web präsentiert werden können. Der Betrachter kann die Dateien horizontal verschieben und vergrößern.

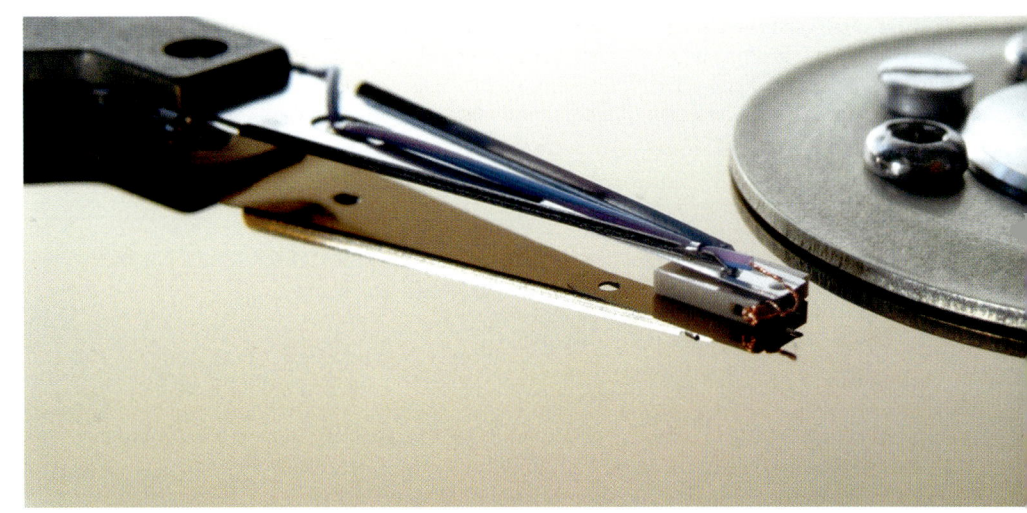

B   Die DVD zum Buch

B   Die DVD zum Buch

Die DVD zum Buch ist eine wahre Fundgrube, die Ihnen viel Freude bei der Arbeit mit Ihren Digitalfotos bereiten wird. Sie setzt sich aus folgenden Verzeichnissen zusammen:

1. Beispieldateien
2. Testversion Photoshop CS4
3. Video-Lektionen

Damit Sie einen Überblick über die einzelnen Ordner bekommen, möchte ich Ihnen die Inhalte kurz vorstellen.

B.1   Beispieldateien

Das Verzeichnis BILDER enthält alle im Buch genannten Beispieldateien im Format TIF oder JPG. Die Dateien .CR2 und .RAF sind Raw-Dateien, die Sie für Kapitel 8 benötigen. In den einzelnen Workshops verweise ich auf die jeweils verwendete Datei.

Im Ordner ERGEBNISSE finden Sie finalen Fassungen der Beispieldateien zum Vergleich mit Ihren eigenen Ergebnissen.

B.2   Testversion Photoshop CS4

Das Verzeichnis enthält eine 30-Tage-Vollversion von Photoshop CS4. Die Testversion liegt für Mac und Windows vor.

Um das Programm zu installieren, kopieren Sie zunächst den jeweiligen Ordner (WINDOWS bzw. MAC) auf Ihre Festplatte. Von dort starten Sie das Installationsprogramm per Doppelklick auf die exe-Datei (Windows) bzw. die dmg-Datei (Mac). Sollten Sie bereits einmal eine Demoversion von Photoshop CS4 auf Ihrem Rechner installiert gehabt haben, so ist die erneute Installation einer Testversion nicht möglich.

B.3   Video-Lektionen

In diesem Ordner finden Sie ein attraktives Special: Als Ergänzung zum Buch möchten wir Ihnen relevante Lehrfilme aus dem Video-Training »Adobe Photoshop CS4. Die Grundlagen« (ISBN 978-3-

8362-1268-7) zur Verfügung stellen. So haben Sie die Möglichkeit, dieses neue Lernmedium kennen zu lernen und gleichzeitig Ihr Wissen um Photoshop CS4 zu vertiefen. Sie schauen dem Trainer bei der Arbeit zu und verstehen intuitiv, wie man die erklärten Funktionen anwendet.

B.3.1 Training starten

Um das Training zu starten, gehen Sie auf der Buch-DVD in den Ordner Video-Lektionen und klicken dort als Windows-Benutzer die Datei »Start.exe« auf der obersten Ebene an (als Mac-Anwender die Datei »Start.app«). Alle anderen Dateien können Sie ignorieren.

Das Video-Training startet und Sie finden sich auf der Oberfläche wieder.

B.3.2 Inhalt des Trainings

Bitte klicken Sie im rechten Bereich auf einen Lektionen-Namen, und schon läuft die Video-Lektion los. Sie finden folgende Filme:

Kapitel 1: Photoshop-Technik
1.1   Ebenen und Masken   (05:53 Min.)
1.2   Illustrieren mit Ebenenstilen und Masken   (09:47 Min.)
1.3   Freistellen mit dem Lasso   (06:12 Min.)

Kapitel 2: Retusche und Reparatur
2.1   Reparatur mit den Retuschewerkzeugen   (11:26 Min.)
2.2   Perspektive korrigieren: Fluchtpunktwerkzeug   (02:33 Min.)
2.3   Panoramen mit Photomerge   (03:45 Min.)

Kapitel 3: Farb- und Belichtungskorrekturen
3.1   Retusche: Das Histogramm   (03:12 Min.)
3.2   Tonwerte und Kontraste korrigieren   (05:37 Min.)
3.3   Farbton/Sättigung und Schwarzweiß   (07:26 Min.)
3.4   Farbbalance, Selektive Farbkorrektur   (06:19 Min.)

Sollten Sie **Probleme bei der Verwendung** des Video-Trainings haben, so finden Sie Hilfe unter *http://www.galileodesign.de/hilfe/Videotrainings_FAQ*.

Viel Spaß beim Lernen am Bildschirm!

Index

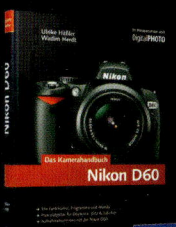
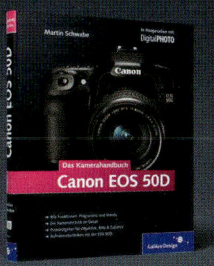

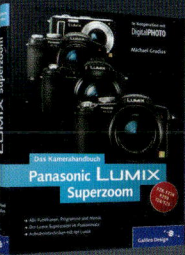